Do Roraima ao Orinoco

Volume II

| FUNDAÇÃO EDITORA DA UNESP | GOVERNO DO ESTADO DO AMAZONAS |

FUNDAÇÃO EDITORA DA UNESP

Presidente do Conselho Curador
Mário Sérgio Vasconcelos

Diretor-Presidente / *Publisher*
Jézio Hernani Bomfim Gutierre

Superintendente Administrativo e Financeiro
William de Souza Agostinho

Conselho Editorial Acadêmico
Divino José da Silva
Luís Antônio Francisco de Souza
Marcelo dos Santos Pereira
Patricia Porchat Pereira da Silva Knudsen
Paulo Celso Moura
Ricardo D'Elia Matheus
Sandra Aparecida Ferreira
Tatiana Noronha de Souza
Trajano Sardenberg
Valéria dos Santos Guimarães

Editores-Adjuntos
Anderson Nobara
Leandro Rodrigues

GOVERNO DO ESTADO DO AMAZONAS

Wilson Miranda Lima
Governador

Universidade do Estado do Amazonas

André Luiz Nunes Zogahib
Reitor

Kátia do Nascimento Couceiro
Vice-Reitora

editoraUEA

Isolda Prado de Negreiros Nogueira Horstmann
Diretora

Maria do Perpetuo Socorro Monteiro de Freitas
Secretária Executiva

Sindia Siqueira
Editora Executiva

Samara Nina
Produtora Editorial

Isolda Prado de Negreiros Nogueira Horstmann (Presidente)
Allison Marcos Leão da Silva
Almir Cunha da Graça Neto
Erivaldo Cavalcanti e Silva Filho
Jair Max Furtunato Maia
Jucimar Maia da Silva Júnior
Manoel Luiz Neto
Mário Marques Trilha Neto
Silvia Regina Sampaio Freitas
Conselho Editorial

Theodor Koch-Grünberg

DO RORAIMA AO ORINOCO

Resultados de uma viagem no Norte do Brasil e na Venezuela nos anos de 1911 a 1913

Volume II

Mitos e lendas dos índios Taulipáng e Arekuná

Tradução
CRISTINA ALBERTS-FRANCO

Título original: *Vom Roroima zum Orinoco: Ergebnisse einer Reise in Nordbrasilien und Venezuela in den Jahren 1911-1913*. Zweiter Band: Mythen und Legenden der Taulipang und Arekuna-Indianer

© 2022 Editora Unesp

Direitos de publicação reservados à:
Fundação Editora da Unesp (FEU)
Praça da Sé, 108
01001-900 – São Paulo – SP
Tel.: (0xx11) 3242-7171
Fax: (0xx11) 3242-7172
www.editoraunesp.com.br
www.livrariaunesp.com.br
atendimento.editora@unesp.br

© das imagens:
Nachlass Theodor Koch-Grünberg, Völkerkundliche Sammlung der Philipps-Universität Marburg

Dados Internacionais de Catalogação na Publicação (CIP) de acordo com ISBD
Elaborado por Odilio Hilario Moreira Junior – CRB-8/9949

K76d

Koch-Grünberg, Theodor
　　Do Roraima ao Orinoco: Resultados de uma viagem no Norte do Brasil e na Venezuela nos anos de 1911 a 1913 – Volume II: Mitos e lendas dos índios Taulipáng e Arekuná / Theodor Koch--Grünberg; traduzido por Cristina Alberts-Franco. – São Paulo: Editora Unesp, Editora UEA, 2022.
　　Traduzido de *Vom Roroima zum Orinoco: Ergebnisse einer Reise in Nordbrasilien und Venezuela in den Jahren 1911-1913*. Zweiter Band: Mythen und Legenden der Taulipang und Arekuna-Indianer
　　Inclui bibliografia.
　　ISBN: 978-65-5711-120-8 (Editora Unesp)
　　ISBN: 978-65-80033-80-5 (Editora UEA)

　　1. Relato de viagens.　2. Descrições e viagens.　3. Antropologia.　4. Povos indígenas.　I. Alberts--Franco, Cristina.　II. Título.

2022-639　　　　　　　　　　　　　　　　　　　　　　　　　　　　　　　CDD 910.4
　　　　　　　　　　　　　　　　　　　　　　　　　　　　　　　　　　　　CDU 913

Editora afiliada:

Asociación de Editoriales Universitarias
de América Latina y el Caribe

Associação Brasileira de
Editoras Universitárias

Este volume é

dedicado, com gratidão, ao meu venerado mestre,

Professor Doutor KARL VON DEN STEINEN

Nota dos editores

Procurando equilibrar a viabilidade do projeto editorial e o maiúsculo interesse científico da obra, a Editora Unesp traz ao público brasileiro a integralidade dos três primeiros volumes de *Do Roraima ao Orinoco*, por serem aqueles que constituem a espinha dorsal do trabalho de Theodor Koch-Grünberg.

SUMÁRIO

	Índice das pranchas	11
	Fonética	13
	Prefácio	15
	Introdução	17
	MITOS E LENDAS	
1	A árvore do mundo e a grande enchente	41
2	A árvore do mundo e a grande enchente	43
3	O incêndio universal	45
4	Feitos de Makunaíma	46
5	Outros feitos de Makunaíma	47
6	Travessuras de Makunaíma	48
7	Como a raia e a cobra venenosa vieram ao mundo	50
8	Makunaíma e o jovem da árvore samaúma	51
9	Makunaíma no laço de Piai'mã	52
10	Makunaíma e Piai'mã	53
11	Morte e ressurreição de Makunaíma	53
12	Makunaíma e Waimesá-pódole	55
13	Akalapizeima e o Sol	55
14	Como a Lua chegou ao céu	57
15	Como a Lua ficou com o rosto sujo	58
16	A Lua e suas duas mulheres	58
17	Eclipse do Sol e eclipse da Lua	59
18	Zilizoaibu vira Tamekan (Plêiades)	59
19a	Zilizoaibu mata sua sogra	62
19b	Wayulale vinga a morte da mãe	64
20	Mauaí-pódole, E'morón-pódole, Pauí-pódole	65
21	Como os pajés, o tabaco e outras drogas mágicas vieram ao mundo	66

22	Como os venenos para peixe Azá e Inég vieram ao mundo	70
23	Como os homens receberam o fogo	76
24	Como os homens receberam a rede de dormir	76
25	Pu'yito. Como os animais e os homens receberam o ânus	77
26	A morte de Piai'mã	77
27	A visita ao céu	80
28	Etetó. Como Kasána-pódole, o urubu-rei, recebeu sua segunda cabeça	89
29	Wewé e seus cunhados	93
30	Como as *araras* vieram ao mundo	98
31	Aukemaibo e seus filhos	100
32	Pelauenapen e seus filhos	102
33	Variante da lenda anterior	103
34	Wazamaíme, o pai dos peixes	104
35	Como surgiu o canto de dança Sapala-lemu	109
36	Mežime e Emežimaipu	111
37	Como surgiu a dança Kukuyikog	113
38	Como surgiu a dança Urayukurukog	114
39	Como surgiu a dança Muruá	115
40	As amazonas	116
41	Mai'uag e Korotoiko	117
42	Kaikuse e ura'napi	120
43	Kaikuse e apog	121
44	Kaikuse e konog	122
45	Os raios e os carapanãs	122
46	O jogo dos olhos	123
47	Pauig e jakami	125
48	Fábulas de animais	125
49	Kone'wo	129
50	Kalawunseg, o mentiroso	136

TEXTOS

A.	*Kone̩'wó*	141
B.	*Kaikusé̩* e *Konóg* (Onça e chuva)	186
C.	*Kaikusé̩* e *Ura'napí* (Onça e relâmpago)	190
D.	*Kaikusé̩* e *Apóg* (Onça e fogo)	194
E.	O jogo dos olhos (Camarão, onça e pai da *traíra*)	199
F.	*Pau̩íg* e *Zakámi* (*Mutum e jacami*)	207
G.	*Makunaíma* no laço de *Piai̩'má*	209

H.	Morte e a reanimação de *Makunaíma*	**212**
I.	A morte de *Piaiʾmá*	**219**
K.	*Akālapižéimã* e o Sol	**229**
L.	*Žilīkawaí*	**238**
	Parentescos e analogias	**257**
	Referências bibliográficas	**293**

Prancha I. Mayuluaípu contando lendas

ÍNDICE DAS PRANCHAS

I	Mayuluaípu contando lendas	10
II	Möseuaípu-Akúli	38
III	Constelação dos índios Taulipáng e Arekuná. Relativa aos mitos 18 e L, 20 c	63
IV	Cipó (*Bauhinia: caulotretus*), "com o qual a Lua subiu ao céu"	88
V	Mayuluaípu com uma folha da Mukumúkuýeg	112
VI	Cipó, folha de planta, tenaz de caranguejo e remo	138

FONÉTICA

Dos textos em língua estrangeira e dos nomes indígenas que aparecem no texto em português

VOGAIS

a, i, u – como em português.
e – como o *e* fechado em português.
o – geralmente aberto, semelhante ao *o* aberto em português.
a̱ – entre *a* e *o*, semelhante ao *a* inglês de *walk*.
u̱ – entre *u* e *o*.
e̱ – reduzido, produzido no pré-palato; pendendo para o *i*, especialmente no fim.
ẹ – aberto, semelhante ao *é* em português.
e̥ – abafado, semelhante ao *u* inglês em *hut*, às vezes quase não se pode distingui-lo do *u* em alemão.
ai, au, oi – ambas as vogais são ditas separadamente.
ai̯, au̯, oi̯ – ditongo; igualmente, quando o segundo fonema tem acento agudo, por exemplo, *aí, aú*.
á – sílaba tônica
ā – longa. Onde faltar o símbolo de pronúncia longa, as vogais são pronunciadas de modo mais ou menos breve.
ă – muito breve.
ã – nasalado. Todas as vogais são nasaladas.
w – *u* consonantal, como o *w* inglês em *water*.
y – *i* consonantal, como o *y* inglês em *youth*.
( ) – vogais entre parênteses são fortemente reduzidas, às vezes mal se pode ouvi-las.

CONSOANTES

b, p, k, m, n, s, t – como em português.
d – no início da palavra, como no português, no fim da palavra, bem suave.

f^h – entre *f* e *h* aspirado.
g – no início da palavra, como em português, no fim da palavra, bem suave.
h – *h* aspirado.
x – consoante fricativa gutural, semelhante ao *j* em espanhol.
x̱ – semelhante ao *ch* alemão em *nicht*.
1 – entre *l* e *r*, semelhante ao *l* rolante em polonês.
r – rolante, mal se distingue de *l* rolante.
r e *d* – em Yekuaná, mal se distingue um do outro.
z – suave fonema *s*.
z̲ – semelhante ao inglês *th*, mas mais suave; entre o *th* e o *y* em inglês.
ž – *j* em português.
š – *x* em português, como em *xisto*.
n – *ng* em alemão, como em *Engel*.
( ) – as consoantes entre parênteses são fortemente reduzidas, às vezes mal se pode ouvi-las.
´ – o apóstrofo indica uma interrupção singular na palavra, como se o fonema anterior ficasse parado na garganta. É um fonema laríngeo explosivo e áfono, ora sentido como pausa, ora como um *e* fortemente reduzido, ora soando como uma leve duplicação da vogal anterior. Ele deve substituir, muitas vezes, uma vogal que falta.

PREFÁCIO

Registrei estes mitos e lendas nas horas ociosas junto à fogueira, durante a viagem em bote vacilante, quando usávamos a lona da barraca como vela por tranquilos trechos de rio, sobre as rochas banhadas pelas vagas das cachoeiras, sob as copas sussurrantes das árvores da mata virgem.

Os narradores eram dois índios fiéis, por vários meses meus companheiros de alegrias e tristezas e cujo interior se apresentava diante de mim como um livro aberto. Um deles se chamava Möseuaípu, um jovem pajé da tribo dos Arekuná, inteligente e vivo como Akúli, o ágil roedor do qual recebeu seu apelido, bem-sucedido na caça, na pesca e no amor. Seu talento como ator e sua arte como narrador animaram várias de nossas horas tristes. O outro era Mayuluaípu, chamado José, um índio Taulipáng muito inteligente de cerca de 28 anos de idade, filho do mais famoso contador de lendas de sua terra natal no alto Majari. Tinha vivido por vários anos entre os brancos e dominava o português, mas permanecera, em toda sua mentalidade e convicções, um índio autêntico, fato que, durante a viagem, às vezes se manifestava de modo veemente. Não sofrera qualquer influência do cristianismo.

Como tradutor, ele era para mim de um valor incalculável, uma vez que Akúli não falava uma palavra de português. Primeiro, Mayuluaípu me contava os mitos em português, então eu os traduzia palavra por palavra para o alemão. A seguir, ele ditava para mim uma série de lendas no texto original e me auxiliava na tradução exata. Em que medida, na narrativa em português, ele se manteve próximo do texto indígena, depreende-se de uma comparação entre ambos os manuscritos, em parte distantes semanas um do outro. E, com frequência, a narrativa em português é indispensável para uma melhor compreensão da lenda, por ser mais minuciosa e entrar em pormenores que, no texto original, destinado ao ouvinte indígena, são naturalmente omitidos ou introduzidos por meio de breves apartes na própria narrativa.

Mantive entre parênteses todos os comentários e explicações dos narradores que não fazem parte do texto, a fim de mostrar como eles se esforçaram por me fazer compreender melhor os pormenores.

Várias narrativas são um enaltecimento dos pajés, que tudo podem, tudo sabem e podem prever tudo em sonho, tal como nosso pajé Akúli, que sempre contava seus sonhos durante a viagem e em cuja concretização os outros acreditavam piamente.

As tribos Taulipáng e Arekuná pertencem à grande família linguística Karib, cujos representantes constituem a maior parte da população da Guiana.

Os Taulipáng habitam um amplo território, que se estende do monte Roraima para o sul até o rio Surumu e para o sudoeste até o rio Urariquera. Os Arekuná, de parentesco próximo e que são seus amigos, habitam as margens do rio Caroni e de seus afluentes na Guiana venezuelana.

Não se podem separar as lendas de ambas as tribos. Elas pertencem a um estreito ciclo de lendas, ainda que pormenores no tratamento do mesmo tema sejam diferentes.

A crença em espíritos e demônios é muito desenvolvida nessas tribos, o que não é de se admirar quando se leva em consideração a grandiosidade da natureza serrana em que essa gente vive. As rochas elevadas, em cujas formas grotescas a fantasia humana vê todas as formas possíveis de animais e de gente, o bramido das cachoeiras, que às vezes caem de uma altura de centenas de metros, os terríveis redemoinhos que se formam nos rios repletos de corredeiras, o uivo das tempestades que varrem diariamente os planaltos, tudo isso leva a uma crença no sobrenatural, que se expressa igualmente nos numerosos mitos e lendas e impressiona também ao europeu que vive por mais tempo nessa maravilhosa natureza com essa gente amável e os vê não apenas como objeto de estudo.

Freiburg i. Br., no ano de 1915.

INTRODUÇÃO

A presente coletânea abrange mitos da natureza e lendas de heróis, contos, fábulas de animais e narrativas humorísticas. Muitas lendas de heróis têm sua origem em mitos da natureza que desapareceram com o tempo e que hoje surgem em roupagem estranha. Em certos traços dos heróis se podem reconhecer processos da natureza que deram motivo ao mito.

As lendas tratam de feiticeiros e feitiços, das mais variadas transformações de pessoas em animais, de pessoas e animais em objetos da vida diária e vice-versa. Tratam de utensílios mágicos, de antropófagos e de monstros em forma de gente e de animais.

Uma classe especial de lendas relaciona-se com o surgimento das danças atuais, cujos cantos, de outro modo incompreensíveis, só encontram explicação por meio da lenda.

As lendas de animais têm, em parte, caráter explanatório, na medida em que explicam características, cor e forma dos animais de acontecimentos de tempos primitivos.[1] Em geral, encontram-se de maneira episódica nos mitos e lendas. Outras são verdadeiras fábulas de animais, em que astúcia e estupidez, destreza e grosseria, força e fraqueza são confrontadas.

As narrativas de Kone̯'wó têm a mesma tendência das fábulas de animais. O herói é um homem astuto e destemido que engana e mata especialmente as onças, mas, por fim, como ocorre com muita gente valente, perece devido a uma insignificância. Um besouro esterqueiro o mata. São anedotas humorísticas, muitas de comicidade picante, oriundas de épocas muito diferentes e que ainda hoje devem sua origem ao gosto por contar fábulas, como se pode reconhecer por traços bem modernos.

Ainda mais ingênuas são as breves histórias de Kaláwunség, o mentiroso, uma figura dos Arekuná que lembra o Barão de Münchhausen e do qual se contam inúmeras fanfarronices. Elas se adaptam totalmente às circunstâncias modernas e também são inventadas *ad hoc* em agradáveis reuniões nas quais um narrador procura sobrepujar o outro. Parte dessas estripulias é tão obscena que não se presta a ser reproduzida.

Independentemente dessas modernas criações da fantasia indígena, essas lendas contêm muito material primitivo. Todas apresentam características que Ehrenreich designa como formas primitivas, "como propriedade mitológica comum que, num estágio primitivo, abrange a

---

[1] Paul Ehrenreich. *Die Mythen und Legenden der südamerikanischen Urvölker und ihre Beziehungen zu denen Nordamerikas und der alten Welt*. Berlin, 1905, p.9.

totalidade da mitologia e, por isso, deve ser vista como propriedade primária da humanidade",[2] sobretudo os inúmeros motivos explanatórios, em parte entremeados nos mitos, em parte existindo de maneira independente e que explicam as particularidades dos animais e da natureza inanimada, das formas geológicas, das formações rochosas etc., e o surgimento dos corpos celestes e sua relação com o mundo terreno.

Não consegui descobrir nada sobre a criação do mundo. O mundo está pronto desde o princípio, com gente, animais e plantas. Só uma vez menciona-se de passagem: "Makunaíma (o herói tribal) fez todos os animais de caça e peixes" (4).[3]

A lenda de uma grande enchente tem estreita relação com o mito de uma árvore do mundo que dava todos os frutos bons, e constitui parte integrante da lenda dos heróis. Os heróis derrubam a árvore, de cujo cepo jorra muita água, inundando tudo.

Sobre o desenrolar da enchente, só anotei uma lenda repleta de conceitos cristãos que um velho cacique Makuxí do Urariquera me contou. Eu a reproduzo na parte final deste volume para mostrar como as missões, quando atuam de modo apenas passageiro, confundem a mente dos índios e deformam o que é original em algo grotesco.

Heróis: Obtive dos meus dois narradores duas versões da lenda da "Árvore do mundo e da grande enchente", que provam que a lenda heroica das duas tribos de parentesco próximo também difere uma da outra em vários pontos.

A lenda Arekuná (1) menciona logo no início "Makunaíma e seus irmãos", mas não indica os nomes destes. Na ação, aparecem apenas Makunaíma e seu irmão mais velho Žigé. Makunaíma é o mais jovem dos irmãos, mas também o mais astuto e com maior poder mágico. Ele derruba a árvore do mundo, apesar de o sensato Žigé tentar impedi-lo.

No mito Taulipáng (2), além de Makunaíma, são citados quatro irmãos com seus nomes: Ma'nápe, Anžikílan, Wakalámbẹ e Aníke. Žigé não aparece nesse mito. Em seu lugar vem Ma'nápe. É o mais velho dos irmãos, mas não vale nada. Os cinco irmãos são mencionados apenas no início do mito. No resto da ação só aparecem Makunaíma e Ma'nápe, mais tarde Anžikílan. Ma'nápe, "o maldito", como asseverou o narrador, derruba a árvore, apesar de o pequeno Akúli (um roedor), que encontrou a árvore, tê-lo desaconselhado a derrubá-la. Akúli profetiza a grande enchente. Assim como Žigé na lenda Arekuná, aqui Anžikílan, que não é mencionado em nenhuma outra lenda, procura, por meio de palavras mágicas, evitar a derrubada da árvore.

Dos nomes dos irmãos explicaram-me: Žigé = bicho-do-pé; Wakalámbẹ = ciclone; Anžikílan = perdiz; Ma'nápe = semente de abóbora.

O nome do maior herói da tribo, Makunaíma, parece conter, como parte principal, a palavra *mấku* = mau[4] e o sufixo aumentativo *ima* = grande. Assim, o nome significaria "o grande mau", que bem corresponde ao caráter intrigante e funesto desse herói. Por isso, soa ainda mais estranho quando os missionários ingleses, em suas traduções da Bíblia na língua dos Akawoío, que

---

[2] Paul Ehrenreich. *Die allgemeine Mythologie und ihre ethnologischen Grundlagen*. Leipzig, 1910, p.61.

[3] Esse número se refere à numeração do mito no capítulo "Mitos e lendas". (N. E.)

[4] Taulipáng: *i-mấku-yípẹ* = o mau, a má; Akawoío: *makgoe* (grafia inglesa) = ruim, mau.

são vizinhos e parentes próximos dos Taulipáng e dos Arekuná, conferem esse mal-afamado nome "Makonaima" ao Deus cristão.

Em todos os mitos que tratam dos heróis, Makunaíma é o mais importante entre os irmãos. Associa-se a ele ora Ma'nápe, ora Žigé. Por sua indiscrição, com frequência Makunaíma se envolve em situações difíceis, das quais se livra em parte por sua própria esperteza, em parte pela ajuda de seu irmão mais velho e mais sensato.

Makunaíma, como todos os heróis tribais, é o grande transformador. Transforma gente e animais em pedras, às vezes como castigo, mas, na maioria das vezes, apenas por diversão (4). Ele também é criador. Como já foi mencionado, ele fez todos os animais de caça e os peixes. Após o incêndio que destrói toda vida humana, ele cria novas pessoas. Também aí, no início, se comporta de modo bem desajeitado. Ele as modela em cera, e elas derretem ao sol. Só então ele as modela em barro e "as transforma em gente" (3).

São inúmeras as breves narrativas que assinalam o caráter traiçoeiro e maldoso de Makunaíma: por ocasião de uma grande estiagem, há abundância de peixes. Em sua burrice, primeiro Makunaíma faz anzóis de cera, que, é lógico, não servem. Então, com auxílio de seu irmão Žigé, ele rouba o anzol de um homem que está pescando, ao se transformar num grande peixe predador, e lhe arranca o anzol depois de várias tentativas infrutíferas. Então os dois se transformam em grilos e se escondem no panacu do homem, que vai para o outro lado da serra, a fim de, com seu trabalho, obter um outro anzol "na terra dos ingleses"[5] – um traço bem moderno. Na marcha pela serra, por meio de magia, Makunaíma cria feridas pelo corpo e as joga pelo caminho, onde as transforma em pedras que ainda hoje causam feridas naqueles que por lá caminham (5).

Uma outra lenda dos Arekuná trata das traiçoeiras diabruras do garoto Makunaíma contra seu "irmão mais velho", que não é mencionado pelo nome. Provavelmente é Žigé novo. Ele violenta a mulher do irmão, depois, por meio de feitiço, transporta a casa com todas as plantações para o cume de uma alta montanha. O irmão, que fica na terra, quase morre de fome, até que, por fim, Makunaíma se compadece dele. Mas ainda zomba de sua magreza. Agora Makunaíma prossegue tranquilamente com as relações sexuais com sua cunhada (6).

Numa outra lenda (7) conta-se como Makunaíma, de uma folha, cria a raia para prejudicar a seu irmão Žigé, com quem teve uma desavença por causa da mulher deste. Provavelmente isso se refere ao mito anterior, ao relacionamento proibido de Makunaíma com a mulher de seu irmão mais velho. Para se vingar, Žigé faz a cobra venenosa de um pedaço de trepadeira.

Essas duas pequenas lendas formam a introdução a duas fórmulas mágicas "contra picada de raia" e "contra picada de cobra". Segundo esta última, porém, Makunaíma também criou a cobra venenosa.

As fórmulas mágicas estão intimamente ligadas aos mitos. A maioria delas procede de uma breve narrativa mítica que conduz à fórmula. Há fórmulas boas e más; más para causar doença em outra pessoa, boas para libertá-la da doença. Enquanto, nas fórmulas boas, animais úteis,

---

[5] Guiana Inglesa.

plantas e forças da natureza desempenham um papel importante, nas fórmulas más surgem, de novo, os heróis tribais, especialmente Makunaíma e, com ele, seus irmãos Ma'nápe e Žigé, promovendo desgraças que trouxeram muito sofrimento ao mundo para castigar as pessoas, principalmente as mulheres que não quiseram lhes fazer as vontades.[6] Motivos de natureza sexual são determinantes em muitas más ações desses heróis tribais. Assim é que, por verem seu amor rejeitado, também criaram os feios seios em forma de cone que muitas índias têm hoje (8).

Várias lendas Taulipáng tratam das aventuras de Makunaíma com o gigante antropófago Piai̯'mã, que desempenha um importante papel na mitologia dessas tribos. A forma do maior herói tribal assume aqui ora caráter solar, ora lunar. Ele cai no laço do ogro, que o carrega em seu panacu. Por meio de uma fórmula mágica que ele ouviu do gigante, Makunaíma se liberta (9 e G).

A captura do Sol no laço parece relacionar-se ao solstício e é um motivo tão difundido que podemos ver nele, como Ehrenreich acentua, uma manifestação do pensamento elementar humano.[7]

Pelo visto, as lendas 10 e 12 se relacionam com eclipses solares e lunares. Na primeira delas, Makunaíma se salva de Piai̯'mã numa árvore oca, escapando ileso de seu esconderijo. Na segunda lenda ele é engolido, por sua própria culpa, por um lagarto gigantesco e, ainda com vida, libertado por seu prudente irmão Ma'nápe, que mata o bicho com o auxílio dos outros irmãos e lhe abre a barriga. A natureza desastrada e fanfarrona de Makunaíma, que também se destaca em outras lendas, fica ainda mais evidente aqui pelas palavras disparatadas que ele diz aos seus libertadores: "Vocês viram como é que eu luto com um bicho desses?".

A lenda 11 (H) também acentua as características opostas dos dois irmãos. Apesar das advertências de Ma'nápe, na caçada Makunaíma imita o grito de Piai̯'mã, e este lhe acerta uma seta envenenada e o carrega embora. Ma'nápe segue as pegadas e, com a colaboração de animais prestimosos, chega à morada do ogro, matando-o e a sua mulher com seu próprio veneno mágico. Então ele junta novamente o irmão despedaçado e o reanima; um motivo muito difundido que aponta claramente para as diversas fases da Lua.

As relações ora amigáveis, ora tensas e mesmo hostis entre os dois irmãos Makunaíma e Žigé ou Makunaíma e Ma'nápe permitem supor que também essa lenda dos irmãos, como lendas semelhantes de outros povos, remonta a um mito da natureza que tem como objeto a relação entre o Sol e a Lua, sua órbita conjunta e depois separada.[8]

Monstros e demônios: A figura de Piai̯'mã apresenta traços heterogêneos. Em muitas lendas ele é o gigante antropófago que causa todo tipo de desgraça, mas que, por fim, cai em sua própria armadilha e é morto por um homem valente (26 e I). Ele é, ao mesmo tempo, o primeiro pajé, o "grande feiticeiro", fato para o qual seu nome já parece apontar, pois é composto de *píai* =

---

[6] As fórmulas mágicas, todas no texto original com tradução interlinear, estão publicadas no v.III desta obra, relacionadas às crenças mágicas. Vide também Th. Koch-Grünberg: "Zaubersprüche der Taulipáng-Indianer"; no *Luschan-Heft*: Archiv für Anthropologie. Neue Folge, Band XIII. Heft 4, p.371-82. Braunschweig, 1915.

[7] Ehrenreich. *Mythen und Legenden*, p.97. *Allgemeine Mythologie*, p.210.

[8] Ehrenreich, *Mythen und Legenden*, p.52.

pajé e do aumentativo –*im* = grande. Por meio de suas lições, ele cria os primeiros pajés entre os homens e lhes dá plantas mágicas, especialmente o tabaco, que desempenha um papel tão importante nos ritos de cura (21). Por fim, Piai̯'mā é considerado o progenitor dos Ingarikó que vivem na mata fechada a noroeste do Roraima. Apesar de, linguisticamente, serem parentes próximos dos Taulipáng e dos Arekuná, eram outrora seus inimigos mortais e, ainda hoje, são temidos por seus vizinhos como *kanaimé*, assassinos ocultos e feiticeiros maus. Não é raro na mitologia que a lembrança de uma tribo inimiga tenha contribuído para formar a figura de um monstro. Sua antropofagia aponta para reais ou supostos antigos costumes canibais da tribo em questão.

Na maioria das lendas, Piai̯'mā aparece com sua mulher, que partilha das más qualidades do marido. Uma vez, Piai̯'mā é chamado por seu nome Ingarikó Atátai (26 e I). Todas as frases que Piai̯'mā e sua gente diz nas lendas pertencem supostamente à língua Ingarikó e não puderam ser traduzidas com exatidão por meus narradores.

O fim de Piai̯'mā é contado de diferentes maneiras. Numa lenda, ele é morto com sua mulher pelo herói Ma'nápe (11); numa outra lenda, ele é vítima da astúcia de um homem cujo nome não é mencionado, sendo, então, espancado até a morte, por engano, por sua mulher (26). Esses relatos totalmente diferentes sobre sua morte, ligados a seu perfil moral inconstante, que o mostra ora como auxiliador bondoso, ora como destruidor, apontam para o fato de a origem dessa figura mítica não ser uniforme. Provavelmente, diferentes elementos míticos contribuíram para sua formação. Com o passar do tempo, devido a traços análogos, diferentes figuras fundiram-se na figura de Piai̯'mā.

Suas relações com o herói solar ou lunar Makunaíma também permitem supor em Piai̯'mā uma personificação da noite ou da escuridão que traga o astro até ele despertar para uma nova vida. A morada de Piai̯'mā parece apontar para isso, descrita como uma casa sombria com um buraco fundo no chão, no qual ele deixa suas vítimas caírem para lá ele e sua mulher comê-las (26 e I).

Em contraste singular com o caráter malvado do ogro está sua preferência por aves domésticas, muitas das quais ele mantém nas imediações de sua morada (21, 26 e I). Na lenda 21, essas aves domésticas são, ao mesmo tempo, seus escravos, *kelépíga*, que cultivam suas grandes plantações de tabaco.

Algumas das narrativas de Kone̯'wó também são relacionadas com Piai̯'mā (49 XVI, XVII, XVII). Pelo visto, essas três narrativas pertencem às mais antigas da coleção de Kone'wó, como analisarei melhor no fim deste volume. O destemido e intrigante Kone̯'wó, que ludibria e mata todas as onças e outros animais perigosos, também não recua diante desse monstro. Ele lhe faz, e também à sua mulher, todo tipo de travessura, acerta a sarabatana em partes sensíveis do corpo deles e lhes escapa por meio de um truque que também aparece numa outra lenda (28). Ao fugir, assusta um veado e pula depressa para o lado, onde fica parado quieto, enquanto seus perseguidores passam correndo e agarram o veado em vez dele. Mais tarde, ele escalpela o burro Piai̯'mā e lhe esfrega pimenta triturada na cabeça nua, de modo que, quando Koe̯'wó o encontra de novo, há um arbusto de pimenta na cabeça dele. Mesmo quando é desmascarado por Piai̯'mā, Kone̯'wó sabe escapar de sua vingança.

Nessas três narrativas e, em certo sentido, também na lenda 26, que trata de sua morte, Piai̯'mã é uma figura cômica. Só as frases que Piai̯'mã fala já são ridicularizadas pelo narrador com uma entonação especial e expressões incomuns. O homem primitivo também ridiculariza o valente inimigo na luta. Piai̯'mã desempenha aqui o mesmo papel que a perigosa onça, apresentada em todas as lendas como burra. Isso se justifica pela tendência natural do homem em ridicularizar o inimigo para esconder seu medo dele e de realçar a própria coragem.

Uma outra figura temível nesses mitos, que tem certa semelhança com Piai̯'mã, é Kasána-podolę, o "pai do urubu-rei". Vive no céu com sua tribo, os urubus-reis e outros abutres, onde ele e sua gente se transformam em pessoas quando despem a plumagem.[9] Ele é um grande pajé. Na lenda do "jogo dos olhos" (46 e E), ele coloca novos olhos na onça, que são muito mais claros e brilhantes do que os antigos olhos dela, engolidos por um peixe. É até Kasána-podolę que a sombra do pajé terreno sobe durante o rito de cura, para buscar conselho em casos difíceis; uma visita associada a perigos[10] consideráveis.

Assim como Piai̯'mã, Kasána-podolę é um antropófago. A princípio, ele recebe bem o genro que sua filha lhe traz da Terra, mas então procura matá-lo para o comer (27).

Kasána-podolę tem duas cabeças. A cabeça direita se chama Mę̃žimē, a esquerda, Ętętó. Mę̃žimē ou Mę̃žimã é como esses índios chamam uma águia grande que aparece raramente nas serras da Guiana e que, dizem, carrega animais grandes, às vezes, gente também.[11] É dela que trata a lenda 36, em que é espancada pelo valente Emę̃žimaípu.

A lenda 28 conta, no fim, como Kasána-podolę obteve sua segunda cabeça. O herói da lenda, Ętętó, ao comer bananas enfeitiçadas, é transformado em Wę̨wę́, um "come-tudo" mítico. Ele engole seu arco e suas flechas, tições, sua mulher, sua sogra e seu cunhado. Pula no ombro de um outro e lhe tira toda a comida da boca, até este quase morrer de fome. Usando de uma artimanha, o homem se livra da assombração. Então Wę̨wę́ se senta no ombro de uma anta até ela morrer de fome. Quando o urubu-rei chega para comer a carniça, Wę̨wę́ lhe pula no ombro. Assim, Wę̨wę́, o "come-tudo", se torna a segunda cabeça do urubu-rei, que até hoje engole tudo.

A presença de duas cabeças, que parece apontar para seu caráter lunar, também desempenha um papel no mito 27. Kasána-podolę ordena a seu genro que faça um banco com duas cabeças, como ele.[12]

---

[9] *Vultur papa* Lin, *Sarcorhampus papa* Sw. Sobre sua posição singular em relação aos outros abutres vide Richard Schomburgk, *Reisen in Britisch-Guiana in den Jahren 1840 bis 1844*, Leipzig 1847, 1848, v.I, p.464ss., v.II, p.500-1. "É extremamente singular e notável o fenômeno de que o urubu-rei não só exige real autoridade e dignidade dos *Cathartes* (abutres comuns), mas também lhe é tributado por toda a família, segundo um instinto obrigatório, o mais profundo respeito"; isso explica o fato de que também no mito ele aparece como poderoso soberano.

[10] Vide v.III: Pajé.

[11] Durante minha viagem no alto *rio* Negro (1903-1905), vi uma gigantesca ave de rapina levar um bugio para o alto. Uma garra que eu trouxe de lá tem o considerável comprimento de 11 cm.

[12] A segunda expedição de Karl von den Steinen trouxe da região das cabeceiras do Xingu um banco de madeira representando um urubu branco de duas cabeças, evidentemente um urubu-rei. Vide: Karl von den Steinen, *Unter den Naturvölkern Zentral-Brasiliens*, Berlin, p.287-8, fig.84.

Toda uma família de monstros é mencionada na lenda 31. É a mãe d'água Rató com toda a sua grande parentela, gigantescas cobras d'água que ficam nas corredeiras e cachoeiras e, com a garganta aberta (os rodamoinhos), puxam para baixo os barcos com seus ocupantes. Elas não comem as pessoas, mas, de vez em quando, pegam um belo rapaz ou uma bela moça para casá-los com membros de sua família. Elas têm casas espaçosas nas serras. As entradas ficam nos rios, debaixo d'água.

Nos contos, os *mauarí* desempenham um papel importante. Com esse nome são designados tanto inúmeros demônios que vivem nas montanhas, rios e lagos (2, 34, 35), quanto os espíritos dos mortos (37 e L) ou seres fantásticos nos quais os vivos se transformam (31, 32, 36, 40), portanto seres demoníacos bem comuns que, normalmente, só podem ser notados pela privilegiada casta dos pajés. Os *mauarí* não são, no fundo, de caráter malvado. Eles ajudam os homens, especialmente os pajés (21, 34, 39), mas também intervêm com frequência na vida das pessoas, separando-as (32, 35).

No mito 21, os primeiros pajés humanos que voltam para casa vindo do seu mestre Piai̭'mã transformam toda a sua parentela em *máyiko* (*máyikog, umáyikog*). Esses espíritos das montanhas formam uma classe especial de *mauarí*. "São gente como nós", disse um dos narradores, "mas invisíveis para as pessoas comuns. Só os pajés podem vê-los e ter relações com eles."

Os *wībán* são espíritos maus, fantasmas noturnos nos quais, segundo a mesma lenda, dois alunos do Piai̭'mã foram transformados como castigo por sua desobediência.[13]

O Sol, a Lua e constelações isoladas aparecem em forma humana ou personificadas.

O *Sol*, com sua coroa de raios, é um homem com adorno de cabeça de prata e plumas de papagaio, brincos das asas de brilho metálico do besouro *Buprestis*, usadas de vários modos como adorno pelos índios. Ele sobe até o céu em seu barco com suas duas filhas, então envia uma delas como estrela para o céu, para que ela ilumine o "caminho das sombras", a Via Láctea. Manda a outra filha um andar acima até o próximo céu, que fica acima do nosso, para ela servir de lanterna para "as pessoas de lá" (13 e K).

Quase com as mesmas palavras, numa lenda Taulipáng a Lua indica a suas duas filhas seus lugares como doadoras de luz.

Na bela lenda de Akālapižéima, o Sol ocupa uma posição destacada em relação a esse primeiro homem, o antepassado de todos os índios. Ele o liberta da ilha deserta, para a qual o "pai do sapo" o levou por sua própria culpa, devolve-o a uma condição digna e até quer lhe dar uma de suas filhas como mulher se ele não se envolver com outras mulheres. Mas Akālapižéima desobedece ao mandamento. Ele se apaixona pela filha do urubu e, com isso, perde para si e para os seus descendentes a eterna juventude e a beleza que distinguem o sol e suas filhas, as estrelas (13).

No texto original dessa lenda (K), que, no mais, é idêntica, falta esse fim moralista.

Há muito tempo, a *Lua* vivia na Terra como feiticeiro mau. Ela roubou a alma de uma criança e a colocou debaixo de uma panela, fazendo que a criança adoecesse. O bom pajé que cuidou

---

[13] Mais pormenorizadamente sobre estes e outros seres demoníacos, vide v.III.

dela descobriu o malfeitor e o perseguiu. A Lua foi escondida por suas duas filhas debaixo de uma outra panela virada. O pajé quebrou as duas panelas com sua clava, libertou a alma da criança e deu uma surra no feiticeiro, que subiu ao céu com suas filhas por um cipó, onde ele, como Lua, ilumina os homens na Terra, e elas, como estrelas, iluminam às almas dos mortos o caminho para o Além (14).

As manchas da Lua são sangue menstrual, que uma filha do Sol passou em seu rosto numa aventura amorosa noturna (15).

Por causa desse mesmo acontecimento, o Sol e a Lua, que há muito tempo eram amigos, brigaram, e por isso hoje eles só andam separados um do outro (15). As misteriosas relações da Lua com a vida sexual da mulher devem ter sido determinantes dessa lenda.

As fases da Lua são explicadas pelo fato de a Lua ter duas mulheres, os planetas Vênus e Júpiter, com as quais mantém relações alternadamente. Uma cuida bem dela, a outra a deixa passar fome, fazendo que ela ora esteja gorda, ora magra. O exemplo da Lua também é dado como causa da habitual poligamia dessas tribos (16).

Nos eclipses, um demônio mau bate com a clava no rosto do Sol ou da Lua, fazendo o sangue escorrer por ele (17).

Estrelas e constelações: Kaiuanóg, Vênus, assim como a Lua, só aparece de passagem na lenda de Akālapižéima, em que o Sol desempenha o papel principal (13 e K).

As duas filhas do Sol e da Lua não são indicadas mais pormenorizadamente como estrelas. Segundo explicação do narrador, a Lua teve uma filha de cada uma de suas mulheres (14).

A Via Láctea é o caminho pelo qual as almas dos mortos vão para o Além (14). Por isso, é pouco provável que, como pensa Ehrenreich,[14] sua ramificação singular tenha provocado a ideia de uma árvore que encontra sua explicação na árvore do mundo, que dava todos os frutos, as plantas úteis.

Duas lendas da presente coletânea relacionam-se com o surgimento de constelações.

O Cruzeiro do Sul é um grande *mutum*[15] voador, o galo silvestre sul-americano que é perseguido com a zarabatana pela grande vespa Kamayuá, Alfa Centauro, em que a planta mágica Kunawá, Beta Centauro, ilumina o caminho com um facho (20c e prancha III).

O leite branco dessa planta serve aos índios como feitiço para obterem sucesso na caça; o mesmo ocorre com a vespa, pela qual o caçador se deixa picar nos braços para manejar com habilidade o arco e a zarabatana.

Ambos os feitiços também aparecem juntos na lenda L, em que é contado como a trepadeira Kunawá, o companheiro da vespa Kumayuá, surge de uma criança pequena.

Aliás, essa lenda (18 e L) é dedicada às Plêiades. É uma das mais belas da coletânea e se destaca no texto original (L) pela veia poética e pelo estilo vivo devido a numerosos diálogos. Conta como as Plêiades vão para o céu e quais são suas funções lá.

---

[14] *Mythen und Legenden*, p.39.
[15] *Crax* sp.

Segundo a interpretação indígena, as Plêiades, junto com o grupo Aldebarã e uma parte de Órion, formam a figura de um homem perneta, Žilikawaí ou Žiližoaíbu (Žiližuaípu), de quem sua mulher infiel tirou a outra perna na Terra, e, então, ele subiu ao céu. Antes de subir, tem uma conversa com seu irmão, com quem deixa sua mulher e seu filho. Ele avisa que, com seu desaparecimento, vai começar a época das chuvas, que surgirão muitas rãs, e que muitos peixes subirão o curso dos rios na cheia, de modo que haverá abundância de alimento.

Além das Plêiades, que representam a cabeça do herói, as estrelas do grupo Aldebarã e de Órion, que, segundo a concepção indígena, também fazem parte delas, desempenham um papel secundário. É por isso que, no texto original, o herói tem o apelido de žilíke-pupaí = cabeça estrelada (prancha III).

As Plêiades são da maior importância para os índios para determinarem as estações do ano, a época certa para o plantio. Quando elas desaparecem no oeste, começa a época das chuvas; quando elas reaparecem no leste, indicam a estiagem.[16]

Fenômenos meteorológicos: Ainda Ehrenreich atribui uma "importância muito pequena" aos fenômenos meteorológicos na mitologia sul-americana.[17] Em algumas das lendas anotadas por mim, no entanto, eles são os fatores principais. Essas narrativas (42, 44 e textos C, B) possuem um conteúdo moral na medida em que mostram a extraordinária força do raio e da chuva em relação aos animais. A onça burra e fanfarrona, em ambos os casos, é derrotada. O raio e a chuva aparecem aqui como seres corpóreos, sem que sejam chamados expressamente de gente. Isso fica especialmente claro em 42 e C, em que o raio está sentado à beira do caminho enfeitando sua clava, com a qual, depois, ele provoca trovão, raio, tempestade e chuva. Mas a onça pensa que ele é um bicho e quer devorá-lo. O medo que as onças têm hoje de tempestade e de chuva é explicado por essa lenda.

Além disso, tem um caráter explanatório a breve narrativa 45, na qual são dadas as razões pelas quais o raio prefere acertar as árvores *paricá*. Aqui também os raios aparecem falando, bem como seus inimigos, os *carapanãs* (mosquitos), que atiram naqueles com setas envenenadas.

O vento, ao qual, como Ehrenreich diz, "corresponde uma certa forma corpórea devido a sua ação mecânica",[18] também desempenha um papel importante nessas lendas. Um dos irmãos do herói tribal, Makunaíma, é Wakalámbe (2).[19] Com o mesmo nome os índios designam o perigoso ciclone, que, às vezes, junto com Kūranaú, o inofensivo redemoinho, se forma nas queimadas dos cerrados e obriga as pessoas a se jogarem ao chão ou a se segurarem nas árvores para não serem levadas embora.

Na lenda Arekuná 33, Wakalámbe leva para o alto algumas crianças que puseram fogo no cerrado e as rapta para sua casa, onde as transforma em redemoinhos. Após longa busca, os pais reencontram seus filhos e também se transformam em Wakalámbe.

---

[16] Sobre outras estrelas e constelações, vide v.III.
[17] *Mythen und Legenden*, p.15, 29.
[18] Ibidem, p.15.
[19] Vide também v.III: Fórmulas Mágicas.

Chuva, vento e raio têm, por fim, grande importância na cura de certas doenças. Nas fórmulas mágicas, que estão intimamente relacionadas com a mitologia, eles aparecem personificados, falando e agindo, e reparam aquilo que os heróis tribais fizeram com sua inveja e malvadeza.[20]

Kẹyemẹ̈, o arco-íris, após sua aparição é tido como uma grande cobra d'água multicolorida que vive em cachoeiras altas. Essa crença deve ter surgido, por caminho explanatório, da observação de que frequentemente se formam arco-íris no vapor d'água que paira acima das cachoeiras. Quando Kẹyemẹ̈ tira a sua pele, ele é um homem. Seu caráter é mau (22). Mas isso não impede que ele seja considerado o "pai de todos os animais", que recebe suas sombras (almas) após a morte.[21]

Fogo: O fogo aparece uma vez personificado como um "homem pequeno e gordo", junto com a onça, que ele vence facilmente na luta. Na lenda 43, que, em sua tendência e em muitas expressões, concorda com a lenda anterior da "onça e o raio", o fogo volta da caçada carregando nas costas um panacu cheio de carne de caça assada que ele capturou ao cercar um pedaço de cerrado (como os índios costumam fazer com fogo). A onça ataca traiçoeiramente o homenzinho, aperta-o contra o chão e lhe morde na garganta. Aí a onça pega fogo e arde em chamas. – Assim, o elemento que age como ser humano volta a sua verdadeira natureza, que ele também mantém durante toda a luta com a onça até que, por fim, aparece novamente falando e vai para sua casa como pessoa (vide também D).

Como nas lendas 42 e 44 ocorre com o temor da onça em relação à tempestade e à chuva, também aqui seu conhecido temor em relação ao fogo tem motivo explanatório.

Animais: A concepção primitiva do mundo não vê diferença entre homem e animal. Todos os animais, qualquer que seja a espécie, podem surgir falando e agindo como seres humanos, mas sua natureza e características animais, que o índio tem diariamente diante de si, sempre voltam a aparecer.

Uma anta cria um garoto roubado até ele ficar moço, então se torna sua mulher. Uma criança humana nasce dessa, para o nosso conceito, singular união. Mas a anta é abatida na caça pelos parentes de seu marido e depois comida, após ter, como verdadeira anta, destruído a plantação deles (22).

Nas lendas, particularidades dos animais são transpostas para o humano. Talvez se possa esclarecer isso como sendo um modo de vencer a contradição entre natureza humana e animal.

Na mesma lenda, a anta ensina a seu marido, quando este foge de uma cobra venenosa: "Isso não é uma cobra! Isso é o meu fogão! A cobra corre atrás das pessoas e, onde ela morde, dói. A cobra é para nós (antas) um fogão. Os homens as veem como cobras e sofrem por causa das picadas, assim como nós sofremos com a mordida de um cachorro... Para a anta, o cachorro é uma cobra". A anta não teme a cobra venenosa porque esta não pode fazer nenhum mal a esse paquiderme. O cachorro, o companheiro do homem, ao contrário, é seu inimigo natural. Portanto, o cachorro é para a anta o que a cobra venenosa é para o homem.

---

[20] Ibidem.
[21] Vide v.III.

A estranha comparação da cobra com um fogão deve ter sua razão de ser na forma arredondada do torrador indígena, com o qual a cobra enrolada tem uma certa semelhança.

Os carrapatos, dos quais a anta está repleta, são suas miçangas. Ela os usa como adorno e, na lenda, também enfeita seu companheiro humano com eles.

O grande jacaré chama as pessoas que ele rapta de suas "antas" e devora (49 XIV).

Para o cachorro, as fezes humanas, que ele gosta de comer, são *sakúra*, ou seja, massa com a qual se prepara o caxiri (bebida para festas) (24).

Bebida feita de animais apodrecidos é *payuá* para os abutres, uma inebriante bebida para festas feita de beijus (27).

Num pequeno mito que inicia a fórmula mágica usada para "transformar inimigos em amigos", os raios dão minhocas para os tatus comerem e as chamam de veados.[22] Para os tatus, as minhocas são o principal alimento, assim como para esses índios do cerrado o são os veados.

Formigas venenosas são a pimenta do antropófago Piai̱'má (10).

Pelo visto, essa transformação de conceitos para um entendimento melhor se baseia numa concepção infantil. Pode-se observar, com frequência, que as crianças conferem conscientemente a suas brincadeiras um outro significado que combina com o respectivo jogo. A diferença entre gente e animal também desaparece por completo entre as crianças.

Ke̱yemé, o arco-íris, é como um homem, mas quando ele se veste, é uma grande cobra d'água. Ela demonstra sua natureza humana ao matar um garoto com flechas. A seguir, é morta debaixo d'água, também com flechas, pelos mergulhões, que aqui aparecem como pássaros (22).

Quando os urubus-reis, que moram no céu, chegam lá em cima, despem suas roupas de plumas e são gente. Apesar disso, lá também gostam de comer animais putrefatos, como verdadeiros abutres. Também os papagaios, *periquitos, araras*[23] e outras aves no céu são gente como nós. Preparam bebidas inebriantes feitas de milho e de mandioca (27).

No mito 29, os porcos-do-mato almoçam e "bebem *caxiri* dos frutos da *inajá,* da *tucumá,* da *abio* e de todos os frutos que os porcos gostam de comer".

Os peixes bebem *caxiri* para ficarem corajosos, do mesmo modo como os índios fazem antes de uma luta. Então eles arrastam casas e as jogam numa cachoeira (34).

Na fábula de animais 48b, primeiro o jabuti mostra suas características animais. Ele tenta, em vão, subir pelo tronco de uma palmeira, mas depois é erguido para a árvore pelo macaco, continua se arrastando pelas folhas, cai de costas e fica entalado na terra, abandonado. Mais tarde, ele persegue a anta com arco e flechas, mata-a e a esquarteja com uma faca que a onça lhe dá. O jabuti raspa, às escondidas, a casca venenosa de uma árvore, joga-a numa panela e mata a onça com ela. Então ele corta a cabeça da onça com um facão e faz uma flauta de um osso. Agora é perseguido por outra onça e se refugia dela num buraco. A onça vai buscar sua enxada para desenterrá-lo. Nesse meio-tempo, o jabuti se livra dela por meio de um ardil, mas logo a seguir é surpreendido por outra onça. Esta quer comê-lo, mas ele diz a ela: "Você não

---

[22] Vide v.III: Fórmulas Mágicas.
[23] As palavras em português que aparecem em itálico estão com essa formatação na edição original. (N. E.)

consegue me partir com os dentes. Me jogue contra um tronco de palmeira caído sobre a água! Então você vai conseguir partir meu casco". A boba da onça faz isso. É claro que o jabuti não quebra. Cai no rio, continua nadando debaixo d'água e foge do seu perseguidor.

Assim, nessas narrativas, qualidades animais e humanas confundem-se nas mesmas personagens.

O importante papel que os animais desempenham na vida do índio também é ressaltado nos mitos. Os animais são tidos como os proprietários ou descobridores originais de bens culturais, fogo, plantas úteis, ferramentas ou de importantes estados corpóreos que os homens obtiveram por meio bom ou violento.

Assim, os homens devem todos os bons frutos indiretamente ao roedor *Dasyprocta aguti*, pois este encontra na lenda do dilúvio a árvore *wazaká*, que dá todos esses frutos. Por meio dele é que os heróis da tribo tomam conhecimento disso, então derrubam a árvore e, dessa forma, propagam os frutos por toda parte (1 e 2).

O milho foi trazido do céu por um homem, onde os papagaios, *periquitos* e *araras* o possuíam. Foi na casa deles que ele também bebeu o primeiro *caxiri* de milho. Os patos têm no céu plantações de mandioca e preparam *caxiri* de mandioca.

Segundo a lenda do dilúvio dos Arekuná, somente o pequeno pássaro *mutúg* (*Prionites momota*) é que, originalmente, possuía o fogo. Makunaíma e seus irmãos entraram de modo ardiloso em sua casa e levaram o fogo (1).

Em tempos primevos, só quem tinha o sono era E̲'morón-pódole, o "pai do sono", cuja natureza não é caracterizada mais detalhadamente. Pelo visto, era um animal, ave ou lagarto, pois, após várias tentativas frustradas, – quem se aproximava dele, pegava no sono – um pajé lhe roubou três ovos em sua ausência, e, ao comê-los, os homens adquiriram o sono (20b).

Os venenos contra peixe *azá* e *inég*, que se originaram do cadáver de um garoto, os homens também devem indiretamente a um animal, pois uma anta era a mãe desse garoto (22).

Do cachorro, os homens obtêm a rede de dormir e as sementes de algodão (24).

O feitiço *empukúžimā*, com o qual se pode matar pessoas a distância, originalmente era propriedade do monstro Piai̲'má. Foi por meio do pequeno lagarto Seléseleg que o herói da tribo Ma'nápe o obteve. Então ele o transmitiu aos homens, que o empregam ainda hoje (11 e H).

Nos mitos 28 e 29 os animais aparecem como donos de utensílios mágicos, que os homens obtêm deles por astúcia, ou pela força, ou mesmo de modo amigável, para perdê-los de novo para os animais. No mito 29, os animais mostram aos homens o uso desses utensílios mágicos.

Os animais prestimosos são comuns a todas as mitologias. Eles auxiliam não só os homens, mas também seres demoníacos com suas forças naturais e mágicas.

Pílumog, a libélula, ajuda Piai̲'má quando ele ensina aos homens as artes mágicas.

A vespa Kambežíke recolhe o sangue de Makunaíma, o qual Piai̲'má acertou, que é derramado sobre o cadáver esquartejado e lhe devolve a vida (11 e H).

O pequeno lagarto Seléseleg se transforma numa ponte, pela qual Ma'nápe atravessa o largo rio para chegar à casa de Piai̲'má. Ele também lhe diz onde encontrar o feitiço para matar Piai̲'má e sua mulher (11 e H).

Um passarinho leva consigo a ponta de um cipó, pelo qual a Lua quer subir ao céu, e o amarra na entrada do céu (14).

Por meio do passarinho Kóęzag, Žiližoaíbu manda dizer a seu irmão que a mulher dele lhe cortou a perna com um machado (18 e 19b). No texto original dessa lenda Arekuná, o mutilado envia seu "mauarí",[24] como o tradutor se expressou, um ser espiritual, uma espécie de alma, até seu irmão para lhe contar o crime. Lá não é dito expressamente que é um pássaro, mas depreende-se isso das lendas 18 e 19b e do canto "tíu", que o "animal" acrescenta a suas palavras.

A alma do Piai̯'má assassinado mostra, como borboleta, o caminho ao próprio inimigo (26).

Na lenda Arekuná 22, todas as aves e animais de caça tentam, em vão, entrar na água para matar a malvada cobra d'água Kęyęmę̂. Por fim, dois mergulhões o conseguem.

Uma série de animais prestativos aparece na bela lenda da "visita ao céu" (27).

Pílumog, as libélulas, ajudam ao homem a esvaziar um grande lago, e a ave *Uoímęg* vigia o caminho e adverte os trabalhadores com seu grito quando alguém chega. *Motô*, as minhocas, fazem furos numa rocha para os alicerces da casa. *Kasáu*, os (pássaros) tecelões, guarnecem a casa com teto e paredes. *Maídžape*, os cupins brancos, confeccionam o banco mágico de pedra. Todos esses trabalhos são concluídos com rapidez. Por fim, o homem retorna à Terra com o auxílio do rouxinol *murumurutá*.

As vespas picam o pai do urubu-rei, auxiliando, assim, a libertar o seu genro (27).

No mito 34, os peixes e outros animais aquáticos ajudam o pajé Wazāmaímę̃ a castigar os assassinos do seu sogro.

Encontramos nessas lendas os mais diferentes animais, da onça e da anta até o besouro esterqueiro e a minhoca. Quem aparece com mais frequência é a onça, mas quase sempre ela desempenha um papel lamentável. É derrotada, iludida e enganada não só por forças superiores, como o fogo, o raio e a chuva, mas também por homens e animais. Em compensação, animais pouco vistosos se distinguem pela esperteza, como, na lenda do herói, o roedor *aguti*, e, nas fábulas de animais, o jabuti.

Certos animais são considerados, de certo modo, protótipos de seu gênero e distinguidos com o apelido de *pódole* = pai: Waimesá-pódole = pai do lagarto (12), Walo'má-pódole = pai do sapo (13 e K), Mau̯aí-pódole, pai do caranguejo (20 a), Pau̯í-pódole = pai do *mutum* (20c), Kásana-pódole = pai do urubu-rei (27), Kulātú-pódole = pai do jacaré (49XIV e A XIV).

Plantas: Raramente aparecem plantas falando ou agindo autonomamente. Na maioria das vezes, são plantas mágicas usadas hoje por caçadores e pescadores nos ritos de cura, e cujas funções são explicadas nos mitos.

As plantas mágicas Ayúg, Elekauá e outras desempenham um importante papel nos ritos de cura. O extrato de sua casca é bebido não apenas por doentes, mas também pelos próprios pajés para se imbuírem de poderes mágicos (21).

---

[24] *Mauarí* é como esses índios chamam a todos os seres demoníacos. Vide anteriormente.

Ayúg aparece personificada junto com seu irmão Elekauá e seu "irmão mais velho" Mese-yég[25] como os ajudantes mais fortes e mais perigosos do pajé durante o rito de cura. Como se expressou o narrador da lenda 21 numa observação, elas são "como gente", as "sombras (almas, espíritos) das árvores". Elas apoiam muito ativamente o bom pajé em sua luta contra o feiticeiro mau que causou a doença.[26]

Na lenda 14 aparece um pajé acompanhado de muitos *ayúg*. Por meio de um deles ele manda trazer de volta a alma da criança que o pajé mau Kapéi, a Lua, roubou.

A trepadeira Kunawá, com a qual o caçador se torna bem-sucedido, surgiu de uma criança pequena abandonada pelos pais e que subiu numa árvore (L). Também se vê *kunawá* no céu com um facho na mão (20c).

Numa fórmula mágica contra erupções cutâneas, as diferentes espécies de pimenta aparecem falando e tomam parte ativa na cura.[27]

Assim como os animais, também as plantas ajudam o homem em sua aflição, sem que, nisso, seja preciso pensar numa personificação.

Mai'uág ordena à pequena palmeira espinhenta *arāgán-yeg* a envolver seus cunhados que o estão perseguindo. Estes, então, caem nos espinhos (41).

A personificação de animais e plantas baseia-se na crença desses índios no animismo da natureza. Cada animal tem uma alma que, após sua morte, vai para Keyemé, o "pai de todos os animais". Todas as plantas têm alma, pois elas crescem e morrem. As pedras são animadas apenas indiretamente, na medida em que são concebidas como moradas dos espíritos ou, em tempos primevos, representam pessoas e animais transformados.[28] Apesar disso, na lenda 30, a serra também é apresentada falando. Na fábula de animais 48b até mesmo as fezes da anta falam.

Pelos mitos ficamos conhecendo alguns *feitiços e ações mágicas*, empregados ainda hoje.

O mito 21 contém indicações especialmente numerosas e valiosas e no qual se narra como o "grande pajé" Piai'má ensina sua arte às pessoas. Ficamos conhecendo aqui, em todos os detalhes, toda a difícil formação do pajé de hoje. São enumerados todos os remédios, em sua maioria vegetais, que os noviços têm de tomar até vomitar para que "possam cantar bem, dizer sempre a verdade e reconhecer o que é certo no mundo". Antes de Piai'má despedir seus alunos, ele lhes dá feitiços para serem úteis aos homens ou para prejudicá-los. Ele lhes dá o tabaco mágico, que não pode faltar em nenhum rito de cura; dá-lhes carrapicho, que se joga na plantação do inimigo para cobrir tudo; além disso, um feitiço para enlouquecer uma mulher; um outro, para deixar uma mulher ébria de amor; por fim, meios para uma pessoa ser bem-sucedida na caça.

Para cada animal de caça, veado, anta etc., há um remédio vegetal especial. Passa-se o extrato numa corda, que é enfiada pelo nariz e puxada boca afora, fazendo que sangre. É assim que Piai'má faz com seus alunos.

---

[25] *Paricá*: *Mimosa* sp.
[26] Mais pormenorizadamente sobre a atividade dessas "almas de árvore" no v.III.
[27] Vide v.III.
[28] Ibidem.

Na fábula da corrida entre a tartaruga e o veado (47c) nascem as plantas mágicas *waikín-epig* e *oazámuli-epig*, remédio contra veado e remédio contra tartaruga, nos corpos dos animais em questão.

Também fazem parte dos feitiços para se ter sucesso na caça e na pesca a grande vespa Kamayuá, pela qual as pessoas se deixam picar nos braços, e a trepadeira Kunawá, cujo decocto é bebido frio até que se vomite. Ambas surgem juntas no mito 20c e no texto L.

Também o feitiço vegetal *empukužimã*, que se usa para matar um inimigo a distância, ao se mover a planta lentamente na direção dele, vem de Piai'má (11 e H).

Outros feitiços vegetais citados no mesmo mito (H) são *menáka, zauzóg* e *kumī*, que ainda hoje são empregados por qualquer pessoa na cura de doentes. Ma'nápe sopra os mesmos sobre seu irmão Makunaíma, morto por Piai'má, para devolver-lhe a vida. Primeiro, ele costurou o cadáver despedaçado com as folhas em forma de capim da *kumī*.

A planta *kumī*[29] desempenha um papel importante na maioria dos encantamentos, especialmente nas transformações. No mito da "visita ao céu" (27), o herói Maitxaúle é soprado por sua mulher, a filha do urubu-rei, com *kumī* mastigada, para ele poder voar até o céu como abutre e, depois, igualmente pelo rouxinol, para poder voar de volta à Terra como rouxinol. O encantamento de soprar precede sempre o ato de vestir a roupa de plumas.

No mito 30, os irmãos passam *kumī* pelo corpo todo e se transformam em *araras* vermelhas para escapar das perseguições das duas moças ébrias de amor. Estas, então, encontram restos de *kumī* no chão, passam-nos pelo corpo e se transformam em *araras* amarelas.

No mito 35, que conta como um cachorro descobre o canto de dança dos Sapará, os *mauarí*, demônios das montanhas, chegam a uma aldeia na ausência dos homens e sopram *kumī* nas mulheres. Então estas os seguem até um lago, onde são sopradas, várias vezes, com o feitiço pelos espíritos. A seguir, todos mergulham n'água. Os homens, que estão voltando, encontram pedaços de *kumī* no chão, sopram igualmente a planta nos próprios corpos e pulam no lago, onde se transformam em *mauarí*.

Um encantamento de efeito mágico a distância, que, segundo explicação expressa do narrador, ainda hoje é empregado pelos índios, no mito 27 é ensinado pela filha do urubu-rei a seu marido, quando ele não quer deixá-la ir até seu pai: "Corta o meu cabelo! Enfia num pedaço de bambu, sopra fumaça de fumo sobre ele e fecha o buraco com cera de abelha! Se eu não voltar amanhã, então fecha o buraco com pez! Aí eu morro!".

Essa forma de feitiçaria, prejudicar ou matar uma pessoa utilizando-se partes do corpo, está, por assim dizer, difundida por toda a Terra e pode ser considerada típica do feitiço a distância. A ideia fundamental é: se eu disponho de algo do corpo do outro, então disponho de todo o homem, para o bem e para o mal. Tenho um meio de destruí-lo apesar da distância.

Em tratamentos mágicos, na maioria das vezes o mágico exige das pessoas presentes que fechem os olhos; um traço que reaparece textualmente em vários mitos e que caracteriza uma concepção muito primitiva.

---

[29] No português do Brasil: *bribrióca*.

Assim, (6) Makunaíma fala para sua mãe: "Feche os olhos! Diga: 'Quem vai levar a casa para o alto da montanha?'!". Enquanto ela mantém os olhos fechados, ele leva a casa e todas as plantações para o topo da montanha. Com as mesmas palavras ele traz a casa de volta para a terra. No mito 27, o (pássaro) tecelão proíbe o herói de olhar para ele quando, em pouquíssimo tempo, cobre com teto e paredes a estrutura construída pelo outro. Da mesma forma, os cupins o desafiam a ficar na casa enquanto confeccionam lá fora o banco de pedra. No mito 11 e no seu texto H (frase 34-37), o pequeno lagarto Seléseleg ordena ao herói Ma'nápe fechar os olhos enquanto ele se transforma numa ponte. A mesma exigência é feita pelo sol para Akālapižéima quando ele põe seu toucado e brincos e, com isso, se transforma no brilhante Sol (K frase 45-49).

Às vezes, o mágico se afasta mesmo durante o início do efeito de sua ação mágica. Assim, Ma'nápe deixa a casa de Piaį'má depois que soprou feitiço no cadáver de seu irmão e o cobriu com um apá. Logo a seguir, Makunaíma desperta para nova vida (11 e H frase 52-56).

Quem olha para o mágico fica com os olhos estourados. Isso acontece com dois alunos de Piaį'má quando, apesar de advertência expressa, olham para o mestre dos bruxos (21).

Apesar de todos os feitiços e ações mágicas, transparece nesses mitos uma concepção muito primitiva.

A crença no efeito mágico da planta *kumī* nas transformações sem dúvida faz parte de um estágio relativamente tardio. A ideia original devia ser a de que só era preciso vestir uma roupa emplumada para se tornar um pássaro. Isso também é indicado pelo fato de que as aves que vivem no céu, como urubu-rei, papagaios, *arara* e patos, quando chegam lá, tiram sua roupa emplumada e são, então, pessoas.

É extremamente ingênua a concepção de que não só o pajé nos ritos de cura (21),[30] mas também a Lua (14) e até mesmo as aves, apesar de seu traje emplumado (27), precisam utilizar uma escada para chegar ao céu.

Esse traço é característico do modo inteiramente cotidiano e das relações naturais de explicar os acontecimentos maravilhosos. Essa concepção pertence a um primitivo estágio evolutivo para o qual ainda não existe um voar mágico.

Em outros mitos, a concepção primitiva já desapareceu. De Žilikawaí-Žiližoaíbu só é dito que ele sobe ao céu para se transformar nas Plêiades (18 e L). Também Pauí-podole, a vespa Kamayuá e a trepadeira Kunawá chegam ao céu sem auxílio especial, onde ainda se pode vê-las como Cruzeiro do Sul e Alfa e Beta Centauro (20c).

Algumas figuras do mito são poderosos auxiliares do pajé. Um canto se refere ao mito 27 que o pajé canta no rito de cura noturno, quando Maitxaúle, o herói desse mito, chega para auxiliá-lo. Às vezes, com a ajuda do tabaco mágico, o pajé sobe até o céu para pedir conselho a Kasána-pōdole.[31]

---

[30] Vide também v.III: Pajé.
[31] Ibidem.

Wewẹ́, o herói do mito 29, torna-se, por fim, Ẓauẹleẓáli̱, o "pai do porco-do-mato". Durante um exorcismo num garoto doente, que meu pajé Akúli̱ fez em 6 de dezembro de 1911 em minha presença, ele citou esse espírito, que também apareceu sob terríveis grunhidos.[32]

Outros ajudantes muito perigosos do pajé são Rató, "pai e mãe d'água" e seu numeroso clã (31). Com frequência, os pajés ficam de pé junto às cachoeiras, bebem da água espumante até vomitarem e exorcizam os monstros com canto abafado. Rató é o pai de todos os peixes e animais aquáticos. No mito 34, a pedido do pajé Wazamaímẹ, ele manda todos os seus filhos e netos (os peixes) para ajudá-lo a vingar a morte de seu sogro Mauraímẹ̃.

O pajé mantém estreitas relações com os *mauarí*, os demônios das montanhas, rios e lagos. Estes o apoiam nos ritos de cura e plantam para ele o tabaco mágico (21).

Em vários mitos aparecem armas de caça e utensílios que uma pessoa especialmente agraciada, na maioria das vezes um pajé, ou possui, ou recebe, ou apreende dos animais e que, por culpa de parentes malévolos, são perdidos novamente para os animais.

Os mitos 28 e 29 tratam, no fundo, do mesmo objeto, mas, apesar de numerosas concordâncias, divergem essencialmente em alguns traços. Em ambos os mitos o herói é um homem que sempre volta malsucedido da caça. Os utensílios mágicos são uma pequena cabaça, que se usa de maneira especial na pesca, um remo que se enfia no rio fazendo que a água represe e os peixes fiquem no seco, um chocalho de cabaça que se agita para chamar todos os animais de caça. Além deles, no 28 também aparece um arco com o qual se atira sem alvo no ar, fazendo todas as aves de caça caírem, e, no 29, um pente, que é preciso passar duas vezes na nuca para que todos os animais de caça, especialmente os porcos-do-mato, venham.

Utensílios automáticos encontram-se na lenda (41) dos dois genros inimigos, Mai̱'uág e Korōtoi̱kó (pato e coruja). Mai̱'uág consegue fazer uma enorme plantação em pouquíssimo tempo e sem se cansar, pois tem um machado que ele só precisa golpear numa árvore, fazendo que o machado derrube sozinho todas as árvores, voltando, então, para a mão do dono, um facão que, do mesmo modo, tira o mato do desmate, uma faca que corta as estacas, uma enxada que revolve um grande pedaço de terra só de se golpeá-la no chão.

Pertencem também aos utensílios automáticos o banco móvel no mito 27 e o anzol inventado pelo herói do mito 28 para destruir seu cunhado.

Elementos explanatórios: São extremamente numerosos nos mitos e relatos os motivos explanatórios que remetem a toda a natureza circundante.

Pelo visto, a lenda dos sofrimentos terrenos e da ascensão de Žilikawaí–Žiližoaíbu surgiu por caminho explanatório, ao se interpretarem as Plêiades e o grupo Aldebarã e as estrelas do Órion como a figura de um homem perneta, criando-se, então, a narrativa (18 e L).

Devido a sua forma singular, o Roraima e outras mesetas são vistos como tocos de troncos de árvores derrubadas pelos heróis. Também as águas que hoje caem do topo do Roraima são interpretadas por meio desse mito. A fertilidade da região de mata ao norte do Roraima e a infertilidade das regiões de cerrado ao sul dele são explicadas pelo fato de a árvore do mundo, que

---

[32] Vide v.I.

dá todos os bons frutos, ter caído para o norte quando ela foi derrubada. Do mesmo modo, todos os peixes grandes que saíram ao mesmo tempo do toco da árvore, foram para o norte, de modo que lá, ainda hoje, reina abundância de bons peixes (1 e 2).

Certamente o mito do incêndio universal foi motivado por pedaços de carvão que, às vezes, são encontrados na terra (3).

Rochas de formato singular eram pessoas, animais e objetos de uso diário que foram transformados em pedras por Makunaíma. As trilhas pedregosas das serras, que causam tantas feridas, surgiram quando Makunaíma fez feridas em seu corpo usando feitiço, jogou-as pelo caminho e as transformou em pedras, dizendo: "Vocês devem grudar em todas as pessoas que passarem por aqui!" (4 e 5).

Duas pegadas paralelas numa serra a leste do Roraima resultam de cordas que Piai̯'má puxou pelo nariz e pela boca de garotos quando fez deles os primeiros pajés (21).

As pedras de sílex surgiram do primeiro fogo que veio do ânus de uma velha (23).

Um cipó[33] largo que tem a forma de uma escada foi feito pela Lua quando ela ainda estava na Terra, para subir por ele até o céu. Por isso ele tem o nome de *kapẹ́yenkumá(x)pẹ* = a lua subiu por ele (14, pranchas IV e VI).

As plantas venenosas *azá* e *inég*, que os índios lavam na água rasa para envenenar os peixes, surgiram do cadáver de um garoto que já em vida trazia em si a propriedade dessas plantas de narcotizar os peixes (22).

O crescimento singular do tronco da *samaúma* (*Eriodendron*), que no meio é muito mais gordo do que em cima e embaixo, é explicado pelo fato de Makunaíma e seus irmãos terem prendido o "moço da *samaúma*" pelos braços e pernas para que sua barriga pudesse crescer (8).

Os heróis da tribo punham no peito da moça que não quisesse lhes fazer as vontades a ponta do cacho de banana, criando, assim, os feios seios em forma de cone de muitas mulheres (8).

Uma velha que estava procurando por minhocas para isca assumiu a forma do íbis, que ainda hoje adora minhocas (22).

As *piranhas*, perigosos peixes predadores que rasgam uma pessoa em pedaços com seus dentes afiados, surgiram de cristais com os quais Žilikawaí-Žiližoaíbu mandou cortar sua sogra em pedacinhos. As folhas vermelhas da planta aquática *elệza*, com a semente em forma de coração no meio, são o fígado e o coração da velha (19a e L).

A raia foi criada por Makunaíma da folha da planta aquática *mukumúku*, uma espécie de *arumá*[34] cuja forma possui certa semelhança com esse peixe temido, em que o pecíolo da folha representa a cauda e a estípula, o ferrão (pranchas V e VI). A cobra venenosa foi criada por Makunaíma, segundo outra versão por seu irmão Žigé, de um pedaço de trepadeira (7).

Um anzol mágico, que penetra sozinho por todo o corpo de uma pessoa e faz que ela apodreça, se transforma na ferida (28).

---

[33] *Bauhinia* (*Caulotretus*).
[34] Provavelmente *Caladium arborescens*.

A bexiga de peixe originalmente era uma pequena cabaça que um peixe engoliu. A parte da pequena garra do caranguejo em que fica a carne, e que lembra a forma da pá de um remo indígena, surgiu de um remo que foi engolido pelo caranguejo (28, 29 e prancha VI).

A lenda de "Mai̯'uág e Korōtoi̯kó" (41) tem um forte caráter explanatório. Mai̯'uág, ao fugir de seus cunhados, se joga na água, mergulha e se transforma no pato que tem o seu nome. O preguiçoso Korōtoi̯kó, que durante o dia, em vez de trabalhar, fica sentado num tronco em sua plantação e dorme, se transforma na coruja que leva o seu nome. O nome é onomatopaico. Os maus cunhados, que na perseguição a Mai̯'uág sobem em árvores, viram macacos. Também as ferramentas automáticas da plantação se transformam em animais; o machado, no pica-pau; a enxada, na formiga-leão, que no chão das casas e nos bancos de areia fazem inúmeras covas pequenas; a faca, no *Prionus cervicornis*, aquele estranho besouro da floresta da Guiana que, com suas mandíbulas semelhantes a serras, agarra galhos da espessura de um punho e, com a rapidez de um moinho de vento, voa em círculos ao redor dele até cortar o galho em pouco tempo.[35]

A vespa Kambežíke, que gosta de pousar em feridas para sugar o sangue, já em eras primevas sugou o sangue do Makunaíma morto (11).

Pílumog, a grande libélula, tem o costume de pairar sobre recipientes com água e de lançar água ao jogar sua barriga para a frente. No céu, ela esvazia um grande lago. Motó, a minhoca, que vai cavando pela areia das margens dos rios, entra no céu em uma rocha. Kasáu, o (pássaro) tecelão que ainda hoje faz engenhosas casas de palha, faz no céu telhado e paredes para uma casa. Maídžape, o cupim branco, ao qual aqui a madeira mais dura não resiste, transforma no céu uma rocha redonda num banquinho (27).

Encontram-se com frequência ninhos dos (pássaros) tecelões com um grande ninho de vespas numa árvore. Essa amizade singular foi fundada no céu pelo herói da mesma lenda, ao qual os dois animais ajudam.

As aves e os animais de caça têm sua plumagem colorida e sua pele com as cores de uma cobra grande que eles dividiram entre si e puseram sobre seus corpos (22).

De um fenômeno dos tempos primitivos vem a explicação de por que a anta tem um grande ânus, por que a rã tem o ânus nas costas e por que um peixe o tem no pescoço (25).

O roedor *aguti* salvou-se da grande enchente num buraco do toco da árvore do mundo e fez fogo lá dentro para se aquecer. O fogo pegou no seu traseiro e se transformou nos cabelos vermelhos que até hoje ele tem lá (1).

O esquilo tem pálpebras inchadas porque em tempos antigos ele foi picado por vespas, quando subiu na árvore do mundo para, segundo a lenda Taulipáng, pegar frutas, segundo a lenda Arekuná, para cortar as trepadeiras com as quais a árvore estava emaranhada.

---

[35] Vide Rob. Herm. Schomburgk, *Reisen in Guiana und am Orinoko während der Jahre 1835-1839*, Leipzig, 1841, p.329.

Antes, a onça tinha mãos como um homem. O fogo as queimou, e agora as mãos são tortas e as unhas, enroladas (43 e D). Os brilhantes olhos da onça foram feitos com fogo do claro leite da árvore *jataí* (46).

Para escapar da onça, Usú, o camarão, pula na água e se esconde debaixo do pecíolo da folha caída de uma palmeira, que ficou pendurada em suas costas e hoje forma sua casca marrom (46).

A lenda dos animais 47 (F) é puramente explanatória. A touca crespa do *mutum* e a cabeça negra como carvão e as plumas cinzentas do dorso do *jacami*[36] são explicadas por uma briga entre ambos, em cujo decurso eles jogaram um ao outro no fogo, fazendo que as pequenas plumas na cabeça do *mutum* encrespassem com o calor, e a cabeça do *jacami* queimasse, e a cinza ficasse pendurada em suas costas.

A onça nunca volta para um animal de caça grande que ela começou a comer, mas deixa o resto para os abutres. Esse hábito se deve a um trato entre ela e o urubu-rei (46).

Um acontecimento narrado no mito 29 explica por que a lontra, até hoje, não come as tenazes dos caranguejos.

Também os preceitos alimentares são fundamentados de maneira explanatória. Os Taulipáng não comem kāliwaú, uma espécie de peixe de couro, porque em tempos antigos uma mulher expeliu esses peixes do útero (19 a e L).

Traços obscenos: Em mitos sérios encontram-se ingredientes obscenos entremeados episodicamente que, com frequência, nada têm a ver com a ação. Lendas inteiras são conscientemente obscenas. Elas oferecem um prazer especial ao narrador e aos ouvintes.

As manchas da Lua procedem de sangue menstrual (15).

O primeiro fogo é expelido por uma velha de seu ânus (23).

A primeira rede de dormir e a primeira semente de algodão são pagas com fezes humanas (24).

Makunaíma esfrega um fruto de *inajá* no seu pênis e o dá para o seu irmão Žigé comer (1).

O antropófago Piai̯'má carrega um homem nas costas, de cabeça para baixo, e solta gases em seu rosto (26).

A sogra de Waẓãmaímẽ arranca seus pelos púbicos e os põe na borda de uma armadilha para que seu genro pense que uma anta caiu lá dentro, mas escapou de novo (34).

Na fábula de animais 48b, a tartaruga sedenta exige que a anta urine em sua boca, então morde o pênis dela.

Kone̯'wó atira com a zarabatana no saco escrotal de Piai̯'má e nos lábios da vulva da mulher deste (49 XVI). Por fim, ele morre devido a um besouro esterqueiro que enfiou no seu próprio ânus e que comeu todas as suas entranhas (49 XIX).

Além disso, são extremamente obscenas numerosas anedotas de Kaláwunség, o mentiroso.

---

[36] *Psophia crepitans*.

A narrativa mais picante e de tremenda comicidade é a de Pú'yito, o ânus que anda por toda parte soltando gases na cara das pessoas e dos animais, até que os bichos o agarram e o dividem entre si. Pú'yito deve ser a personificação mais original que se possa imaginar (25).

História: Fatos históricos que se passaram há não muito tempo também estão entrelaçados nas lendas. Assim, o mito da "visita ao céu" começa com a descrição de uma luta entre duas tribos Karib, os Kuyálakog, que ainda hoje, como uma horda dos Ingarikó (Ingalikóg), vivem ao norte do Roraima na região de mata, e os Palawiyáng (os *"paravilhana"* dos brasileiros), uma tribo outrora poderosa e hoje extinta.

São numerosas as narrativas de antigas lutas contadas separadamente dos mitos. Dou no volume III a vívida descrição de uma luta dos Taulipáng e Arekuná contra seus inimigos mortais, os Pixaukó, que hoje devem estar igualmente extintos como tribo.

PRANCHA II. MÖSEUAÍPU-AKÚLI

MITOS E LENDAS

1. A ÁRVORE DO MUNDO E A GRANDE ENCHENTE

(Narrado pelo Arekuná Akúli)

Makunaíma e seus irmãos estavam com muita fome. Akúli[1] sempre voltava para casa de barriga cheia. Ele sempre comia os frutos da árvore *pupú*,[2] que tinha achado na mata, e não contava nada para os outros. Os outros só comiam os frutos ruins da (árvore) *kauí-yeg*. Então Makunaíma mandou Kalí[3] atrás de Akúli para espiá-lo.

Akúli comeu de novo os frutos da *pupú*. Kalí subiu numa árvore próxima para espiar Akúli. Akúli voltou e disse para Makunaíma: "Não tem nada lá!". Mas Kalí trouxe uma fruta na mão e disse para Makunaíma: "Esta é a fruta que o Akúli come sempre!". Makunaíma provou a fruta e disse para Akúli: "Já descobri o que você comeu!". Então Makunaíma e seus irmãos foram até a árvore com Kalí e Akúli. Makunaíma queria derrubar a árvore, mas Akúli não quis deixar. Então os irmãos cortaram a árvore.

Depois que cortaram a árvore, descobriram uma outra árvore, *ná-yeg*,[4] perto da primeira. Comeram todos os frutos e continuaram andando e encontraram um lugar onde ficaram vários dias. De novo, ficaram com muita fome e comeram frutos ruins. Akúli separou-se deles para procurar outros frutos. Ele encontrou a árvore *wazaká*, que dava todos os frutos bons que existem.

Eles ainda não tinham fogo e, por isso, comiam tudo cru, peixes, caça, tudo. Procuraram fogo e acharam o passarinho *mutúg*,[5] que, segundo dizem, tinha o fogo. O pássaro estava pescando. Makunaíma amarrou um cordão na cauda do pássaro sem que ele percebesse. Então o pássaro se assustou, saiu voando e levou o cordão. Era muito comprido. Os irmãos foram seguindo o cordão e encontraram a casa do *mutúg*. Então levaram o fogo da casa. [Talvez o tenham levado à força.]

Então voltaram e procuraram Akúli, que todo dia tinha comido frutos da árvore *wazaká*. Ele não tinha dito nada para os outros, só tinha lhes dado frutos ruins. Acharam Akúli, e Makunaíma lhe disse: "Vamos dormir!". Makunaíma fingiu que estava dormindo. Quando Akúli dormiu, Makunaíma levantou o lábio superior dele e achou um pedacinho de milho entre os dentes. Então Makunaíma mandou Kalí atrás de Akúli.

Kalí foi com Akúli e comeram os frutos. Akúli disse para Kalí: "Não diz nada para os outros!". Kalí fez como Akúli e não disse nada. E assim os dois comeram vários dias os frutos bons e não contaram nada para os outros. Toda vez que voltavam para casa, estavam de barriga

---

[1] Um roedor. *Dasyprocta aguti*.
[2] Árvore de frutos amarelos e comestíveis.
[3] Uma espécie de esquilo, chamado de *agutipuru* no Brasil.
[4] Árvore das serras, de frutos comestíveis.
[5] Nome onomatopaico desse pequeno pássaro verde, cujo grito abafado "hutu-hutu" anuncia a alvorada: *Prionites momota*.

cheia e não queriam comer nada dos frutos ruins, apesar de Makunaíma os convidar. Só comiam um pouquinho deles, já que tinham comido de todos os frutos bons que existem.

No fim, Kalí contou tudo para Makunaíma. Então Makunaíma foi com seus irmãos e Kalí e Akúli até a árvore que dá todos os frutos. Akúli tinha escondido todos os frutos maduros caídos no chão num buraco no tronco. Kalí foi na frente mostrando o caminho para Makunaíma. Makunaíma ia atrás dele. [Makunaíma, o mais moço dos irmãos, ainda era um garoto, mas era *mais safado** do que todos os outros. Os outros irmãos dependiam dele, pois ele lhes dava o sustento.]

O irmão mais velho, Žigé, aconselhou seus irmãos a não derrubar essa árvore também, como fizeram com a *pupú*, mas só comerem os frutos que caíam. Mas Makunaíma queria cortar essa árvore também. O irmão mais velho disse: "Não! Não vamos derrubar a árvore de novo; senão, outra vez, não vamos ter o que comer!". Pois eles não tinham comido mais nada desde que tinham derrubado a árvore *pupú*. Mas Makunaíma não queria lhe dar ouvidos e queria, por toda força, derrubar a árvore. Então Žigé se cansou de brigar e disse: "Ele que derrube a árvore!".

A árvore *wazaká* estava emaranhada de cipós. Então Makunaíma mandou Kalí subir nela e cortar os cipós. Mas lá havia muitas vespas, que picaram Kalí nas pálpebras. É por isso que, até hoje, elas são inchadas.

Akúli foi juntando cada vez mais frutos e lenha e enfiou tudo no buraco do tronco e tapou o buraco com cera de abelha.

Makunaíma bateu num dos lados do tronco, Žigé bateu no outro lado. Žigé sempre dizia ao bater: "*waína-yęg!*".[6] Então um dos lados do tronco foi ficando cada vez mais duro. Mas Makunaíma batia mais depressa que Žigé e dizia ao bater: "*ęlupa-yég makúpa-yęg palúlu-yęg!*".[7] Então esse lado foi ficando cada vez mais mole. A árvore se partiu. Ela caiu sobre a árvore *elu-yég* e sobre a árvore *yuluwazāluíma-yęg*. Makunaíma também derrubou essas árvores. [Os tocos formam hoje as serras Elú-tepę e Yuluwazāluįma-tepę. O toco da árvore *wazaká* forma hoje o Roraima. Todas essas montanhas têm a mesma forma e são muito altas.] As árvores caíram todas do outro lado.[8] É por isso que, ainda hoje, existem lá muitas bananas, milho, algodão e muitos frutos que não são plantados, mas que dão na mata.

A árvore *wazaká* caiu sobre o Caroni e continua lá ainda hoje. [Hoje ela é um rochedo que atravessa o Caroni. Ele forma a alta queda d'água Wazaká-melu, onde os barcos têm de ser descarregados e levados por terra.] Também as duas outras árvores *elu-yég* e *yuluwazāluíma-yęg* caíram sobre o Caroni. [Elas formam hoje as altas quedas d'água Eutoálime-melu e Pęlęuuíma-melu.]

---

* No original alemão, "verschlagener": mais ardiloso. Segundo informação em nota de rodapé, "mais safado" foi a tradução que o narrador deu a Koch-Grünberg. (N. T.)
6 Nome de uma árvore de madeira muito dura; significa aqui uma espécie de fórmula mágica.
7 Bananeiras. O tronco da bananeira é tão mole que se pode cortá-lo de um só golpe. Os nomes devem exercer um efeito mágico no tronco da árvore *wazaká*.
8 Ou seja, do outro lado do divisor de água, para o norte.

Žigé cobriu o toco da árvore *wazaká* com um apá.* Do toco saíram muitos peixes. Akúli foi tapando cada vez mais o buraco onde tinha escondido os frutos e a lenha, pois sabia que ia sair muita água de dentro do toco. Quando Žigé estava cobrindo o toco, Makunaíma disse: "Deixa sair um pouco mais de peixes para estes riachos! Depois cobrimos o toco!". Ele ergueu um pouco o apá. Então a água saiu com toda força e jogou o apá para o lado. Então saiu muita água, e eles não conseguiram cobri-la de novo.

Makunaíma enfiou um tronco muito alto de *inajá*[9] na terra.[10] Žigé ficou zangado com ele, mas não conseguiu impedi-lo, porque o que Makunaíma queria fazer, ele fazia. Então Žigé enfiou no chão um tronco de *inajá* da mesma altura daquele de Makunaíma. As árvores deram fruto e cada um subiu na sua árvore. Então Žigé disse: "Meus frutos ainda não têm gosto. Os seus frutos são bons?". Makunaíma respondeu: "Não! Meus frutos também não têm gosto. Deixa eu provar os teus frutos!". Então Žigé lhe deu uma fruta. Makunaíma mordeu e tirou um pedaço, passou a fruta no pênis e a devolveu a Žigé, dizendo: "Experimenta agora!". [Até hoje, a *inajá* dá frutos na época das chuvas.][11]

Akúli tinha se arrastado para dentro do buraco do tronco onde tinha escondido as bananas. Ele queria se salvar das grandes águas e tinha tapado o buraco. Acendeu fogo no buraco e ficou se aquecendo. Então o fogo pegou no seu traseiro e se transformou em pelos vermelhos. Até hoje, Akúli tem pelos vermelhos no traseiro.

2. A ÁRVORE DO MUNDO E A GRANDE ENCHENTE

(Narrado pelo Taulipáng Mayuluaípu)

Há muito tempo, viviam no sopé do Roraima cinco irmãos: Makunaíma, Ma'nápe, Anžikílan, Wakalámbę e Aníke. Ma'nápe era o mais velho deles, mas não valia nada. Esses cinco irmãos estavam com muita fome e não tinham nada para comer. Então Akúli, que muito tempo atrás era gente, achou no fundo da mata uma árvore enorme, *wazaká*, que dava todos os bons frutos, todos os tipos de banana, *mamão*, *acaju*, laranjas, milho. Ele comia todo dia delas, mas não dizia nada para os outros.

Um dia, quando ele voltou de novo de barriga cheia para casa, Makunaíma lhe disse: "Vamos dormir!". Mas ele só queria descobrir o que Akúli tinha comido, já que todo dia ele estava com a barriga cheia. Akúli dormia. Makunaíma fingiu que estava dormindo. Makunaíma

---

* *Korbwanne* no original. Trata-se de um tipo de cesto indígena semelhante à meia esfera, empregado como recipiente e para servir alimentos sólidos. (N. T.)

[9] Palmeira inajá: *Maximilian regia*.
[10] Para se salvar da enchente.
[11] As explicações sobre locais [entre colchetes] são acréscimos do narrador Akúli. Todos os demais dados entre colchetes foram acrescentados pelo tradutor Mayuluaípu como esclarecimento.

levantou o lábio dele para ver o que ele tinha comido. Encontrou um pedacinho de fruta na boca de Akúli, provou e descobriu que era um pedacinho de banana, *wazáka-pēlú*.[12] Akúli acordou, mas não percebeu nada.

No dia seguinte, Makunaíma mandou Kalí, que muito tempo atrás era gente, com Akúli para ver onde ele achava a fruta. Eles também chegaram perto da árvore onde muitos papagaios e periquitos comiam os frutos. Kalí queria ver a árvore, mas Akúli não queria mostrar. Eles voltaram.

No dia seguinte, Makunaíma mandou seu irmão mais velho, Ma'nápe, com os dois. Andaram um bom trecho para dentro da mata. Akúli enganou Ma'nápe e disse: "Fica aqui junto da árvore e colhe os frutos! Vamos procurar uma outra árvore!". Mas a árvore era uma *zaú*.[13] Os outros dois continuaram andando, e Akúli mostrou para Kalí a árvore com os frutos.

Akúli disse para Kalí: "Come os frutos caídos no chão!". Kalí respondeu: "Vou subir nela. Lá tem mais e melhores!". Akúli disse: "Não sobe! Lá tem muitas vespas que vão te picar!". Kalí era teimoso e disse: "Não se preocupe! Vou subir, sim!". Mas havia muitas vespas lá em cima. Por isso, Akúli ficou comendo no chão, escondido. Kalí subiu e foi pegar a banana mais bonita. Então vieram duas vespas e picaram suas pálpebras superiores. Kalí caiu da árvore e disse: "Estava certo, meu amigo! Eu não quis aceitar o teu conselho e fui castigado!". Desde então, Kalí tem as pálpebras inchadas.

Makunaíma desconfiou dos dois porque Kalí voltou com os olhos inchados. Por isso, no dia seguinte, mandou seu irmão mais velho Ma'nápe atrás deles e lhe disse: "Te esconde no caminho e, quando os dois trouxerem bananas e as esconderem no caminho, se você tiver fome pode comê-las logo!". Ma'nápe se escondeu no caminho. Os dois passaram, mas já tinham escondido as bananas antes. E assim foi todos os dias.

Então Makunaíma mandou seu irmão mais velho Ma'nápe ir com os dois. Eles lhe mostraram a árvore com os frutos. Então Ma'nápe disse: "Que belos amigos vocês são! Todo dia vocês enchem a barriga aqui e não nos dão nada!". Então Akúli disse: "Eu enchi minha barriga aqui todos os dias e não disse nada para vocês e só lhes dei porcaria!".[14] Ma'nápe comeu muitas bananas até ficar de barriga cheia. Então ele fez um panacu* para levar bananas para o seu irmão. Akúli lhe disse: "Cuidado! Lá tem muitas vespas!". Mas Ma'nápe disse: "As vespas não me picam!". Ele recolheu muitas bananas bem maduras caídas no chão, encheu seu panacu e foi para casa. Contou a história para o seu irmão. Makunaíma fez uma salada de bananas e comeu com seus irmãos.

---

[12] Uma espécie de banana comprida. Literalmente: *wazaká*-fruto.

[13] *Agutitiripa, tipiripá, tepiripá, tipiribá*, uma árvore de frutos ruins, alimento habitual do *aguti*. As folhas dessa árvore são usadas para forrar os cestos fundos para armazenar a farinha de mandioca.

[14] Mayuluaípu contou-me primeiro, fora do contexto, que Akúli trazia de seus passeios frutos da árvore *zaú* e os dava para os outros comerem.

* *Kiepe* no original. Trata-se de um tipo de cesto indígena de três lados empregado para o transporte dos mais variados tipos de carga. (N. T.)

Então Ma'nápe, o maldito, disse para o irmão: "Amanhã vamos derrubar a árvore de novo!". Akúli, que era muito inteligente e sabia tudo de antemão, disse: "Não, não vamos derrubá-la! Só vamos buscar frutas! Se você derrubar a árvore, vai vir muita água!". Mas Ma'nápe era teimoso, pegou um machado e golpeou o tronco da árvore, dizendo para ela: "*Māpaẓa-yég élupa-yeg makúpa-yeg palúlu-yeg!*".[15] Então a madeira foi ficando cada vez mais mole, e o machado foi entrando cada vez mais fundo. Akúli continuava avisando: "Não a derrube! Não a derrube! Senão vem muita água!". Ele pegou todas as cascas de frutas e toda a cera de abelha e tapou imediatamente todos os buracos que Ma'nápe fazia. Ma'nápe continuou golpeando. Quando ele disse "*palúlu-yeg*", o tronco ficou bem mole, e o machado entrou fundo. Sobrou apenas um pedaço do tronco. Então o outro irmão, Anžikílan, disse: "*Waína-yeg!*".[16] Então o outro pedaço do tronco ficou bem duro, e o machado não entrou mais. Mas Ma'nápe disse de novo: "*élupa-yeg makúpa-yeg palúlu-yeg!*". Então o tronco ficou de novo bem mole, e ele derrubou a árvore.

Se a árvore tivesse caído deste lado,[17] então haveria aqui muitas bananas na mata, mas ela caiu para o outro lado do Roraima,[18] e muitas bananas caíram lá. Por isso é que, ainda hoje, existem lá na mata muitos bananais que ninguém plantou, e lá não falta nada. Esses bananais pertencem aos mauarí (demônios da montanha). Todas as montanhas lá, Roraima e outras, são suas casas. Assim dizem os pajés, os únicos que podem ver os mauarí e conversar com eles. O toco que ficou em pé (Yei-píape) é o Roraima.[19]

Depois que Ma'nápe derrubou a árvore, brotou muita água e saíram muitos peixes, uma espécie de *traíra* muito grande, mas todos foram para o outro lado. Lá existem ainda hoje muitos peixes grandes: *piraíba*, *surubim* e outros. Deste lado só existem poucos e pequenos.

3. O INCÊNDIO UNIVERSAL

(Narrado pelo Taulipáng Mayuluaípu)

Depois da grande enchente, quando tudo ficou seco, veio um grande fogo. Toda a caça se enfiou na terra por um buraco. Não se sabe onde ficava esse buraco. Queimou tudo, as pessoas, as serras, as pedras. Os rios secaram. É por isso que, às vezes, a gente encontra grandes pedaços de carvão na terra.

Makunaíma fez novas pessoas de cera. Mas elas derreteram todinhas ao sol. Então ele fez pessoas de barro. Estas foram ficando cada vez mais duras ao sol. Então ele as transformou em pessoas.

---

[15] *Māpaẓá* = mamão = *Carica papaya*. – Árvores de troncos moles.
[16] Uma árvore das serras, de madeira muito dura, como *guariúba*.
[17] Ou seja, para o sul.
[18] Ou seja, para o norte.
[19] O rochedo Roraima, de fato, tem uma certa semelhança com um toco de árvore.

4. FEITOS DE MAKUNAÍMA

(Narrado pelo Taulipáng Mayuluaípu)

Makunaíma foi então para o outro lado do Roraima e ainda deve estar vivendo lá hoje. Lá ele transformou homens e mulheres em rochas, assim como *saúvas*,[20] antas e porcos-do-mato. Uma rocha perto de Koimélemong[21] é um porco enfiando a cabeça na terra. Na serra Aruayáng[22] se encontra uma panela grande emborcada por um panacu; na *serra do Mel* existe uma bolsa de caça transformada em pedra. Muitas dessas pedras se encontram na terra dos ingleses,[23] por exemplo, peixes, uma mulher carregando um panacu raso na cabeça etc.

Um homem tinha roubado um pedaço de *urucu*[24] de Makunaíma. Makunaíma seguiu seu rastro, pegou-o, cortou sua cabeça, braços e pernas e transformou tudo em pedras que ainda hoje podem ser vistas num cerrado da serra Mairari.[25] Por isso, esse cerrado se chama Anunté-lemoṇ.[26] – Lá também se vê uma mulher de traseiro para cima. Pode-se ver todas as suas partes.

As pessoas pegaram muitas, muitas *maniuaras*[27] e as puseram numa grande cabaça. Quando chegaram à *serra do Mel*, a cabaça caiu e se partiu em duas. As *saúvas* saíram, uma atrás da outra, a "mãe das *Saúvas*" na frente. Então elas encontraram Makunaíma, que transformou tudo em pedra.

Lá também se pode ver um *mutum*,[28] bem perto. Quando alguém está para morrer, a pedra canta como um *mutum*.

Então Makunaíma transformou peixes em pedras no meio do Miáng, num lugar chamado Imán-tepẹ, junto das lindas quedas d'água lá em cima.

Um outro lugar no Miáng se chama Kamáyua-yin.[29] Ele é cercado por rochas. Lá, embaixo d'água, vespas enormes, do tamanho de umà mão e maiores, têm sua casa. Elas entram debaixo da queda d'água, através de um buraco que leva bem para dentro da serra. Ninguém vai até lá, pois é muito perigoso, já que as grandes vespas aparecem logo e o picam.

Makunaíma fez todos os animais de caça e peixes.

---

[20] Formigas grandes.
[21] Aldeia indígena na serra do Mel, uma serra na margem direita do médio Surumu.
[22] Serra grande ao norte do médio Surumu.
[23] Ou seja, na Guiana Inglesa.
[24] Tintura vermelha de origem vegetal para a pintura do corpo; *Bixa orellana*.
[25] Serra elevada na margem esquerda do médio Surumu.
[26] Ou seja, "cerrado *urucu*".
[27] Uma espécie de *saúva*; grande *saúva* comestível.
[28] Grande galináceo; *Crax* sp.
[29] Kamayuá, vespa grande que desempenha um papel nos mitos e nos encantamentos. O nome Kamáyua-yin ou Kamáyua-yen significa "ninho de kamayuá (vespa)".

5. OUTROS FEITOS DE MAKUNAÍMA

(Narrado pelo Arekuná Akúli)[30]

Então todos os rios secaram, e os peixes ficaram nos lagos e regatos e havia peixe em abundância. Então Makunaíma fez anzóis de cera de abelha, mas não pegava nada, pois, quando os peixes mordiam, eles também partiam o anzol em dois.

Então ele encontrou um homem que estava pescando *aimarás*.[31] Makunaíma disse para o seu irmão: "O que vamos fazer? Vamos roubar o anzol dele! Vou me transformar num *aimará* e roubar seu anzol! Quando ele me pegar e me puxar pra terra, vou enganá-lo. Quando ele me bater na cabeça, faço "ã---" e finjo que estou morrendo. Quando ele me puxar pra terra, você lhe pede esse peixe pra comer! Vou me transformar no maior *aimará* que existe!". Então ele pulou n'água, transformou-se no maior *aimará* que existe e mordeu. O homem o puxou para a terra, bateu na sua cabeça, e ele fez "ã---". O homem tirou o anzol da sua boca.

O irmão tinha ficado em terra, e quando o homem puxou o peixe para a terra, ele foi imediatamente até lá e pediu o peixe para si. Disse: "Quero esse peixe pra comer!". O homem queria lhe dar um peixe menor, mas Žigé queria o grande. O peixe tinha fechado os olhos, mas o irmão o reconheceu. O homem lhe deu o peixe. Então este se transformou novamente em Makunaíma e disse para o seu irmão: "Vou arrancar o anzol dele! Quando ele me puxar de novo pra terra, você lhe pede mais um peixe!".[32] Ele pulou de novo no rio e se transformou num *aimará*. Então o homem o puxou de novo para a terra, bateu na sua cabeça, e ele fez "ã---". Makunaíma queria lhe arrancar o anzol, mas o anzol era forte demais. Então Žigé pediu ao homem: "Me dá esse peixe grande e também o pequeno!". O homem lhe deu os peixes. O irmão levou os peixes. Então o peixe grande se transformou novamente em Makunaíma e disse: "No que é que eu vou me transformar agora? Vou me transformar numa *piranha*[33] e arrancar o anzol dele!". Ele se transformou numa *piranha* e arrancou o anzol dele. Aí o homem foi embora, e Makunaíma trouxe o anzol. Então ele pescava peixes todos os dias com o anzol roubado. Então os *aimarás* lhe arrancaram o anzol.

Žigé e Makunaíma escutaram quando o homem disse para o seu irmão: "O que é que eu faço agora? Não tenho mais anzol! Vou trabalhar do outro lado[34] para ganhar um anzol!". Ele foi para lá trabalhar. Fez beijus para levar na viagem.

Então Makunaíma disse para o seu irmão: "O que é que vamos fazer agora?". Eles se transformaram em grilos e se sentaram no panacu dele e, assim, chegaram ao outro lado,[35] onde Makunaíma e Žigé estão vivendo até hoje.

---

[30] Explicado pelo Taulipáng Mayuluaípu.
[31] *Macrodon trahíra*. Um grande peixe predador, abundante nas quedas d'água do Caroni.
[32] Ou seja, dois peixes.
[33] Voraz peixe predador de mandíbula muito forte: *Serrasalmo, Pygocentrus* sp.
[34] "Do outro lado do Roraima, na terra dos ingleses". Explicação do tradutor.
[35] Vide 3.

O homem foi embora e levou os dois em seu panacu nas costas. Mas Makunaíma transformou tudo que encontravam, gente, animais, *mutum*, veados, porcos-do-mato, garças etc., em pedras, árvores e mata. E assim ficou até hoje. Dentro do panacu, Makunaíma fez um feitiço para ficar com feridas pelo corpo e disse para o seu irmão: "Estou cansado dessas feridas! Vou arrancá-las!". Ele arrancou as feridas, jogou-as no chão do caminho e as transformou em pedras. Disse: "Fiquem aqui! Vocês vão pegar em todas as pessoas que passarem por aqui!" – Por isso, todas as pessoas que passam por esse caminho até hoje ficam com feridas. –

Então Makunaíma foi para a serra Mairari e deixou lá uma cabaça e um tipiti* com massa de mandioca. Essas coisas ele transformou em pedras. Ainda hoje se pode vê-las lá.

Na serra Aluaẓán[36] fica a casa do Makunaíma.[37] Lá existem muitos bichos-do-pé.

Makunaíma encontrou gente fazendo *caxiri*. Outras pessoas vinham para a festa e dançavam a *tukúži*[38] e corriam para a casa onde havia *caxiri*. Outros iam devagar para lá. Makunaíma gritou: "Esperem aqui!". As pessoas se viraram, e Makunaíma as transformou todas em pedras. Ele também gritou para as pessoas dançando a *tukúži*: "Esperem um pouco!". Quando elas se viraram, também foram transformadas em pedras.

Então ele encontrou gente que não queria acreditar na grande enchente, sobre a qual ele lhes tinha contado, e queriam ir para casa. Provavelmente vinham de longe. Ele lhes disse: "Para onde vocês estão indo?". Quando elas se viraram, ele transformou todas em cupinzeiros, como muitos desses que a gente encontra na encosta da serra Mairari.

Makunaíma continuou andando e pisou nas pedras e deixou pegadas, como essas que a gente deixa quando pisa no chão mole, pegadas de veados, antas e de todos os animais. Ainda hoje a gente encontra essas pegadas na serra Mairari. Ele transformava os homens só em pedras de verdade.[39] Mas as mulheres ele transformava com todas as suas partes, traseiro, partes sexuais etc., tanto que até hoje se pode vê-las assim. – Então ele foi para o outro lado do Roraima [para a terra dos ingleses], onde está até hoje.

6. TRAVESSURAS DE MAKUNAÍMA

(Narrado pelo Arekuná Akúli)[40]

Quando Makunaíma ainda era um garotinho, ele chorava a noite toda e pedia para a mulher do seu irmão mais velho levá-lo para fora da casa. Lá fora ele queria agarrá-la e tomá-la à força.

---

* *Presschlauch* no original. Trata-se de um cesto cilíndrico extensível, comum aos mais diferentes grupos indígenas do Brasil, usado para extrair o ácido cianídrico da mandioca brava. (N. T.)

[36] A serra Aruayáng mencionada antes.
[37] Rochas de forma singular.
[38] Popular dança dessas tribos.
[39] Ou seja, pedras sem forma definida.
[40] Explicado pelo Taulipáng Mayuluaípu.

Sua mãe quis levá-lo para fora, mas ele não quis. Então a mãe mandou a nora levá-lo para fora. Então ela o levou para fora por um bom trecho, mas ele lhe pediu para levá-lo para mais longe. Então a mulher o levou para mais longe, atrás de uma colina. Makunaíma ainda era um garotinho. Mas, quando chegaram lá, ele era um homem e a tomou à força. E assim ele fazia sempre com a mulher e sempre a usava quando seu irmão ia caçar. Mas o irmão não sabia de nada disso. Em casa, Makunaíma era uma criança. Lá fora, imediatamente ele virava um homem.

O irmão mais velho foi buscar fibras de *curauá*[41] para fazer um laço para uma anta. Disse que tinha achado um rastro fresco de anta e queria pôr o laço no caminho da anta. Makunaíma também pediu por um laço, mas o irmão mais velho se negou a dá-lo e disse: "Pra quê você o quer? Criança não brinca com um laço destes. Só é para gente que sabe usá-lo". Mas o garoto era teimoso e o queria ter à força. Pediu por ele todos os dias. Então o irmão mais velho lhe deu um pouco de fibras de *curauá* e perguntou à mãe: "Pra quê o garoto quer o laço?" O irmão mais velho tinha achado a trilha fresca de uma anta e queria pôr o laço lá. Então o pequeno disse para a mãe: "A anta não vai cair no laço dele!" Ele pôs o laço que tinha feito das fibras de *curauá* numa trilha velha, por onde nenhuma anta passava mais. O irmão mais velho já tinha armado o seu laço.

No dia seguinte, Makunaíma mandou sua mãe ver se havia uma anta no seu laço. Havia. A mãe voltou e disse que a anta já estava morta. Então o garoto disse para a mãe que ela deveria dizer para o irmão mais velho que ele deveria ir até e limpar a anta e esquartejá-la. Ela teve que lhe dizer duas vezes, porque ele não queria acreditar e disse: "Eu sou muito mais velho, e não cai anta no meu laço, como é que no laço do garoto tem uma?" Makunaíma disse para a mãe: "Diz pra ele levar sua mulher para ela trazer a carne!" Quando o irmão tinha ido com a mulher esquartejar a anta, Makunaíma disse para a mãe não ir lá. Quando aquele tinha esquartejado a anta, Makunaíma mandou a mãe até lá dizer para ele levar a anta toda para casa; que ele mesmo queria dividir a carne. Mas o irmão mais velho não queria lhe dar nenhum pedaço da carne, dizendo que ele ainda era muito criança. Levou toda a carne para a sua casa e deixou as tripas para o garoto. Este ficou furioso.

O irmão mais velho percebeu que Makunaíma estava andando com a sua mulher. Então foi caçar, mas voltou na metade do caminho para espiar o garoto. Ficou esperando perto do lugar aonde sua mulher sempre ia com Makunaíma. Então ela chegou com o pequeno no braço. Quando chegou atrás da colina, sentou a criança no chão. Então Makunaíma virou um homem. Foi crescendo cada vez mais. [O garoto era muito gordo.] Ele se deitou com a mulher e dormiu com ela. O irmão viu tudo. Pegou um pedaço de pau e deu uma surra terrível em Makunaíma.

Mas Makunaíma se cansou dessa vida. Disse para a mãe: "Diz, mãe, quem é que leva a casa para o topo da alta montanha?" E ele disse: "Fecha os olhos! Diz a frase: 'Quem é que leva a casa para o topo da montanha?'!" Quando a mãe fechou os olhos, Makunaíma disse: "Fica com os olhos fechados mais um pouquinho!" Então ele levou a casa e todas as roças, bananas e outras

---

[41] *Bromeliaceae*, de cujas fibras se fazem cordas muito fortes.

coisas, para o topo da montanha. Então ele disse: "Abre os olhos!" Quando ela abriu os olhos, tudo já estava no topo da montanha.

Então a mãe jogou uma casca de banana com um pedacinho de banana lá para baixo, pois o irmão e sua família não tinham nada para comer, já que Makunaíma tinha levado tudo. Makunaíma perguntou: "Por que você está fazendo isso?". Ela respondeu: "Seu irmão está com fome!". Então o garoto disse: "Prepare *caxiri* pra eles!". A mulher fez nós num cordão de fibras de *miriti* para marcar o dia do *caxiri* e jogou o cordão lá para baixo para o seu filho.

Então o garoto disse para a mãe: "Diz, mãe, quem é que vai levar a casa de volta pra baixo? Feche os olhos e diga essa frase: 'Quem vai levar a casa de volta pra baixo?'!". Ela fez isso. Então o garoto disse: "Fique com os olhos fechados mais um pouquinho!". Então levou a casa de volta lá para baixo, num lugar novo, perto da casa do seu irmão. Então levou o irmão e a sua família em sua casa[42] para o topo da montanha. Mas o irmão estava muito magro. Eles dançaram, e o irmão ficou bêbado e caiu no chão. Makunaíma riu dele, porque estava muito magro e todos os ossos, do traseiro também, estavam aparecendo. Então o irmão comeu muito e engordou de novo.

Um dia, o irmão mais velho foi caçar com os outros irmãos e deixou sua mulher em casa com o garoto e sua mãe. A mãe foi até a roça, e Makunaíma ficou sozinho com a mulher na casa. Ele se transformou num bicho-do-pé para fazer a mulher rir. Primeiro, ela não riu. Então ele se transformou num homem com o corpo todo coberto de feridas, para fazê-la rir. Pois queria que ela ficasse mais dócil. Então a mulher riu. Então ele caiu sobre ela e dormiu com ela.

O irmão mais velho sabia de tudo, mas não queria saber, já que pensava na fome que tinha passado e não podia viver sem o irmão mais novo. Por isso, não queria mais brigar com ele.

Então a mãe morreu no lugar do "pai da *tocandira*",[43] *mura ẕapómbo*. A casa da mãe se chamava Arāliāmaí-tepẹ. É uma serra.

7. COMO A RAIA E A COBRA VENENOSA VIERAM AO MUNDO

(Narrado pelo Taulipáng Mayuluaípu)

Makunaíma tinha ficado inimigo do seu irmão Žigé por causa da mulher deste.[44] Então ele convidou o irmão e lhe disse que num riacho havia muitos peixes. Foram lá para flechar peixes. Chegaram ao riacho. Os peixes tinham entrado numa baía. Makunaíma mandou seu irmão cercar os peixes.[45] Makunaíma estava em pé na margem e flechava os peixes. Ainda ficou um resto dos peixes na baía, mas a água já estava muito suja, e eles não podiam ver mais nada.

---

[42] Na casa de Makunaíma, que era, ao mesmo tempo, a casa de sua mãe.
[43] Formiga grande, negra e venenosa: *Cryptocerus*.
[44] Vide mito 6.
[45] Para esse fim, os índios entram na água e batem nela com o arco, de modo que os peixes não conseguem nadar para fora da baía.

Makunaíma então mandou seu irmão Žigé espantar os peixes da baía para o riacho e foi para a entrada da baía.

Quando Žigé pulou n'água, Makunaíma quebrou uma folha da planta *mukumúku-yẹg*,[46] jogou-a n'água e disse: "Transforme-se numa raia e vai até o Žigé! Assim que ele te pisar, dê-lhe uma picada!". Makunaíma ficou na entrada da baía e falou para Žigé: "Venha mais pra cá para espantar os peixes!". Ele o mandou para a margem da baía onde estava a raia. Žigé veio até a raia e pisou nela. A raia picou no pé dele. Žigé deu um grito. Então Makunaíma disse: "Está doendo, meu irmão? Não tá doendo, não! Se ela tivesse me picado, eu não sentiria dor!". Então Žigé disse um feitiço para si e a dor passou.[47]

Então Makunaíma quis construir uma casa com Žigé. Eles estavam amarrando as vigas do teto. Makunaíma ficou embaixo e dava o *cipó* para Žigé. Žigé ficou em cima e amarrava o *cipó*. Então Žigé pegou um pedaço de *cipó* e disse: "Transforme-se numa cobra!". Ele mandou a cobra se esconder num feixe de *cipó*. Quando Makunaíma foi tirar o *cipó*, a cobra o mordeu. Makunaíma deu um grito. Então Žigé disse para Makunaíma: "Está doendo, meu irmão? Isso não dói! Se ela tivesse me picado, eu não sentiria dor!". Então Makunaíma disse um feitiço para si, e assim ele não morreu.

Foi assim que Makunaíma fez a raia, e Žigé fez a cobra venenosa que nós temos hoje.[48]

8. MAKUNAÍMA E O JOVEM DA ÁRVORE SAMAÚMA

(Narrado pelo Taulipáng Mayuluaípu)

Era uma vez uma moça dos nossos antepassados. Ela gostava de Kumayẹkímā-moínẹlẹ, o jovem da árvore *samaúma*,[49] e o achava muito bonito. Makunaíma, Žigé e Ma'nápe se encontraram com essa moça. Queriam tirar a moça dos nossos antepassados do rapaz da árvore *samaúma*. Mas a moça não quis saber de nenhum deles. Makunaíma quis se deitar com ela, mas ela não deixou e bateu nele. Então Makunaíma se cansou e disse para os seus irmãos: "Vamos acabar com Kumayẹkímā-moínẹlẹ!". Eles pegaram *wazapí*[50] e *muhág*,[51] agarraram

---

[46] Planta das margens, *Arum* sp., provavelmente *Caladium arborescens*, chamada de *aninga* pelos brasileiros. Ocorre com grande frequência nas margens dos rios. Sua flor é branco-amarelada. A folha é larga, com duas barbatanas inferiores, e semelhante, na forma, a uma raia, sendo que o talo representa o rabo, e o broto representa o espinho. Vide pranchas V e VI.

[47] Vide v.III: Fórmulas Mágicas. Dizem que o sumo do talo carnoso da *aninga* ameniza a dor.

[48] A essas duas lendas relacionam-se duas fórmulas mágicas contra picada de raia e mordida de cobra. Mas, segundo esta última, Makunaíma também criou a cobra venenosa. Vide v.III: Fórmulas Mágicas.

[49] *Eriodendron sumauma* Mart. Taulipáng: *kúma-yeg*.

[50] *Jasitara*: *Desmoncus*. Uma palmeira que se enrosca.

[51] *Philodendron*. No Brasil: *waimbé*. A casca é usada para fazer amarras.

Kumayekímā-moínele e amarraram os seus braços e pernas. Antes de o amarrar, disseram: "Vamos amarrá-lo para ele nunca ficar bonito!".

E assim a *samaúma* ficou até hoje. Ela nunca cresce na parte de baixo do tronco, só na barriga, e é barriguda (*t-ẹ́wan-yen*) até hoje.

Então eles disseram: "Vamos pôr E̲lupá-noáži, o 'filho da banana',[52] no seio dela, para ela nunca ficar bonita!". Até aquela época, as mulheres não tinham seios como hoje, mas tinham peitos de homem. Eles puseram E̲lupá-noáži no seio dela, um de um lado, o outro do outro lado. É por isso que, até hoje, existem mulheres com seios feios.[53]

9. MAKUNAÍMA NO LAÇO DE PIAI'MÃ[54]

(Narrado pelo Taulipáng Mayuluaípu)

Um dia, Makunaíma foi caçar com o seu irmão Ma'nápe. Eles acharam um laço do Piai̯'mã. Makunaíma perguntou: "O que é isso, mano?". Ele bateu com a zarabatana no laço para rompê-lo e continuar seu caminho. Aí a zarabatana ficou presa. Então Makunaíma quis empurrar o laço com o pé. Aí seu pé ficou preso. Então ele quis empurrá-lo com a mão. Aí sua mão ficou presa. Então ele quis empurrá-lo com a outra mão. Mas o laço também agarrou a outra mão. Então ele quis empurrá-lo com o outro pé. Mas o laço também agarrou esse pé.

Ma'nápe deixou o seu irmão lá e foi embora. Ma'nápe disse em casa que o laço do Piai̯'mã tinha pego Makunaíma.

Pouco depois, Piai̯'mã chegou. Ele trouxe um aturá* grande. Tirou Makunaíma do laço e o enfiou no aturá. Disse para o aturá: "Abre a boca, a sua bocona!". Então o aturá abriu a boca. Piai̯'mã enfiou Makunaíma lá dentro, e o aturá fechou a boca de novo. Piai̯'mã o pôs nas costas e foi embora.

Makunaíma estava com o seu carcás. Piai̯'mã chegou em casa e pôs o aturá no chão diante da casa. Entrou em casa e pegou o carcás de Makunaíma. Segurou o carcás acima do fogo. O fogo o esquentou e esquentou o breu[55] até este começar a chiar. Aí Piai̯'mã passou beiju sobre ele e o comeu.[56] Então ele disse para o carcás: "Sua mãe é mais gorda que você!". Ele achava que o carcás era filho do Makunaíma.

---

[52] Ponta extrema do caule de cada cacho de banana, que, de fato, lembra, de longe, um seio feminino coniforme.
[53] Coniformes.
[54] Texto original G.
* *Tragkorb* no original. Trata-se de um cesto-cargueiro esférico levado nas costas, utilizado, principalmente, para o transporte dos produtos da roça. (N. T.)
[55] Com o qual o carcás é impermeabilizado.
[56] Ou seja, o beiju.

Makunaíma ficou pensando: "Como é que eu vou sair do aturá?". Disse para o aturá: "Abre a boca, a sua bocona!". Aí o aturá abriu a boca. Quando ele abriu a boca, Makunaíma pulou fora e fugiu. Foi para casa e contou tudo para o seu irmão.

10. MAKUNAÍMA E PIAI'MÃ[57]

(Narrado pelo Taulipáng Mayuluaípu)

Um dia, Makunaíma saiu. Piai̯'mã tinha ido caçar com seu cachorro. Aí o cachorro encontrou Makunaíma. Makunaíma correu, o cachorro foi atrás dele. Makunaíma queria subir numa árvore, mas o cachorro estava bem perto dele e não lhe deu tempo. Makunaíma correu mais ainda. Aí ele encontrou uma árvore com um buraco perto do chão. Ele se enfiou no buraco.

Aí chegou Piai̯'mã. Enfiou uma árvore no buraco para tirar Makunaíma lá de dentro. Aí Makunaíma agarrou a árvore e a enfiou entre as pernas. Piai̯'mã saiu para buscar pimenta. Ele trouxe formigas *anākílan*. Essa é a pimenta do Piai̯'mã. Jogou as pimentas no buraco. Nada! Makunaíma não queria sair. As formigas o picaram, mas ele aguentou tudo. Aí Piai̯'mã tirou as formigas e saiu para buscar *elité*, *jararacas*,[58] talvez assim conseguisse fazê-lo sair.

Quando Piai̯'mã saiu, Makunaíma saiu do buraco, agarrou um pedaço de pau, enfiou-o no buraco e foi embora. Piai̯'mã voltou e não achou mais nada e foi embora.

11. MORTE E RESSURREIÇÃO DE MAKUNAÍMA

(Narrado pelo Taulipáng Mayuluaípu)

Um dia, Makunaíma foi com seu irmão Ma'nápe até (a árvore) z̲alaúra-ye̲g. Essa árvore tinha todos os frutos.[59] Era muito alta. Fizeram uma pequena cabana[60] em cima da árvore para atirar nos bichos que comiam os frutos, macacos, bugios, *mutuns*, *jacus*, todos esses bichos. Ma'nápe subiu até lá. Makunaíma ficou debaixo da árvore para pegar os bichos que Ma'nápe acertava com a zarabatana.

Ma'nápe disse para o seu irmão: "Se algum bicho cantar, não responda!". Então Ma'nápe subiu. Ele acertou muitos bichos, macacos, bugios, *mutuns*, *jacus*, tucano, todos os pássaros. Makunaíma estava ocupado pegando os bichos. Aí Piai̯'mã cantou de longe: "ōgoró-

---

[57] Texto original H.
[58] Cobra venenosa: *Bothrops*, *Cophias* sp.
[59] Vide o mito da árvore do mundo e a grande enchente, em que a árvore é chamada de *waz̲aká*. Os índios chamam uma rocha alta no sopé do Roraima de Tselaúra-ye̲-píape̥ = toco da árvore *tselaúra*.
[60] Abrigo de caça.

ōgoró-ōgoró!".⁶¹ Makunaíma respondeu: "ōgoró!". Aí Ma'nápe chamou: "Agora sobe! Se é para responder para um bicho, então sobe!". Makunaíma subiu até a cabana e ficou lá em cima.

Aí Piai̯'mã disse: "Quem me respondeu?". Ma'nápe disse: "Não sei quem foi". Aí Piai̯'mã disse: "Não! Tem alguém aqui que me respondeu! Mostra onde ele está!". Ma'nápe respondeu: "Talvez tenha sido este aqui!" e jogou um bugio lá embaixo. Piai̯'mã disse: "Não! Não foi este!". Aí ele viu o dedinho do Makunaíma aparecendo entre a folhagem onde Makunaíma tinha se escondido. Piai̯'mã viu o dedinho e atirou nele com a zarabatana. A seta envenenada entrou debaixo da unha. Makunaíma gemeu baixinho quando foi atingido. Aí Piai̯'mã disse para Ma'nápe: "Joga aqui embaixo esse aí que eu acabei de acertar!". Ma'nápe jogou macacos, bugios, *jacus*, todos os bichos que ele tinha acertado, mas Piai̯'mã continuou dizendo: "Não foi este!". Makunaíma já estava morto. Quando Ma'nápe já tinha jogado todos os bichos, não havia mais nada lá. Ele não queria jogar o seu irmão. Queria enganar Piai̯'mã. Mas Piai̯'mã sabia. Aí Piai̯'mã disse: "Se você não o jogar pra baixo, eu acerto você!". Aí Ma'nápe jogou seu irmão, porque tinha medo do Piai̯'mã. Aí Piai̯'mã disse: "Era deste que eu estava falando!". Ficou contente. Pôs Makunaíma nas costas e foi embora com ele.

Ma'nápe desceu da árvore e seguiu as pegadas. Seguiu as gotas de sangue. Aí ele encontrou a vespinha Kambežíke.⁶² Ela lhe perguntou: "O que você está fazendo aqui, cunhado?". Ele respondeu: "Estou atrás do meu irmão, que Piai̯'mã matou e carregou com ele. Vamos ver se a gente o alcança!". Kambežíke recolheu o sangue de Makunaíma. Ela foi com Ma'nápe.

Eles chegaram a um grande rio. Então Ma'nápe disse: "Como é que vamos atravessá-lo?". Aí eles encontraram o pequeno lagarto Seléseleg̱.⁶³ Ele perguntou para Ma'nápe: "O que você está fazendo aqui, cunhado?". Ele respondeu: "Estou atrás do meu irmão, que o Piai̯'mã matou". Aí Seléseleg̱ disse: "Eu sou a canoa dele! Bom! Feche os olhos!". Ma'nápe fechou os olhos. Então Seléseleg̱ disse: "Abra os olhos!". Ma'nápe abriu os olhos. Aí havia uma grande ponte que ia de uma margem do rio até a outra. Então eles foram por essa ponte até a outra margem. Lá Seléseleg̱ se transformou de novo e disse: "Por cima da entrada da casa tem uma droga do Piai̯'mã para matar gente. Quando você entrar na casa, olhe imediatamente para o alto! Pegue a droga e a esfregue na direção de onde Piai̯'mã e a mulher dele estão! Assim você mata os dois!".

Ma'nápe entrou na casa e olhou imediatamente para a droga. Ele a pegou e a esfregou na direção em que Piai̯'mã e sua mulher estavam. Assim ele matou os dois.

Makunaíma já estava cortado em pedaços e na panela sobre o fogo. Ma'nápe o tirou do fogo e o deitou num apá raso. Ele costurou⁶⁴ todos os pedaços com folhas de *kumî*,⁶⁵ dedos, braços,

---

⁶¹ No texto original: wōkolo.
⁶² Pequena vespa com listas pretas e amarelas.
⁶³ Lagarto pequeno de brilho metálico.
⁶⁴ Ou seja, ele juntou os pedaços.
⁶⁵ Planta de folhas longas que lembram capim. Planta mágica para "transformação" etc.; desempenha um grande papel nas lendas. É uma droga apreciada pelos pajés.

pernas, tudo. Então ele derramou o sangue, que Kambežíke tinha recolhido, sobre ele. Então Ma'nápe soprou *kumí* nele, cobriu-o com o apá e saiu da casa. Pouco depois, Makunaíma se levantou, todo suado. Perguntou para Ma'nápe o que este tinha feito com ele. Ma'nápe respondeu: "Não disse pra você não responder para nenhum bicho?".

12. MAKUNAÍMA E WAIMESÁ-PÓDOLE

(Narrado pelo Taulipáng Mayuluaípu)

Um dia, eles saíram e encontraram Waimesá-pódole, o pai do lagarto. As pessoas não podiam se aproximar dele, porque sua língua era muito comprida e, com ela, ele pegava todos os bichos. Aí Makunaíma disse: "Quero ver!". Ma'nápe disse: "Não! Ele te pega e te engole!". Makunaíma respondeu: "Não! Quero ver!". Ma'nápe disse outra vez: "Olha, o bicho vai te pegar, meu irmão!". Mas Makunaíma não ouviu seu conselho. Aí Ma'nápe o deixou ir. Makunaíma foi ver. Chegou perto. Aí Waimesá-pódole o agarrou com a língua e o engoliu.

Ma'nápe voltou para casa e contou que Waimesá-pódole tinha engolido Makunaíma. Aí todos os irmãos se uniram para matar Waimesá-pódole a flechadas. Foram todos lá. Aí Ma'nápe disse: "Não vamos atirar na barriga, só na cabeça!". Ma'nápe ficou parado em frente, bateu com um pau na terra e disse: "Vem e me engole, Waimesá-pódole, como você engoliu meu irmão!". Os outros vieram dos dois lados para atirar. Quando Waimesá-pódole esticou a língua para pegar Ma'nápe, os outros atiraram flechas na cabeça dele e o mataram.

Então eles abriram suas entranhas. Makunaíma estava lá dentro. Estava vivo e pulou fora. Disse: "Viram como eu sei lutar com um bicho desses?". – Então eles voltaram para casa.

13. AKALAPIZEIMA E O SOL[66]

(Narrado pelo Arekuná Akúli)[67]

Há muito tempo havia uma árvore bem alta. Walo'mâ, o sapo, subiu lá no alto. Um homem chamado Akālapižéima espiava toda tarde ao pé da árvore para pegar Walo'mâ. Walo'mâ disse: "Se Akālapižéima me pegar, vou jogá-lo no mar!". O homem o pegou. Aí Walo'mâ o agarrou pelas mãos e o empurrou com o pé no mar. Ele o pôs nas costas, mergulhou e nadou com ele para uma ilha. Deixou-o lá e nadou de volta. Ele o deixou debaixo de uma árvore onde havia urubus que, enquanto ele dormia, fizeram cocô em cima dele e o sujaram todo. [O sapo tinha lhe dito que não devia pegá-lo, senão ia jogá-lo no mar.]

---

[66] Texto original K.
[67] Explicado pelo Taulipáng Mayuluaípu.

Fazia muito frio na ilha, e o homem sentia muito frio. Aí Kai̯uanóg, a Estrela d'Alva,[68] o encontrou quando ele estava cheio de cocô dos urubus e fedia muito. Ele pediu para a estrela levá-lo para o céu. Esta respondeu: "Não posso te levar para cima. Você ainda não me deu nada. Só para o Sol você sempre dava beijus". [Porque o Sol brilha de dia e a estrela, de noite.][69] O homem pediu fogo para a estrela, porque estava sentindo muito frio. Kai̯uanóg disse: "Não vou te ajudar! O Sol pode te ajudar. Ele ganha mais beijus". Kai̯uanóg foi embora.

Aí chegou Kapẹ́i, a Lua. Akālapiẑéima pediu para Kapẹ́i levá-lo para a sua terra. A Lua não queria levá-lo para lá, porque ele tinha dados tantos beijus para o Sol e não tinha lhe dado nada. Ele também pediu fogo para a Lua, mas isso a Lua também não lhe deu. O homem estava sentindo muito frio, e os urubus faziam cada vez mais cocô em cima dele, porque a ilha era muito pequena.

Aí chegou Wéi, o Sol. [Foi a sorte dele, porque tinha dado muitos beijus para o Sol.] O Sol o levou para o seu barco. Mandou suas filhas lavá-lo e cortar o cabelo dele. Ele o fez bonito de novo. Wéi o queria para genro. Akālapiẑéima não sabia que ela era o Sol e pediu para Wéi chamar o Sol para ele se aquecer, porque estava sentindo muito frio depois de ter sido lavado e sentado na proa do barco. [Porque ainda era muito cedo, e o Sol ainda estava fraco. Por isso ele estava sentindo muito frio.] Aí Wéi pôs um adorno de penas de papagaio na cabeça. Akālapiẑéima estava de costas para o barco. Agora Wéi disse para ele: "Vire-se!". Quando ele se virou, Wéi pôs sobre o adorno de penas um chapéu de prata e brincos de asas de besouro.[70] Aí esquentou. [Pois já tinha ficado tarde.] Wéi aqueceu o homem. Ficou muito quente, e ele ficou com muito calor. Wéi o foi levando cada vez mais para o alto. Quando Akālapiẑéima estava sofrendo muito com o calor, Wéi lhe deu roupas. Aí ele não sentiu mais calor.

Wéi o queria para genro. Disse para ele: "Você vai se casar com uma das minhas filhas, mas não vá se engraçar com outra mulher!". Wéi parou numa *maloca*[71] e foi com as filhas para terra e entrou na casa. Mandou Akālapiẑéima não sair do barco e não se apaixonar por outra mulher. Wéi entrou na casa. Apesar disso, Akālapiẑéima foi para terra. Aí umas mocinhas o encontraram, as filhas do urubu. O homem as achou muito bonitas e se apaixonou por elas. Wéi e suas filhas não sabiam de nada, porque tinham entrado na casa. Quando voltaram para o barco, elas o encontraram aos namoricos no meio das filhas do urubu.

As filhas do Sol deram uma bronca nele: "Nosso pai não te disse que você devia ficar no barco e não ir pra terra? Nosso pai não te ajudou a sair da ilha? Se ele não tivesse te ajudado, você não estaria tão bem como está, e agora você já vai se apaixonando pelas filhas do urubu!". Aí Wéi ficou zangado com ele e disse: "Se você tivesse seguido meu conselho e tivesse se casado com uma das minhas filhas, então ficaria sempre jovem e bonito como eu. Agora você vai

---

[68] Vênus.
[69] Os beijus recém-assados são postos sobre o teto da cabana para secarem ao sol. Portanto, o Sol os come.
[70] Besouro *Buprestis*, *Euchroma gigantea* L., cujas asas de brilho verde-metálico e de som metálico são muito empregadas pelos índios como adorno. [Conhecido no Brasil como "mãe-de-sol" ou "olho-de-sol" – N. T.]
[71] Casa indígena onde vivem várias famílias aparentadas.

ficar pouco tempo jovem e bonito. Depois vai ficar velho e feio!". Então foram dormir, cada um num quarto especial. Wéi sozinho com suas filhas, e Akālapižéima sozinho.

No dia seguinte, bem cedo, Wéi foi embora com as suas filhas e deixou Akālapižéima para trás, dormindo. Quando ele acordou, se achou no meio dos urubus, velho e feio como Wéi tinha dito. As filhas do Sol se separaram e agora iluminam o caminho dos mortos.[72] Akālapižéima se casou com uma das filhas do urubu e se acostumou com essa vida. Ele era nosso antepassado, o pai de todos os índios.

Por isso, nós vivemos ainda hoje neste estado. Ficamos jovens e bonitos só por pouco tempo, então ficamos velhos e feios.

14. COMO A LUA CHEGOU AO CÉU

(Narrado pelo Taulipáng Mayuluaípu)

Há muito tempo Kapẹ́i, a Lua, não ficava no céu, mas na terra. Ele* tinha uma casa aqui. Pegou a alma de uma criança, enfiou-a numa panela e emborcou a panela na terra. Então a criança ficou doente. Aí eles chamaram um pajé e o mandaram soprar[73] a criança à noite. Kapẹ́i estava brigado com aquela gente. À noite, o pajé soprou a criança.

Kapẹ́i tinha duas filhas crescidas.[74] Ele tinha outra panela grande. Kapẹ́i se escondeu nessa panela e mandou suas filhas emborcarem a panela. Disse para as filhas: "Não vão contar onde eu estou quando o pajé vier! Também não vão contar onde a criança está!". A criança era bonita, e ele queria ficar com ela.

Aí o pajé chegou na casa e perguntou onde estava a alma da criança. As filhas não contaram. O pajé tinha uma clava. Entrou na casa à força e queria ver o que tinha na panela. Sabia que a alma da criança estava na casa. Quebrou a panela com a clava. Depois quebrou também a outra panela. Assim achou a alma da criança.

Ele também achou Kapẹ́i, que tinha se escondido na panela. Pegou Kapẹ́i e mandou um *ayúg*[75] que tinha vindo com ele para levar de volta a alma da criança. Muitos *ayúg*, que ele tinha trazido, ficaram lá. Pegou Kapẹ́i e deu uma surra nele. Botou-o para fora de casa e disse para ele: "Não fique mais aqui! Vai embora daqui!". Então o pajé voltou.

Kapẹ́i ficou pensando onde é que ele deveria ficar. Disse: "*Cutia* se come! Anta se come! Porco-do-mato se come! Todos os animais de caça são comidos! Será que eu devo me transfor-

---

[72] A Via Láctea.
* Na lenda, Kapẹ́i, a Lua, é um homem. (N. T.)
[73] Ou seja, curar.
[74] "Essas filhas eram das duas mulheres (planetas) com quem ele anda. De cada uma ele tinha uma filha." Acréscimo do narrador, vide mito 16.
[75] *Ayúg* é a sombra, a alma de uma árvore, um dos mais fortes auxiliares dos pajés nas curas. Vide v.III.

mar num pássaro? Num *mutum*? Num *cujubim*? Num *inambu*?[76] Eles também são comidos! Vou pro céu! No céu é melhor do que aqui! Vou para iluminar de lá os meus irmãos!"[77] Vamos, minhas filhas, para o céu!".

Fizeram um *cipó*, kapẽyenkumá(x)pẽ,[78] como uma escada, para subir. Ele mandou um pequeno pássaro do céu levar o *cipó* e amarrá-lo lá. O pássaro levou para o céu uma das pontas do *cipó* e a amarrou na entrada do céu. Kapẽi e as suas filhas subiram pela escada até o alto e chegaram ao céu.

Kapẽi disse: "Vou ficar aqui no céu! Subam para iluminar o caminho! Vou ficar aqui para iluminar meus irmãos lá embaixo. Vocês devem iluminar o caminho[79] das pessoas que morrem, para que a alma[80] não fique no escuro!". Mandou uma das filhas mais alto para um outro céu. A outra filha ele mandou mais alto ainda para um outro céu. Ele mesmo ficou no céu acima de nós.[81]

Este é o fim da história.

15. COMO A LUA FICOU COM O ROSTO SUJO

(Narrado pelo Arekuná Akúli)

Wéi e Kapẽi, Sol e Lua, antigamente eram amigos e andavam juntos. Naquela época, Kapẽi era muito bonito e tinha um rosto limpo. Ele se apaixonou por uma filha de Wéi e, toda noite, dormia com ela. Mas Wéi não queria isso e mandou sua filha esfregar sangue da menstruação no rosto de Kapẽi. Desde essa época eles são inimigos. Kapẽi anda sempre longe de Wéi e, até hoje, tem o rosto bem sujo.

16. A LUA E SUAS DUAS MULHERES

(Narrado pelo Taulipáng Mayuluaípu)

Kapẽi, a Lua, tem duas mulheres que se chamam, ambas, Kai̯uanóg, uma no leste, a outra no oeste.[82] Ele está sempre com uma mulher. Primeiro, vai com uma, que lhe dá muita comida,

---

[76] Galináceos.

[77] "Ele chama a gente de irmãos." Acréscimo do narrador.

[78] Trepadeira singular, tem a forma de uma escada que pende das árvores altas (pranchas IV e VI). Por ela, o pajé também sobe ao céu no rito de cura. Vide v.III. O nome dessa trepadeira, kapẽi-enkuma(x)-pẽ, significa: "A Lua subiu por ela".

[79] A Via Láctea, o caminho dos mortos: como estrelas.

[80] A alma dos mortos.

[81] Segundo a crença dos Taulipáng, acima de nosso céu existem outros dez céus, um acima do outro.

[82] Os dois planetas Vênus e Júpiter.

e assim ele vai ficando cada vez mais gordo. Então ele a deixa e vai com a outra, que lhe dá pouca comida, e assim ele vai ficando, dia após dia, cada vez mais magro. Daí se encontra de novo com a outra, que o deixa gordo de novo, e assim por diante. A mulher no leste briga com a Lua, por ciúme. Diz para ele: "Vai pra outra mulher! Aí você vai engordar de novo! Comigo você não engorda!". E ele vai para a outra. É por isso que as duas mulheres são inimigas e estão sempre longe uma da outra.

A mulher que o deixa gordo disse: "Este será sempre um costume desta gente!". É por isso que existem muitos Taulipáng e Makuxí com três e até quatro mulheres.

17. ECLIPSE DO SOL E ECLIPSE DA LUA

(Narrado pelo Taulipáng Mayuluaípu)

Quando há eclipse do Sol ou da Lua, Olo'zán, que antes era gente e agora é um demônio em forma de gente, bate no rosto de Wéi ou de Kapéi com uma clava, e o sangue escorre sobre ele, e o rosto fica escuro. É um sinal de que vai haver guerra.

18. ZILIZOAIBU VIRA TAMEKAN (PLÊIADES)[83]

(Narrado pelo Taulipáng Mayuluaípu)

Tamekán é um homem de uma só perna. A outra lhe foi cortada na Terra.

Era uma vez um homem chamado Žiližoaíbu; ele tinha uma mulher, Wayúlalē, que não queria saber dele. Ele tinha um irmão bonito, de quem ela gostava.

Certa vez, Žiližoaíbu estava colhendo *abacates* e subiu numa árvore. Sua mulher tinha levado um machado e estava com ele escondido. O homem subiu na árvore para pegar frutos. Ele jogava os frutos para baixo e ela os colhia, só esperando o momento de ele descer. Ele desceu. Quando estava na metade do tronco, ela pegou o machado e cortou a perna direita dele, como se pode ver ainda hoje. Ela voltou para casa.

O irmão estava trabalhando na roça. O passarinho *kóezag* estava pousado numa árvore e cantou: "*žirížowaid!*".[84] O irmão perguntou: "O que o pássaro está dizendo?". Este veio para mais perto, bateu as asas e cantou: "A perna do teu irmão, a mulher dele cortou com o machado!".[85] O irmão largou a enxada e correu furioso para casa.

---

[83] Texto original L.
[84] O grito desse pássaro.
[85] As palavras indígenas que o narrador acrescentou ao texto em português são: "*a-lúi y-ēmatá aké-sa(g) i-nópe-za wâka-ke*". Vide também esta lenda no texto original (L).

Wayúlalē estava deitada na rede. Ela levantou quando ele veio e lhe deu *caxiri*. Ele perguntou: "Onde está o meu irmão?". Ela disse: "Ele ficou lá colhendo frutas!". Ele ficou triste e se deitou na rede. Ela veio e se deitou em cima dele. Ele quis pular fora, mas ela o enrolou na rede. Anoiteceu. Ela não quis deixá-lo sair da rede, a danada, nem para fazer xixi.

O homem estava deitado na mata, gritando de dor. Ela disse: "Deixa o teu irmão! Talvez ele tenha ido pescar. Quando ele vier, saio da rede". Mas o irmão sabia de tudo, já que o passarinho tinha lhe contado.

À noite, ele lhe pediu *tamoríta*[86] para ter tempo de ir fazer xixi. Ela deixou a rede. Aí o homem chegou se arrastando e gritou: "Oh, meu irmão, minha perna foi cortada com o machado! Mata essa mulher!". O irmão perguntou para a mulher: "O que foi que você fez com o teu marido?". Ela respondeu: "Eu não fiz nada com ele! Eu o deixei pra trás, pescando e colhendo frutas". Era assim que ela enganava sempre o irmão. Ele respondeu: "Você fez alguma coisa com o meu irmão! O passarinho me contou a história!". Ela disse: "É mentira! Eu não fiz nada com ele! Não fiz nada de mau pra ele!". Quando o homem lá fora gritou de dor, ela voltou para o irmão na rede e o abraçou tão forte que ele não podia sair. O irmão disse: "Você fez alguma coisa com o teu marido! Não tá ouvindo como ele grita?". Mas a mulher não deixou o irmão sair da rede, enquanto o outro estava deitado na frente da casa e gritava: "Meu irmão, meu irmão, me ajude, meu irmão!". Ele não conseguia sair.

O irmão ferido tinha uma flauta de taquara. Ele ficou deitado gritando até meia-noite. Aí o irmão respondeu: "Não posso te ajudar! Tua mulher não me deixa sair da rede!". Ela tinha fechado a porta e amarrado com cordas. Aí o irmão disse: "Um dia eu vingo você! Fique aí fora sofrendo! Tua mulher um dia também vai sofrer!". Ele bateu na mulher, mas ela não o soltou.

O ferido lá fora se levantou, apoiado no esteio da porta, subiu no teto e soprou sua flauta de taquara "*tín-tín-tín*". O irmão na casa chorava porque tinha pena dele. Este tirou a flauta da boca e disse para o irmão: "Fique na casa! Crie bons filhos e boas filhas! Saúde e sorte! Vou embora! Crie uma boa família, mas cuidado com a mulher e desconfie sempre dela!". O irmão perguntou: "Para onde você vai?". Ele respondeu: "Vou pro céu! Quero ser Tamẹkán, corpo com uma perna que fica para trás!".[87] Aí o irmão respondeu: "Vou ficar aqui algum tempo, enquanto não tiver aborrecimento, e nenhuma desgraça me acontecer. Tô triste porque você tá sofrendo tanto! Tua mulher um dia vai pagar pelo que te fez! Tenho muita pena de você!". Aí o outro disse: "Quando eu chegar no céu, vai haver muita tempestade e chuva. Então virão os peixes e você vai comer muitos deles!". Até hoje, Tamẹkán anuncia o inverno.

Tamẹkán foi para o céu, sempre tocando flauta "*-tín-tín-tín*". Aí a mulher soltou o irmão, abriu a porta e ficou espiando. O irmão sentou na terra e chorou. Tamẹkán também chorou e disse: "Quero ver onde posso ficar, onde encontro lugar no céu!".

---

[86] Prato apimentado.
[87] As Plêiades são a cabeça, o grupo Aldebarã, o corpo, e uma parte de Órion é a perna que restou no homem. No texto original, as palavras são: "*tamẹkán t-ẹság pẹponón etoikená ēiži*"
(Plêiades   corpo   perna que fica   uma só   eu sou).

O irmão mais novo ficou com a mulher, fez casa e roça e teve cinco filhos com ela, duas filhas e três filhos. Sempre pensava com tristeza na viagem do irmão.

Um dia, ele foi caçar e encontrou um ninho de abelhas. Ficava sempre tramando um jeito de matar a sua mulher. Quando voltou para casa, disse para a mulher: "Tem abelhas lá. Vamos pegar o mel!". A mulher respondeu: "Vamos!". Ele ficava sempre pensando em como o seu irmão tinha sofrido e tramava um jeito de matar a mulher. Ela levou o mesmo machado com que tinha cortado a perna do irmão dele. O ninho de abelhas não estava muito alto. Com o machado, ele fez um grande buraco redondo no tronco e ficou tentando, até que conseguiu enfiar a cabeça dentro. Então sugou o mel. Enquanto fazia isso, sempre olhava desconfiado para trás, para a mulher, já que se lembrava das palavras do irmão. Mas ela estava lá sentada e não queria matá-lo, pois estava muito satisfeita com ele, depois de ter matado o irmão. Então ele disse: "Tô de barriga cheia![88] Agora vem você! Experimenta! Chupa o mel!". Ela pegou a cuia para pôr o mel nela com a mão. Aí ele disse: "Enfia a cabeça aí dentro! Tá perdendo muito mel!". O homem tinha enfiado o mel com as duas mãos bem para dentro, para que ela tivesse que entrar bem fundo. Aí ela deixou a cuia e entrou no buraco com a cabeça e o tronco. Ele a agarrou pelas pernas e empurrou-a toda para dentro. Pegou o pedaço de pau que tinha cortado da árvore. A mulher perguntou: "Pra que serve isso?". Ele respondeu: "É para subir mais". Aí ele pegou o pedaço de pau e o empurrou para dentro do buraco. A mulher gritou: "O que é que você tá fazendo? Tá querendo me matar!". Ele respondeu: "Você vai me pagar agora pelo que fez com o meu irmão! Vai sofrer agora o que o meu irmão sofreu! Tenho muita pena de você, mulher, mas não suporto mais o que você fez com o meu irmão!". Ele tapou o buraco.

Então o homem pôs o ouvido na árvore. Queria ouvir o que seria dela. Primeiro, ela gritou alto: "Meus pobres filhos! Meus pobres filhos! Mesmo que eu seja transformada num tatu, vou sempre me lembrar dos meus filhos!". Então foi gritando cada vez mais baixo, fez "*kenón-kenón-kenón*" [como o tatu faz] e virou tatu.

O homem voltou para casa. As crianças perguntaram: "Onde está a nossa mãe?". Mas ele não lhes contou o que tinha feito com ela, e sim enganou as crianças e disse: "Deixei a mãe de vocês na mata e não sei onde ela está. Talvez a onça a tenha comido!".

Alguns dias depois ele foi com seus filhos para a mata e achou um ninho de abelhas. Levou as crianças mais para dentro da mata e as deixou lá. Voltou e botou fogo na casa. Não queria que elas o vissem botando fogo na casa. Então ele voltou para os seus filhos e foram buscar o mel. Ele derrubou a árvore, pegou o mel e comeu até ficar de barriga cheia. Então disse para as crianças: "O que é que vamos ser agora?". Uma filha disse: "Não sei". Ele disse: "Cutia não dá! Anta não dá! Veado não dá! *Mutum, inambu, cujubim* não dá! Se nós virarmos esses bichos, eles vão nos matar e nos comer! Vamos virar *araįuág*,[89] pois este eles não matam nem comem!". Ele cantou:

---

[88] Ou seja, estou satisfeito.
[89] Um quadrúpede, semelhante à raposa, mas de belo e macio pelo negro. Tem o corpo alongado, cabeça redonda e rabo comprido. Também vive nas árvores, onde procura mel.

"ara̭i̭uág ara̭i̭uág   uté - iná
ara̭i̭uág ara̭i̭uág vamos embora nós
"ara̭i̭uág-kā-pē   uté - iná - uté - iná
ara̭i̭uág quando vamos embora   nós   vamos embora   nós
      tamónbolo
         todos
"uán   uán   enapḙ - téibo   uté - iná   uté - iná
mel   mel   comemos   depois vamos embora nós vamos embora nós
"uanḙ́ uanḙ́ yeukupólo̭"[90]
mel   mel   satisfeitos

"ara̭i̭uág ara̭i̭uág, vamos embora,
"Como ara̭i̭uág vamos embora, vamos embora,
Todos,
Mel, mel tendo comido, vamos embora, vamos embora,
Só mel, só mel de barriga cheia."[91]

Ele disse: "Vamos embora, meus filhos! Vamos virar ara̭i̭uág! Aí eles não vão nos comer!" Ele disse "ā---" e todos os filhos disseram "ā---ā---ā---" e desapareceram, um atrás do outro, na mata.

É por isso que o ara̭i̭uág até hoje gosta de mel e não tem medo de abelha.

Quando as pessoas dançam a dança do ara̭i̭uág, então cantam o canto que o homem cantou.

19a. ZILIZOAIBU MATA SUA SOGRA[92]

(Narrado pelo Arekuná Akúli)

A sogra de Žilizoaíbu deu peixes kāliwaú[93] para seu genro comer. Pegou uma cuia velha, pôs-se em cima dela e apertou o ventre. Aí saíram peixes do seu útero e caíram na cuia. [É por isso que, até hoje, os Taulipáng não comem desse peixe.] Deu os peixes para o seu genro e a sua filha Wayúlalē comerem. Esta não sabia de nada. Mas o genro sabia, porque era um pajé.

---

[90] O canto tem uma melodia agradável.
[91] Tradução do narrador.
[92] Texto original L.
[93] Uma espécie de peixe blindado, *cascudo*. Uma outra espécie, que também desempenha um papel nos mitos, é chamada de aliwaí pelos Taulipáng.

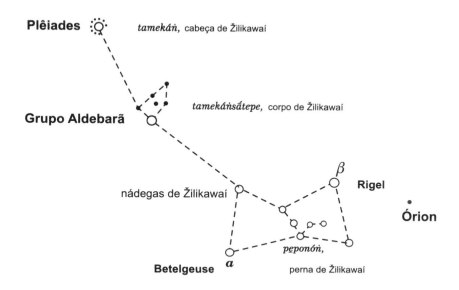

Para os mitos 18 e L

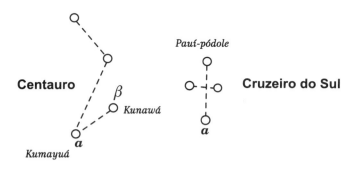

Para o mito 20 c

PRANCHA III. CONSTELAÇÃO DOS ÍNDIOS TAULIPÁNG E AREKUNÁ. RELATIVA AOS MITOS 18 E L, 20 C

A velha mandou que ele fizesse uma nassa. Queria que ele acreditasse que era com isso que ela pegava os peixes. Mas o genro sabia de tudo. Quebrou muitos cristais [desses que a gente encontra no Roraima]. Então cortou uma folha de "banana brava" (*paluẓa-yég̃*) e cobriu com ela as pedras lá no rio aonde a velha sempre ia e espremia os peixes do útero e os lavava para que o genro acreditasse que ela tirava os peixes do rio.

Aí a velha foi para o porto e escorregou nas pedras e caiu. As pedras afiadas cortaram em pedacinhos seus braços e pernas e o corpo todo, e ela morreu. As pedras comeram a carne até os ossos, então se jogaram no rio e se transformaram em *araíg*, piranhas. É por isso que, até hoje, estas comem as pessoas. – O fígado da velha foi cortado pelas pedras e ficou nadando na água. Pode-se vê-lo até hoje. Os Taulipáng o chamam de *elḛẓa*, os brasileiros, de *muréru brava*. É uma planta aquática de folhas vermelhas. – O coração da velha ficou no meio das folhas. É a semente (em forma de coração) da planta.

19b. WAYULALE VINGA A MORTE DA MÃE[94]

(Narrado pelo Arekuná Akúli)

Wayúlalḛ, a mulher de Žiližoaíbu, estava desconfiada. Queria descobrir o que o marido tinha feito com a sua mãe. Sonhou que o marido tinha matado sua mãe com pedras. Ela disse: "Minha mãe morreu agora! Está fedendo muito!". Ela ficou de luto e, por causa disso, durante um mês não tomou banho e não comeu peixe, só *mingau* e *tamorita*,[95] e pintou o corpo todo com *kaẓara(x)pḛ*(*urucu*). Então estava de luto.

O homem não pensou mais na morte da sogra. Tinha esquecido quase tudo. Mas a mulher tinha sonhado e sabia de tudo. Mandou que ele fizesse um facão de *auára-yég̃*, a madeira da palmeira *tucumá*.[96] Ele fez. Perguntou para ela: "Pra quê você precisa do facão?". Ela respondeu: "Quero cortar frutos de *urucu*!". O homem fez um facão bem comprido. O facão era muito pesado. Deu o facão para a mulher e subiu numa árvore. Estava com uma das pernas lá em cima, a outra ainda estava embaixo, num galho. A mulher fez cara de inocente. Quando ele estava colhendo os frutos, ela cortou a perna direita dele. Então ela foi para casa.

O irmão estava trabalhando na roça. Aí um passarinho cantou: "žilížoi! žilížoi!"[97] A perna do teu irmão, a mulher dele cortou com o machado! Žiližoaíbu! Žiližoaíbu!".

(Segue-se, quase textualmente, o mito de Tamḛkán).

---

[94] Texto original L.
[95] Molho de pimenta.
[96] A madeira da *tucumá*, *Astrocaryum tucuma*, é muito dura.
[97] Grito do pássaro, com o qual chama a atenção do irmão.

20. MAUAÍ-PÓDOLE, E'MORÓN-PÓDOLE, PAUÍ-PÓDOLE

(Narrado pelo Arekuná Akúli)

a. Era uma vez, dois cunhados. Suas casas ficavam distantes uma da outra. Um deles encontrou Mauaí-pódole, o pai do caranguejo. Ele voltou para casa e disse para a sua mulher: "Vi o Mauaí-pódole!". No dia seguinte, ele foi caçar. Aí seu cunhado foi à casa dele e perguntou para sua irmã.[98] "O que foi que o cunhado disse?". Ela respondeu: "Ele não disse nada!". Aí o outro disse: "Eu o ouvi dizer que ele viu o Mauaí-pódole!". O outro era pajé e, por isso, sabia tudo que o seu cunhado fazia e dizia.

Ele foi embora procurar o Mauaí-pódole. Ele o encontrou sem que tivesse visto que caminho seu cunhado tinha feito. Cortou *cipó*, amarrou Mauaí-pódole com ele, que era tão grande quanto um torrador,[99] e o levou assim para a casa do seu cunhado. Disse para sua irmã: "Aqui tá ele, mana!". Ela perguntou: "Por que você foi buscá-lo? Agora leve para a sua casa, cozinhe e o coma!". Aí ele o enfiou numa panela grande, pôs no fogo, cozinhou e o comeu.

b. No dia seguinte, o cunhado foi de novo para a mata e encontrou e'morón-pódole, o pai do sono. Não conseguia chegar perto dele, porque ficava imediatamente com sono, por isso voltou para casa. Então saiu de novo para pescar. Aí o pajé [que sabia de tudo] foi à casa do cunhado e perguntou para a sua irmã: "O que foi que o meu cunhado disse?". Ela respondeu: "O que foi que você o ouviu dizer? Ele não disse nada!".

Aí o pajé foi buscar e'morón-pódole. Quando chegou perto dele, caiu no sono e dormiu até o meio-dia. Quando acordou, foi de novo para o lugar onde e'morón-pódole estava. Adormeceu de novo e, quando acordou, continuou andando. Então voltou para casa. Não conseguia buscar e'morón-pódole porque sempre caía no sono.

Na manhã seguinte, foi lá de novo, procurar e'morón-pódole. Caiu de novo no sono. E assim foi todos os dias. Num outro dia, foi lá outra vez. Chegou até a casa de e'morón-pódole, mas não o encontrou, e sim trouxe apenas três ovos dele para a casa do seu cunhado. Antes de chegar lá, os ovos deram sono ao seu cunhado e à sua cunhada. Dormiram bastante tempo. Então acordaram. Aí o pajé mostrou os ovos e disse: "Foram eles que deram sono em vocês!". Então o pajé comeu os ovos. Aí e'morón-pódole deu sono em todo mundo. E assim isso virou costume de todo mundo.

c. Então o cunhado do pajé foi para a mata caçar. Encontrou Pauí-pódole, o pai do *mutum*. Então voltou. Disse para sua mulher que ele tinha encontrado o Pauí-pódole; que também tinha se encontrado com Kamayuá.[100] Disse que saiu para acertar Pauí-pódole com a zarabatana, mas a seta não o atingiu porque aquele estava sentado muito alto.

Ficou algum tempo em casa, então saiu para pescar. Aí o pajé foi à casa do cunhado e disse para a sua irmã: "O que foi que o meu cunhado disse pra você, mana?". Ela respondeu: "Ele

---

[98] A mulher do outro.
[99] Chapa redonda de argila, sobre a qual se assa o beiju.
[100] Vespa muito grande. "Todos esses bichos eram pessoas antigamente", disse Mayuluaípu.

disse que encontrou o Pauí-pódole numa *samaúma* bem alta. Que quis acertar nele com a zarabatana, mas que a seta não chegou até ele. Que aí encontrou a Kamayuá".

O pajé foi embora de manhãzinha. Aí encontrou o Pauí-pódole cantando. Então se transformou em *ilág*[101] e subiu bem alto na árvore. Aí Pauí-pódole soprou nele enquanto cantava. Veio um vento muito forte, e o pajé caiu da árvore. Aí ele se transformou em *opālá*[102] e subiu de novo. Então o Pauí-pódole soprou de novo, e o pajé caiu outra vez. Aí ele voltou para casa, já que não podia fazer nada contra o Pauí-pódole. Na manhã seguinte, ele foi outra vez lá e se transformou em *mēg*.[103] Então entrou na narina do Pauí-pódole. Pauí-pódole levantou voo e o espirrou fora. O pajé continuou transformado na formiguinha.

O Pauí-pódole voou para o céu e foi transformado numa constelação.[104] A Kamayuá voou atrás dele para acertá-lo com a zarabatana. Ela também foi transformada numa estrela.[105] Também veio a Kunawá[106] com uma tocha na mão para iluminar o caminho da Kamayuá. Ela também voou para o céu e ficou lá como estrela,[107] entre o Pauí-pódole e a Kamayuá.

21. COMO OS PAJÉS, O TABACO E OUTRAS DROGAS MÁGICAS VIERAM AO MUNDO

(Narrado pelo Arekuná Akúli)[108]

Tauapḗnī, um garoto, saiu com os seus irmãos pequenos Okílanag, Kauáyuyai, Pakálamoka e Ilóngali. Então eles encontraram os passarinhos *džiádžiá*.[109] Os irmãos não tinham comido nada, apesar de terem o que comer. Queriam acertar com flechas os passarinhos, que eram muito mansos, mas não conseguiam. Então os pássaros cantaram: "*džiádžiá!*". Os garotos continuaram correndo atrás dos passarinhos para acertá-los, mas sempre erravam. Aí encontraram escravos, *kelḗpiga*, do Piai'mā, o senhor do fumo, que estavam plantando uma roça. Os garotos atiraram contra os passarinhos, e as flechas caíram no meio dos escravos. Estes disseram: "Não furem os nossos olhos!". Os escravos afastaram as crianças dos pássaros e se transformaram em gente para elas, porque queriam as crianças como parentes.

---

[101] Grande formiga *tocandira* venenosa.
[102] Formiga *tocandira* menor, cinzenta.
[103] Formiga minúscula que dá uma picada muito dolorida.
[104] Cruzeiro do Sul.
[105] Alfa Centauro.
[106] "A seiva branca dessa planta serve hoje como um feitiço para se obter sucesso na caça de veados, *mutum* e de outros bichos", disse Mayuluaípu.
[107] Beta Centauro.
[108] Traduzido e explicado pelo Taulipáng Mayuluaípu.
[109] O grito desse passarinho: *džiá-džiá* quer dizer: "longe-longe" ou "mais longe-mais longe".

Esses escravos tinham sido pássaros. Levaram as crianças com eles, e estas ficaram três dias na casa deles.

Então Piaị'mã veio e perguntou para os escravos como é que as crianças tinham chegado lá. Estas contaram para ele que tinham vindo correndo atrás dos passarinhos. Aí Piaị'mã disse para os escravos: "Os passarinhos são meus [eles são meus bichos domesticados]. Não está certo vocês ficarem com as crianças!". Então levou as crianças com ele.

Ele deu água para elas até vomitarem. Então lhes disse: "Vou educar vocês pra não ficarem andando por aí como bichos, depois vou levá-los de volta para o seu pai e sua mãe pra vocês não morrerem. Vou educá-los. A água que dei para vocês vomitarem vai deixá-los com a voz boa e bonita, pra poderem cantar bem e bonito e dizer sempre a verdade e nunca mentirem!".

Então fez deles pajés. Disse: "O vomitório que estou dando não é só pra vocês nem só pra hoje, mas é pra sempre e pra todos os pajés. Quando eles vomitam, reconhecem o que é justo no mundo".

As crianças ficaram muito magras, já que todo dia ele dava vomitório para elas. Tinham uma cabana pequena, onde vomitavam e onde ninguém as via; pois isto é muito perigoso para as mulheres. Os vomitórios eram cascas de diferentes árvores, que eles trituravam e misturavam com água, primeiro *karaíla-yẹg*, depois *paúna-yẹg*, depois *tolóma-yẹg*, depois *kozókozo*, depois *kapẹyenkumá(x)pẹ*,[110] depois *elekauá*,[111] depois *ayúg*. Elas vomitaram na cachoeira Kalaulí-melu, que vem da serra Elú-tepẹ,[112] para receberem as diferentes vozes da cachoeira, que primeiro canta alto, depois baixo, depois alto novamente, então bem mais baixo, de modo que parece que três pessoas estão cantando juntas. Então elas vomitaram dentro de uma canoa grande.

Beberam de todas essas cascas, que ralaram fininho e misturaram com água. Vomitaram tudo dentro da canoa e continuaram bebendo isso[113] até não aguentarem mais.

Depois esvaziaram a canoa [mas na cabana, onde ninguém podia ver]. Então misturaram outra casca, beberam e vomitaram a bebida e continuaram bebendo dela até não aguentarem mais. No fim, beberam *ayúg*.[114] [Todas essas cascas são, na verdade, "como gente", as "sombras (almas) das árvores".]

---

[110] Trepadeira singular, com forma de escada, "pela qual a Lua subiu ao céu", vide mito 14. – Nas curas, o pajé bebe a decocção dessa trepadeira até vomitar. Assim, essa trepadeira (da qual ele bebeu) se torna uma escada para ele, ou seja, para sua sombra subir à terra dos espíritos (*mauarí*), que devem auxiliá-lo na cura. Vide v.III: Pajé.

[111] O "irmão" de *ayúg*; em Makuxí *ilikauá*.

[112] "A serra Elú-tepẹ é formada pela árvore *elu-yég*, derrubada por Makunaíma", disse Mayuluaípu. Vide mito 1.

[113] Ou seja, do vômito na canoa.

[114] Uma droga mágica vegetal muito forte. "As pessoas bebem *ayúg* quando estão doentes. Então não podem comer mais nada. Essa droga só pode ser tomada em total silêncio. Por isso, as pessoas só tomam essa droga de noite, quando está tudo quieto, especialmente quando as crianças estão dormindo; pois não se pode falar quando alguém está tomando a droga. É expressamente proibida a presença de mulheres, a não ser

Então as crianças caíram bêbadas. Mas ainda estavam conscientes. O coração delas ainda batia. Os olhos ainda viviam. Piaị'mã mandou sua mulher Kamáliua vigiar as crianças e disse: "Cuide das crianças! Vou buscar fumo da Kulẹlimá-tepẹ!".[115] A casa onde ele tinha as suas coisas[116] era longe da casa onde ele morava. Lá ele não tinha nada.

A mulher não queria vigiar as crianças. Quando Piaị'mã tinha andado só um pouquinho, ela correu atrás dele e disse: "As crianças estão morrendo!". Quando ele voltou e pensou que as crianças estivessem morrendo, não era nada. Elas estavam vivas. Então mandou de novo a mulher vigiar as crianças e saiu de novo para buscar fumo. Foi mais longe. Aí a mulher correu atrás dele e disse: "As crianças estão morrendo!". Piaị'mã voltou e encontrou as crianças vivas.

Saiu de novo para a sua outra casa, buscou fumo, amoleceu-o na água com *ayúg*, encheu uma cabaça pequena com o caldo de fumo e derramou o caldo no nariz das crianças.[117] Aí as crianças ficaram bêbadas.

Então ele fez duas cordas bem compridas dos cabelos da mulher, enfiou-as nas duas narinas dos garotos e puxou as cordas de novo, devagar, boca afora, até sair sangue.[118] Uma das pontas da corda passou pela narina e pela boca dos garotos. A outra ponta ficou por cima da serra Wéi-tepẹ.[119] Pílumog, a libélula, estava sentada além da serra e torcia as cordas sobre a coxa. Enquanto isso, Piaị'mã puxava as cordas devagar pela boca e pela narina dos garotos. As cordas deixaram marcas[120] na serra que ainda hoje podem ser vistas.[121] Aí Pílumog agarrou as cordas que Piaị'mã tinha puxado pelo nariz de cada um dos garotos e as enrolou num pedaço de pau [como as mulheres enrolam o algodão].

Então Piaị'mã subiu na cumeeira da casa. Antes disso disse para os garotos: "Não fiquem me olhando! Se vocês ficarem me olhando, seus olhos vão estourar!". Quando ele estava subindo, dois garotos olharam para ele. Aí seus olhos estouraram, e eles foram transformados em *wībán*.[122]

Então sobraram apenas três garotos. Ele deu caldo de fumo para eles beberem pelo nariz. Amoleceu o fumo na água, derramou o caldo numa cabaça alongada e, depois, no nariz dos garotos.

---

que sejam mulheres pajés. Existem muitas mulheres pajés entre os Arekuná e os Taulipáng, talvez também algumas entre os Makuxí." Explicação adicional do tradutor Mayuluaípu.

[115] Uma serra.
[116] Ou seja, apetrechos mágicos.
[117] "Por meio de um funil feito da metade de uma pequena cabaça." Acréscimo explicativo do tradutor.
[118] "Esse cordão, *karáualí*, serve de escada para a sombra (alma) do pajé, para ele (durante a cura) subir por ela, enquanto o corpo fica na terra." Explicação adicional do tradutor. – Um outro meio de se subir até os espíritos é a trepadeira mencionada anteriormente: *kapẹyenkumá(x)pẹ*.
[119] A leste do Roraima.
[120] Duas marcas paralelas.
[121] "Do outro lado da serra corre o rio Maulú. Em frente da serra Wéi-tepẹ, do outro lado do rio Maulú, fica a serra Waịpule-tepẹ́." Acréscimo explicativo do narrador.
[122] Fantasmas noturnos que fazem "*wē(í)n*" (com *í* alto, comprido), como o som de uma flauta.

A cabana, onde os garotos tinham vomitado na canoa, se chamava *džalán-tepẹ*, a casa, onde dançaram depois de vomitar, *menākaúarai*.[123]

Então Piaị'mā curou os garotos, que tinham ficado muito magros. Engordou-os de novo. Ficou muitos anos com eles e os fez pajés.

Os irmãos já estavam velhos. Alguns já estavam carecas. Aí Piaị'mā disse para eles: "Agora vocês podem voltar para a casa dos seus pais! Hoje tem lá um grande *caxiri* e dança". Então deu fumo para eles, *kamāyín-pẹlu*,[124] *kántig*,[125] *kumí*,[126] *waikín-epig, kusáli-epig, wạíla-epig*[127] etc. Disse para eles: "Quando vocês ficarem bravos com alguém, joguem *kántig* na roça dele! Elas vão cobrir a roça toda". Ele também lhes deu *azaú*,[128] para deixar uma mulher louca; também a droga *ulidžán auādžilúmpato*,[129] para enlouquecer uma mulher de amor. Ele deu todas as drogas para eles.

Os irmãos foram embora e, ao pôr do sol, chegaram à casa dos pais. Quando chegaram, os dançarinos estavam justamente saindo da casa, dançando. Aí os irmãos disseram: *"enẹ-man ayẹ́pẹlépẹ, kulumaímā ayẹ́pẹlépẹ!"* ("Aí vem um fantasma ao teu encontro, aí vem um urubu ao teu encontro!"). Com isso, entraram na casa. Pararam na entrada e disseram: *"Piaị'mā neuálubú(x)pẹ!"* (Piaị'mā nos ensinou!"). A mãe não os reconheceu. Então um dos irmãos disse: *"ă-hă-há Okílanag uidžá!"* ("Ah, Okílanag eu sou!"). Aí o outro irmão disse: *"ă-hă-há Ataítaị*[130] *Ilóngali uidžá!"* ("Ah, Ataítaị Ilóngali eu sou!"). Então o terceiro irmão disse: *"ă-hă-há Táuapẹeni uidžá!"* ("Ah, Táuapẹeni eu sou!"). Quando disseram os seus nomes, a mãe os reconheceu.

Então dançaram até de manhã cedo. Tinham belas vozes, que Piaị'mā lhes tinha dado. Dançaram com a sua cunhada, que era uma moça muito bonita. De noite, esta pensou que os irmãos fossem jovens e bonitos. Mas quando, à luz do dia, viu que eram velhos e feios, teve vergonha. Os irmãos a queriam para mulher, mas a moça não quis e fugiu, furiosa. Foi até o porto buscar água. Quando estava voltando, os três irmãos barraram o caminho dela, e o irmão mais velho exigiu sua cabaça. Queriam lhe ministrar um feitiço. A moça não queria dar a cabaça. Aí o irmão mais velho agarrou a cabaça e beliscou o ombro esquerdo da moça com os dedos, nos quais tinha passado antes um feitiço. A moça largou a cabaça, correu para a casa e se agarrou com as duas mãos na travessa da entrada. Assim ela ficou pendurada até hoje. Na serra Kalaualẹ́-tepẹ[131] se pode vê-la ainda hoje.

---

[123] Duas serras.
[124] Frutos da *ambaúva*, um feitiço.
[125] Carrapichos.
[126] Um capim; remédio contra dor de barriga etc.; uma das drogas mágicas mais importantes.
[127] Feitiço de plantas para se ter sucesso na caça de veado-galheiro, veado-capoeira, anta etc.: "feitiço para veado-galheiro, feitiço para veado-capoeira, feitiço para anta".
[128] Uma planta.
[129] Uma planta: "*uli-džán* = mulheres".
[130] Ou Atátai, o nome do Piaị'mā na língua dos Ingarikó. Vide 26 e I.
[131] Ou seja, "serra da Escadaria".

Então os irmãos voltaram para o Piaḭ'mã e distribuíram as casas entre si. Um deles foi para Menákauāraí, os outros dois ficaram em Džalán-tepẹ.[132] Então transformaram o pai e a mãe e toda a parentela em *máyiko*.[133] Antes de irem, os irmãos plantaram todas as plantas que o Piaḭ'mã lhes tinha dado numa nova roça e as deixaram para os homens.

Hoje, quando um pajé faz uma roça e volta depois de dez dias para a roça, esta fica cheia de fumo que ele não plantou. Os *mauarí*[134] plantaram tudo para ele. Existem três tipos desse fumo: de folhas pequenas, de folhas médias e de folhas bem grandes, tão grandes quanto as folhas de bananeira. O fumo é muito forte.

22. COMO OS VENENOS PARA PEIXE AZÁ E INÉG VIERAM AO MUNDO

(Narrado pelo Arekuná Akúli)

Era uma vez uma mulher chamada Keyúlewẹ. Ela tinha um filhinho que chorava muito todo dia. A mãe estava cansada do choro dele. Agarrou o menino e o tirou da casa, deixou-o no meio do caminho e trancou a casa. Então ela disse: "Coma este menino, raposa!".

À noite, quando a porta estava trancada e o menino chorava, veio a raposa. Levou o menino junto. Então a raposa disse: "A mãe dele me disse, e eu fui buscar o menino!".[135] Aí a mãe gritou: "Me dá o meu filho, raposa!". A raposa foi embora com o menino. Deu frutos da árvore *muriti* (*apâtug*)[136] para ele comer. Ela criou o menino.

A raposa comia da mesma árvore da qual a anta também comia, mas elas não se encontravam. Um dia, ela encontrou a anta. Esta disse para a raposa: "Ô, cunhado, me dá a criança!". A raposa não queria dar a criança para a anta. A anta ficou pedindo e insistindo, mas a raposa não queria lhe dar e fugiu com a criança. A anta correu atrás dela, pegou a criança e levou embora. A anta deu comida para a criança e a criou. O menino se chamava Kulẹwénte. Cresceu. A anta deu muitos carrapatos para o menino, considerados pela anta adornos de miçangas. Pôs os carrapatos no pescoço dele, nas pernas, nas orelhas, nos testículos, nas axilas, no corpo todo.

A anta era uma fêmea. Achou bonito o menino, que já tinha se tornado um rapaz, e se entregou a ele. O rapaz andava com a anta como marido dela. Ia na frente da anta. A anta o seguia.

O jovem encontrou uma cascavel (*tsekāság*) e gritou: "Cuidado! Uma cobra!" e saiu correndo. A anta foi correndo atrás dele. Então os dois pararam e disseram: "Vamos ver!". Voltaram

---

[132] Ou Tx̣alátepẹ.
[133] Uma espécie de *mau̯arí* (espíritos da montanha), mas "gente invisível para as pessoas comuns. Só os pajés podem vê-los e relacionar-se com eles". Acréscimo explicativo do narrador.
[134] Espíritos da montanha.
[135] Tradução bem livre do texto original que me foi dado: "*i-džán n-ekáma-pẹ sanžekeíd* = sua mãe disse que devo buscar (a criança)".
[136] Árvore abundante do cerrado; não confundir com a palmeira *miriti*: *Mauritia flexuosa*.

para a cobra. Então a anta disse: "Isto não é uma cobra! Isto é o meu forno!".[137] A anta pegou a cobra na mão e disse: "Veja, não é uma cobra! É o meu forno!". Ela disse: "Dizem que a cobra corre atrás das pessoas. Mas isto não é uma cobra! Para a anta, o cachorro é que é uma cobra!". Então ela disse: "A cobra corre atrás das pessoas e onde ela pica, dói. Para nós, a cobra é um forno. Os homens a veem como cobra e sofrem com a picada, assim como sofrem com a mordida do cachorro". Então a anta continuou andando com o rapaz, e agora este também sabia que a cobra era um forno, e não se assustou mais com ela.

Ele engravidou a anta. A anta achou uma clareira (*mẹmbẹtá*)[138] e comeu abacaxi lá. Era a antiga roça da mãe do rapaz. O que foi que a anta fez? Mandou o rapaz ir à casa da mãe para visitar a família. Disse para o rapaz: "Não conte nada de mim para o teu pai, tua mãe, teu irmão e teus cunhados, para eles não me matarem!". O rapaz foi cheio de carrapatos para a casa da mãe. Entrou e sua mãe se espantou. Não reconheceu o filho. Ele disse o seu nome, Kulẹwénte. Aí a mãe o reconheceu e disse: "Por que é que você está tão cheio desses carrapatos? Tire-os!". Aí a mãe tirou todos os carrapatos dele e perguntou por onde ele tinha andado. Ele disse: "Fiquei andando à toa na mata". Não contou nada.

Na manhã seguinte, foram até a clareira pegar abacaxi. Não acharam. A anta tinha comido tudo. Só encontraram as pegadas da anta. Voltaram para casa e contaram que a anta tinha comido o abacaxi. Quando contaram isso, os cunhados disseram: "Amanhã nós vamos matar a anta!". Na manhã seguinte, o rapaz disse: "Não! Essa anta é minha mulher! Se vocês quiserem acertar a anta, então acertem uma flecha na axila dela, não na barriga! Ela está grávida de mim!". Então a mãe disse: "Você tá andando com a anta? Você tá casado com a anta? Pensei que você estivesse andando à toa, sozinho, pelo mato!". Aí os cunhados pediram para o rapaz se podiam matar a anta. Ele disse: "Vocês podem matá-la, mas acertem só na axila dela, não na barriga!". Então os cunhados foram embora e levaram dois cachorros junto. Antes perguntaram para Kulẹwénte: "Onde está a anta?". Ele respondeu: "Está na beira da clareira, do lado da alvorada". Ele disse para a mãe: "Vai lá! Quando matarem a anta, pegue as entranhas dela, tire a criança fora e lave-a! Faça isso sozinha! Você não precisa de ninguém para isso!".

Os cachorros encontraram a anta. Os cunhados acertaram a anta com as suas flechas e a mataram. A mãe mandou abrirem imediatamente a barriga da anta e tirou a criança das entranhas. Lavou a criança num riacho e a levou para casa. Antes disso, Kulẹwénte disse para a mãe: "Se você lavar a criança no riacho, muitos peixes vão morrer!". Quando ela a estava lavando, muitos peixes morreram, e ela pegou muitos peixes. Foi para casa com os peixes. Comeram a anta e ficaram com a criança e a criaram. Toda vez que ela lavava a criança, muitos peixes morriam. Quando ficavam com fome, ela lavava a criança; então tinham sempre muitos peixes para comer. A criança se chamava Aẓá́.[139]

A criança cresceu. O pai da criança tinha dito para a mãe dele: "Quando você lavar a criança no riacho, não leve ninguém junto, nem mesmo uma criança!". Um dia, os cunhados mandaram,

---

137 Chapa redonda de argila, usada pelos índios para assar os beijus.

138 Plantação abandonada. Chamada de *capoeira* no Brasil.

139 Este é o nome de uma trepadeira usada para envenenar os peixes: *Paullinia* sp.

escondido, algumas crianças atrás da velha, para descobrirem como era que Keyúlewẽ pegava os peixes. Quando a velha chegou, as crianças se esconderam no mato e viram como ela dava banho no menino. Quando ela estava dando banho no menino, muitos peixes morreram. Ela sentou o menino na margem e recolheu os peixes. As crianças escondidas no mato ficaram vendo. Antes de a velha voltar, as crianças correram para casa e contaram para a sua mãe que a velha tinha dado banho no menino no riacho; que aí muitos peixes morreram. Foi assim que os cunhados descobriram. Então a velha voltou para casa, e eles comeram os peixes que ela trouxe. No dia seguinte, de novo ela deu banho no menino. Todos sabiam que ela matava os peixes quando dava banho no menino. Comeram peixe todo dia, e a velha convidou todos os parentes para pegarem peixe com ela.[140] Viveram dias felizes.

Todas as aves que comem peixes, *jaburu*, *passarão*,[141] garça branca, *ariramba*,[142] entre outras, descobriram que, com o banho da criança, tantos peixes morriam. Aí o *passarão* foi até a casa do pai do menino e pediu para dar banho na criança. Tinham visto que no *poço*[143] da queda Pulo-melú[144] havia muitos peixes, *filhote*,[145] *sorubim*,[146] *tucunaré*,[147] entre outros. Kulẹwénte respondeu: "Não! Vocês querem matar o meu filho. Eu poderia deixar que lhe dessem banho num riacho, mas não no *poço* da queda!". Aí o *passarão* disse que tinha visto muitos peixes no *poço* da queda. Então o pai disse que não daria seu filho para tomar banho no *poço* da queda. O *passarão* ficou pedindo e insistindo. Kulẹwénte se cansou dele e disse para o seu filho: "Tá bom! Vamos até lá ver os peixes que o *passarão* viu!".

Foram com o *passarão*, também a avó, os cunhados e todos. Na manhã seguinte, foram ver o *poço*. Estavam reunidas lá todas as aves que comem peixe, o urubu também. Foram convidadas pelo *passarão*. Chegaram ao *poço*. O *passarão* lhes mostrou o *poço*. Aí viram muitos peixes. Então o pai mandou o menino tomar banho. Aí Azá disse: "O *poço* é muito feio, meu pai!". Estava com medo do poço. Kulẹwénte respondeu: "Não faz mal! Vai tomar banho!". Aí o menino ficou furioso. Pulou n'água e mergulhou aqui e ali pelo *poço* todo. Então o pai disse: "Chega, meu filho! Muitos peixes já estão morrendo. Saia!". O menino não queria sair. Estava furioso. Muitos peixes morreram, e o pai chamou de novo. No meio do *poço* havia uma rocha. O menino saiu da água e subiu na rocha e se deitou de barriga. Estava sentindo muito frio, pois tinha entrado n'água furioso e suado. A avó, os cunhados e todas as aves estavam pegando peixes. Pensavam que o menino estivesse bem. O pai estava de pé numa rocha na margem, olhando para o filho.

---

[140] Deve ser um engano do narrador.
[141] Uma espécie de cegonha: *Mycteria*.
[142] Uma cegonha bem grande; também chamada de *tuiuiu*.
[143] Bacia profunda e larga debaixo da queda da cachoeira, na qual os peixes se ajuntam.
[144] Queda do Karuaíd, que desemboca no Maulú, um braço do Kukenáng. Acima desemboca o Apauwaú. A nascente do Maulú fica na terra dos Arekuná. Ao lado da queda eleva-se a serra Anuanayén.
[145] Espécie pequena de *piraíba*: *Bagrus reticulatus*.
[146] *Platystoma* sp.
[147] *Erythrinus* sp.

O menino estava morto. Keyemẽ[148] o tinha acertado com uma flecha. O menino tinha sentido a dor e saído da água e morrido sobre a rocha.

As aves, o urubu também, pegaram muitos peixes. O urubu e o urubu-rei estavam bem junto da margem e apanhavam os peixes que o vento lhes mandava. Fizeram um grande moquém. O pai chamou o menino. Pensou que estivesse vivo. Mas o menino ficou deitado. O pai ficou chamando, mas o menino não se mexia. Aí o pai foi até lá ver o que o menino tinha. Encontrou seu filho morto e todo duro. Ele o agarrou e chorou. Quando terminou, chamou o *passarão* para levar o menino para a terra. Eles o deitaram na margem.

Então Kulewénte disse para as aves: "Vocês são os culpados! Keyemẽ acertou o meu filho! Agora vocês vão me ajudar! Matem esse Keyemẽ!". Aí o *passarão* voou até o céu e, voando, desceu de lá para mergulhar na água e matar o Keyemẽ. Mas bateu n'água e ficou na superfície. Não conseguiu entrar. Então a garça branca voou até o céu. Desceu voando, mas também não conseguiu entrar e ficou na superfície. Então uāzanauá, āzanauá, o *maguari*,[149] fez a mesma coisa. Então saiyá, aiyá, o *socó*, tentou, mas também não conseguiu entrar n'água. Então sakaí'gá, o martim-pescador,[150] tentou, mas também não conseguiu entrar. Todas as aves, papagaios, *arara*, urubu, urubu-rei, tentaram, mas não conseguiram entrar. Todas ficavam na superfície da água, então voltavam. Então o *jacu*,[151] o *mutum*,[152] o *inambu*[153] e os pombos tentaram, mas não conseguiram entrar. Então a anta e todos os animais de caça tentaram, mas não conseguiram entrar n'água. O murumurutá, o rouxinol, também tentou, mas não conseguiu entrar e voltou.

Então sobraram apenas kuyăui, o *carará*, e pélēke, o *mergulhão*.[154] Estavam sentados bem longe numa rocha e não tinham culpa da morte do menino. Não tinham insistido com o pai. Aí Kulewénte veio e pediu para o *carará* matar Keyemẽ: "Cunhado, me ajude! Meu filho tá morto! Keyemẽ o matou com uma flecha!". Aí o *carará* disse: "Tá bom, cunhado! Vou te ajudar!". Disse que não tinham culpa, mas que iriam ajudá-lo a matar o Keyemẽ. Então o *carará* brigou com o *passarão* e com todas as outras aves e ralhou com eles porque eram culpados da morte do menino. O pai ficou lá chorando.

Quando terminaram de brigar, o *carará* e o *mergulhão* se sentaram lado a lado. Aí o *carará* disse: "ā----tā-tā-tă-tă-tă!"[155] e bateu as asas. [Até hoje ele faz assim.] Então se curvou e

---

[148] Segundo Mayuluaípu, Keyemẽ é o arco-íris, uma grande cobra d'água, um demônio muito mau. Todas essas aves aquáticas são netas do Keyemẽ. A casa do Keyemẽ fica junto à queda, sob a terra; a entrada fica debaixo d'água. "Dizem que o Keyemẽ é como um homem, mas quando ele se veste, é como uma grande cobra d'água e muito má."
[149] *Ciconia maguari*; uma garça cinzenta.
[150] *Alcedo* sp.; vide anteriormente.
[151] *Penelope marail*; um galináceo que vive em árvores.
[152] *Crax* sp.
[153] *Crypturus*; uma espécie de perdiz.
[154] Duas aves mergulhadoras; *Colymbus* sp.
[155] a gutural.

desapareceu no ar. Voou para o céu. Depois que tinha desaparecido, o mergulhão disse: "ō----!" bateu as asas no chão e desapareceu subindo. Voaram bem alto e ficaram algum tempo lá no céu. Ficaram e ficaram. Então se ouviu o canto do *carará*: "tă-tă-tă-tă!" no alto. Ele desceu, mergulhou na água e desapareceu. Quando desapareceu, ouviu-se um barulho surdo vindo da água, e a água tremeu. Então o mergulhão veio atrás dele, mergulhou e desapareceu na água. Aí se ouviu de novo um barulho surdo. Ficaram muito tempo debaixo d'água. Ouviam-se constantes barulhos surdos. Tinham matado o Kęyęmę̧ com flechas e agora estavam tentando puxá-la[156] para a terra. Ficaram muito tempo debaixo d'água. Então vieram e disseram para o pai: "Pronto, cunhado! Lá está ela, morta! Vamos puxá-la pra terra!". Aí Kulęwénte disse: "Puxem-na aqui sobre a rocha! Vou buscar um *cipó* para amarrá-la".

O pai foi embora e procurou um *cipó*. Amarrou o *cipó* em volta do pescoço da cobra. Todas as aves ajudaram a puxar a cobra para a terra. Eles a puxaram sobre a rocha e tiraram a pele dela. Cortaram a cobra e a dividiram entre eles. Cada um ganhou um pedaço da carne e da pele. Então disseram: "Vamos ver quem é o dono desta pele!". Aí o *passarão* voou para o alto com o seu pedaço. Tinha posto a pele sobre as costas, mas a pele não cantou. Voltou, pôs o pedaço de pele no chão e disse: "Ela não cantou!". Disse para a garça branca tentar. A garça subiu voando e cantou: "ā--ā", o mesmo canto que canta até hoje. Então veio o *maguari*. Pegou um pedaço de pele, subiu voando e cantou muito feio: "á(o)--á(o)".[157] Então veio o *socó*. Pegou um pedaço de pele e pôs sobre a cabeça e as asas [as penas vermelhas que ele tem lá]. Voou para o alto e cantou: "koró-koró-koró". Voou um pouco, então voltou e disse: "Gostei desta flauta. É bonita". Então o martim-pescador pegou um pedacinho da pele e pôs sobre a cabeça e o pescoço [as penas vermelhas que ele tem lá]. Cantou: "sę-tšę-tšę". Achou a flauta bonita e ficou com ela. Então veio o tucano. Pegou um pedaço da pele e pôs sobre o pescoço e a barriga [as penas brancas e vermelhas que ele tem lá]. Cantou: "kīô-hę́-hę́ kīô-hę́-hę́". Achou a flauta bonita e ficou com ela. Um pedaço da pele ficou sobre o nariz [o bico amarelo]. Então veio o *mutum*. Pegou um pedaço da pele e pôs sobre a garganta. Subiu numa árvore alta e cantou: "hm-hm-hm-hm". Achou a flauta bonita e ficou com ela. Um pedaço da pele ficou sobre o nariz, que ainda hoje é de cor amarela.[158] Então veio o *cujubim*.[159] Pegou um pedaço da pele e pôs sobre a cabeça, o pescoço e as asas [as penas brancas que ele tem lá]. Cantou: "krrrr" [como ele canta até hoje de manhã]. Achou a flauta bonita e ficou com ela. Assim, todas as aves ganharam suas flautas e voaram embora. A *arara* pegou um pedaço grande da pele e cobriu o corpo todo com ela. É por isso que, até hoje, ela tem penas coloridas pelo corpo todo. Assim fizeram os papagaios e os *periquitos* amarelos. Então o pássaro *oazabaká*[160] pegou um pedaço da pele e a sua flauta. Cantou bem bonito: "oazabaká-oazabaká-kŭ-lŭ-lŭ-lŭ-lŭ". Em todas as aves,

---

[156] Ou seja, a cobra. Mas Kęyęmę̧ é um homem.
[157] Rouco, gutural.
[158] Amarelo-alaranjado.
[159] Um gracioso galináceo: *Penelope* sp.
[160] Pequena ave do cerrado. O nome é bem onomatopaico.

a pele se transformou em penas coloridas e em sua flauta.[161] E assim, todas as aves, o *jacu* e o rouxinol também, receberam suas penas e sua flauta.

Então vieram os animais de caça, anta, *capivara*,[162] veado. Cada um pegou um pedaço da pele. O veado pôs a pele como adorno de cabeça. Aí a pele se transformou nos chifres que ele tem até agora. O veado-capoeira tinha, primeiro, o adorno de cabeça que o veado-galheiro tem hoje, e este tinha o adorno de cabeça que o veado-capoeira tem hoje.[163] Então o veado-capoeira não conseguia andar na mata. Ficava pendurado nas trepadeiras e nos ramos. Aí ele disse para o veado-galheiro: "Vamos trocar de enfeite de cabeça, cunhado!". Então o veado-capoeira deu o seu enfeite para o veado-galheiro, e este deu seu enfeite para o veado-capoeira. O veado-capoeira foi experimentar seu enfeite. Correu pela mata e não ficou preso nas trepadeiras e nos galhos. Assim, ficou com ele. O veado-galheiro foi experimentar o enfeite do veado-capoeira. Correu com ele e achou bom. Então ficou com ele.

Aí veio a *cutia*,[164] pegou um pedaço da pele e pôs sobre o peito e a barriga. São os pelos avermelhados e brancos que ela tem lá. Ela ganhou uma flauta pequena: "`kin-kin`". Assim também fez a *paca*.[165] Assim, a anta ganhou a sua voz de assobio. Então veio o *taitetu*.[166] Pôs a pele sobre os ombros. Lá ela foi transformada em pelos negros. Ele também ganhou a sua flauta: "`hx-hx`", que tem ainda hoje. Então veio o *taiaçu*[167] e ganhou sua flauta: "`rr-rr`". Então veio o *tamanduá*.[168] Pôs o pedaço de pele sobre a espinha e sobre os braços. Foi transformada nos pelos amarelos que ele tem ainda hoje lá. Ganhou sua flauta: "`rr-rr`".[169] Assim, todos os animais de caça ganharam seus pelos coloridos e suas flautas.

O pai do menino também deu para todos os macacos um pedaço da pele da cobra, para o bugio, para o *macaco* e o *macaquinho*, e eles acharam a flauta bonita e ficaram com ela até hoje.

Então Kulẹwénte fez um aturá e pôs o corpo do seu filho dentro dele. Foi para bem longe. Não sei para onde ele foi. A avó levou o aturá nas costas. Foi embora cantando. Não sei mais o que ela estava cantando; um certo canto. O sangue do menino escorria do aturá para o chão. Ela andou por toda parte pela mata perto do Caroni, pela terra dos Ingarikó e dos Kamarakotó.[170] O corpo do menino se decompôs. A carne do cadáver caiu do aturá e só ficaram os ossos. A velha foi indo cada vez mais longe. Onde caía o sangue e a carne, crescia *inég, timbó*.[171] E assim ficou

---

[161] Ou seja, seu grito.
[162] *Hydrochoerus capyvara*.
[163] O *veado-capoeira* tem tocos pequenos; o *veado-galheiro* tem chifres desenvolvidos.
[164] Roedor: *Dasyprocta aguti*.
[165] Roedor: *Coelogenys paca*.
[166] Pequeno porco-do-mato: *Dicotyles torquatus*.
[167] Porco-do-mato grande: *Dicotyles labiatus*.
[168] *Myrmecophaga jubata*.
[169] O "`rr-rr`" do tamanduá tem um som mais claro do que o "`rr-rr`" do porco-do-mato, que é emitido da garganta e abafado.
[170] Tribos Karíb que vivem na mata. Os Kamarakotó, parentes próximos dos Arekuná, vivem às margens do Caroni e do Parauá, os Ingarikó, a nordeste do Roraima.
[171] Forte veneno para peixes.

até hoje. As partes sexuais do menino ficaram na margem do rio e viraram a̱ẕatau̱kobu(x) pẹ, *timbó* fraco.¹⁷² Também os ossos que ela enterrou viraram *timbó* fraco. Os ossos e as partes sexuais ficaram deste lado,¹⁷³ onde ainda agora existe muito *timbó* fraco. – Este é o *timbó* que temos hoje.

A avó então procurou motó, minhocas, como isca para peixe e foi transformada num *corocoró*,¹⁷⁴ que ainda hoje gosta dessas minhocas. Onde o pai ficou, não se sabe.

23. COMO OS HOMENS RECEBERAM O FOGO
(Narrado pelo Taulipáng Mayuluaípu)

Há muito tempo, quando os homens ainda não tinham fogo, vivia uma velha chamada Pelénosamó. Ela trouxe muita lenha e a pôs debaixo do forno. Então se abaixou com o traseiro virado para o buraco do forno. Aí saiu muito fogo da sua barriga através do ânus e acendeu a lenha. Ela fez muitos beijus e *caxiri*. As pessoas comiam beijus torrados ao sol. Uma moça viu a velha defecando fogo e contou para os outros. Então as pessoas vieram e pediram fogo para a velha. A velha não queria dar e disse que não tinha. Aí eles agarraram a velha e amarraram seus braços e pernas. Então juntaram muita lenha. Sentaram a velha em cima e apertaram a barriga dela com as mãos. Aí ela defecou fogo. O fogo se transformou nas pedras watò,¹⁷⁵ que dão fogo quando se bate uma na outra.

24. COMO OS HOMENS RECEBERAM A REDE DE DORMIR
(Narrado pelo Taulipáng Mayuluaípu)

Muito tempo atrás, as pessoas ainda não tinham rede de dormir e dormiam no chão. Então se passou muito tempo. Aí eles encontraram um cachorro que dormia numa rede de dormir. À noite, as pessoas dormiam no chão. Mas o cachorro dormia na sua rede. Na manhã seguinte, disseram para o cachorro: "Cunhado, me vende esta rede!". O cachorro respondeu: "Com o que você vai pagar por ela?". As pessoas disseram: "Não temos nada que possamos dar pela rede!". Aí o cachorro disse: "Então me paguem com sakŭra!".¹⁷⁶ [Para o cachorro, cocô de gente, que ele gosta de comer, é sakŭra.] As pessoas não sabiam o que ele queria dizer. À noite, quando dormiam com o cachorro, as pessoas saíram da casa para defecar. O cachorro seguiu o cheiro,

---

[172] Uma espécie de *timbó*, mas menos venenosa. É preciso usar uma grande quantidade dele para matar peixes.
[173] Ou seja, do divisor de águas.
[174] *Ibis* sp.
[175] Pederneiras encontradas no caminho para o Roraima. Watò = fogo.
[176] Massa para *caxiri*: beijus mastigados para o preparo do *caxiri*.

achou o cocô bom e o comeu. Então o cachorro disse para as pessoas: "Bom! Vou dar minha rede pra vocês!". Vendeu a rede para eles e disse: "Bom, agora vão defecar para pagar a rede!". Até hoje o cachorro gosta de comer cocô de gente. – Naquela ocasião, o cachorro deu sementes de algodão para as pessoas.

25. PU'YITO. COMO OS ANIMAIS E OS HOMENS RECEBERAM O ÂNUS

(Narrado pelo Taulipáng Mayuluaípu)

Há muito tempo, os bichos e os homens não tinham ânus para fazer cocô. Acho que faziam cocô pela boca. Pú'yito, o ânus, andava devagar e cuidadosamente por aí, soltava pum na cara dos bichos e das pessoas e saía correndo. Então os bichos disseram: "Vamos agarrar Pú'yito e dividi-lo entre nós!". Aí muitos deles se uniram e disseram: "Vamos fingir que estamos dormindo! Quando ele vier, vamos agarrá-lo!". E assim fizeram. Pú'yito veio e soltou um pum na cara de um deles. Então todos correram atrás dele, mas não conseguiram pegá-lo e ficaram para trás. Os papagaios Kuliwaí e Kaliká foram os que chegaram mais perto de Pú'yito. Correram e correram. Por fim, eles o pegaram e o amarraram. Então vieram os outros que tinham ficado para trás, anta, veado, *cutia*, *mutum*, *jacu*, *cujubim*, pomba e outros. Aí começaram a esquartejá-lo. A anta pediu logo um pedaço para ela. Os papagaios cortaram um pedaço grande e o jogaram para os outros bichos. A anta o agarrou imediatamente. É por isso que ela tem um ânus tão grande. O papagaio cortou para si um pedaço pequeno, como devia ser. O veado ganhou um pedaço menor, não tão grande quanto o da anta. As pombas pegaram um pedaço pequeno. Então veio a rã e também pediu um pedaço. Os papagaios o jogaram para ela, e ele caiu nas costas. É por isso que, até hoje, a rã tem o ânus nas costas. Todos os bichos,[177] aves e peixes pegaram um pedaço. Então veio o peixinho *karoíd*[178] e pediu um pedaço. Os papagaios o jogaram, e ficou pendurado perto do pescoço dele. É por isso que, até hoje, ele tem o ânus no pescoço.

Este é o ânus que temos agora. Se não o tivéssemos, teríamos de fazer cocô pela boca ou, então, arrebentar.

26. A MORTE DE PIAI'MÃ[179]

(Narrado pelo Taulipáng Mayuluaípu)

Piai'mã tinha furos nos dois lóbulos das orelhas. Encontrou um homem que estava pescando. Disse para ele: "Ei, cunhado, enfie as pernas nas minhas orelhas pra você ver a minha

---

[177] Ou seja, quadrúpedes.
[178] Uma espécie de enguia que existe nas serras.
[179] Texto original I.

casa!". Aí Piai̯'mã enfiou as pernas do homem nos furos das suas orelhas, pôs o homem nas costas e o levou assim para a sua casa. Ao meio-dia, chegaram lá. A casa ficava bem dentro da serra Džalán-tepẹ. Na casa havia um buraco fundo e feio. Acima do buraco havia um *cipó* amarrado. Piai̯'mã mandou o homem balançar no *cipó*. O homem não entendeu. Aí Piai̯'mã lhe mostrou. Agarrou o *cipó* com as duas mãos e balançou tão forte que voou até o escuro da casa. Então o homem agarrou o *cipó* e começou a balançar. Piai̯'mã tinha uma clava na mão. Quando o homem saiu voando do escuro da casa, de volta para a frente [para a entrada da casa, onde era mais claro], Piai̯'mã bateu com a clava na cabeça dele, e ele caiu morto no buraco. Caiu sobre um andaime. No andaime havia uma calha pela qual o sangue escorria para o chão, onde a mulher do Piai̯'mã o recolhia. Então o corpo do homem também caiu no chão, e a mulher terminou de matá-lo batendo nele com a clava. Então Piai̯'mã e a mulher dele comeram o homem.

Piai̯'mã saiu de novo e encontrou um outro homem. Disse para ele o mesmo que tinha dito para o outro: "Ô, cunhado, enfia as pernas nos furos das minhas orelhas pra você ver a minha casa!". Pôs o homem nas costas e o levou para casa e fez com ele o mesmo que tinha feito com o outro e o matou. Fez assim com todos os moços.

Da família toda sobraram apenas o pai, a mãe, as irmãs e o irmão mais novo. Sabiam que Piai̯'mã tinha matado os outros. O irmão mais novo, que era corajoso, foi pescar. Antes de sair, disse para seu pai e sua mãe: "Se Piai̯'mã me pegar, vou pra casa dele!". Então a mãe disse: "Não, não vá pescar! Se ele te pegar, vamos chorar!". Ele respondeu: "Não, ele não vai me matar! Não chorem! Vou matá-lo!". Foi embora. Fingiu que estava lançando o anzol, mas sem isca. Ficou esperando pelo Piai̯'mã. Aí Piai̯'mã chegou e fez "ĕ---ĕ!". Piai̯'mã disse para ele: "O que você está fazendo aí, cunhado?". Ele respondeu: "Nada! Estou pescando. Quero pegar peixe pra comer". Aí Piai̯'mã disse: "Venha! Quero te mostrar minha casa! Enfia as pernas nos furos das minhas orelhas!". O homem perguntou: "Pra que devo fazer isso? Primeiro quero te mostrar a minha casa! Vamos!". Piai̯'mã respondeu: "Não! Vamos para a minha casa! Lá tem muitos bichos, pássaros, que eu quero te mostrar!". O homem disse: "Tá bom! Vou com você assim mesmo! Você não precisa me carregar!". Piai̯'mã respondeu: "Não! Enfia as pernas aqui! É melhor eu te carregar! Senão você vai se cansar". Aí o homem enfiou as pernas nos furos das orelhas do Piai̯'mã.

O homem tinha um trompete feito de um grande caramujo marinho.[180] Piai̯'mã levou o homem embora. Piai̯'mã soltou um pum bem forte na cara dele. Então o homem bateu com o caramujo no traseiro dele. Aí Piai̯'mã disse: "Não faz isso, cunhado!". O homem respondeu: "Você fica soltando pum na minha cara, e isso fede muito!". Então Piai̯'mã esfregou fumo no rosto dele, e o homem caiu no sono. Acordou pouco tempo depois e se assustou. Começou a quebrar ramos. Piai̯'mã perguntou: "Por que você está quebrando ramos?". O homem respondeu: "Eles batem nos meus olhos!". Piai̯'mã soltava pum na cara dele, e o homem batia com o trompete no traseiro do outro.

---

[180] A concha denteada do grande caramujo marinho é usada como instrumento sinalizador pelos índios.

Assim chegaram à casa do Piai̯'mã. Aqui ele soltou o homem. Este começou a correr atrás dos pássaros mansos do Piai̯'mã e queria agarrá-los, mas eles fugiram voando. Piai̯'mã chamou o homem: "Vem cá, cunhado! Quero mostrar como é que se balança aqui!". Mas este não o ouviu e continuou correndo atrás dos pássaros. Então ele veio e disse para o Piai̯'mã: "Quero ver como você balança!". Quando Piai̯'mã se pendurou no *cipó* e começou a balançar, o homem começou de novo a correr atrás dos pássaros. Aí Piai̯'mã chamou: "Cunhado, venha cá e veja como eu balanço no *cipó*!". Piai̯'mã correu atrás dele, pegou-o pela mão e o trouxe para junto do cipó. Então o homem disse: "Agora quero ver como é que você balança! Mostre pra mim!". Piai̯'mã agarrou o *cipó* e começou a balançar. Quando ele voou para o escuro, o homem se armou com o trompete para bater nele. Quando Piai̯'mã voou de volta para ele, o homem quebrou a canela dele. Aí Piai̯'mã soltou o *cipó* e caiu no buraco, sobre o andaime. Quando seu sangue escorreu, a mulher dele o apanhou. Pensou que fosse o sangue de gente. A mulher cozinhou o sangue e o comeu antes que o corpo caísse. Pensou que fosse sangue de gente que Piai̯'mã tinha matado. O homem ficou escutando na beira do buraco. Aí Piai̯'mã caiu no chão do buraco onde sua mulher estava. A mulher pegou a clava dela e começou a bater em Piai̯'mã. Este gritou: "Não me mate! Sou seu marido!". A mulher ralhou com ele e disse: "Eu nunca disse pra você fazer a besteira de se deixar matar!". Então Piai̯'mã morreu.

A mulher ralhou com o homem e disse: "Quando você for embora, vai chegar num rio cheio e encontrar nuvens escuras!". Ela disse: "Quero que fique noite!". Ficou noite escura, como a mulher tinha dito. Os rios ficaram cheios, e vieram nuvens escuras, e o homem não pôde continuar na escuridão. Ficou no meio da mata. Tinha ido pelo caminho onde tinha quebrado os ramos. Então amanheceu. Ele continuou pelo caminho onde tinha quebrado os ramos. Chegou a um riacho bem cheio, de modo que não podia atravessá-lo. Ficou esperando até o riacho baixar, então o atravessou. Continuou andando e encontrou um outro rio cheio. Tirou a casca de uma árvore, fez uma canoa, e atravessou o rio. Continuou andando. Aí vieram nuvens carregadas e ficou escuro de novo. Então as nuvens se dissiparam e ficou claro de novo. Ele chegou a um outro rio cheio, perto de sua casa. Tirou de novo a casca de uma árvore, fez uma canoa e atravessou.

Antes de entrar em casa, encontrou uma borboleta grande. Era a sombra do Piai̯'mã. A borboleta disse para ele: "Volte por este caminho pra a sua casa! É o mesmo caminho por onde eu trouxe você". O homem continuou andando e soprou o trompete: "*Atátaí*[181] *senu̱ma͐í Atátaí senu̱ma͐í tu-tú-tu tu-tú-tu tu-tú-tu!*" ("Piai̯'mã eu matei, Piai̯'mã eu matei! *tu-tú-tu tu-tú-tu tu-tú-tu!*"). Aí sua mãe ouviu o trompete e disse: "Meu filho matou o Piai̯'mã!". Soprou de novo o trompete perto da casa. Entrou em casa e disse: "Se os meus companheiros tivessem sido como eu, eles o teriam matado. Pus um fim à vida dele!".[182]

---

[181] Atátai é o nome do Piai̯'mã na língua dos Ingarikó. A palavra seguinte também parece pertencer à língua dos Ingarikó.

[182] As palavras indígenas (supostamente na língua Ingarikó), das quais meu narrador deu essa tradução bem livre, são: *"sḛbḛ le kó enṵ ma͐g kató(g) pán ẕokoíd utón-pa nenápḛ-sán!"*. Vide essa lenda no texto original, no qual as palavras do homem, quando de seu retorno, são indicadas de modo diferente.

E assim continuaram vivendo depois que ele matou o Piai'mã, e tiveram filhos. Os Ingarikó são os descendentes deles. Piai'mã foi o primeiro a falar a língua Ingarikó.[183]

27. A VISITA AO CÉU

(Narrado pelo Taulipáng Mayuluaípu)

Muito tempo atrás houve uma guerra entre duas tribos. Uma das tribos se chamava Kuyálakog,[184] a outra, Palawiyáng.[185] A guerra foi na região da serra Uraukaíma. Os Palawiyáng atacaram os Kuyálakog. Mataram alguns que tinham ido para a roça. Aí os Kuyálakog se uniram para destruir os Palawiyáng. Vieram e os atacaram. Chegaram à aldeia, que tinha cinco casas, e atearam fogo em dois pontos, à noite, para ficar claro e os inimigos não poderem fugir no escuro. Mataram muitos com a clava quando estes queriam escapar das casas.

Um homem chamado Maitxaúle[186] se deitou ileso entre um monte de mortos e pintou o rosto e o corpo com sangue para enganar os inimigos.[187] Os Kuyálakog foram embora. Pensavam que todos estivessem mortos. O homem ficou sozinho. Então foi embora, tomou banho e foi para uma outra casa que não ficava longe. Pensou que houvesse gente lá, mas não encontrou ninguém. Todos tinham fugido. Só encontrou beijus e um *moquém*[188] e comeu. Então ficou pensando. Saiu da casa e foi para bem longe. Aí ele se sentou e ficou pensando. Pensou em seu pai e em sua mãe, que os Kuyákalog tinham matado, e que agora ele não tinha mais ninguém. Então disse: "Vou me deitar com os meus companheiros mortos!". Voltou cheio de medo para a aldeia queimada. Ali havia muitos urubus. Maitxaúle era um pajé e tinha sonhado com uma linda moça. Espantou os urubus e se deitou junto dos seus companheiros mortos. Tinha se pintado de novo com sangue. Ficou com as mãos na cabeça para poder se defender imediatamente. Então os urubus vieram de novo e começaram a brigar por causa dos cadáveres. Aí veio a filha do urubu-rei. O que a filha do urubu-rei fez? Deitou-se no peito de Maitxaúle. Quando ela ia bicar o corpo dele, ele a agarrou. Os urubus fugiram voando. Ele disse para a filha do urubu-rei: "Transforme-se numa mulher! Estou tão sozinho aqui e não tenho ninguém para me ajudar". Ele a levou para a casa abandonada. Lá ele a tratou como um pássaro manso. Disse para ela: "Agora vou pescar. Quando eu voltar, quero ver você transformada numa mulher!". As pessoas que tinham fugido tinham uma roça, banana etc.

---

[183] A palavra ingalikóg designa "gente que vive na mata fechada". – ingaletá designa "mata fechada (onde não se vê cerrado)".

[184] Os Kuyálakog, uma horda dos Ingarikó (Ingalikóg), vivem ainda hoje no Kuyalá, um afluente do Mazaruni, próximo da montanha Wazaká, ao norte do Roraima.

[185] Os Palawiyáng são os Paravilhana dos brasileiros, uma outrora poderosa e extensa tribo, hoje extinta.

[186] Ou *maidžúle* = "cupim branco".

[187] Truque muito empregado nas lutas.

[188] Grelha com carne de caça ou peixes.

Ele foi pescar, trancou a casa e deixou a filha do urubu-rei lá. Aí a filha do urubu-rei se transformou numa mulher. Havia muito milho na casa.[189] Ela debulhou o milho, triturou-o no pilão, pôs uma panela no fogo e fez todo o trabalho de uma mulher. Fez *caxiri* e pôs numa cabaça. Então ela se transformou de novo num urubu, porque ainda tinha vergonha do homem. Aí Maitxaúle voltou com peixes e caça, um veado. Chegou em casa e estava com muita sede. Encontrou a casa aberta, mas o urubu estava lá dentro. Pôs o veado e os peixes no chão. Então saiu da casa e encontrou pegadas de gente. [Eram as pegadas da mulher, que tinha ido buscar lenha.] Seguiu as pegadas e descobriu que alguém tinha cortado lenha na mata. Aí ficou desconfiado. Então seguiu as pegadas que voltavam e, assim, voltou para casa. Também encontrou pegadas que iam para o ancoradouro, onde a moça tinha ido buscar água. Seguiu as pegadas e chegou ao ancoradouro. Todas as pegadas que ele encontrou levavam de volta para a casa. Chegou em casa e encontrou a cabaça com *caxiri*. Encontrou uma cuia e bebeu *caxiri*. Então ele se deitou e ficou pensando. Ficou pensando nas pegadas de gente. Talvez fosse gente que quisesse atacá-lo. Também encontrou água e lenha na casa. Não estava faltando nada. Então ele esquartejou o veado, fez um moquém, assou o veado e deu para a filha do urubu-rei comer. Ela comeu. Também assou todos os peixes, então dormiu nessa noite.

Antes do amanhecer, a filha do urubu-rei se transformou de novo em gente e saiu para buscar água. Trouxe água e deixou a casa aberta. Ele tinha trancado bem a casa. Ele dormia. Ela acendeu fogo, pôs tamorita[190] no fogo e acrescentou um pedaço de assado de veado. Cozinhou a comida e a deixou no fogo. Quando Maitxaúle acordou de manhã, a comida estava pronta. Ele tinha beijus. Ficou desconfiado quando encontrou a panela no fogo e disse: "Tem gente aqui!". A moça tinha se transformado de novo num urubu. Não queria se mostrar para ele. Então ele saiu com arco e flechas, trancou a casa, andou um pouco, aí voltou. Queria ver quem estava fazendo tudo aquilo. Ele se escondeu perto da casa. De propósito, tinha deixado sua vara de pescar no meio da casa. Ficou escondido e esperou. Aí a moça abriu a casa e saiu. Era uma moça muito bonita com muitos cordões de miçangas no peito, nos braços e nas pernas. Estava usando uma bela tanga de miçangas. A moça foi para o ancoradouro. Maitxaúle entrou na casa, pegou a vara de pescar e se escondeu atrás da entrada. Aí a moça voltou para a casa. Ela não sabia de nada e pensou que o homem estivesse longe. Voltou para a casa com água. Pôs a água no chão e se deitou na rede de dormir. Então Maitxaúle saiu de trás da entrada com a vara de pescar na mão. Disse: "Agora tenho uma mulher!". Ela era muito bonita e tinha muitas miçangas nos braços e nas pernas. Ela se enrolou toda envergonhada na rede. Ele disse: "Não tenha vergonha!" e se deitou com ela.

Então ele disse para ela: "Eu não te disse que era pra você se transformar numa mulher e viver comigo? Agora não tenho mais mãe. Não tenho mais ninguém. Estou completamente sozinho. Agora não vá embora! Fique aqui como minha mulher! Temos roças. Não fui eu que plantei as roças, mas fiquei com elas. Meus parentes fugiram todos com medo da guerra com os

---

[189] Grande contradição! – Vide mais adiante.
[190] O popular "prato apimentado" dos índios: carne de caça ou peixe cozidos com muita pimenta. Também é oferecido imediatamente aos visitantes.

Kuyákalog. Estou completamente sozinho. Agora os meus parentes não vêm mais. Quando falta comida, vou caçar e pescar, veado, anta ou peixes. Estou aqui pra você não passar fome. Fique agora aqui na casa e faça beijus pra nós comermos! Vou caçar! Não vá embora!".

Ele foi caçar e pescar e a deixou na casa. Matou um veado e dois porcos e trouxe primeiro o veado para casa. Ela estava fazendo beiju quando ele voltou. Ele saiu de novo para buscar os porcos. Trouxe um para casa e saiu de novo para buscar o outro. Trouxe também o outro. Ela tinha feito beiju e estava fazendo a massa para *caxiri*. Ele esquartejou o veado e os dois porcos e pôs os pedaços no moquém. Então disse: "Você pode comer isto como quiser, cru ou cozido!". Então ele comeu com ela, e ela se acostumou logo com ele. Gostava dele, porque ele trazia muita caça para casa. À noite, ele dormiu com ela.

Depois ficaram algum tempo nessa casa. Então ela disse: "Agora quero ver a minha família! Tenha paciência!". Maitx̱aúle não queria deixá-la ir. Disse para ela que, se ela fosse, ele iria pegar uma corda e se enforcar. Aí ela disse: "Não! Não vou embora! Vou depressa visitar minha família. Fique aqui e espere por mim aqui! Não saia daqui! Não posso levar você junto sem que meu pai o veja. Vou buscar kumí[191] e roupas pra você poder voar como nós. Vou dizer para o meu pai que estou casada com você". – Então ela disse: "Não chore quando você me vir voando da casa para o céu!". – Ele foi com ela para a casa e disse: "Não vá embora! Fique comigo! Deixa o teu pai!". Ela o acalmou e disse: "Não vou te abandonar. Só quero dizer para o meu pai que agora ele tem um genro". Maitx̱aúle não queria deixá-la ir embora. Aí ela disse: "Tá bom! Corte o meu cabelo!". O homem cortou os cabelos dela. Então ela disse: "Corte um pedaço de bambu, enfie o cabelo nele, sopre fumaça de fumo sobre ele e tape com cera de abelhas! Se eu não voltar amanhã, tape com piche! Então eu morro lá!". [As pessoas fazem assim até hoje.][192] Então ela se despediu e disse: "Se eu não voltar amanhã bem cedo, volto à tarde". Então ela foi embora, e ele ficou olhando. Ela deu vários pulos, transformou-se num urubu e foi voando em círculos, cada vez mais alto. Ele ficou olhando até ela ficar bem pequena e desaparecer. Aí ele voltou para dentro de casa, deitou na rede e ficou pensando. Não dormiu nessa noite, mas ficou pensando.

Veio a manhã. Quando ela foi embora, disse para ele: "Vai amanhã bem cedo para a frente da casa e espera por mim! Se eu não voltar, espere por mim até à noite!". Ele fez um charuto na casa. Então saiu da casa e se sentou. Quando terminou de fumar, entrou em casa e se deitou para dormir. Sonhou. No sonho, ela disse para ele: "Já estou voltando pra casa com dois cunhados".[193] Ele acordou de repente, foi para a frente da casa e se sentou. Estava agitado por causa do sonho. Olhou para o alto. Aí ele viu três urubus, como tinha sonhado, dois brancos e um negro.[194] Ficou contente quando os viu. Desceram, voando em círculos, até ficarem bem pouco

---

[191] Conhecida planta mágica que desempenha um papel importante nas transformações.
[192] Acréscimo explicativo do narrador. – Feitiço para matar outra pessoa; feito a distância.
[193] "Irmãos dela", acrescentou o narrador.
[194] Ou seja, dois machos e uma fêmea. – No urubu-rei macho, só as penas da cauda e as longas penas das asas são negras, o corpo e as penas restantes são mais ou menos brancas; na fêmea, a coloração é quase igual à do urubu negro (*Cathartes foetens*). Somente sob as asas é que a fêmea tem penas brancas.

acima dele. Ela lhe disse: "Aqui estão os meus irmãos! Não tenha vergonha de mim! Também não tenho vergonha de você! Do mesmo modo pode ter amizade com estes aqui".

Os cunhados ficaram gostando dele. Então ela disse: "Vamos ficar dois dias aqui, então vamos embora para o céu". Aí os cunhados pediram que ele matasse um veado para eles comerem. Ele acertou um veado e o levou para casa. Os cunhados esquartejaram o veado, cozinharam-no e o comeram. Sobrou um resto que eles assaram no moquém.

Assim eles ficaram dois dias na casa do cunhado. Este lhes mostrou sua roça, seu milho.[195] Quando chegaram, tinham trazido para ele um traje de penas dos urubus-rei (kásana-zamátale). A mulher mandou vestirem seu marido com ele. Ele vestiu o traje e se transformou num urubu-rei. A mulher mastigou kumí[196] e a soprou no marido. Ela disse: "Agora vamos embora! Não tenha medo! Estou indo atrás de você". Os cunhados já estavam voando em círculos acima dele e esperavam. Ela disse para ele: "Agora bata as asas! Quando você bater as asas, vai ver a escada que está amarrada lá". Quando ele bateu as asas, ficou mais leve. Ele viu a escada e subiu por ela atrás dos cunhados. Sua mulher foi voando atrás dele para pegá-lo se ele caísse. Ele subiu até ficar perto do céu. Quando estava perto do céu, viu a entrada do urubu-rei. Sua mulher estava bem atrás dele para pegá-lo se ele caísse. Chegaram à entrada e entraram. A casa do urubu-rei não ficava longe da entrada do céu. Os cunhados e a mulher foram na frente. Ele ficou para trás. Eles disseram: "Vamos chamar nosso pai para ele ver você!".

Chegaram à casa de Kasána-podole, o "pai do urubu-rei",[197] e disseram para ele que o homem estava lá. [O urubu-rei tem duas cabeças. A cabeça direita se chama mẽ́zimẽ, a esquerda, ẹtetó.][198] O velho ficou contente e saiu com os dois filhos para ver o homem de sua filha. Encontrou Mai̯txaúle e disse para ele: "Vamos para dentro de casa!". Ele o levou para sua casa. Recebeu-o muito bem. Havia muita gente lá. [Quando chegam ao céu, os urubus-rei tiram os trajes e viram gente.]

Passaram-se alguns dias. Aí a mulher disse para ele: "Se você ficar com fome, vai até a casa dos ka'sārekaí (periquitos)! Eles têm caxiri de milho. Você não precisa beber o que nós bebemos aqui. Vai até a casa do oro'wé (papagaio)! Lá você ganha caxiri de milho. Vai até a casa dos kẹzẹsé (periquitos amarelos)! Eles têm caxiri de milho". [Todos os papagaios, periquitos e araras têm caxiri de milho. No céu, todos eles são gente.] Ele foi até a casa dos papagaios e lá bebeu caxiri de milho e levava uma vida boa com os papagaios, araras e periquitos. Um dia, o urubu-rei disse para sua filha: "Diz para o seu marido secar o lago Kumí[199] em dois dias!". Era um lago muito grande. Quando Mai̯txaúle voltou da casa dos periquitos, sua mulher disse para ele: "Meu pai disse pra você secar o lago Kumí em dois dias". O urubu-rei queria matar

---

[195] Grande contradição. – Vide mais adiante.
[196] Planta mágica. – Vide anteriormente.
[197] Kasanág designa em Taulipáng e Arekuná o urubu-rei: *Vultur papa Lin.*, *Sarcorhamphus papa Sw.* Os Makuxí o chamam de: kasaná ou kā'senā.
[198] Vide o mito seguinte, 28.
[199] kapẹpiákupẹ, Kapẹpiákupẹ, esclareceu Mayuluaípu: "Onde se começou a fazer o mundo", "começo do mundo". ikápe-zạ = começo a fazer; kupẹ́ = lago, lagoa.

Maitxaúle e comê-lo. Se não conseguisse fazer isso, ele iria matá-lo e comê-lo. Maitxaúle disse para sua mulher: "Não sei como vou secar este lago".

Então ele entupiu o afluente do lago e começou a tirar a água, de modo que ela correu para o rio. Aí ele encontrou Pílumog, a libélula. Ela disse para ele: "O que você tá fazendo, cunhado?". Ele respondeu: "Kasána-podole me mandou secar o lago. Está me pondo à prova. Quer me comer". Aí Pílumog disse: "Ele não vai te comer! Vamos te ajudar! Vamos secar o rio!". Então ele encontrou o pássaro Uoímeg.[200] Ele perguntou: "O que você tá fazendo, cunhado?". Aí Pílumog: "Este homem foi incumbido pelo Kasána-podole". Uoímeg perguntou: "De quê?". Pílumog respondeu: "Ele deve secar este lago". Uoímeg disse: "Tá bem. Vocês podem fazer uma barragem [com terra]! Vocês podem ajudá-lo!". Aí Pílumog disse: "Vamos ajudá-lo. Vamos tirar a água". Pílumog disse para Uoímeg: "Você fica no caminho e me avisa quando vier gente!". Uoímeg respondeu: "Tá bem! Vou para o caminho e fico prestando atenção. Se vier gente, eu chamo '*uoímeg-uoímeg!*' Então vocês se escondem!". Ele foi para o caminho.

As pílumog – eram muitas – começaram a tirar a água.[201] Mandaram Maitxaúle se sentar e disseram para ele: "Quando Uoímeg cantar, você pega a cuia e joga água fora". Então as pílumog começaram a jogar água fora bem depressa. Uoímeg ficou à espreita no caminho para ver se vinha gente. Tiraram tanta água, que o lago começou a secar. Aí Uoímeg cantou no caminho. Todas as pílumog se esconderam, e Maitxaúle agarrou a cuia. Aí a mulher dele chegou e disse: "Meu pai me mandou perguntar se você terminou". Ele respondeu: "Não, ainda não terminei". Aí ela disse: "Se você não terminar até amanhã, meu pai vem aqui". Ele respondeu: "Não sei se termino hoje". Todas as pílumog tinham se escondido. A mulher foi embora. Aí as pílumog apareceram, e ele se sentou. As pílumog recomeçaram a tirar a água. Jogaram muita água fora, e o lago foi ficando cada vez mais seco. Só faltava um pedacinho. Aí a mulher veio de novo. Todas as pílumog se esconderam de novo, e Maitxaúle pegou a cuia. A mulher disse: "Meu pai mandou perguntar se você terminou. Ele está com fome". Ela disse: "Vou ficar aqui esperando!". Mas ele disse: "Não! Vai embora! Vou ficar aqui sozinho. Daqui a pouco vou lá!". Quando ela foi embora, as pílumog apareceram de novo. Tiraram muita água, e o lago secou. Aí apareceram todos os animais que estavam no lago: muitas cobras d'água grandes, jacarés, peixes, tartarugas etc. Então Pílumog disse: "Pronto, cunhado! Agora você pode dizer para o seu sogro! Vamos embora! Vai lá chamar o seu sogro". Elas foram embora.

Maitxaúle foi embora com Uoímeg. Entrou na casa. Uoímeg ficou lá fora perto da casa. Maitxaúle disse para o sogro: "O lago está pronto!". Aí o velho ficou contente. Maitxaúle disse: "Tem muitos peixes lá, cobras d'água, jacarés!". Então Kasána-podole mandou um dos seus filhos ver se não era mentira do genro. O filho do urubu-rei foi lá ver e encontrou muitos peixes, jacarés, cobras, pois o lago era muito grande. Voltou e disse: "Não era mentira, meu pai.

---

[200] Onomatopaico. Pássaro de tamanho médio, negro brilhante de longa cauda.
[201] Observei várias vezes como as grandes libélulas de corpo vermelho, pairando sobre uma cuia com água, jogavam água para fora ao lançar o corpo com movimentos rápidos para a frente.

O lago está seco. Lá existem muitos peixes, cobras d'água, jacarés, tartarugas e outros bichos". Aí o velho disse: "Amanhã vamos convidar todo mundo para pegar os peixes!".

Na manhã seguinte veio muita gente pegar peixe. Foram lá. O velho ficou em casa e disse para eles: "Não percam nada! Peguem tudo que tem no lago!". O pessoal pegou muitos peixes e levou aturás cheios para casa. O velho ficou contente com os muitos peixes. Mandou cortarem folhas. As pessoas levaram folhas e as estenderam no chão. Então o velho mandou cortar todos os peixes e pôr sobre as folhas. Eles cortaram todos os animais e os puseram sobre as folhas. Então ele mandou cobri-los com folhas. [Como se faz com o *caxiri*][202]. Comeram muito.

O que foi que Kasána-podole fez então? Mandou seu genro construir uma casa sobre uma rocha. Se não conseguisse, ele o mataria e o comeria. Mandou isso com a intenção de matá-lo. Maitxaúle foi embora. Kasána-podole tinha lhe dado uma enxada. Maitxaúle foi até a rocha, mas não conseguiu fazer um buraco com a enxada. Aí ele encontrou a minhoca Motó.[203] Ela perguntou: "O que você está fazendo, cunhado?". Maitxaúle respondeu: "Kasána-podole me mandou construir uma casa para ele sobre a rocha". Motó disse: "Tá bem! Vou penetrar aqui na rocha! Quando eu tiver entrado, põe imediatamente os esteios da casa no buraco!". Imediatamente, muitas motó penetraram aqui e ali na rocha. Os esteios da casa já estavam lá, prontos. O velho tinha mandado cortá-los. Maitxaúle pôs todos os esteios, juntou as vigas e fez a armação do teto. Quando terminou a armação do teto, encontrou o pássaro Kasáu.[204] Este perguntou: "O que você está fazendo, cunhado?". Ele respondeu: "Kasána-podole me mandou fazer uma casa para ele sobre esta rocha. Estou fazendo". Aí Kasáu disse: "Bom, cunhado! Vou te ajudar! Sente-se aqui! Não fique me olhando! Vou lá para o alto". Kasáu foi para o alto. Maitxaúle ficou sentado embaixo e não olhou para ele. Kasáu cobriu a casa num instante. Então desceu. Disse para Maitxaúle: "Pronto! Agora pode olhar!". Maitxaúle olhou para cima. A casa toda estava coberta. Tudo estava fechado. Kasáu o mandou para fora da casa e lhe disse: "Sente-se aqui e não olhe para a casa!". Maitxaúle saiu e se sentou com o rosto virado. Kasáu então cobriu todas as paredes e fez uma entrada na frente e atrás. Então mandou que ele se virasse e disse: "Pronto! A casa está pronta, cunhado!". Maitxaúle viu a casa toda coberta, com paredes e entradas. Então Kasáu disse: "Agora você pode ir até o seu sogro e dizer que a casa está pronta. Vou embora! Não conte que fui eu que construí a casa!". Kasáu foi embora. Motó também foi embora. Maitxaúle foi para a casa do seu sogro e disse para ele que a casa estava pronta. O velho ficou contente e foi lá ver a casa. Achou a casa bonita e voltou para sua casa.

Então disse para o genro: "Agora me faça um banco de pedra com duas cabeças, como a minha cabeça!". Maitxaúle ficou pensando. Então foi embora. O velho queria o banco para a sua nova casa. Perto da casa havia uma rocha redonda. Maitxaúle bateu nela. Voou um pedaço dela, mas não dava para nada. Então ele encontrou *maídžapę*, os cupins brancos. Perguntaram: "O que você está fazendo, cunhado?". Ele respondeu: "Estou fazendo um banco para

---

[202] Cobre-se a massa para *caxiri* com folhas para ela fermentar.
[203] Espécie de minhoca encontrada na areia da margem do rio, utilizada como isca para peixe.
[204] Xexéu (*Oriolus* sp.), que constrói os artísticos ninhos pendentes.

Kasána-podole. Ele mandou fazer duas cabeças, como a cabeça dele". Aí os cupins mandaram que ele pendurasse uma rede de dormir na casa e disseram: "Não olhe para nós! Todos nós vamos ajudar você! Vamos fazer um banco, mas um banco que ande como gente!". Maitxaúle entrou na casa, pendurou a rede e se deitou nela. Os cupins ficaram lá fora e fizeram o banco. Era de manhã quando ele os encontrou. Fizeram o banco num instante. Ao meio-dia tinham terminado. Então gritaram: "Pronto, cunhado! O banco está pronto!". Aí ele saiu, e os cupins disseram: "Não se assuste, cunhado! Vamos mandar o banco entrar na casa!". Então disseram para o banco: "Entre na casa!". O banco tinha duas cabeças, como Kasána-podole. O banco saiu andando como um *jabuti*.[205] Maitxaúle se assustou. Os cupins disseram para ele: "Não se assuste! Ele não come ninguém!". O banco entrou na casa. Então disseram para Maitxaúle: "Não tenha medo! Se você disser para o banco: 'Vai para lá! Mude de lugar, meu banco!', então ele fica parado". Aí mandaram que ele dissesse para o banco andar. Então ele mandou o banco andar: "Quero que você saia, meu banco! Fique parado de frente para a entrada!". O banco saiu e ficou parado de frente para a entrada da casa. Aí os cupins disseram: "Agora você pode dizer para o seu sogro que o banco está pronto. Mas não lhe conte nada sobre nós! Vamos embora!". Os cupins foram embora.

Ele foi até a casa do sogro. Kasána-podole lhe deu *caxiri* para beber. Eram todos os animais apodrecidos do lago, peixes, jacarés, cobras, cheios de vermes. Este é o *payuá*[206] dos urubus-rei. Ele não bebeu nada dele, mas deu tudo para a sua mulher. Esta bebeu o *payuá*. Ele bebeu *caxiri* de milho na casa dos *periquitos*, papagaios e *araras*. Também bebeu *caxiri* de mandioca na casa dos patos. Estes tinham roças de mandioca. Maitxaúle escondeu um grão de milho na boca e levou junto quando desceu para a Terra. Naquela época, as pessoas na Terra ainda não tinham milho.[207]

Nesse dia, quando avisou o sogro que o banco estava pronto, disse para ele: "Não se assuste com o banco!". Kasána-podole disse para Maitxaúle: "Venha comigo!". Também convidou seus filhos para verem o banco. Foram para a casa nova. Quando o banco ficou pronto, Maitxaúle pôs vespas sobre ele e disse para elas: "Quando Kasána-podole se sentar no banco, piquem-no!". Então Maitxaúle convidou o sogro a se sentar no banco e disse para ele: "Não se assuste!". Então disse para o banco: "Entre na casa!". Quando Kasána-podole se sentou no banco, foi picado pelas vespas, e o banco o levou embora. Aí o velho se assustou tanto que pulou e saiu correndo, todo picado pelas vespas. Bateu com a cabeça numa árvore e caiu no chão. Seus filhos também saíram todos correndo. O velho ficou rolando no chão, tonto da cabeça, e não conseguia andar. Então Maitxaúle mandou o banco ir para bem perto do velho. [Era o único meio de se salvar do sogro.] Quando o banco chegou perto, o velho o empurrou para trás. Mas o banco sempre ia atrás dele. Maitxaúle mandou o banco correr o tempo todo atrás do velho. Disse para ele: "Quando o velho for para casa, você vai atrás dele e fica parado

---

[205] Ou seja, com andar balanceado. *Testudo tabulata*.
[206] *Caxiri* de mandioca escuro e embriagante.
[207] Vide a contradição quanto a informações anteriores.

na entrada!". Quando o banco corria, uma cabeça sempre dizia: *"enẹ̃ uyéndži!"* ("Bicho (fantasma), minha filha!"). Aí a outra cabeça, menor, respondia: *"enẹ̃ uyéndži!"*.[208] O velho correu feito louco para casa; o banco sempre atrás dele. O velho correu para dentro de casa e trancou a porta atrás de si. O banco ficou parado na entrada.

Então Maitxaúle ficou pensando, como é que ele poderia voltar para a Terra. Aí ele encontrou o pássaro Murumurutá, o rouxinol. Este perguntou: "O que você está fazendo, cunhado?". Maitxaúle respondeu: "Estou pensando em como é que eu posso voltar lá pra baixo". Aí Murumurutá disse: "Espere, vou buscar kumí!". Foi embora buscar *kumí*. Maitxaúle ficou para trás. Dali a pouco, Murumurutá voltou com *kumí*. Disse para Maitxaúle: "Abaixe-se! Vou soprar *kumí* em você!". Mastigou *kumí* e soprou nele. Maitxaúle ficou bem leve. Então Murumurutá mandou que ele vestisse o seu traje. Maitxaúle vestiu o traje. Então o pássaro disse: "Agora bate as asas!". Aí Maitxaúle voou. Voaram embora. Chegaram à entrada do céu. Aí o pássaro disse: "Agora, abaixe-se!". Maitxaúle se abaixou e voou através da entrada do céu. Voaram embora, para baixo. Murumurutá sabia onde estavam os parentes de Maitxaúle. Levou Maitxaúle para a casa dos seus parentes. Perto da casa havia um riacho onde ficava o ancoradouro. O pássaro o deixou no ancoradouro e disse para ele: "Agora vai para a casa dos teus parentes! Vou embora!". Murumurutá foi embora.

Maitxaúle entrou na casa dos parentes. Eles o reconheceram e perguntaram: "De onde é que você vem? Onde é que você esteve?". Ele respondeu: "Eu estava no céu, na casa do urubu-rei". Ele contou que tinha prendido uma filha do urubu-rei e que tinha sido levado por ela para o céu. Que Kasána-podole queria comê-lo. Que foi por isso que ele fugiu. Que Murumurutá o trouxe até aqui.

Ele ficou na casa dos parentes. Tinham uma roça nova. Aí ele plantou o grão de milho que tinha trazido. Dele nasceu milho com duas espigas. Aí os parentes quiseram comer o milho. Mas ele disse: "Não! Deixem-no como semente, para plantar bastante!". O milho secou. Então abriram uma outra clareira e a queimaram. Lá eles plantaram milho. Os outros parentes ficaram sabendo que ele tinha milho. Vieram e pediram milho para ele. Ele lhes deu, mas não uma espiga, e sim um grão. Vendeu para eles por uma rede de dormir. Disse para eles: "Eu só trouxe um grão do céu e paguei por ele lá (!) Aqui embaixo vocês nunca teriam encontrado milho. Tive que trazê-lo do céu". Então o milho se espalhou. As pessoas plantaram muito milho e ficou todo para nós. É o milho que temos hoje.

Maitxaúle também pôs as vespas ao lado dos xexéus.[209] Desde aquela época, os xexéus estão sempre junto das vespas. Os xexéus fazem ninhos ao lado da casa das vespas. São amigos até hoje.[210] – Este é o fim da história.[211]

---

[208] Na segunda vez é pronunciado com voz fina.
[209] Por gratidão.
[210] De fato, quase sempre se encontram os artísticos ninhos desses graciosos pássaros com um grande ninho de vespas numa árvore. Uma proteção natural.
[211] Segundo Mayuluaípu, refere-se a esta lenda um canto entoado pelo pajé nas curas noturnas, quando Maitxaúle vem assisti-lo.

Prancha IV. Cipó (*Bauhinia: caulotretus*), "com o qual a Lua subiu ao céu"

28. ETETÓ. COMO KASÁNA-PÓDOLE, O URUBU-REI, RECEBEU SUA SEGUNDA CABEÇA

(Narrado pelo Taulipáng Mayuluaípu)

Era uma vez um jovem chamado Etetó.[212] Era casado com uma mulher. Tinha um cunhado. Este disse para Etetó que ele não matava nada, apesar de ir todo dia caçar. Um dia, Etetó encontrou uma cabaça pequena. Era de Zaló, a lontra, que a enchia de água até a metade e a esvaziava na margem. Então saíram muitos peixes da cabaça. Zaló tinha esvaziado a cabaça na margem e correu atrás dos peixes que saíram, para matá-los com um pau. Zaló não dava atenção para a cabaça. Aí veio Etetó, que tinha visto tudo, agarrou a cabaça e saiu correndo. Zaló ficou lá, matando peixes, e não viu nada. Etetó foi até um riacho, num lugar que ele conhecia, e encheu a cabaça pela metade. Então a esvaziou na margem do riacho. Aí saíram muitos peixes, *pirandirá*, *pacu*,[213] *tucunaré*,[214] peixes de todas as espécies. Ele matou muitos peixes. Segurou a cabaça na axila para não perdê-la. Então escondeu a cabaça no buraco de um tronco de árvore e foi com os peixes para casa. Nunca ele tinha levado peixes para casa. Seu cunhado, sua mulher, seu sogro, todos ficaram desconfiados por causa dos peixes. Comeram os peixes.

Etetó saiu no dia seguinte bem cedo. Todos os dias ele levava peixe para casa. Um dia, saiu depois do alvorecer. Seu cunhado seguiu suas pegadas, porque ele tinha levado tantos peixes para casa. Encontrou Etetó pegando peixes e com a cabaça na axila. Perguntou para ele: "Então é aqui que você mata peixe todo dia, cunhado?". Etetó respondeu: "É, aqui!". [O cunhado tinha visto a cabaça.] Etetó disse para o cunhado: "Mate peixes, cunhado! Enquanto isso, vou até o mato fazer cocô!". [Queria enganá-lo e esconder a cabaça.] Foi para o mato e escondeu a cabaça. O cunhado matou peixes, mas tinha visto a cabaça e sabia que Etetó tinha escondido a cabaça. Etetó escondeu a cabaça no buraco de um tronco de árvore e voltou. Mandou o cunhado: "Puxe os peixes por um *cipó*![215] Vamos pra casa!". O cunhado disse:[216] "Você pode levar os peixes pra casa, cunhado! Ainda vou caçar um pouquinho na mata". [Queria ver a cabaça do cunhado.]

Etetó foi para casa. O que foi, então, que o cunhado fez? Andou um pouco ao longo do riacho e ficou lá esperando, para ver se Etetó tinha mesmo ido para casa. Aí seguiu as pegadas de Etetó, procurou pela cabaça e a achou no buraco do tronco de árvore. Pegou a cabaça e foi para a margem do rio. Ele a encheu com um pouco de água. Então esvaziou-a na margem do rio e deixou a cabaça caída. Quando correu atrás dos peixes para pegá-los, a cabaça rolou margem abaixo e caiu na água. Pazá, o *pirandirá*, agarrou a cabaça e a engoliu. A cabaça ficou nas entranhas dos peixes e foi transformada na bexiga, *pazakamāpu*.

---

[212] Este é o nome da cabeça esquerda de Kasána-podole; vide a lenda anterior, 27.
[213] *Myletes* sp.
[214] *Erythrinus* sp.
[215] Trepadeira usada para amarrar. Enfiam-se os peixes num *cipó*, atravessando as guelras com o cipó.
[216] Para Etetó.

O cunhado pegou muitos peixes. Então procurou a cabaça, mas não a encontrou mais. Foi para casa com esses peixes. Quando entrou em casa, disse imediatamente para E̱tetó que tinha perdido a cabaça dele. Aí E̱tetó brigou com ele e disse que ele não precisava ter pego a cabaça, já que era por meio dela que, todos os dias, ele tinha tido peixe para comer. Então E̱tetó saiu para procurar a cabaça. Procurou e procurou. Aí ficou sabendo que os peixes a tinham engolido.

Ele foi rio abaixo e encontrou Pāluá, a lontra, com um remo. Pāluá represou o rio. Ela[217] enfiou o remo na água junto à margem. Aí a parte de baixo do rio ficou totalmente seca. Quando Pāluá tinha ido rio abaixo para pegar peixes e deixado o remo como estava, E̱tetó foi atrás dela e puxou o remo para si. Aí a água veio com toda força e levou Pāluá junto. E̱tetó saiu correndo com o remo rio abaixo. Chegou a um riacho onde havia peixes e enfiou o remo na água, como Pāluá tinha enfiado. Aí o riacho secou e ele pegou muitos peixes. Ele guardou o remo no buraco de um tronco de árvore e foi para casa. O cunhado pensou que E̱tetó tivesse achado a cabaça. Então E̱tetó passou a levar peixe para casa todos os dias.

Um dia, o cunhado foi atrás dele. Viu como E̱tetó fez com o remo, mas não foi visto. E̱tetó pegou muitos peixes. Então escondeu de novo o remo no buraco da árvore e foi com os peixes para casa. Depois que ele foi embora, o cunhado apareceu e pegou o remo. Foi para a margem do rio e enfiou o remo na água. Então pegou muitos peixes. A água represou tanto, que o remo não podia mais segurá-la. Aí a água levou o remo, e o caranguejo o engoliu. O remo ficou nos braços dele até hoje[218] (Prancha VI, Ilustr. 3 e 4).

Então o cunhado voltou para casa com os peixes e disse para E̱tetó que tinha perdido o remo dele. E̱tetó brigou com ele, porque perdia todas as suas coisas. E̱tetó se cansou do cunhado porque este sempre perdia as suas coisas. Saiu para procurar o remo. Foi andando pela margem do rio atrás do remo e encontrou Zalimā, que atirava uma flecha para o ar, sem alvo. Aí caíram muitas aves, *mutum, jacu, cujubim, inambu*. E̱tetó ficou prestando atenção onde a flecha caía. A flecha caiu longe. Enquanto Zalimā apanhava as aves que tinham caído por onde a flecha passou, E̱tetó correu atrás da flecha, pegou-a e saiu correndo com ela. Zalimā ficou lá. E̱tetó foi para perto de sua casa e experimentou a flecha. Aí caíram muitas aves, *mutum, jacu, cujubim, inambu*, todas as aves. Ele correu imediatamente atrás da flecha e, primeiro, pegou-a para si. Então apanhou as aves. Escondeu a flecha no buraco de um tronco de árvore e foi para casa.

O cunhado desconfiou dele. Pensou que, mais uma vez, E̱tetó tinha achado uma coisa.[219] Todo dia, E̱tetó levava aves para casa, *mutum, cujubim, jacu, inambu*, todas as aves de caça. Saía bem cedo, ao raiar do dia, para que o cunhado não soubesse. Um dia, o cunhado foi atrás dele. Seguiu suas pegadas e encontrou E̱tetó sentado num tronco, esperando a manhã. O cunhado

---

[217] Ou seja, Pāluá.
[218] É a folha do gancho menor de suas tenazes, onde fica a carne, e que lembra, em sua forma, um remo indígena. Vide a lenda seguinte.
[219] Ou seja, um apetrecho mágico.

queria saber o que Etetó fazia. Escondeu-se atrás de um tronco de árvore e ficou esperando pelo que ele iria fazer. Etetó foi até o tronco onde a flecha estava escondida e tirou a flecha. O cunhado viu. Etetó atirou. Aí caíram muitas aves. Etetó foi pegar a flecha imediatamente. Então recolheu as aves e escondeu a flecha no buraco do tronco de árvore. O cunhado viu. Etetó foi com as aves para casa. O cunhado ficou escondido. Depois que Etetó foi embora, o cunhado foi até lá e tirou a flecha. Então atirou com ela para o ar e matou muitas aves. A flecha caiu. Ele foi até lá, apanhou as aves e não se importou com a flecha. Zalimã pegou a flecha. Então o cunhado foi atrás da flecha, mas não a achou mais. Zalimã a tinha levado.

O cunhado foi com as aves para casa. Disse para Etetó que tinha perdido a flecha dele. Aí Etetó brigou com ele e disse: "Era por causa dessa flecha que você podia comer bem!". Então Etetó saiu para procurar a flecha. Aí ele encontrou Kaikán, o grande tatu, sentado na entrada da sua toca. Kaikán estava com um *maracá* (um chocalho globular) na mão e cantava: *"wotó wotó marakáyi džakaú manéyi!"* ("Estou brincando com o chocalho dos animais de caça!").[220] Chocalhou o chocalho. Aí vieram todos os animais de caça: antas, porcos, veados, *cutias*. Depois de tocar o chocalho, Kaikán desapareceu na toca. Os bichos passaram por ela. Etetó tinha se escondido e ficou olhando. Quando Kaikán voltou para a entrada da toca e recomeçou a cantar, Etetó bateu no traseiro dele com a zarabatana. Aí Kaikán deixou o chocalho cair e se meteu na toca. Etetó agarrou o chocalho e saiu correndo. Foi para bem longe, subiu numa árvore e começou a cantar como Kaikán tinha cantado. Então ele chocalhou o chocalho. Aí vieram muitos animais de caça: antas, porcos, veados, *cutias*. Acertou dois porcos com veneno[221] e foi para casa.

Quando ele chegou com os porcos, o cunhado desconfiou de novo. Pensou que Etetó tinha encontrado uma coisa.[222] Então, todo dia Etetó levava porcos para casa. Um dia, quando ele saiu, o cunhado foi atrás dele. Ouviu o barulho dos porcos que Etetó tinha chamado com o seu chocalho. Os porcos que ele tinha acertado com a zarabatana gritavam alto. O cunhado ficou escutando. Etetó foi para casa com os porcos nas costas. O cunhado foi atrás com a gritaria dos porcos e achou pegadas e sangue. Também achou as pegadas de Etetó e achou o chocalho que Etetó tinha escondido no buraco de um tronco. Subiu numa árvore. [Etetó tinha cantado o canto em casa, na rede de dormir, para passar o tempo. O cunhado sabia que era esse o canto.] O cunhado cantou o canto e chocalhou o chocalho. Aí vieram muitos porcos. Deixou o chocalho na árvore. Quando atirou nos porcos, ele esbarrou no chocalho. Aí o chocalho caiu no chão, e os porcos o levaram embora. Ele matou um porco e foi com ele para casa. Lá ele disse para Etetó que tinha perdido o chocalho. Aí Etetó perguntou como foi que ele ficou sabendo do chocalho. O cunhado disse: "Quando você acertou os porcos, ouvi os gritos deles e fui até lá". Aí Etetó disse: "Agora você não vai comer mais nada! Agora vai passar fome!". Então Etetó brigou com o cunhado.

---

[220] "Dos animais de caça chocalho estou chocalhando."
[221] Ou seja, com a zarabatana.
[222] Ou seja, um apetrecho mágico.

Etetó sabia que agora ele não iria encontrar mais nada.[223] Então foi pescar. Ficou pensando bastante e não pegou peixe nenhum. Então voltou para casa. Aí ele fez um anzol de um pedacinho de ferro.[224] Então disse para o anzol: "Se o meu cunhado quiser te experimentar, entra na mão dele!". Então ele envergou o anzol. Aí veio o cunhado. [Ele pegava em todas as coisas que Etetó tinha.] Perguntou para Etetó: "O teu anzol é bom, cunhado?". Etetó respondeu: "Não sei se ele é bom". Aí o cunhado disse: "Deixa ver!". Etetó lhe deu. O cunhado experimentou o anzol na palma da mão. Aí o anzol entrou. O cunhado deu um grito. O anzol o puxou para o alto acima da porta da casa e o devorou. Atravessou o braço dele, saiu pelo ombro, entrou de novo por um lado do peito, saiu de novo pela mão, atravessou as pernas e o corpo todo e o deixou cheio de feridas. O cunhado apodreceu e morreu. O anzol se transformou num tumor.

Aí a mãe do cunhado disse para a sombra dele: "Quando Etetó for pescar e tiver fome no caminho, então se transforme numa árvore cheia de frutas, num cajueiro,[225] numa bananeira, num mamoeiro![226] Transforme-se em carne de veado cozida!". Ela queria matar Etetó. Um dia, Etetó foi pescar. Pescou no rio e não pegou nada. Saiu de manhã e voltou para casa à noitinha. Aí achou *caju*. Passou reto. Sabia que era o cunhado. Então achou milho. Passou reto. Então achou uma cabaça cheia de *caxiri*. Estava com muita fome. Quebrou a cabaça. Continuou andando e achou carne de veado cozida com beiju. Aí ele disse: "Esta carne de veado cozida, disse a minha sogra, é para eu comer, mas não vou comê-la!". Derrubou a panela, e esta se quebrou. Então ele continuou andando e achou uma bananeira cheia de frutos maduros. Estava com muita fome, pois não tinha comido nada desde manhã cedo. Disse: "Em toda parte se comem estas bananas! Vou comê-las já!". Ele comeu as bananas. Quanto mais comia, mais vontade tinha de comer. Comeu todas as bananas. Então engoliu seu arco e flechas e se transformou em Wẹwẹpódole, o pai do guloso. [A sogra tinha dito para a sombra do cunhado: "Quando Etetó comer dos frutos, transforme-o num wẹwẹ́,[227] num comilão!".]

Anoiteceu e ele continuou pelo caminho. Chegou perto de sua casa, sentou-se numa pedra e gritou: "Traga fogo! Não consigo mais achar o caminho! Ilumine o caminho!". Aí sua mulher veio com uma tocha. Ele engoliu a tocha. Então engoliu a mulher. Então ele disse: "Ai, engoli minha mulher!". Então gritou de novo. Aí sua sogra veio com uma tocha. Ele engoliu a tocha. Então engoliu a sogra. Então gritou de novo: "Traga outro fogo! O fogo apagou!". Aí vieram três homens. Um trouxe uma tocha. Os outros dois ficaram um pouco para trás para ver o que acontecia. Falou do alto da rocha, como se as pessoas que ele engoliu ainda estivessem por perto: "Logo que você me trouxe o fogo, ele apagou!". [Queria enganar os outros.] Aí veio o homem com a tocha. Wẹwẹ́ engoliu o fogo. Então engoliu o homem. Os outros dois ficaram ouvindo.

---

[223] Ou seja, nenhuma mágica.
[224] Ou seja, com uma lima, como os índios, ainda hoje, ocasionalmente fazem seus anzóis de velhas lâminas de facas.
[225] *Anacardium* sp.
[226] *Carica papaya*.
[227] Um quadrúpede lendário, que come *tudo*; um fantasma. Traduzido pela palavra em português "guloso".

Aí W̨ew̨é disse: "Agora engoli o meu cunhado!". Aí os outros disseram: "Ai, ele virou um fantasma!" e voltaram para casa. Entraram em casa, e trancaram a porta, e a vedaram toda com casca de árvore. W̨ew̨é continuou gritando alto: "Traga fogo!". À meia-noite, ele parou de gritar. Viu que não vinha mais ninguém e foi para casa. Foi até a entrada e se sentou.

Quando amanheceu, ele ainda estava sentado na entrada. As pessoas disseram: "Ele foi embora!". W̨ew̨é ficou ouvindo lá fora. Aí as pessoas abriram a porta. Quando um homem saiu, W̨ew̨é se sentou no ombro dele. O homem não o viu. Só o ouviu falando. Aí o homem sentiu muita fome, pois W̨ew̨é não deixava que ele comesse. Engolia tudo que o homem ia comer, tamorita,[228] beiju, *caxiri*.

Um dia, o homem pegou a vara e foi pescar. Pescou peixes. Os peixes caíam perto dele. W̨ew̨é desceu do seu ombro e engoliu os peixes imediatamente. O que foi que o homem fez? Quando outro peixe mordeu o anzol, ele o puxou com toda força para fora da água, de modo que voou longe e se soltou da vara. W̨ew̨é pulou do seu ombro e correu atrás do peixe. O homem correu imediatamente para o outro lado ao longo do riacho. W̨ew̨é voltou e não achou mais o homem. Seguiu as pegadas dele. O homem corria pelo caminho de uma anta. W̨ew̨é estava bem atrás dele para pegá-lo. Aí o homem encontrou a anta, e a anta fugiu. Então o homem deixou imediatamente o caminho e ficou parado do lado.[229] W̨ew̨é ouviu o barulho que a anta estava fazendo e correu atrás dela, porque achava que fosse o homem. W̨ew̨é agarrou a anta pelo ombro e se sentou no ombro dela. Não a deixou mais comer. Quando a anta ia comer frutas, W̨ew̨é as engolia. A anta morreu de fome. W̨ew̨é ficou com a anta. A anta estava morta. W̨ew̨é ficou esperando para ver se vinha alguém. A anta apodreceu e começou a feder. Aí vieram os urubus. W̨ew̨é ficou olhando. À noite, veio o urubu-rei, o pai dos urubus. W̨ew̨é o agarrou pelo ombro e se sentou nele. Então o urubu-rei ficou muito contente e disse: "Ah, companheiro da minha cabeça!".[230] Ficou muito contente com ele e não pensou mais em comer a anta. Voou com Ẹtetó para o céu. Desde então, o urubu-rei tem duas cabeças. Ẹtetó é a sua cabeça esquerda. Antes disso, o urubu-rei tinha só uma cabeça.

29. WEWÉ E SEUS CUNHADOS

(Narrado pelo Arekuná Akúli)[231]

Um pajé chamado W̨ew̨é era cunhado de três caçadores que matavam muitos bichos, veados, porcos, *mutuns*, entre outros. Todo dia ele ia caçar, mas não achava nada. Um dia, ele achou uma árvore, *dzalaurá-yeg*, que tinha caído e estava morta. Todos os passarinhos, *hauálipzámuī*,

---

[228] O popular prato apimentado dos índios.
[229] Truque muito empregado nas fugas das lendas.
[230] No texto original: "*wopḗ wopę̄ upaí-latoínę*".
[231] Explicado pelo Taulipáng Mayuluaípu.

dákupi, elekéike, kurádži,[232] *uraíke, kau̯ánalu*,[233] *bakãkag, kẽluma*,[234] *kúyakeg*,[235] *wó'la*,[236] *pálupali*[237] estavam chorando por causa da árvore, porque era tio deles. O pajé queria acertar com a zarabatana os passarinhos que estavam chorando por causa da árvore. Então os passarinhos se transformaram em gente e gritaram: "Não nos acerte!". A árvore morta tinha uma pequena cabaça caída ao seu lado. O pajé queria a cabaça dos passarinhos.[238] Estes disseram: "Você nem sabe usá-la!". Antes disso, ele tinha se queixado para os passarinhos e lhes contado que não conseguia acertar nada. Os passarinhos lhe deram a cabaça e o ensinaram a usá-la. Disseram que o senhor da cabaça sempre a tinha enchido pela metade. Disseram: "Não conte nada da cabaça para os seus cunhados! Você disse que não consegue acertar nada". Disseram que ele não devia aparecer com a cabaça na casa dos cunhados.

Então o pajé encheu a cabaça de água até onde os passarinhos tinham dito. Encheu-a pela metade e a pôs na margem do riacho. Aí o riacho secou, e ele pegou muitos peixes. Então ele despejou a água da cabaça no riacho. Aí o riacho encheu de água de novo. Então ele escondeu a cabaça no buraco de um tronco de árvore e foi com os peixes para casa. Antes não trazia nada para casa. Então ele comeu muitos peixes com os seus cunhados, mas os cunhados ficaram desconfiados porque antes ele não trazia nada para casa. Durante dois dias comeram peixes que ele tinha trazido num aturá feito das folhas largas da árvore *kunuazá* (palmeira *bacaba*).[239]

No dia seguinte, os cunhados mandaram seu filhinho junto com ele para ver como é que ele pegava peixe. Ele fez como no dia anterior e, de novo, pegou muitos peixes, e o filho viu tudo. Também viu onde o pai guardava a cabaça. Então voltaram para casa. Aí um dos cunhados, que tinha mandado o menino com o pai, perguntou para ele, mas o menino não revelou nada. Seu pai tinha mandado não dizer nada. Aí o tio disse: "O que é que vamos fazer agora com o nosso cunhado? Vamos preparar *caxiri*!". Prepararam *caxiri* para o pajé. O *caxiri* ficou muito azedo.[240] Ele aceitou o *caxiri*. [O pajé foi bobo em aceitar o *caxiri*. Devia saber que só o estavam dando para saberem tudo dele.] Seus cunhados disseram para ele ir pescar e arranjar alguma coisa para comerem. [Como é costume ainda hoje.] O pajé disse: "Vou ficar pescando durante dois dias!". [Agora eles tinham oportunidade de descobrir como é que ele pegava peixe.]

O pajé voltou com um aturá cheio de peixes. Aí seus cunhados mandaram a mulher dele com as três irmãs encontrá-lo no caminho para lhe levar *caxiri*. [Como ainda é costume hoje.] As mulheres se encontraram com ele e lhe deram muito *caxiri* e ficaram muito contentes com ele. Então voltaram para casa. Aí os cunhados também ficaram contentes com Wẹwẹ́. Antes,

---

[232] *Sabiá* dos brasileiros.
[233] *Galo-da-serra* dos brasileiros: *Pipra rupicola*.
[234] Tucano pequeno.
[235] Espécie de tucano.
[236] *Jacu*: *Penelope marail*.
[237] Tucano pequeno.
[238] Literalmente "comprar".
[239] *Oenocapus bacaba*.
[240] Ou seja, muito forte.

nunca tinha sido assim. Tinham ralhado com ele e o tinham maltratado quando não levava nada para casa. [Como ainda é costume hoje.] Então beberam muito *caxiri* e dançaram a *tukúži*[241] em casa.

W̨ew̨é tinha levado a cabaça. As mulheres se encontraram com ele no riacho [que ficava bem perto], de modo que ele não tinha tido tempo de esconder a cabaça no buraco do tronco. Então, ele esqueceu. Estava levando a cabaça na bolsa de caça. Bebeu muito *caxiri*, bebeu e deu a bolsa de caça, onde estava a cabaça, para a sua mulher guardar. Enquanto ele dançava, seus cunhados começaram a procurar as coisas dele, perguntaram para o seu filho e lhe meteram medo, dizendo que o matariam se não dissesse onde estavam as coisas do pai. Agarraram o garoto lá fora, na frente da casa. Quando este começou a chorar, sua mãe saiu para ver o que estavam fazendo com o garoto. Ela perguntou para os irmãos: "Por que é que vocês querem matar o seu sobrinho?". Eles responderam: "Queremos saber onde está a cabaça do pai dele". [Ainda não sabiam direito sobre isso, mas queriam descobrir como é que ele pegava os peixes.] A mulher disse: "Pra que é que vocês a querem? Estão bêbados e agora não conseguem pegar peixe!". Aí eles soltaram o garoto, e a mulher disse onde a cabaça estava. Pegaram a cabaça e foram pescar. Também levaram o filho do pajé. Estavam bêbados e o garoto também. Era para ele lhes mostrar como se pegavam os peixes com ela. O pai do garoto estava bêbado, dormindo, e não sabia de nada.

Chegaram ao riacho e puseram um pouco de água na cabaça. Aí o garoto disse: "Meu pai disse que tem que encher a cabaça até a metade!". Então encheram a cabaça até a metade. Aí o riacho secou, e eles pegaram muitos peixes. Depois que pegaram os peixes, um dos cunhados disse: "Agora vamos encher a cabaça até em cima!". Então o garoto disse: "Não, meu pai sempre enchia a cabaça só até a metade!". Aí o tio disse de novo: "Não, vamos enchê-la até em cima, para o riacho todo secar e podermos pegar mais peixes!". Encheram a cabaça até em cima, e ela arrebentou. Saiu tanta água da cabaça, que tudo ficou alagado, e os três homens e o garoto foram arrastados pela água. Os três homens se salvaram. Mas o garoto foi arrastado com a cabaça e morreu afogado. A cabaça sumiu. Então os três homens voltaram para casa. Quando voltaram, o cunhado deles estava acordado. Disseram para sua irmã: "Perdemos a criança. A água levou!". A irmã ralhou com eles e disse que eram muito maus e sem-vergonha porque tinham perdido a criança.

Então o pai saía para procurar seu filho todos os dias. Aí ele achou Dzaló, a lontra. Ela estava com um remo comprido na mão, que ia de uma margem do rio até a outra. Quando batia com ele no rio, a água parava, e o rio secava na parte de baixo. W̨ew̨é tinha se escondido e levou escondido o remo da lontra. Quando ele esticou a mão para pegá-lo, a lontra percebeu sua intenção e perguntou: "Pra que é que você quer o remo, cunhado?". Aí W̨ew̨é pediu o remo para a lontra. Pediu muito. Então a lontra lhe deu o remo e o ensinou a usá-lo. Disse para ele: "Não bata muito no meio do rio, mas sempre perto da margem! Se você bater no meio, o rio vai alagar tudo". Disse que era para ele bater sempre perto da margem, então a água ficava parada.

---

[241] Dança dos Arekuná, Taulipáng, Makuxí, entre outros.

A lontra lhe deu o remo, e Wẹwẹ́ foi embora com o remo. Foi para um outro rio e fez como a lontra lhe ensinado. Bateu com o remo na água perto da margem. Aí a parte de baixo do rio secou, e ele pegou muitos peixes. Todos os dias ele levava peixe para casa.

No dia seguinte, seus cunhados souberam que ele sempre trazia muitos peixes. Mas pensaram que ele tivesse achado a cabaça. Desconfiaram dele. No dia seguinte, o pajé foi pescar, e seus cunhados foram atrás dele e viram tudo. Eles se esconderam e viram onde ele escondia o remo. Quando Wẹwẹ́ foi embora, roubaram o remo e fizeram o mesmo que seu cunhado tinha feito. Todos os dias pegavam peixes, sem que ele soubesse. Aí disseram: "Vamos bater com o remo mais no meio, para o rio ficar mais seco e nós pegarmos mais peixes ainda!". Então um disse: "Não vamos, não! Já perdemos a cabaça e agora não vamos perder também o remo do nosso cunhado!". Mesmo assim, os outros o fizeram. Bateram o remo no meio do rio. Aí veio muita água e alagou tudo e eles perderam o remo. Então voltaram para casa e disseram para o pajé que tinham perdido o remo. Ele não respondeu, só ficou furioso e se calou.

Aí Wẹwẹ́ saía todo dia para procurar o remo. Encontrou Dzaló, o senhor do remo, e reclamou que os cunhados tinham perdido o remo. Então a lontra disse: "O caranguejo está com o remo. Está brincando com o remo e secando o rio". O caranguejo tinha escondido o remo debaixo dos braços. Dzaló agarrou o caranguejo. Este disse para a lontra: "Se você quiser me comer, coma só o corpo e deixe os braços, senão vai sair muita água!". Disse isso só para meter medo na lontra. Aí Dzaló só comeu o corpo do caranguejo e deixou os braços, porque tinha medo de que saísse muita água. [A lontra faz assim até hoje.] O remo ficou nos braços do caranguejo até hoje.[242] Aí a lontra disse para o pajé: "O caranguejo escondeu o remo, não sei onde! Procure o remo; talvez você o encontre!". Então Wẹwẹ́ saía todos os dias para procurar o remo. Mas não achou o remo e voltou para casa.

Aí ele encontrou Alautá, o bugio, que estava se penteando com um pente. Foi para trás do macaco, que não o viu, para roubar o pente. Bateu com a zarabatana na mão dele, e o pente voou. Wẹwẹ́ agarrou o pente. Pediu o pente para o bugio. Alautá o ensinou a usar o pente. Disse: "Quando você passa o pente duas vezes pela nuca, vêm todos os animais de caça: anta, veado, porco-do-mato, *paca*, *mutum* e outros. Mas você tem que subir numa árvore quando se pentear!". Então Wẹwẹ́ subiu numa árvore e fez como o bugio tinha ensinado. Aí vieram todos os animais de caça, e ele matou muitos com a zarabatana. Por isso, o pente se chamava Wotó-zalai̯džalaí.[243] Então Wẹwẹ́ escondeu o pente na mata, no buraco de uma árvore, e voltou para casa.

Aí os cunhados foram atrás dele para descobrir o que é que ele tinha de novo. Viram como ele fazia com o pente. Matou muitos porcos e os levou para casa. Aí os cunhados fizeram o mesmo que ele tinha feito. Mataram muitos animais de caça, então puseram o pente de volta no seu lugar. Então pediram o pente para o pajé. Este lhes deu o pente, já que estava cansado deles. Disse que deveriam subir numa árvore antes de se pentearem e não ficar no chão, senão os por-

---

[242] Vide a lenda anterior (28) e a Prancha VI, ilustr. 3 e 4.
[243] Literalmente: pente de caça. Wotó designa todos os animais de caça, mas em especial os porcos-do-mato.

cos iriam comê-los. Se eles passassem o pente mais de duas vezes no cabelo, aí também viriam onças. Então lhes deu o pente. Aí eles fizeram como Wẹwẹ́ lhes tinha dito, e todos os dias levavam muita presa para casa. Então subiram de novo numa árvore e ficaram num andaime, mas que estava mal amarrado. Aí um dos cunhados disse: "Vamos pentear o cabelo mais vezes para matarmos muitos porcos mesmo!". Pentearam o cabelo várias vezes. Aí vieram muitos porcos. Os cunhados tinham posto o pente numa viga do andaime. Os porcos bateram no andaime, que não estava firme. Aí o pente caiu, e os porcos o levaram. Então o *cipó* que estava amarrando o andaime quebrou. Aí dois dos cunhados caíram e foram despedaçados pelos porcos. O terceiro, o irmão mais novo, se segurou lá em cima e se salvou. Voltou para casa.

Wẹwẹ́ sentiu muito a perda do filho e quis se vingar do cunhado. Este contou para o pajé que os outros dois cunhados tinham sido despedaçados pelos porcos e que o pente sumira. Aí o pajé respondeu: "Eu não disse pra vocês? Mas vocês são cabeçudos! O pente não era para fazer vocês infelizes, era minha ferramenta para chamar animais de caça!". Aí a sua sogra, que tinha perdido os filhos, disse que não acreditava nele e que não o reconhecia como pajé.

Então Wẹwẹ́ saiu para procurar o pente. Achou as pegadas dos porcos e as seguiu. Encontrou o tatu sentado à entrada da toca, segurando o chocalho dos porcos do mato. O tatu chocalhou o chocalho e cantou: *"wotó wotó marakãyi džakaú manéyi!"* ("Estou tocando o chocalho dos animais de caça!")[244] Então vieram todos os animais de caça. Quando os bichos passaram, Wẹwẹ́ deu com a zarabatana na mão do tatu, e o chocalho voou. Wẹwẹ́ pegou o chocalho. O tatu se enfiou de volta na sua toca. O pajé foi embora com o chocalho. Matou muitos animais de caça com a ajuda do chocalho, então escondeu o chocalho no buraco de uma árvore. Aí seu cunhado descobriu que ele tinha o chocalho. Então Wẹwẹ́ sempre levava seu cunhado junto, e eles traziam muita presa para casa.

Um dia, ele mandou o cunhado matar porcos, mas não lhe disse que não deveria perder o chocalho. Aí o cunhado subiu no andaime em cima da árvore, chocalhou o chocalho e cantou: *"wotó wotó marakãyi džakaú manéyi!"* Vieram muitos porcos, que ele acertou com a zarabatana, mas não matou. Tinha escondido o chocalho atrás de um *cipó* que amarrava o andaime. Aí o *cipó* rompeu, e o chocalho caiu. Os porcos levaram o chocalho. O andaime desabou. O cunhado caiu, e os porcos o despedaçaram. Aí o pajé disse para a sua mulher que os porcos tinham matado o irmão dela e levado o chocalho.

Então Wẹwẹ́ seguiu as pegadas dos porcos para procurar o chocalho. Nesse dia, não voltou para casa, mas dormiu na mata. No dia seguinte, cedo, ele saiu de novo atrás dos porcos e dormiu outra vez na mata. Fez isso três dias. No terceiro dia, encontrou os porcos comendo e bebendo *caxiri*. [Era *caxiri* dos frutos *inajá*,[245] *tucumá*,[246] *abíu*,[247] de todos os frutos que os porcos gostam de comer.] Então os porcos disseram para ele: "O que é que você quer aqui?" Ele respondeu: "Vou procurar o chocalho!". Aí os porcos disseram que não podia dá-lo agora. Então lhe

---

[244] Com referência a *wotó*, vide nota anterior.
[245] Palmeira *inajá*: *Maximiliana regia* Mart.
[246] Palmeira *tucumá*: *Astrocaryum tucuma*.
[247] *Lucuma caimito*.

deram comida e muito *caxiri* para beber, porque ele estava com muita fome, já que não comia nada fazia três dias. Disseram que lhe dariam o chocalho se ele virasse ẓaųeḻeẓáli, "pai do porco-do-mato". Vieram muitas jovens porcas e lhe deram o chocalho, para que ele dançasse todo dia com elas como primeiro dançarino. Então ele foi com eles para a casa dos porcos e ficou sendo até hoje o "pai do porco-do-mato".

30. COMO AS *ARARAS* VIERAM AO MUNDO

(Narrado pelo Arekuná Akúli)[248]

Muito tempo atrás, as *araras* vermelhas, uaẓalá, eram gente e pajés. Eram dois irmãos. O mais velho se chamava Taųtaúaḻe̱, o mais novo, Komḙ̂luyai̱. Viviam também duas moças. A mais velha se chamava Anaúlike, a mais nova, Lamōlauâban. As moças queriam se casar com os irmãos, mas o irmão mais novo não queria. Os pajés vomitavam fumo[249] no porto, e as moças os acompanhavam. O irmão mais novo estava cansado delas. Disse para o mais velho: "Vamos sumir e deixar as mulheres aqui!". Voltaram para casa, e quando as moças estavam dormindo, os dois irmãos se safaram. Arrancaram todas as plantas medicinais que cresciam na entrada da casa, *kumí*, entre outras, e levaram junto.

De manhã, as moças acordaram e elas e a mãe dos pajés não acharam mais os dois irmãos. Choraram muito. Os pajés tinham ido para sua casa.[250] A mãe e as moças procuraram por eles e choravam e cantavam: "saḻê̱uya ayê̱nu tepé̱(x)ke̱ Taútaųaḻe̱ taútaų taúaḻe̱ h(e)-h(e)-h(e)!"[251] ("Vire os olhos para cá, Taųtaúaḻe̱!") As mulheres acharam os dois pajés vomitando fumo. Elas tinham levado massa de mandioca mastigada e estavam fazendo *keyéuku*[252] para os irmãos, mas eles não queriam beber disso. Então a irmã mais velha dormiu com o pajé mais velho. Mas o pajé mais novo não queria nada mesmo com a irmã mais nova.[253] Aí o irmão mais velho disse: "Durma só até amanhã cedo com ela e depois a mande embora!". Mas o irmão mais novo não queria de jeito nenhum. Então o irmão mais velho disse: "Deite-se com a mulher na rede, ela com a cabeça pra cá e você com a cabeça pra lá, e quando as mulheres estiverem dormindo, vamos embora!".

---

[248] Explicado pelo Taulipáng Mayuluaípu.
[249] Assim fazem os pajés de tempos em tempos, como pude observar por várias vezes. Bebem caldo de tabaco ou, simplesmente, água do rio, em especial das cachoeiras, em grande quantidade e voltam a vomitá-la. Creem que, assim, tornam-se fortes. Vide lenda 21.
[250] Uma rocha grande, Pīlité(x)pai̱, perto da terra do narrador.
[251] Soluços.
[252] Uma espécie de *caxiri*, bebida de leve teor alcoólico.
[253] "Assim fazem, ainda hoje, muitos da nossa gente. Não querem nada com as mulheres. Não sei por que motivo. E quando o pai amarra a rede da moça junto da deles, então penduram a deles bem longe, no frontão da casa." Assim me explicou Mayuluaípu.

Quando as mulheres acordaram no dia seguinte, os irmãos já tinham ido embora. Eles passaram pelo grande rochedo Pīlité(x)paị, para não deixarem pegadas. As moças os seguiram, pois encontraram a pegada na rocha, um pouco de areia dos pés que tinha ficado lá. Elas choraram e cantaram: "*salḙuya ayḙ̂nu tepḙ́(x)kḙ Taútauḁlḙ taútaụ taúalḙ h(e)-h(e)-h(e)!*". Foram bem longe. Finalmente encontraram os irmãos. O *caxiri* que levaram já tinha ficado bem azedo. Antes de as moças lhes darem *caxiri*, o irmão mais velho disse para o mais novo: "Vamos beber o *caxiri* delas para enganá-las, para ficarem contentes e pensarem que não queremos mais enganá-las. Então também vamos dar *caxiri* para elas e quando ficarem bêbadas vamos embora!". E assim fizeram, e as moças ficaram bêbadas. O pajé mais velho dormiu com a moça mais velha. Mas o pajé mais novo não queria, de jeito nenhum, saber nada da moça mais nova, apesar de ela ter brigado e brigado com ele e querer, por toda força, dormir com ele. No fim, ele não teve outro remédio e teve que se deitar com ela à meia-noite. Dormiram até tarde na manhã seguinte. Então eles mandaram as moças buscar água num riacho que ficava bem longe, para deixá-las lá.

Quando as moças estavam na metade do caminho, o irmão mais novo disse: "Vamos embora!". Mastigaram *kumí*,[254] pintaram o corpo todo com *kumí* e se transformaram em *uaẓalá*, em *araras* vermelhas.

Quando dormiram com as moças bêbadas, os dois pajés cantaram:

*"teuḙ pḙlé laụ lapēkḙ
uaẓalá uté lḙpéke
uyâlukó mekấyi imaịlali-tepḙ̂-le
kanúkurấ mālupékḙ
uaẓalá uté lḙpéke
uyâlukó mekấyi imaịlali-tepḙ̂-le
háya-aẓa háya-aẓa"*

"Fui seguindo ao longo (da serra).
Como *arara* vermelha vou seguindo.
Meu adorno de cabeça (será você)!" você disse, serra Mairari.
Não posso me sentar aqui como teu adorno de cabeça.
Preciso de um lugar onde tenha *inajá*.
Vamos para a serra *Kanukú*!
Como *arara* vermelha vou seguindo.
'Meu adorno de cabeça (será você)!', você disse, serra Mairari." etc.[255]

---

[254] Feitiço para transformações etc.
[255] Assim Mayuluaípu me deu a tradução muito livre deste texto de dança. É o canto de dança *oalḙ̂* ou *oarḙ̂* dos Arekuná e dos Taulipáng. Como ocorre com a maioria dos cantos de dança, o texto é de difícil tradução. Ocorrem numerosas repetições alinhadas quase sem conexão e sem regra. A acentuação indica o rit-

Voaram embora ao longo da serra. A serra Mairari disse para as duas *araras*: "Sente-se sobre mim! Você será o meu adorno de cabeça!".[256] As *araras* responderam: "Não posso me sentar aqui! Aqui não tem *inajá*![257] Aqui não tenho nada para comer!" e passaram pela serra voando. Uraukaíma[258] pediu o mesmo para elas; então Ualāmaí-tepẹ.[259] Mas sempre passaram voando. Então se estabeleceram em Kanụ̄kú-tepẹ.[260]

As moças choraram até o meio-dia. Aí a irmã mais nova encontrou restos de *kumí* que tinham caído no chão. Pintaram o corpo todo com o resto de *kumí* e se transformaram em *kalālauá*, *araras* amarelas.

Elas se espalharam nas margens do Urariquera, onde ainda hoje existem muitas *inajás*. No início do verão existem lá muitas *araras*. Então elas desaparecem e vão todas para as serras. Sua morada é a Murukú-tepẹ.[261] Uma outra casa das *araras* amarelas é a Maịpaimá-tepẹ.[262]

31. AUKẸMAIBO E SEUS FILHOS

(Narrado pelo Taulipáng Mayuluaípu)

Um homem chamado Aukẹmaíbo era casado com uma mulher. Tinha cinco filhos com ela. Saiu para fazer comércio. Voltando para casa, foi caçar. Acertou veados, pegou muitos peixes e fez muito assado. Pensou que a sua mulher estivesse lá. Não estava desconfiado. Mas tinha vindo um homem que a tinha levado a pedido dela. A mulher tinha pedido para esse homem fazer um buraco grande e profundo na terra. Ela jogou os cinco filhos no buraco, cobriu-o com uma canoa velha, então com terra. Então foi embora com o homem.

Um mês ou mais depois, Aukẹmaíbo chegou e procurou as crianças. Procurou pelas pegadas. Pensou que tivessem ido à roça, mas não encontrou nenhuma pegada. Ele se sentou e ficou pensando. Aí ouviu as crianças batendo na canoa. Disse: "O que é isso?" e ficou ouvindo. Então levantou a canoa e achou as crianças. Puxou todas as cinco com vida para fora, magras, de cabelo comprido e unhas compridas. Se ele tivesse esperado mais, elas já teriam se transformado em bichos. [Não poderiam ter cortado o cabelo, mas poderiam ter comido as unhas, mas não sabiam disso.] Então ele cortou o cabelo e as unhas das crianças. Fez arcos e flechas para elas,

---

[256] mo. *u-y-álu-ko* = meu adorno de cabeça; *uté-lẹpékẹ* = vou adiante; *me-ká-yi* = você dizia, disse; *mālupékẹ* = vamos!; *háya - aẓa háya - aẓa* é o refrão mais ou menos igual em todos os cantos de dança. Coroa emplumada: *u-y-álu-ko*.
[257] Palmeira *inajá*, *Maximiliana regia*, cujos frutos são um alimento apreciado das *araras*.
[258] Serra alta na margem direita do alto Surumu.
[259] Serra.
[260] A serra Cuanocuano dos mapas brasileiros, entre o Tacutu e o Rupununi; em Schomburgk: Canucu ou Conocon; em mapas mais antigos Cumu cumu.
[261] A serra Murupu na margem direita do baixo Urariquera.
[262] Serra no Eléu, um afluente esquerdo do Majari, que nasce próximo do alto Surumu e corre margeando as serras Waịtiliyén, Eléu-tepẹ.

para irem atrás da mulher. Um dos meninos viu em que direção a mãe tinha ido. Ele fez para eles arcos e flechas com pontas de lascas de bambu. Antes de irem, deu comida para elas. Então foram atrás do homem e da mulher. Antes ele tinha dito para elas: "As flechas são para a mãe de vocês! Eu vou matar o homem! Vocês, crianças, devem matar a mãe!". Encontraram o par. A mulher estava sentada na alavanca do tipiti.[263] Ele mandou as crianças matarem a mãe com as flechas. Ele matou o homem com a flecha. As crianças mataram a mãe com as flechas. Eles a cortaram de baixo para cima[264] em duas partes. Fizeram o mesmo com o homem. Jogaram uma parte para cá, a outra para lá. Então voltaram para casa. Ficaram algum tempo na casa. Então o pai e as crianças foram transformados em *mauarí*.[265]

O homem e as crianças, que nesse meio-tempo viraram homens, comem gado, veados e outros animais de caça. Vivem na terra. Os pajés dizem que têm uma casa lá. Não se vê a entrada, mas há muitos ossos de animais espalhados. O irmão do homem chamado Nōnyámakẹ vive na serra Xiriri[266] e é casado com a filha de Rató, a "mãe d'água".[267] Os dois, "pai d'água" e "mãe d'água" geralmente são chamados de Rató. São monstros que puxam as canoas para o fundo. Quando a mãe d'água canta, ela troca de nome. Então se chama Ratóyale ou Tipíyuale ou também Marākauẹ̊li. Seu canto se chama Tunátauẹno. Ela fica nadando na água, devagar como uma cobra. O nome do homem, do pai d'água, quando se pergunta para ele, geralmente é Rató. Quando ele canta, e a gente pergunta: "Como é que você se chama?" então ele canta:

*"Ratóyalẹ Ratóyalé Ratóyalé
Marākauẹ̊li
Tipíyualẹ́[268] Tipíyuále
Tunátauẹ́no Tunátauẹ́no
selẹ̄lepené tapẹyuné teuótẹzano
Ratóyalē Marakauẹ̊li Tipíyuálẹ̄"*

"Para o fundo da água ela desliza
Com mau olhar[269] pela areia."[270]

Neste canto, ele diz primeiro todos os nomes de sua família, também o da sua mulher.

Esses monstros puxam as pessoas para o fundo, não para comê-las, mas buscam um belo jovem ou uma bela jovem para se casarem com membros de sua família. Existem muitos de-

---

[263] Para prensar a massa de mandioca ralada por meio do cesto extensível do tipiti.
[264] Com as pernas abertas.
[265] Espíritos das montanhas.
[266] Cume baixo na margem esquerda do baixo Uariquera.
[267] Gigantesca cobra d'água; as corredeiras e cachoeiras dos rios.
[268] Nome da mulher.
[269] "Diante do seu olhar mau os pássaros caem do ar", disse o narrador. "Também existem pessoas com esse olhar mau."
[270] A tradução muito livre é do narrador. A acentuação do texto indica o ritmo.

les aqui nos rios. Levam as pessoas para suas casas grandes, com muitos quartos, nas serras. As entradas delas são nos rios, debaixo d'água.

Assim conta o pajé. Eu mesmo ainda não vi.

32. PELAUENAPEN E SEUS FILHOS

(Narrado pelo Taulipáng Mayuluaípu)

Um homem tinha uma mulher chamada Pelauenápẹn e três filhos, dois meninos e uma menina. O menino mais velho se chamava Mẹsẹzauaípu, o irmão mais novo, Li(x)kīliápẹ. O nome da irmã era Kamāliápẹn. Um dia, o pai saiu. Então a mãe preparou *payuá*.[271] As crianças queriam, por toda força, comer a massa que estava embrulhada nas folhas de "*banana brava*", mas a mãe não deixou e disse: "Isto faz vocês ficarem maus! Isto é *kalág*!".[272] Assim ela enganou as crianças.

Elas ficaram furiosas. Pegaram uma tocha, foram embora e atearam fogo por toda parte. A mãe não deu importância e pensou que fosse apenas brincadeira. As três crianças cantavam: "*orá pebámẹ katéu lemẹ́ba - h(e) - h(e) - h(e)!*[273] *Orá pebámẹ katéu lemẹ́ba - h(e) - h(e) - h(e)!*" ("Nossa mãe diz que é um feixe do óleo kalág!")[274] [Não cantavam as palavras direito, porque ainda eram crianças.] Choravam e soluçavam enquanto iam andando. Tomaram o caminho para uma serra pequena, onde queriam entrar. Era uma casa dos *mauarí* (demônios da montanha). Entraram e se viram no meio dos *mauarí*. Estes transformaram as crianças em *mauarí*.

O pai das crianças chegou em casa e só encontrou a mulher. Então ficou furioso, ralhou com ela e bateu nela. Aí procurou pelas pegadas das crianças. Perguntou para a mulher qual o caminho que eles tinham tomado. Então seguiu as pegadas por onde as crianças tinham ateado fogo e chegou à serra pequena. [Lá ele encontrou as crianças.] Ficou escutando e ouviu quando o filho mais velho disse para o seu irmão: "*yenzapíʼpẹ esen kapézag mōyíᵗ!*".[275] ("Estou com as unhas compridas, meu irmão!") O irmão mais novo respondeu: "*yeulénale yénza pẹlẹkẹ́tei ulúikoᵗ!*" ("Eu também estou com as unhas compridas, meu irmão mais velho!") Aí a irmã disse: "*yeulénale yénza pẹlẹkẹ́tei pipíkoᵗ*" ("Eu também estou com as unhas compridas, meu irmão!") O pai ficou ouvindo lá fora e observando se não iam esticar os dedos para fora da terra. Rastejou até lá para agarrá-los. Então o irmão mais velho disse: "*yenzapíʼpẹ esen kapézag mōyíᵗ!*" e esticou o dedo indicador para fora da terra. [As crianças só comiam terra. Os *mauarí* só tinham lhes dado terra para comer.] O pai agarrou o dedo e puxou o me-

---

[271] Um tipo de *caxiri*, bebida de baixo teor alcoólico.
[272] Fruto de uma trepadeira que contém muito óleo.
[273] Imitação do soluço das crianças.
[274] A tradução é muito livre.
[275] Na última vogal a voz é elevada.

nino para fora da terra. O menino chorou e gritou terrivelmente. O pai ralhou com ele e disse: "Alguma vez aconselhei você a se transformar num *mauarí*?". Então o irmão mais novo gritou: "*yeulénale yénza pęlękętei ulúiko⸱!*" e esticou o dedo para fora da terra. O pai agarrou o dedo e puxou o menino para fora da terra. O menino chorou e gritou terrivelmente. O pai ralhou com ele e disse: "Alguma vez aconselhei você a se transformar num *mauarí*?". Então só ficou a irmã. Ela gritou: "*yeulénale yénza pęlękętei pipíko-pipíko-pipíko⸱!*". Ela tinha ficado sozinha e estava dançando debaixo da terra. Esticou bem devagar o dedo indicador para fora da terra, só um pouquinho. De medo, puxou-o de volta. O pai tentou agarrá-lo, mas não conseguiu. Aí ela disse outra vez: "*yeulénale yénza pęlękętei pipíko-pipíko-pipíko⸱!*". Então ela esticou o dedo todo para fora e, de medo, esqueceu de puxá-lo de volta. O pai agarrou o dedo, puxou-a para fora e ralhou com ela: "Alguma vez aconselhei você a se transformar num *mauarí*?". Então ele levou as crianças para casa e lhes perguntou o que a mãe disse para elas. O menino mais velho contou a história toda para ele. Aí o pai perguntou: "E o que foi que vocês fizeram?". Então o menino disse: "Nós queríamos comer *payuá*, mas a mãe não deixou. Minha mãe disse que era um feixe de *kalág* e nos enganou. Aí ficamos furiosos. Foi por isso que fugimos".

Quando o pai chegou em casa, ralhou muito com a mulher e bateu nela. Então cortou o cabelo e as unhas das crianças [porque elas tinham ficado muito tempo debaixo da terra]. Mandou fazerem *tamoríta*[276] para as crianças e lhes deu *caxiri*. Mas as crianças não queriam comer isso, porque estavam acostumadas a comer terra. Mas elas se acostumaram de novo a comer *tamoríta*. – Então não se sabe mais onde foi que elas ficaram.

33. VARIANTE DA LENDA ANTERIOR

(Narrado pelo Arekuná Akúli)[277]

O pai das três crianças tinha saído. A mãe fez beiju para preparar *caxiri*. As crianças pegaram os beijus e começaram a comer. Mas a mãe ralhou com as crianças. Então as crianças comeram todos os beijus. A mãe foi até a roça e arrancou mandioca para fazer novos beijus. Ela ralou as mandiocas, despejou a massa num tipiti e assou novos beijus. Aí vieram as crianças e queriam comer os novos beijus, apesar de ainda terem dos outros. Então a mãe disse: "Não comam estes! Vocês ainda têm bastante dos velhos para comer! Se vocês comerem todos os beijus, o pai não vai ter *caxiri* quando voltar!". Aí a mãe embrulhou a massa para *payuá* em folhas da *banana brava*. As crianças choraram o dia todo e queriam comer a massa do *payuá*. Mas a mãe não deixou e disse: "Esta vocês não comem! É um feixe de *kalāpá*.[278] Ela fazia desse óleo todo

---

[276] Molho de pimenta no qual se põem beijus; é o prato comum dos índios, especialmente das crianças.
[277] Explicado pelo Taulipáng Mayuluaípu.
[278] Fruto de uma trepadeira que contém muito óleo.

dia para enganar as crianças. Mas as crianças choravam. Ela pegou as crianças e bateu nelas. Então disse para as crianças: "Vão brincar lá fora, façam fogo e vejam se o pai vem vindo!".

Aí as crianças foram embora e fizeram fogo. Queimaram um cerrado de capim alto. Nessa ocasião, primeiro veio Kulánau, o redemoinho. Então veio Wakalámbẹ, o ciclone, e levou a cinza até o céu e levou as crianças junto. Quando foram para o alto, começaram a chorar e a soluçar e cantaram: *"apóg yulámẹ̄ ketetéya, pipíko! kalápapámā mẹka teulemẹ̄pa h(e)-h(e) h(e)-h(e) h(e)-h(e)!"*[279] ("Deixem-nos ir no meio do fogo, irmão! A mãe disse que era um feixe de *kolápá*!")[280] Wakalámbẹ desceu um trecho com as crianças para que a mãe as pudesse ver, mas não queria devolver as crianças para a mãe. Esta ficou embaixo segurando no alto uma cuia cheia de *caxiri*.

A casa de Wakalámbẹ é na terra dos Arekuná e se chama Wakalámbe-yin. Wakalámbẹ transformou os dois meninos em *wakalámbẹ* (ciclones). A irmã se transformou na pequena andorinha *kamáliá*. A casa da irmã se chama Kamāliángo-tepẹ, uma serra na terra dos Arekuná.

Então o pai chegou e não encontrou mais as crianças. Aí ele ficou furioso e espatifou todas as cabaças e panelas grandes com *caxiri*. Então foi procurar as crianças sem ter comido nada. A mulher foi junto e também não comeu nada. Assim andaram por muitos dias. Um dia, chegaram até as crianças. O pai foi para a casa dos meninos, a mãe, para a casa da menina, que ficava longe da outra casa. Os dois pais também foram transformados em *wakalámbe*.

34. WAZAMAÍME, O PAI DOS PEIXES

(Narrado pelo Arekuná Akúli)[281]

Era uma vez um pajé chamado Waẓamaímẹ̄. Sua sogra mandou que ele fizesse um buraco no caminho de uma anta para pegar a anta. Ele cavou o buraco até a metade do seu corpo, então foi para casa. A sogra se chamava Waẓānaẓápẹn. Na manhã seguinte, a sogra foi ver o buraco. Chegou até o buraco e, quando não viu uma anta dentro dele, arrancou seus pelos púbicos e pôs na borda do buraco. Então voltou para casa. Disse para o genro cavar o buraco mais fundo; que uma anta tinha caído nele. Mas que ela conseguiu fugir e deixou os pelos na beira do buraco. Disse para o genro: "Faça o buraco mais fundo!". Ele foi lá cavar o buraco mais fundo. Então, no dia seguinte, a sogra foi lá outra vez, arrancou muitos pelos púbicos e pôs na beira do buraco. Então voltou para casa e disse de novo para o genro cavar o buraco mais fundo. Ela queria matar

---

[279] O soluço das crianças é imitado. Vide a lenda anterior, 32.

[280] Esta tradução muito livre é de Mayuluaípu. Uma exata tradução gramatical é impossível, uma vez que as palavras que o narrador deu expressamente em 32 foram modificadas de maneira intencional, para demonstrar que foram ditas por crianças.

[281] Explicado pelo Taulipáng Mayuluaípu.

o genro. Aí ele cavou o buraco bem fundo. Cavou tão fundo, que penetrou no céu que fica debaixo da terra.[282] Aí veio um vento forte através do buraco e o levou para o céu.[283] Então o vento o levou de volta consigo através do buraco.

Quando o vento o levou para o alto,[284] o pajé se transformou no passarinho Sẹ̄kéi. Então ele ficou voando em círculos debaixo da terra [como um urubu]. Encontrou uma palmeira *tucumá* na beira da roça do tatu gigante Mau̯raímẹ̄. A filha de Mau̯raímẹ̄ tinha ido até a roça. Aí Waẓamaímẹ̄ se sentou na árvore e começou a cantar "*ts-k(i)ss ts-k(i)ss ts-k(i)ss!*". Então a filha do Mau̯raímẹ̄ disse: "Desce e senta no meu braço! Você vai ser o meu bicho de estimação!".[285] O passarinho desceu e se sentou num ramo de mandioca. Ela pediu: "Senta no meu braço! Senta no meu braço!". Quando ele viu que a moça era bonita, sentou no braço dela. A moça fez uma gaiola para ele e o levou para casa. Deu comida para ele, e ele comeu tudo que ela dava. Então a moça sonhava toda noite que o passarinho era um jovem bonito. A gaiola ficava pendurada na ponta da rede dela. Aí ela disse para sua mãe: "Eu sonhei com ele,[286] que ele é um jovem bonito". No mesmo dia, ela disse para o passarinho: "Transforme-se num homem e se case comigo!". À noite, ele se transformou num homem e dormiu com ela. Então ficou três dias na casa do Mau̯raímẹ̄. Aí o pai da moça disse: "Faça beijus e procure nẹ̄lupá[287] para comermos!". Ela preparou beijus, e o pai disse: "Vamos comer!". Então eles comeram.

Perto da casa havia uma serra escarpada. Aí Waẓamaímẹ̄ disse: "Como é que posso subir lá?". Então a moça disse: "Segure-se no meu cabelo! Vou levar você comigo".[288] Waẓamaímẹ̄ se agarrou nos longos cabelos dela, e a moça o levou. Foram[289] embora e chegaram ao cume da serra Pẹluoí-tepẹ. A família do pajé estava na *maloca* Zálu̯ẹ(x)pẹmotápongon[290] no riacho Zálu̯ẹ(x)-pẹte, um afluente do Apau̯waú.[291] Quando estavam saindo da casa, o sogro Mau̯raímẹ̄ disse para Waẓamaímẹ̄: "Teus parentes estão bebendo *caxiri* hoje. Você não vai até a casa dos teus parentes?". Ele respondeu: "Tá bom! Vou lá e fico uns três dias". A moça ficou com o pai no cume da montanha. Lá eles comeram nẹ̄lupá. Ela tinha dito para Waẓamaímẹ̄: "Não fique muito tempo! Volte logo!". Ele respondeu: "Vou ficar três dias na casa dos meus parentes".

Então ele foi lá e bebeu *caxiri*. Quando estava bêbado, cantou:

---

[282] Segundo a crença dessas tribos, existem abaixo de nós mais três mundos, absolutamente iguais ao nosso. Vide v.III.
[283] "Para o céu que está acima de nós."
[284] "Para o céu que está acima de nós."
[285] No texto original as palavras são: "u-yēkén-pē   a-ute-ke   u-y-ēmekú-pona".
          meu manso bicho como   você vai!   meu braço sobre
[286] Ou seja, com o passarinho.
[287] Formigas aladas comestíveis: *Atta cephalotes*.
[288] No texto original: úndzeg-pẹ   ta   t-apídžẹ   au-énku-pa
                        meu cabelo   vai   agarrar   você suba para que
[289] Debaixo da terra.
[290] O lugar compõe-se de três casas perto da serra Pẹluoí-tepẹ.
[291] Grande afluente do Kukenáng; afluente do Caroni.

"*tōlón-pẹ sẹkeí uté mẹsẹkáya
aúala-zau̯ yapóna uté mesẹ̈ko
témesẹ tu pẹ̈ke uyánunyakẹ̈ma
tāmokó mau̯raímẹ̈ uyánunyakẹ̈ma
    á-ya ă-yă há-ya há-ya
umẹ sẹ tū lẹ pẹ̈kẹ
    há-ya-hā-hā-há-ya
ilo mau̯ẹléima uyánunyakẹ̈ma
kése-la pánta-lí-po watá lólu oamáma
támoko mau̯raímẹ̈ yéndži uyánunyakẹ̈ma*"

"Como passarinho Sẹkéi o vento me levou.
Numa folha de *tucumá* me sento.
Pelo cabelo ela me trouxe.

———

No ramo de mandioca eu me sento com penas verdes.
A filha do avô Mau̯raímẹ̈ me trouxe."[292]

Quando ele cantou isso, seus quatro cunhados reconheceram que a filha do Mau̯raímẹ̈ o tinha trazido pelo cabelo. Aí disseram: "Vamos matar Mau̯raímẹ̈!". [Antes de Wazamaímẹ̈ deixar a casa do Mau̯raímẹ̈, este disse para ele: "Não conte nada de mim para os seus parentes! Senão eles vão me matar!".] Os cunhados foram embora e encontraram Mau̯raímẹ̈ comendo nẹlupá. Mataram Mau̯raímẹ̈. Mas a filha do Mau̯raímẹ̈ fugiu para dentro do buraco. Os cunhados levaram Mau̯raímẹ̈ para a casa deles, para comê-lo. Lá eles o comeram.

Então o pajé disse para a sua mãe: "Vou dormir, mãe! Não me acorde! Não deixe a cinza do fogo cair no meu corpo!".[293] Na manhã seguinte, um dos cunhados que não tinha ajudado a matar Mau̯raímẹ̈, mas tinha ficado em casa, foi pescar no Apau̯waú. Lá havia muitos peixes,

---

[292] Tradução literal da versão livre em português. É o canto de dança *mau̯arí yenōsan* dos Taulipáng e dos Arekuná. Uma tradução gramatical desses cantos de dança é impossível. Muitas expressões já estão em desuso, algumas são incompreensíveis até para os índios. Ocorrem numerosas repetições alinhadas quase de maneira desconexa.

| tōlón sẹkei-pẹ u-té | aúala-zau̯ y-apóno (?) u-té |
| passarinho como sẹkei eu vou | tucumá sobre assento eu vou |

t-āmokó Mau̯raímẹ̈ u-y-ānunyakẹ̈ma (iloma) = vento; kése-le pántā-lí-po lola =
avô Mau̯raímẹ̈   me levou   mandioca ramo   em
verde; t-āmokó mau̯raímẹ̈ y-éndži u-y-ānunyakẹ̈ma á-ya há-ya: refrão.
       avô   Mau̯raímẹ̈ filha   me levou

A acentuação indica o ritmo forte.

[293] As fagulhas não devem cair sobre quem dorme, para que o corpo não desperte. Se o corpo despertar antes que a sombra tenha voltado para ele, o homem morre.

alumág, que estavam subindo o rio para a casa do seu cacique. Mas eles não mordiam o anzol dele. Estavam zangados com ele, porque a sombra do pajé tinha convidado os peixes e outros animais, que eram todos *mauarí*,[294] para levar as casas embora. O cunhado viu muitos peixes passando rio acima por seu barco, *elękyun, pažídži, morōkó, wôto, waitaú, pūrumaí, kamākelá, tukŭluli, ẓandiá, kulutú, pazá, múrūuí, molutá, ẓaụlág, aliwaí, ma'waí*,[295] *žipālę́g*,[296] *orāpaíg, apína*.[297] O corpo do pajé estava dormindo, mas a sua sombra tinha pedido para Rató[298] enviar seus filhos e netos. Deveriam ajudá-lo a vingar a morte do seu sogro Maụraímę̄.

Enquanto o cunhado via todos esses peixes nadando rio acima, ouviu um assobio rio abaixo e viu um homem num barco que subia. Então ele perguntou: "Quem está pescando aí embaixo? Pensei que não tivesse ninguém aí!". Então ele encontrou a sombra do pajé que navegava atrás dos peixes, cantando:

```
"tuná kālitá-ẓaụ wenúkuị
lānaká-ẓaụ wenúkui mę̄lokó sę̄menú-yaụ
nonó-taụ utétai̯
mę̄lokó koāẓa wę̄ímę̄-pę̄ tétai̯
molokóuịmę̄ mę̄yếlę̄ mę̄lokó wę̄ímę̄́-le-pę̄
tuę̄nai̯ enúkui̯ túná kālitá-ẓaụ
tēponḗ peẓápai̯ tutéi
waẓamaímę̄ netéẓan
tuná-le paítale-taụ netéẓan
waẓamaímę̄ netéẓan"
```

"No fundo d'água, subo.
Pintado com *jenipapo*, subo, com a pintura dos peixes.
Debaixo da terra, ando.
Reunir os peixes, como chefe de guerra, ando.
Um grande peixe, como o chefe de guerra dos peixes,
Transformado, subo, no fundo d'água.
Saí do corpo
Waẓamaímę̄, fui andando.
No fundo, no leito do rio fui indo.
Waẓamaímę̄, fui indo, para reunir como chefe de guerra."[299]

---

[294] Demônios.
[295] Caranguejo.
[296] Raia.
[297] *Manati, lamantin*: *Manatus*.
[298] Demônio d'água, senhor de todos os peixes e animais aquáticos.
[299] Tradução literal da versão livre em português. É o canto de dança *amánaụę̄* dos Taulipáng e Arekuná.

Então o cunhado perguntou para o homem: "Por que é que esses muitos peixes estão passando por aqui, e por que é que eles não mordem meu anzol?". Aí a sombra riu, porque ela sabia. Foi ela que tinha convidado os peixes. Ela disse: "Talvez os peixes estejam zangados. Quem está zangado não morde o anzol". A sombra do pajé foi com o cunhado para a casa. Antes de chegarem, a sombra ficou parada e disse: "Continue andando, cunhado!".[300] Quando o cunhado entrou na casa, Waẓamaímẹ̃ já estava acordado. Aí o cunhado disse: "Não sei que pessoas eu encontrei no rio". Então Waẓamaímẹ̃ mandou seu cunhado fugir para a serra Peluoí-tepẹ̃. Disse que viria gente má; que viriam animais; que viriam *mauarí*! Disse isso para o cunhado porque este não tinha culpa da morte do Mau̯raímẹ̃, mas tinha ficado em casa quando os outros o mataram. Mas as pessoas na casa não sabiam nada disso.

Então o pajé[301] foi para a casa dos peixes. Levou os peixes para a sua casa. Os peixes grandes beberam muito *caxiri* perto de sua casa para ficarem com coragem. Aí sobrou apenas um resto para o peixinho Aliwaí[302] e o caranguejo Ma'waí. Waẓamaímẹ̃ mandou entrarem na terra para desenterrarem os esteios da casa e carregarem a casa embora. Os peixes grandes, que tinham bebido muito *caxiri*, não conseguiam entrar na casa e voltavam. Aí Aliwaí e Ma'waí disseram: "Quem foi que bebeu a maior parte do *caxiri*? Será que fui eu?". Ficaram zangados e entraram juntos na terra. Aliwaí entrou primeiro na casa. Ma'waí foi cavando devagar e ficou para trás. A mulher do pajé[303] estava ocupada no fogão. Então Aliwaí saiu da terra debaixo do fogão. Aí a mulher falou: "Foi isso que Waẓamaímẹ̃ me disse, que viriam muitos bichos!". Ela agarrou o peixe e o jogou no fogo. Então veio Ma'waí. Ela agarrou o caranguejo e o jogou no fogo. Aí o fogo apagou, e saiu muita água do caranguejo.[304] A água alagou as três casas e saiu pela entrada. Então entraram muitos peixes. O peixe Aimalá entrou na outra casa. O peixe Alumág entrou na terceira casa. Carregaram as casas, com as pessoas e tudo que tinha dentro, para o rio. Procuraram um ponto onde o rio era bem fundo, para jogarem as casas lá. Aí encontraram o *poço*[305] da cachoeira Eutewálime. Lá eles jogaram as casas. É por isso que, até hoje, a queda d'água tem seu nome.[306] As pessoas que estavam nas casas foram todas transformadas em *mauarí*. Waẓamaímẹ̃ virou Moró-podole, o "pai dos peixes".

---

[300] Aqui não se trata do cunhado consanguíneo, mas é o usual tratamento cordial "ẓakó = cunhado" também entre pessoas que não pertençam à mesma tribo. A sombra do Waẓamaímẹ̃ deixa seu cunhado entrar primeiro na casa para que ela possa voltar desapercebida para o corpo. Quando o cunhado entra, Waẓamaímẹ̃ já está acordado.

[301] "De corpo e alma", como Mayuluaípu acrescentou expressamente.

[302] Um pequeno peixe blindado que vive em buracos na margem.

[303] "Além da filha do Mau̯raímẹ̃, ele já tinha uma mulher", disse Mayuluaípu. Vide a sogra mencionada no início.

[304] Vide a lenda 29, "Wewẹ́ e seus cunhados", na qual o caranguejo adverte a lontra para não quebrar os seus braços, senão sairia muita água.

[305] A bacia profunda e ampla abaixo da cachoeira.

[306] Euté, (a)uté = casa.

Nas cheias do rio Kukénang, ele vai com todos os peixes para a alta cachoeira Moró-melú, para dançar lá. Ele é o primeiro dançarino. Sua casa é a serra Euó-tepẹ no Apaũwaú.[307]

35. COMO SURGIU O CANTO DE DANÇA SAPALA-LEMU[308]

(Narrado pelo Taulipáng Mayuluaípu)

Era uma vez, há muito tempo, uma *maloca* dos Sapará.[309] Todos os homens da *maloca* se uniram para caçar. Só as mulheres e as moças ficaram na casa. Então os *mauarí* (demônios das montanhas) entraram na casa e encontraram as mulheres. Os *mauarí* estavam cobertos de *žiníg*[310] nas orelhas e em volta do pescoço e usavam coroas de penas de *arara* na cabeça. Chegaram dançando e cantavam:

"maĩuaká mulẹ
maĩuaká mulẹ
maĩuaká mulẹ
ẓalálaní paítauẹ"
        etc.[311]

"Os filhos do pato
Os filhos do pato
Os filhos do pato
No fundo do ẓalálaní"[312]

Eles dançavam. Então todas as mulheres foram para a frente da casa dançar com os *mauarí*. Tinham muito *caxiri* e beberam tudo. Os *mauarí* trouxeram *kumí* para soprar nas mulheres. Sopraram em todas as mulheres. Aí as mulheres foram dançando com os *mauarí* até chegarem ao lago ẓalálani. Lá eles dançaram em círculo e cantaram um outro canto para entrar no lago. Os *mauarí* sopraram outra vez *kumí* nas mulheres. Então cantaram:

---

[307] Refere-se a esta lenda a tukúži, a "dança dos peixes", a dança principal dos Taulipáng, Arekuná, Makuxí e de outras tribos.
[308] Ou seja, "canto dos Sapará".
[309] Pequena tribo Karib, cujos remanescentes vivem na extremidade oriental da grande ilha Maracá no Urariquera.
[310] Brancas teias de aranha, como as que se encontram nos ramos das margens. São o adorno dos *mauarí* e de outros demônios.
[311] Com intermináveis repetições.
[312] A tradução é do narrador.

"z̰alálaní-taṵ kesẽ womẽne
mauñalí múrẹ kesẽ womẽne
z̰alálaní-taṵ
mauáli múrẹ-pẹ
mauáli múrẹ-pẹ kesẽ womẽne" etc.[313]

"No z̰alálani nos deixem entrar!
Como filhos dos *mauarí* nos deixem entrar!
No z̰alálani
Como filhos dos *mauarí*
Como filhos dos *mauarí* nos deixem entrar!"[314]

Então todos mergulharam na água. – Aí os homens voltaram para casa e não encontraram mais ninguém. Também não acharam mais *caxiri*. Foram para a frente da casa e lá encontraram pegadas da dança. Também encontraram muitos pedaços de *kumí* no chão. Seguiram as pegadas das mulheres. Chegaram à margem do lago e lá encontraram um cachorro que corria, ganindo, em volta do lago, pulava dentro da casa, saía de novo e gania. Perguntaram para o cachorro onde as mulheres estavam. Então o cachorro disse: "Elas entraram aqui no lago, mergulharam e não voltaram!". Aí os homens perguntaram: "Como foi que elas entraram?". Aí o cachorro contou: "Elas cantaram primeiro. Então pularam na água!". Aí os homens disseram: "Cante para nós ouvirmos!". Aí o cachorro cantou o canto:

"maĩuaká murẹ
maĩuaká murẹ
maĩuaká murẹ
z̰alálaní paítauẹ"

"Isto elas cantaram primeiro. Então, antes de entrarem no lago, cantaram:

"z̰alálaní-taṵ kesẽ womẽne
mauálí múrẹ-pẹ kesẽ womẽne
z̰alálaní-taṵ
mauálí múrẹ-pẹ
mauálí múrẹ-pẹ kesẽ womẽne"

Aí os homens cantaram primeiro o primeiro canto, então, o segundo canto. Então todos sopraram *kumí* uns nos outros e pularam no lago e foram todos transformados em *mauarí*.

---

[313] Com intermináveis repetições.
[314] A tradução é do narrador.

Sobrou apenas o cachorro e contou a história para um Sapará que o encontrou. – É um canto dos Sapará: *sapāla-lẹ̈mu*. – Este canto foi descoberto por um cachorro e ficou assim para nós.

36. MEŽIME E EMEŽIMAIPU

(Narrado pelo Arekuná Akúli)[315]

Muito tempo atrás vivia Mẹ̈žimẹ̈, a grande águia, abaixo da serra Wōpẹ́imẹ̈. Ela tinha um banco lá, Okōbán-tepẹ.[316] Ela veio de Okōbán-tepẹ e sentou-se em Telamén-tepẹ, um outro banco mais baixo que Okōbán-tepẹ e que era todo pintado. De lá, ela agarrava pessoas e as devorava. Ia de manhã cedo para a roça e agarrava todas as pessoas que iam lá. Agarrou muita gente, todos os parentes do Emẹžimaípu. Então sobrou apenas Emẹžimaípu. Ele era um homem valente. Saía de manhã bem cedo para afiar seu machado. Era um machado com cabo. Aí Mẹ̈žimẹ̈ veio e o pegou pelos quadris e o arrastou consigo. Queria se sentar com ele na serra Wōpẹ́imẹ̈. O homem estava com o machado na mão. Quando Mẹ̈žimẹ̈ ia se sentar, Emẹžimaípu não deixou. Ele se apoiou com o cabo do machado contra a pedra, de modo que Mẹ̈žimẹ̈ não podia se sentar. Então Mẹ̈žimẹ̈ voou com ele para a serra Toloné-tepẹ. Quando ele ia se sentar nessa serra, Emẹžimaípu se apoiou de novo com o cabo do machado contra ela. Aí Mẹ̈žimẹ̈ voou com ele para a serra Yuné-tepẹ. Quando ele ia se sentar nesta serra, Emẹžimaípu se apoiou de novo com o cabo do machado contra ela. Então Mẹ̈žimẹ̈ voou com ele para a serra Eluozá-tepẹ.[317] Lá ela se sentou com ele. Emẹžimaípu deixou que ela se sentasse porque a serra era baixa. Não quis deixar que ela se sentasse nas outras serras porque não teria podido descer, e Mẹ̈žimẹ̈ o teria matado lá. Mẹ̈žimẹ̈ o deixou deitado nessa serra. Emẹžimaípu fingiu que estava morto. Ficou com o machado na mão. Mẹ̈žimẹ̈ se virou e limpou as penas antes de comê-lo. Achava que Emẹžimaípu estivesse morto. Então Emẹžimaípu se levantou e ergueu o machado. Mẹ̈žimẹ̈ curvou a cabeça para limpar as penas debaixo da asa direita. Aí Emẹžimaípu despedaçou a asa dele com o machado. Quando Mẹ̈žimẹ̈ se virou para ele, Emẹžimaípu cortou sua asa esquerda e matou Mẹ̈žimẹ̈. Então Emẹžimaípu voltou para casa. Aí ele foi embora e se transformou em Kukúykog, o "pai dos *mauarí*".

Kukúykog é o nome de uma lenta dança cadenciada dos Taulipáng, que se refere a esta lenda. – *Mauarí* é uma outra dança, igualmente lenta. – *Kaloí(d)pakog*[318] é uma dança mais rápida. – Mais rápida ainda é a *parišerá*; a mais rápida de todas é a *tukuíd*. – *Mara'pá* é uma outra dança rápida. – *Muruá* é igualmente rápida. – *Oaré, oalé* acompanha as danças *oarḙ̄bán* e *mauarí*.

---

[315] Explicado pelo Taulipáng Mayuluaípu.
[316] Todas essas serras ficam no Caroni, na terra dos Kamarakotó.
[317] Eluó é uma pequena pomba.
[318] Kaloíd é um peixe semelhante à enguia.

Prancha V. Mayuluaípu com uma folha da Mukumúkuýeg

37. COMO SURGIU A DANÇA KUKUYIKOG
(Narrado pelo Taulipáng Mayuluaípu)

Uma mulher tinha uma filha pequena que sempre chorava muito. Ela levou a criança num aturá para a roça, porque a criança nunca queria ficar sem a mãe.[319] Quando a mãe a deixava, ela chorava. A mãe estava capinando a roça de mandioca. A criança chorava e gritava muito e estava com a cara toda vermelha. Então a mãe quebrou duas folhas de mandioca e as deu para a criança, para acalmá-la. Aí a criança se acalmou. Quando a criança se acalmou, a mãe saiu de novo para arrancar mandioca. Então a criança recomeçou a gritar quando a mãe foi embora. A mãe não se importou, mas continuou arrancando mandioca. Aí a criança pegou uma folha de mandioca em cada mãozinha. Ela mudava o tom do choro. Gritava: "á-h(x)-h(x)-h(x) á-h(x)-h(x)-h(x) á-h(x)-h(x)-h(x) é-h(x)-h(x)-h(x) é-é-h(x)-h(x)-h(x)!".[320] Batia com as folhas de mandioca pra lá e pra cá, e estas se transformaram em asas. A mãe se virou quando a criança mudou o choro. Então ela viu a criança levantar voo. Voou para o alto e sentou-se numa árvore acima da mãe. Aí a mãe chamou: "maná entana-ké mã'nó!" ("Tome o peito,[321] minha filha!"). Mas a criança tinha se transformado num pequeno gavião, kukúi, e voou embora. Então a mãe começou a chorar porque a sua filhinha tinha ido embora. Aí o choro da mãe se transformou no grito do gavião enakín: "ē-ē-ē-ĕ-ē-ĕ-ĕ!". Ela foi transformada no gavião enakín e voou embora.

A avó da criança andou pela roça procurando por sua filha e pela criança. Mas não as encontrou. Só encontrou o aturá. Foi para casa e mandou chamar o pajé para descobrir onde é que elas estavam. O pajé veio. Ela amarrou folhas para o pajé.[322] O pajé cantou à noite e bateu com as folhas. O primeiro muarí que o pajé encontrou foi a criança. Então veio a mãe. A avó perguntou por onde a criança andava. Aí a criança disse: "Minha mãe não queria me dar o peito! Eu estava com sede. Chorei pra ela me dar o peito! Então ela me deu folhas de mandioca. Aí eu fiquei quieta. Então ela foi embora arrancar mandioca. Aí comecei a chorar de novo. Ela não ligou. Aí eu agarrei as folhas de mandioca. Ela deu as costas para mim. Agarrei as folhas e subi voando e me sentei numa árvore que estava acima dela. Aí ela disse: 'Toma o peito, minha filha!'. Mas eu não queria saber de mais nada e voei embora. Aí a minha mãe começou a chorar. – Nunca mais vou te ver, minha avó! Agora eu sou um bicho, um gavião! Agora eu não sou mais gente!". Então a criança disse: "Vou cantar uma coisa pra você, minha avó! Este canto deve ficar pra todos vocês, pra todos os Taulipáng!". Então a criança cantou:

---

[319] "Como um macaco manso", acrescentou Mayuluaípu.
[320] Choro e soluços.
[321] Literalmente: "coma!", de entana = comer.
[322] Feixe de folhas mágicas, com o qual o pajé bate no chão durante seus exorcismos.

"ā - ā - ā - aí - aí
kesé̦-la ẓapé̦le-ké̦tu
kukúyu uté-pe̦
Betâlan-tepé̦-poi-le̦"

"Com asas de folha de mandioca,
Como *kukúi* fui embora
Para a serra Betâlan"

Então a criança foi embora. Não queria mais ficar com a avó, já que não era mais gente, mas tinha virado um pássaro.

Kukúyikog é uma parte da dança *mauarí*. Começa à tarde e vai até a manhã seguinte. Quando as pessoas começam o canto, elas o cantam e dançam até o fim. Não sobra nada.

38. COMO SURGIU A DANÇA URAYUKURUKOG[323]

(Narrado pelo Taulipáng Mayuluaípu)

Uma moça, Pelaínale̦,[324] e suas irmãs Tauaíne̦ke̦ e Eké̦tome̦ disseram para o seu padrasto Ataínale̦ que ele era feio, que ele tinha barba ("*nālíg tándžiale líe Ataínale̦!*"). O velho queria que as três moças fossem suas mulheres. Então o velho cantou:

"ā-ẓa á̦-án-ai̦
wolaí ataínale̦-na ímuye̦ tan kotúnu."

"As moças disseram que Ataínale̦ tem muita barba, que ele é muito feio."[325]

Ele tinha um genro, Talīnameípu. Levou-o junto para desenterrar *ne̦lupá*.[326] Queria matá-lo. Tinha dito: "Não quero este genro! Ele tem pernas de abelha!". Mandou que ele enterrasse as *ne̦lupá* bem fundo.[327] Quando o genro se curvou até bem dentro do buraco que estava cavando, o velho agarrou um pedaço de pau e lhe bateu na nuca, fazendo com que ele caísse morto no buraco. Então foi para casa e deixou o genro caído no buraco. Aí Ataínale̦ cantou que tinha deixado seu genro caído no buraco como um tatu:

---

[323] A dança mauarí propriamente dita.
[324] O nome deve significar: "moça das sandálias"; pelái = sandália.
[325] A tradução é do narrador e só reproduz o sentido.
[326] Formigas aladas e comestíveis: *Atta cephalotes*, formiga cortadeira de folhas. Vide lenda 34.
[327] Ou seja, com as mãos.

"ái-ái-hă-háya
mulúimẹ̄ ẹpẹmún tumá tanẹ epoítole džinámaī."

"(Como um) tatu cavando a terra, deixei o genro caído."[328]

Este canto ficou para nós. – O velho se transformou num *mauarí* e foi embora. O genro acordou, se levantou e foi para casa. Na casa do vizinho havia *caxiri*. Eles o chamaram para ir beber *caxiri* lá. Talīnameípu foi lá. Ficou bêbado. Os vizinhos pediram para ele dançar e cantar. Ele cantou:

"ắ-ẓa a-aí-aí
wan bíži kẹneyiwón Talīnameípu."

"Pernas de abelha, ele disse, eu tenho, Talīnameípu."[329]

Assim ele cantou e ficou completamente bêbado de *caxiri*. Então deixou a casa e foi embora e se transformou num *mauarí*. – Este canto ficou para nós.

"O canto do sogro se chama *uráyukurukog*.
O canto do genro se chama *uráyukurukog-yenusán*."

39. COMO SURGIU A DANÇA MURUÁ

(Narrado pelo Taulipáng Mayuluaípu)

Muito tempo atrás vivia nas cabeceiras do Surún,[330] no cerrado Mauaí-batẹ́i,[331] próximo da serra Mẹ́-tepẹ, em frente da alta serra Waitiliyén, um pajé chamado Amẹ̄luaẓaípu. Uma vez, justamente quando tinha ido buscar água,[332] ele encontrou o *mauarí auarí uaẓála-luéni*, que também tinha ido pegar água lá perto, e falou com ele. Então o *mauarí* foi embora de novo.

Outras pessoas chamaram Amẹ̄luaẓaípu para beber *caxiri* e dançar com elas. Só ele sabia a dança e o canto *muruá*. Ele a tinha inventado sozinho. Foi lá dançar. Sua irmã se

---

[328] A tradução é do narrador e só reproduz o sentido.
[329] A tradução é do narrador e só reproduz o sentido.
[330] Surumu.
[331] Ou seja, "cerrado do caranguejo".
[332] De tempos em tempos, os pajés bebem água até vomitar, especialmente água das cachoeiras. Então eles vomitam várias vezes e continuam bebendo, como pude observar muitas vezes. É uma espécie de purificação interior.

chamava Aḻeuanápeṇ. Ele dançou com a sua irmã. Muita gente dançou atrás deles. Então Amẽluaẕaípu ficou muito bêbado, de modo que não conseguia mais dançar. Ele se deitou na rede e caiu no sono. Aí veio um outro e o despertou e disse para ele: "Venha dançar, cunhado!". Ele se levantou para dançar. Saiu da casa com um grosso bastão de ritmo de bambu, *walungá*, na mão. Ele foi andando e dançando. Então os *mauarí* saíram de sua casa Mḗ-tepẹ e o encontraram. Ele cantou:

"epá taká lẹ yáwẹ̆ uyẹ̆ polẹ́mẹ̆
epá taká lẹ yáwẹ̆ waẕálálu-wẹnín
á-ya ă-ya hắ-ya
Amẽluaẕaípu epá taká lẹ yáwẹ̆"

"Era mentira que ele estava vomitando água quando eu o encontrei.
Era mentira que ele estava vomitando água, matador de *arara*.[333]
"Amẽluaẕaípu, era mentira que ele estava vomitando água."[334]

Então os *mauarí* o levaram junto para a sua casa Amãtá-tepẹ.[335] Os *mauarí* levaram a irmã para a casa deles Mḗ-tepẹ.[336] Antes de a irmã entrar, ela pendurou a tanga acima da entrada da casa.[337] Amẽluaẕaípu pendurou seu colar de dentes de porco-do-mato, *amãtá*, acima da entrada da casa.[338] Lá se podem ver as coisas ainda hoje.

Quando uma pessoa deve morrer e passa por esse lugar, Amẽluaẕaípu aparece com o *amãtá* em volta do pescoço e com o *walungá* na mão diante da porta de sua casa Amãtá-tepẹ. A pessoa que vir isso vai para casa e morre poucos dias depois.

"O canto que Amẽluaẕaípu cantou antes de entrar é a *muruá* que cantamos hoje. Amẽluaẕaípu agora é primeiro dançarino dos *mauarí*."

40. AS AMAZONAS

(Narrado pelo Taulipáng Mayuluaípu)

Ulidžán, as mulheres sem homens, antigamente eram gente. Agora estão transformadas em *mauarí* (demônios das montanhas). Antes elas viviam na serra Ulidžán-tepẹ, perto da

---

[333] O narrador disse expressamente que as palavras nos cantos de dança soam um pouco diferente do que na vida comum.
[334] A tradução é do narrador e só reproduz o sentido.
[335] Duas montanhas, uma junto da outra.
[336] Duas montanhas, uma junto da outra.
[337] Numa rocha.
[338] Numa rocha.

serra Murukú-tepẹ[339] no Paríma.[340] Mais tarde, metade delas se mudou para uma outra serra no lado oriental do Tacutu. A outra metade ficou até hoje na sua antiga morada.

Quando um homem chega à *maloca* delas e pede permissão para dormir lá, elas o deixam dormir com elas. Elas têm *kewéi*, chocalhos de cascas de frutos,[341] pendurados em suas redes de dormir. Quando uma delas dorme com um homem, o chocalho faz barulho para que as outras mulheres fiquem sabendo. Então deixam os homens voltarem para casa. Se nascer um filho, elas o matam. Só deixam as filhas viverem e as criam. Quando uma das mulheres fica velha, elas a matam e a enterram. Não são casadas. São muito bonitas e têm cabelo comprido. Fazem todo o trabalho de um homem, plantam roça, caçam e pescam.

41. MAI'UAG E KOROTOIKO

(Pato e coruja)
(Narrado pelo Taulipáng Mayuluaípu)

Muito tempo atrás, Mai̧'uág era casado com uma irmã da mulher de Korōtoi̧kó. O que foi que Korōtoi̧kó fez? Saiu de manhã bem cedo e derrubou uma única árvore com o machado. Então se sentou no toco e começou a dormir. Foi só à tarde que ele voltou para casa. Mai̧'uág saiu de manhã bem cedo e já ao meio-dia voltou para casa. A sogra disse para sua filha, mulher de Mai̧'uág: "Meu genro Korōtoi̧kó trabalha mais que Mai̧'uág! Deixa o teu marido ir embora! Ele não vale nada! Korōtoi̧kó trabalha mais do que o teu marido. É por isso que eu gosto mais dele". Aí a mulher de Mai̧'uág disse: "Você nunca viu a roça do meu marido. Se quiser, vamos lá ver a roça do teu genro Korōtoi̧kó!". A velha deu *ālipẹ́*,[342] beijus ruins, para Mai̧'uág comer. Mas, para Korōtoi̧kó, ela deu beijus finos de *tapioca*, e Korōtoi̧kó passou bem.

Mai̧'uág saiu de manhã, fincou seu facão num arbusto e se sentou. O facão continuou trabalhando sozinho, derrubou muito mato, então voltou para Mai̧'uág. Assim, Mai̧'uág abriu em dois dias uma grande clareira que ainda se vê no Majari. No dia seguinte, Mai̧'uág foi de novo até sua roça para derrubar as árvores. Fincou o seu facão numa árvore e se sentou. O machado continuou derrubando sozinho. Derrubou todas as árvores num dia, uma clareira grande, então voltou para Mai̧'uág.

A sogra continuou dizendo que Mai̧'uág não valia nada e que Korōtoi̧kó era bom. Korōtoi̧kó levou vinte dias para abrir uma clareira bem pequena. Levou dez dias para derrubar o mato, e dez dias para derrubar as árvores. Então os dois esperaram até a lenha ficar seca para queimá-la. Mai̧'uág esperou cinco dias. Korōtoi̧kó esperou só dois dias. Então a queimaram.

---

[339] É a *serra* Murupu dos mapas; serra na margem direita do baixo Urariquera.
[340] Nome indígena do Urariquera e do *rio* Branco.
[341] Como os que os primeiros dançarinos têm envoltos em seus bastões de ritmo.
[342] Beiju de qualidade inferior.

A lenha que Korōtoi̯kó tinha derrubado ainda estava bem verde. Só as folhas queimaram! Mai̯'uág queimou sua clareira, que estava bem seca. No dia seguinte, Mai̯'uág limpou a sua clareira. Fincou o seu machado num tronco [semicarbonizado], então se sentou. O machado continuou cortando todos os troncos em pedaços pequenos e levou toda a lenha para a borda da clareira. Em dois dias, a clareira toda estava limpa. Korōtoi̯kó só tinha limpado um pedaço bem pequeno. Ele se sentou num tronco e começou a dormir. No dia seguinte, Mai̯'uág foi com a enxada para a sua clareira para plantar. Enfiou a enxada na terra e se sentou. A enxada continuou trabalhando sozinha. Saiu da mão dele e cavou buracos no chão [para plantar *maniba*] e voltou ao meio-dia para Mai̯'uág. Mai̯'uág tinha trazido *maniba*.[343] Enfiou a sua faca numa *maníba* para cortar estacas. A faca continuou trabalhando sozinha e cortou um montão de estacas. Todas as suas ferramentas estavam trabalhando. Então ele enfiou uma estaca num buraco. A estaca saiu de sua mão, e todas as *manibas* se plantaram sozinhas. Mai̯'uág voltou para casa à noitinha. Sua mulher perguntou: "O que você ficou fazendo até agora?". Mai̯'uág respondeu: "Nada! Eu estava aborrecido!". [Com a sogra, que tinha falado tão mal dele.][344] Então sua mulher disse: "Eu nunca disse nada que pudesse te aborrecer!". Aí Mai̯'uág disse: "Um dia eu ainda vou embora!".

Então Mai̯'uág saiu de novo cedinho para a sua roça, para terminar de plantar, e levou a mulher, para ela ver a roça. Nunca tinha levado a mulher antes. Enfiou a enxada no chão. A enxada saiu da sua mão e continuou trabalhando sozinha. A mulher viu. Ao meio-dia, a enxada voltou para ele. Aí ele enfiou a faca numa *maniba*, e a faca continuou trabalhando sozinha e cortou todas as estacas. Então ele enfiou uma estaca no chão, e todas as estacas saíram e se plantaram sozinhas. À noite, a roça estava pronta. Então Mai̯'uág voltou com sua mulher para casa. Mas Korōtoi̯kó dormiu o dia todo na sua pequena roça e não admitia que sua mulher fosse junto. Korōtoi̯kó estava com inveja de Mai̯'uág. Quando estava comendo *tapioca*, disse: "Quero comer beiju da roça do Mai̯'uág!". [Ele nem gostava de Mai̯'uág e queria zombar dele, já que achava que Mai̯'uág não tinha nada na sua roça.]

Então se passou um mês. Korōtoi̯kó ainda estava trabalhando na sua clareira. Mai̯'uág já tinha milho da sua roça. Aí a sogra disse: "Quero ver a roça de Mai̯'uág!". Foi até lá com a sua filha, a mulher de Mai̯'uág. Aí Mai̯'uág disse: "Não vão se perder na roça!". Quando chegaram lá, a velha disse: "wéne "éne kaná!".* Estava admirada com a roça. A velha foi para dentro da roça e gritou: "ê---!". A filha ficou lá e respondeu: "ê---!". A velha foi indo, indo para dentro da roça. Ficou gritando: "ê---! ê---! ê---!". Aos poucos, seu grito foi mudando. Ela gritou: "ê---! ê---! ê---!"[345] [como a pomba *welūdží*[346] canta] e se transformou na pomba Welūdží.

---

[343] Estaca do pé de mandioca.
[344] "No mundo todo, as sogras não valem nada", disse aqui Mayuluaípu.
* Expressão de admiração; segundo nota de rodapé, foi traduzida por "que diabo!". (N. T.)
[345] Exclamação mais abafada e gutural do que a anterior.
[346] Chamada de *yurutí* na *língua geral*.

A filha gritou: "āmaí-āmaí!",³⁴⁷ mas a mãe não respondeu mais. Então a filha se transformou na pequena pomba parda wai̯maúwokḙyembḙ.

O que foi que Korōtoi̯kó fez? Atravessou o rio e matou um veado. Korōtoi̯kó tinha dois cunhados, casados com as irmãs dele. Korōtoi̯kó começou a gritar na outra margem do rio: "wótolo enúlete z̰akó!" ("Leve a minha caça para lá, cunhado!"). Gritou e gritou, mas os cunhados não responderam. Então seu grito foi se transformando aos poucos: "etétetete!", e ele foi transformado numa coruja.

Mai̯'uág ficou esperando por Korōtoi̯kó. Os cunhados sabiam que Mai̯'uág tinha um machado que trabalhava sozinho. Estavam bravos com ele porque tinham perdido a mãe. [Mai̯'uág não tinha culpa.] Os cunhados saíram para ver onde o machado estava. Encontraram o machado e o facão. Mas não sabiam como usar o machado. Não sabiam o que Mai̯'uág dizia para o machado. Então enfiaram o facão num arbusto. O facão escapou da mão deles e foi embora. Então enfiaram o machado numa árvore. Queriam segurá-lo pelo cabo, mas o machado escapou da mão deles e foi embora. O machado se transformou no pica-pau x̰itúbalag. O facão se transformou no besouro z̰akén, que corta os ramos.³⁴⁸ A enxada se transformou no bichinho tunáz̰elég, que faz furos no chão das casas e nos bancos de areia.³⁴⁹ Então Mai̯'uág saiu para procurar seu machado, mas não o encontrou mais.

Mai̯'uág achou que os cunhados quisessem matá-lo por causa da mãe. Aí Mai̯'uág foi embora. Os cunhados foram atrás dele para matá-lo. Então Mai̯'uág disse para a pequena palmeira espinhenta arāgányeg.³⁵⁰ "Cerquem os cunhados que vêm vindo atrás de mim!". Os cunhados entraram nos espinhos e não conseguiram continuar. Aí subiram numa árvore para escapar dos espinhos. Os cunhados foram transformados em iwáleká,³⁵¹ macacos, e ficaram macacos até hoje. Mai̯'uág chegou a um grande rio e disse: "O que é que eu vou fazer agora? Agora eles vão me matar!". Os macacos já estavam vindo atrás dele nas árvores. Ele sabia que eram os cunhados. Já estavam perto. Aí ele caiu n'água e mergulhou. No meio do rio ele saiu e se transformou num pato até hoje. – Este é o fim da história.

Se Korōtoi̯kó não tivesse brigado com Mai̯'uág, e se os cunhados não tivessem sido tão maus, então o machado, o facão e a enxada teriam ficado para nós até hoje, e não teríamos de trabalhar tanto!

---

[347] "Mamãe – mamãe!"
[348] *Prionus cervicornis*. Um estranho besouro da floresta da Guiana que, com suas mandíbulas providas de serras, segura um ramo da grossura de um punho e, com a velocidade de um moinho de vento, voa em círculos ao seu redor, cortando o ramo em pouco tempo. Vide Robert Schomburgk, *Reisen in Guiana und am Orinoko*, p.329, Leipzig, 1841.
[349] Uma espécie de formigão, geralmente chamada de *paquinha* no Brasil (*Coelogenys paca*); faz buracos em forma de funil.
[350] Os frutos em forma de bagos doces são uma isca excelente para pescar *pacu*.
[351] *Cebus fatuellus*.

42. KAIKUSE E URA'NAPI[352]

(Onça e relâmpago)
(Narrado pelo Taulipáng Mayuluaípu)

A onça encontrou o relâmpago, que estava fazendo uma clava. A onça veio por trás, e o relâmpago não percebeu. A onça pulou no relâmpago, mas não o agarrou. Pensou que fosse um bicho e queria devorá-lo. A onça perguntou para o relâmpago se ele tinha força. O relâmpago respondeu que não tinha força nenhuma. Aí a onça disse: "Eu não sou como você! Eu tenho uma força enorme!". Disse para o relâmpago: "Veja, cunhado! Quebro todos os galhos. Tenho muita força!". A onça subiu numa *caimbé*[353] e quebrou todos os galhos. Então ela subiu numa *paricá*[354] e quebrou todos os galhos. Então desceu até o chão, arrancou todo o capim e revolveu a terra com as garras para mostrar como era grande a força dela. Então parou, esgotada. Estava suando e disse: "F---f---![355] Tá vendo, cunhado, é assim que eu sou! Tenho força! Não sou como você!". Queria devorar o relâmpago. Então disse: "Agora quero ver a sua força! Faça como eu fiz!". O relâmpago respondeu: "Eu não sou como você! Não tenho força!". Aí a onça disse: "Olha de novo pra mim! Eu tenho força!". Fez como antes, quebrou galhos, arrancou capim e revolveu muita terra. Então a onça parou e se sentou do lado do relâmpago, com as costas para ele.

Quando ela se sentou, o relâmpago pegou a pequena clava e a agitou. Aí veio trovão, relâmpago, tempestade e muita chuva. A onça correu de medo e subiu numa árvore. Mas o relâmpago despedaçou todas as árvores, e a onça caiu no chão. O relâmpago agarrou a onça pelas pernas e a jogou longe. A onça saiu correndo e se escondeu debaixo de uma rocha. Então o relâmpago destroçou todas as rochas. A onça subiu de novo numa árvore. Aí o relâmpago destroçou todas as árvores. Então a onça se arrastou para dentro da caverna do tatu gigante. Mas o relâmpago vinha atrás dele e arrebentou a terra toda. E assim a onça continuava fugindo, se escondia aqui e ali, mas o relâmpago destruía tudo, árvores, rochas e terra. O relâmpago estourou nos ouvidos dela. Então ficou muito frio por causa da chuva e do vento. A onça sentiu tanto frio que não conseguia mais correr. Quando o relâmpago viu que a onça estava caída, toda enrolada, porque tudo nela doía, deixou-a em paz. Disse para ela: "Tá vendo, cunhado, é assim que eu sou! Também tenho força! Você não é o único que tem força! Você tem pouca força! Tenho mais que você!". Então disse para a onça: "Tá bom, cunhado! Agora vou embora!". Foi embora e deixou a onça deitada. Então a onça também foi embora para sua casa.

É por isso que, até hoje, ela tem tanto medo de tempestade.

---

[352] Texto original C.
[353] Em Taulipáng: *kurātekē-yeg*. É uma árvore que ocorre com frequência no cerrado.
[354] Em Taulipáng: *walíma-yeg*.
[355] Ela "resfolega".

43. KAIKUSE E APOG[356]

(Onça e fogo)
(Narrado pelo Taulipáng Mayuluaípu)

O fogo voltou da caça e tinha assado muitos animais no moquém, veado, *cutia*, *paca*, *jabuti*, entre outros. Tinha cercado um cerrado pequeno e assim pegou os animais. Foi e levou um panacu cheio de carne de caça assada nas costas. Então a onça viu e ficou à espreita no caminho por onde ia o fogo. Aí veio o fogo. A onça pulou bem perto do fogo e o assustou. O fogo disse: "Ô, cunhado, você me assustou!". A onça disse para o fogo: "Ponha o panacu no chão e veja a minha força!". O fogo respondeu: "Como é que é a sua força? Ela é grande?". Pôs o panacu no chão e se sentou em cima dele. A onça disse: "Agora olha pra mim! Vou te mostrar a força que eu tenho!". Então a onça subiu numa árvore *caimbé*, quebrou todos os galhos e os jogou longe. Então a onça parou, foi até o fogo e disse: "F---f---f!"[357] Viu, cunhado? Eu tenho força! Não sou como você!". Então ela se sentou e descansou.

O fogo era um homem pequeno, mas gordo. A onça se virou, se jogou sobre o fogo e disse: "Agora vou te comer!". O fogo respondeu: "Pode comer!". Aí a onça agarrou o fogo e o forçou contra o chão. Quando ela o mordeu na garganta, sentiu o fogo. A onça pegou fogo e ficou em chamas. Subiu numa árvore. O fogo também queimou a árvore, e a onça caiu no chão e ficou gritando terrivelmente: "Me larga, cunhado! Me larga!". A onça subiu numa rocha. O fogo foi atrás dela e sempre a pegava de novo. Aí a onça encontrou uma árvore alta e subiu. O fogo subiu atrás dela e queimou todas as folhas e galhos, e a onça caiu de novo no chão. Aí a onça encontrou um riacho e se jogou nele. O fogo rodeou o riacho, queimou a terra e deixou a água fervendo. A onça fugiu da água, que estava muito quente e tinha tirado todos os pelos dela, deixando-a toda careca. O fogo também tinha lhe queimado as unhas, e estas ficaram enroladas. A onça gritava. Não conseguia mais correr e se deitou. Então o fogo a deixou. O fogo disse: "Viu, cunhado? Assim é que eu sou!". Aí a onça respondeu: "Chega, cunhado! Agora conheço a tua força!". A onça foi embora. O fogo também foi embora para sua casa. Naquela época, a onça tinha mãos como um homem. Mas desde então elas são curvadas como hoje. Mas a onça tem medo do fogo até hoje.

---

[356] Texto original D.
[357] Vide mito 42.

44. KAIKUSE E KONOG[358]

(Onça e chuva)
(Narrado pelo Taulipáng Mayuluaípu)

Era uma vez uma *maloca*[359] que, à noite, ficou muito quente e enfumaçada porque as pessoas tinham feito uma grande fogueira na casa. Por isso, as pessoas foram para a frente da casa e amarraram lá as suas redes e dormiram lá fora. Longe da casa havia uma onça. A chuva a encontrou e disse: "Ô, cunhado, o que você está fazendo?". Ela respondeu: "Estou pondo medo nas pessoas que estão lá na frente da casa para elas entrarem de novo!". Então a chuva disse: "As pessoas não têm medo de você, cunhado!". Aí a onça disse: "Têm sim, elas têm medo! Quer ver? Vou cantar em volta da casa. Vai lá e fica ouvindo o que as pessoas dizem!".

A chuva foi lá e sentou-se perto das pessoas e ficou ouvindo o que elas iam dizer. Então a onça cantou: "he̜-he̜-he̜-he̜-he̜-!". Aí as pessoas disseram: "Ah, aí está uma pele para a minha bolsa de caça!". Então a onça cantou de novo: "he̜-he̜-he̜-!". A chuva ficou ouvindo. Aí as pessoas disseram: "Vamos matar a onça amanhã a flechadas!". Então a chuva foi embora e encontrou a onça. A onça perguntou: "O que foi que disseram, cunhado?". A chuva respondeu: "Nada! Não disseram nada!". Aí a onça disse: "Devem ter ficado com medo, cunhado". Então a chuva disse: "Não! Não ficaram com medo! Sabe o que foi que disseram? Disseram: 'Ah, aí está uma pele para a minha bolsa de caça!'. Disseram que viriam te matar a flechadas. Não têm medo de você!". Aí a chuva disse: "De mim, sim! De mim elas têm medo!". Então a onça disse: "Não! Não têm medo de você!". A chuva disse: "Têm sim! Quer ver? Vou me armar para você não dizer que elas não têm medo de mim!".

A chuva foi se armar e mandou a onça: "Agora vai lá ouvir, cunhado!". A onça foi para perto das pessoas e se sentou. A chuva se armou, e ficou muito escuro. Veio um vento forte. Então as pessoas gritaram: "Lá vem chuva!". A chuva chegou mais perto, e começou a chover forte. Aí as pessoas desamarraram as redes e correram para dentro da casa. A onça pegou chuva. Então a chuva se encontrou com a onça e disse: "Viu, cunhado? Elas têm medo de mim, de você, não!".

Assim é até hoje. Temos medo da chuva, mas não da onça.

45. OS RAIOS E OS CARAPANÃS[360]

(Narrado pelo Taulipáng Mayuluaípu)

Os *carapanãs* atiravam setas venenosas nos raios. Então os raios perguntaram: "Com que veneno vocês estão atirando?". Aí os *carapanãs* disseram: "Com o veneno da árvore *paricá*!

---

[358] Texto original B.
[359] Casa comunitária em que vivem várias famílias.
[360] Grandes *mosquitos* noturnos.

É com esse veneno que estamos atirando em vocês!". – É por isso que os raios não gostam das *paricás* e as quebram onde as encontram.

46. O JOGO DOS OLHOS[361]

(O camarão, a onça e o pai da *traíra*)
(Narrado pelo Taulipáng Mayuluaípu)

O camarão mandou seus olhos até o lago Palauá.[362] Disse: "Vão até a margem do lago Palauá, meus olhos, vão-vão-vão-vão!". Os olhos foram embora. Ele ficou sem os olhos. Então disse: "Ah, eles foram embora, meus olhos! Agora vou chamar os meus olhos!".[363] Então ele disse: "Venham da margem do lago palauá, meus olhos, venham-venham-venham-venham!" Aí os olhos dele voltaram.

Enquanto os olhos voltavam, uma onça ficou espreitando. Então o camarão disse: "Ah, aí vêm os meus olhos!" Então disse: "Agora vou mandar meus olhos embora de novo!".[364] Quando ele disse isso, a onça pulou atrás dele e o assustou: "e--!". Ela perguntou: "O que você está dizendo aí, cunhado?". O camarão respondeu: "Estou mandando os meus olhos para o lago Palauá". A onça disse: "Como é que é isso, cunhado? Quero ver!". Aí o camarão disse: "Aimalá-pódole,[365] o pai da *traíra*, já está chegando perto dos meus olhos para engoli-los!". Então a onça disse: "Não! Quero ver! Manda os teus olhos!". O camarão disse: "Tá bom! Vou mandá-los!". Então disse: "Vão para a margem do lago Palauá, meus olhos, vão-vão-vão-vão!". Aí os seus olhos foram embora, e só ficaram os buracos. Então o camarão disse: "Você viu, cunhado?". Aí a onça disse: "Chama os teus olhos, cunhado!". Então o camarão disse: "Venham da margem do lago Palauá, meus olhos, venham-venham-venham-venham!". Aí os olhos dele vieram. A onça disse: "Mande os meus olhos, cunhado!". O camarão respondeu: "Não! O pai da *traíra* já está perto!". A onça disse: "Sim! Quero que você os mande!". Aí o camarão respondeu: "Tá bem! Fique quieta!". Então disse: "Vão para a margem do lago *Palauá*, olhos do meu cunhado, vão-vão-vão-vão!". Aí os olhos da onça foram embora, e ela ficou cega. Então a onça disse: "Chame os meus olhos, cunhado!". Ficou logo com medo. Aí o camarão disse: "Venham da margem do lago *Palauá*, olhos do meu cunhado, venham-venham-venham-venham!". Então os olhos da onça voltaram. Aí a onça disse: "Você fez isso muito bem, cunhado! Mande-os mais uma vez!". O camarão respondeu: "Não! O pai da *traíra* já está bem perto!". A onça disse: "Sim! Mande os meus olhos mais uma vez! Só mais uma vez!". O camarão a aconselhou a não mandar mais os olhos embora, que

---

[361] Texto original E.
[362] No original: Palauá-kupẹ = lago do mar. Palauá, parauá = mar.
[363] A última frase é do texto original aqui indicado: "u-y-ḛnu sapemainé!". No texto original E falta esta frase.
[364] No texto original aqui indicado, esta frase diz o seguinte: "u-y-ḛnu kané alimai̭ hē!". No texto original E falta esta frase.
[365] Aimalá, ai̭mará é um grande peixe predador: *Macrodon trahira*.

o pai da *traíra* estava perto. Então o camarão disse: "Vão para a margem do lago Palauá, olhos do meu cunhado, vão-vão-vão-vão!". Aí os olhos da onça foram embora. O pai da *traíra* pegou os olhos e os engoliu. A onça ficou cega e disse: "Chame os meus olhos, cunhado!". O camarão chamou os olhos da onça: "Venham da margem do lago Palauá, olhos do meu cunhado, venham-venham-venham-venham!". Mas os olhos não vieram. O pai da *traíra* os tinha engolido. Aí o camarão disse para a onça: "Você viu, cunhado? O pai da *traíra* já os engoliu!". Aí a onça ficou zangada porque os seus olhos não vinham. Disse para o camarão: "Agora vou te comer!". Quando a onça se levantou para pegar o camarão, este pulou n'água e se escondeu debaixo do pé de uma folha de *bacaba* que havia lá. A onça ficou procurando por ele. Pegou um pau pensando que fosse o camarão. A onça ficou lá, no mesmo lugar. Quando o camarão se escondeu debaixo do pé da folha de *bacaba*, este ficou preso nas costas dele até hoje.[366] O camarão foi embora e se transformou no camarão como ele é hoje.

A onça ficou andando a esmo na mata, sem olhos, sem saber para onde estava indo. Sentou-se no meio da mata. Então o urubu-rei a encontrou e perguntou: "O que você está fazendo aí, cunhado?". A onça respondeu: "Eu não estou fazendo nada!". Disse: "O camarão mandou meus olhos para o lago Palauá. O pai da *traíra* os engoliu!". Pediu para o urubu-rei lhe pôr outros olhos. O urubu-rei disse: "Tá bom! Fique aqui! Vou buscar goma[*] da árvore *jataí*!". O urubu-rei foi embora buscar goma da árvore *jataí*. Ficou fora bastante tempo. Então veio. Mandou a onça se deitar. Então acendeu a goma e disse: "Não diga 'ai'![367] Fique quieta! Aguente todo o calor!". Derramou a goma no buraco esquerdo dos olhos. A onça aguentou o calor e não disse "aî!". O urubu-rei encheu o buraco direito dos olhos. Então ele encheu o buraco esquerdo dos olhos. Então procurou um galhinho e puxou leite da árvore $kaikusę́žimpi(x)pę$[368] para lavar os olhos da onça. Então ele lavou os olhos com esse leite. Aí a onça ficou com olhos bonitos e claros.[369] Então o urubu-rei disse: "Agora mate uma anta para eu comer em troca dos olhos!". A onça matou uma anta para o urubu-rei em troca dos olhos. Disse para o urubu-rei que tinha matado uma anta. Aí o urubu-rei disse: "Agora me dê sempre de comer! Quando você matar um veado ou uma anta, dê uma parte para a gente comer!".

Assim é até hoje. A onça mata a caça para que o urubu-rei tenha o que comer.

A onça foi embora com olhos claros.

---

[366] A parte inferior e marrom do talo da folha da palmeira *bacaba* possui leve semelhança com a carapaça das costas do camarão.

[*] A árvore jataí, ou jatobá, exsuda uma goma líquida cor de mel que se solidifica em contato com o ar. (N. T.)

[367] No texto original indicado aqui, esta frase diz: "*akãkekaí węile!*".

[368] Nome de uma árvore baixa ou arbusto de leite branco.

[369] "A goma da árvore *jataí* é tão clara quanto os olhos da onça", disse o narrador.

47. PAUIG E JAKAMI[370]

(*Mutum* e *jacami*)
(Narrado pelo Taulipáng Mayuluaípu)

O *mutum*[371] era casado. Sua mulher tinha uma irmã mais nova. O que foi que o *jacami*[372] fez? Ele se casou com essa irmã mais nova da mulher do *mutum*. O *mutum* não gostou, porque queria ficar com a moça. Aí o *mutum* disse para a sua mulher: "Não vou mais buscar comida nenhuma!". Quem foi que passou, então, a dar comida para a mulher dele? O *jacami*. O *mutum* ficou com ciúme do *jacami*. O que foi que o *mutum* fez então? Bateu na mulher porque ela deixou que o *jacami* se casasse com a sua irmã. Um dia ele agarrou o *jacami*. Brigou com ele e se jogou sobre o *jacami* para espremê-lo contra o chão. Brigaram bastante. O *mutum* agarrou o *jacami* e o jogou na cinza do fogo. O *jacami* se levantou, furioso, agarrou o *mutum* e o jogou com a cabeça no fogo. Então as penas da cabeça do *mutum* ficaram crespas até hoje. O *jacami* ficou com a cabeça queimada, que ainda hoje é toda preta. Ele caiu com as costas na cinza. É por isso que, até hoje, suas costas estão salpicadas de cinza.

48. FÁBULAS DE ANIMAIS

(Narradas pelo Taulipáng Mayuluaípu)

a. Iwāleká e Oaẑámuli[373]
(O macaco e o jabuti)

O macaco estava comendo frutos da *inajá*.[374] Aí veio o jabuti e disse: "Ô cunhado, jogue uns frutos aqui embaixo!". O macaco respondeu: "Não! Sobe aqui como eu subi!". O jabuti disse: "Me jogue pelo menos uma para eu provar!". O macaco respondeu: "Não! Sobe aqui como eu subi!". Mas, no fim, ele acabou jogando um fruto. O jabuti pegou, comeu e disse: "Os frutos são bons para comer. São doces! Me jogue mais alguns!". O macaco respondeu: "Sobe aqui como eu subi!". O jabuti tentou subir, mas não conseguiu. Tinha subido um pouquinho pelo tronco, mas escorregou e caiu no chão. O macaco mostrou para ele como é que se sobe, mas o jabuti sempre escorregava e caía no chão. Aí ele disse para o macaco: "Me leve pra cima!". Ele respondeu: "Tá bom! Vou buscar você!". Ele desceu. Então o macaco levou o jabuti para cima da árvore, deixou-o lá e foi embora.

---

[370] Texto original F.
[371] *Crax* sp., espécie de galo silvestre.
[372] *Psophia crepitans*.
[373] *Jabuti*; *Testudo tabulata*.
[374] Palmeira; *Maximiliana regia*.

b. Oaẓámuli, Waïlá, Kaïkusę.
(O jabuti, a anta e a onça)

O jabuti ficou lá em cima comendo frutos. No dia seguinte, a anta apareceu embaixo da árvore. O jabuti pegou um fruto da *inajá* e jogou para a anta. Ela não tinha visto o jabuti. A anta pegou o fruto, olhou para cima e disse: "Ei, cunhado, jogue uns frutos pra mim!". O jabuti respondeu: "Não! Sobe aqui como eu subi!". A anta respondeu: "Jogue uns frutos pra mim! Não consigo subir!". O jabuti disse: "Não vou jogar nada pra você! Sobe aqui como eu subi!". Ele não jogou nenhum fruto lá embaixo. A anta foi embora. O jabuti comeu todos os frutos. Então procurou um meio de descer. Continuou se arrastando pelas folhas, caiu lá embaixo de costas e ficou preso na terra. Não conseguia se virar.

Ficou assim algum tempo, talvez um mês. Aí veio a onça e queria devorá-lo. O jabuti disse: "Não me coma, cunhado! Vou matar uma anta pra você ter o que comer!". "Está falando sério?", disse a onça. "Se você me enganar, eu te devoro!" A onça lhe deu arco e flechas, e o jabuti seguiu as pegadas da anta. Encontrou um monte de cocô da anta e perguntou: "Quantos dias faz que o teu dono passou por aqui?". O monte respondeu: "Continue andando!". O jabuti foi andando e encontrou um outro monte de cocô da anta. Perguntou outra vez e recebeu a mesma resposta. Continuou andando, andando, foi bem longe e encontrou um outro monte de cocô e perguntou: "Quantos dias faz que o teu dono passou por aqui?". O monte respondeu: "Dezesseis dias!". O jabuti foi andando, andando. Encontrou um outro monte e perguntou de novo: "Quantos dias faz que o teu dono passou por aqui?". O monte respondeu: "Quinze dias!". E assim foi, dia após dia, até um monte que disse: "Está perto, só mais um dia!". O jabuti continuou andando, sempre com arco e flecha na mão. Para não assustar a anta, a onça ia bem depois do jabuti, seguindo suas pegadas, já que não confiava nele. O jabuti encontrou um outro monte, que ainda estava quente, e perguntou: "Quantos dias faz que o teu dono passou por aqui?". O monte respondeu: "Ele está bem perto!". Então o jabuti encontrou mais um monte; estava mais quente ainda. Ele perguntou: "Quantos dias faz que o teu dono passou por aqui?". O monte disse: "Ele está aqui perto! O que você quer com ele?". Aí o jabuti disse: "Onde é que ele toma banho? Quero falar com ele! Está me devendo. Quero o meu pagamento!". O jabuti foi lá e encontrou a anta dormindo. Continuava com arco e flecha nas mãos, e a onça ia bem depois dele. O jabuti ficou esperando a anta acordar. A anta acordou, viu o jabuti e disse: "É você, cunhado? Foi por isso que eu sonhei com você!". O jabuti disse: "Estou com sede, amigo! Mije na minha boca! Andei muito e não achei água". A anta disse: "Abre a boca!". O jabuti disse: "Enfia o teu pênis mais pra dentro da minha boca! Minha garganta está toda seca". A anta enfiou. O jabuti mordeu e segurou o pênis da anta bem firme. A anta correu pra lá e pra cá e jogou o jabuti contra as árvores. Mas o jabuti não soltou, foi mordendo cada vez mais forte e matou a anta.

O jabuti tinha deixado o arco e as flechas no lugar onde a anta tinha urinado no seu pescoço. Ele levou o arco e as flechas até a anta e os enfiou com tanta força no corpo dela, que eles quebraram. Era para a onça pensar que ele tinha acertado a anta. Aí veio a onça. O jabuti disse: "Aqui está a anta! Pode comer à vontade! Não disse que eu ia matar a anta para você ter o que comer?". A onça deu uma faca para o jabuti e mandou que ele esquartejasse a anta. A onça disse: "Vou cortar lenha para fazer um moquém e assar a carne!". O jabuti cortou a anta em pequenos pedaços. A onça voltou trazendo na cabeça uma panela cheia de lenha, mas era muito pouca. A onça pôs a panela no fogo e a carne dentro. Disse: "Vou cortar mais lenha!". O jabuti disse: "Também vou cortar lenha, porque esta aqui não dá! Deixe a panela no fogo para a gente poder comer depois!". Então os dois foram em diferentes direções. A onça foi bem longe. O jabuti ficou por perto espiando a onça. Estava com uma faca na mão e ficou raspando a casca de uma árvore *urari* que havia lá perto. O jabuti ouviu a onça cortando lenha lá longe na mata e voltou para a fogueira com a casca, *kumāloá*, na mão e espremeu muito veneno na panela da onça. O jabuti, então, voltou para longe na mata e sentou-se num tronco. Tinha subido um trecho por um riacho e depois pela outra margem para que a onça não achasse as pegadas dele. Bateu numa árvore para a onça pensar que ele estava cortando lenha. Então ficou pensando se a onça iria tomar a sopa envenenada. Sabia que, com certeza, ela iria morrer. Ele bateu de novo na árvore e ficou ouvindo. A onça já tinha tomado a sopa e estava caída no chão sentindo fortes dores e disse: "Jabuti desgraçado! Eu bem que devia ter te comido!". Ficou calada e morreu. O jabuti foi chegando devagar, sempre espiando, já que tinha medo de que a onça ainda estivesse viva. Viu que ela estava com as quatro patas esticadas e a cabeça caída para trás. Aí o jabuti disse: "Mas ela está morta!". Puxou uma das quatro patas dela e disse: "Ô, cunhado, você está dormindo? Eu não disse que se você comesse da anta você ia dormir?". Puxou o braço dela e perguntou: "Ô, cunhado, você está mesmo dormindo?". Então segurou nos lábios, abriu os dentes e disse: "Ô, cunhado, era com estes que você queria me devorar? Bem feito!". O jabuti pegou um facão e gritou: "Pronto, pegue! Agora me come!" e arrancou a cabeça dela. Tirou um osso e fez uma flauta dele.

    Continuou andando e encontrou um buraco na terra e se sentou na borda e tocou flauta: "*uáyi žemilión! uáyi žemilión!*" ("Esta é a flauta do *žemilión*! Esta é a flauta do *žemilión*!").[375] Ele não viu que uma outra onça estava vindo de trás. A onça perguntou: "O que foi que você disse, cunhado?" e pulou perto do buraco, mas não conseguiu agarrar o jabuti. O jabuti respondeu: "Nada!" e caiu de costas no buraco. A onça enfiou a mão lá dentro e agarrou uma perna do jabuti. Este disse: "Ô, cunhado, isto é uma raiz de árvore! Você está achando que isto é a minha perna!". A onça soltou a perna, e o jabuti gritou: "Ô cunhado, agora eu enganei você! Era mesmo a minha perna!". Aí a onça disse: "Seu miserável, agora eu te pego! Vou buscar minha enxada!". Aí ela encontrou o pássaro Kará'rá.[376] A onça disse para ele: "Fique aqui e não deixe o jabuti fugir! Se ele fugir, eu como você! Vou buscar a minha enxada!". O jabuti estava no buraco e ouviu tudo. A onça foi embora buscar a enxada. Kará'rá sentou-se junto do buraco para vigiar o jabuti. Aí o jabuti disse: "Ô cunhado, a onça não disse que era pra você me vigiar lá fora, mas aqui dentro do buraco. Você tem que enfiar a cabeça no buraco! Se você ficar sentado tão longe, eu posso fugir!". Kará'rá enfiou a cabeça no buraco. Aí o jabuti pegou terra e jogou

---

[375] "*žemilión* é o nome da onça", disse Mayuluaípu.
[376] Um pequeno gavião, chamado de *caracaraí* no Brasil.

nos olhos dele. Kará'rá limpou os olhos. Enquanto isso, o jabuti fugiu, parou longe e ficou espiando. Então veio a onça com a enxada e perguntou para o Kará'rá: "O jabuti ainda está aí?". Este respondeu: "Está!". Aí a onça abriu o buraco, enfiou a mão lá dentro e não achou mais o jabuti. Então ela quis agarrar o Kará'rá, mas este voou para uma árvore. A onça ralhou com o Kará'rá porque ele tinha deixado o jabuti fugir.

O jabuti fugiu e deixou a onça para trás, xingando. Encontrou um outro buraco. Sentou-se perto do buraco e ficou tocando flauta: "*uấyi žemilión! uấyi žemilión*". Aí veio uma outra onça e perguntou: "Ô cunhado, o que foi que você disse?". Então a onça pulou no jabuti, que não teve tempo para se enfiar no buraco. A onça o agarrou e perguntou de novo: "Ô cunhado, o que foi que você disse?". O jabuti respondeu: "Estou chorando porque os meus cunhados, as onças, morrem todos!". A onça disse: "É mentira! Você não chorou! Você disse: '*uấyi žemilión!*' Agora vou te devorar!". Aí o jabuti disse: "Assim, com os dentes, você não consegue me quebrar! Procure uma *açaí*[377] que pende sobre a água! Me jogue contra o tronco! Então você vai me quebrar!". A onça procurou uma árvore e levou o jabuti debaixo do braço. Encontrou uma árvore. Aí o jabuti disse: "Agora me jogue contra o tronco sobre a água! Então você pode quebrar a minha casca!". A onça jogou o jabuti contra o tronco, só que ele não quebrou, mas caiu na água. A onça pulou atrás dele, mas não conseguiu encontrá-lo, já que o jabuti tinha nadado sob a água, rio abaixo.

c. Oazámuli e Waikín
(O jabuti e o veado-galheiro)

Bem abaixo, o jabuti foi para a terra e encontrou o veado-galheiro. O veado disse: "Vamos apostar corrida!". O jabuti respondeu: "Deixe disso! Eu corro mais depressa do que você!". Aí o veado disse: "Então cada um de nós faz um caminho, na mesma direção!". O veado fez um caminho estreito, mas longo. O jabuti fez um caminho bem curto. Então ele chamou todos os seus parentes e mandou todos se postarem no caminho do veado, a intervalos. Disse que eles deveriam responder, uns na frente, outros atrás, quando o veado chamasse. No dia seguinte, de manhã cedo, foram apostar corrida. Antes de correrem, o veado disse para o jabuti: "Quando eu chamar, você responde, para a gente saber que está correndo mais depressa!". O veado saiu correndo. Então ele parou um instante e gritou: "*Jabuti*!". Aí responderam na frente dele: "ă!". O veado correu mais um trecho. Correu, correu, correu. O jabuti respondia ora à frente dele, ora atrás dele, ora ao lado dele. Então o veado chamou de novo, e o jabuti respondeu atrás dele. Então o veado chamou de novo, e o jabuti respondeu lá na frente. Aí o veado correu o mais depressa que pôde. Aí o jabuti respondeu bem perto. Aí o veado chamou de novo, e o jabuti respondeu atrás dele. Aí o veado correu com todas as suas forças e disse: "Agora o *jabuti* está atrás de mim!". Então ele gritou de novo, e o jabuti respondeu lá na frente. O veado ficou cansado e

---

[377] Palmeira de tronco frágil: *Euterpe oleracea*.

correu mais devagar. Então ele gritou de novo, e o jabuti respondeu lá na frente. Ele correu de novo com todas as suas forças e ainda não tinha chegado ao fim do caminho que fizera. Então ele chegou ao fim e se sentou debaixo de uma *muriti*,[378] completamente esgotado, e morreu. O jabuti reuniu todos os seus parentes e perguntou para cada um onde é que o veado tinha parado de chamar. Aí ele chegou ao último, onde o veado tinha parado de chamar, e perguntou: "Onde foi que ele parou de gritar?". Este respondeu: "Aqui! Bem perto!". Aí o jabuti disse: "Então vamos até lá!". Foram seguindo as pegadas e encontraram o veado morto. O veado apodreceu e se transformou na planta `waikín-epig`.[379] O jabuti se transformou na planta `oazámuli-epig`.[380]

49. KONE'WO

(Narrado pelo Taulipáng Mayuluaípu)

I. Um homem chamado Kone'wó estava com uma pedra quebrando frutos de *tucumá* entre as pernas, perto das partes sexuais. Aí veio uma onça de trás, deu um susto nele e falou: "O que você está fazendo, cunhado?". Kone'wó ficou com um caroço na mão fechada e disse: "Estou quebrando meus testículos e comendo". A onça perguntou: "É gostoso?". O homem quebrou um outro fruto de *tucumá*, mas sem que a onça visse o que era, deu para ela e disse: "Toma! Prova!". A onça provou do fruto e disse: "É gostoso, cunhado!". O homem disse: "É gostoso? Então prova os teus!". A onça pegou uma pedra, deu com toda força nos testículos e caiu morta. Aí Kone'wó disse: "Eu não te disse que você ia morrer? Fique aqui! Agora eu vou embora!". Ele deixou a onça caída.

II. Então Kone'wó continuou andando e encontrou uma árvore grossa que estava inclinada. Ele se apoiou nela por baixo. Uma onça veio por trás, deu um susto nele e perguntou: "O que você está fazendo, cunhado?". Kone'wó respondeu: "Agora todas as árvores vão cair. Vou derrubar uma árvore para fazer um apoio. Enquanto isso, fique segurando a árvore!". Antes de ir, ele cortou muito *cipó* e amarrou a onça com força na árvore. Então foi embora e ficou espiando de longe. A onça foi ficando cada vez mais magra. Aí veio o macaco. A onça disse: "O miserável do Kone'wó me amarrou aqui e disse que a árvore ia cair!". O macaco disse: "Não posso te ajudar. Você come a gente!". A onça respondeu: "Não! Eu não vou comer você! Solte o *cipó*!". Ficou pedindo um tempão. Então o macaco soltou o *cipó* dos braços e pernas e deixou a onça amarrada pela cintura para ela não poder pular nele. Quando ele soltou os braços dela, a onça tentou agarrá-lo, mas o macaco escapou dela e disse: "Ahá! Era isso o que você queria fazer comigo!". Ele fugiu para a mata. A onça disse: "Quando eu achar o Kone'wó, vou comê-lo!". Kone'wó tinha visto e ouvido tudo.

---

[378] Árvore frequente no cerrado.
[379] Feitiço para ser bem-sucedido na caça ao veado-galheiro.
[380] Feitiço para ser bem-sucedido na caça ao jabuti.

III. Ele foi embora e encontrou uma rocha inclinada e sentou-se debaixo dela. Aí veio uma onça, deu um susto nele e disse: "O que você está fazendo, cunhado?". Kone'wó apoiou imediatamente as duas mãos debaixo da rocha e disse: "Estou segurando a rocha que vai cair. Vem agora um tempo ruim, como antigamente. Agora todas as rochas vão cair. Segure firme a rocha! Vou derrubar uma árvore para fazer um apoio!". Então ele deixou a onça debaixo da rocha e foi embora.

IV. Ele encontrou uma *mucura*.[381] Enfiou moedas de prata no ânus dela e a levou embora debaixo do braço. Encontrou um homem carregando uma grande rede de dormir. Aí Kone'wó disse para ele: "Vou te dar a *mucura* em troca da rede!". O homem respondeu: "Não posso!". Kone'wó disse: "Me vende a rede por este bicho manso! Ele só defeca prata!". Ao dizer isso, apertou a barriga da *mucura* e ela defecou prata. Kone'wó disse: "Está vendo, ela só defeca prata! Se você juntar tudo num saco grande, vai ficar rico!". Então o homem lhe deu a rede pela *mucura*. Kone'wó pegou a rede e foi embora. Quando toda a prata tinha saído, a *mucura* só fez cocô. Aí o homem disse: "Esse miserável me enganou!". Deixou a *mucura* livre e foi embora.

V. Kone'wó continuou andando e achou uma árvore *arapari*. Encontrou um outro homem, que tinha trabalhado na terra dos ingleses e agora voltava para casa. O homem estava levando muitas mercadorias. Antes disso, Kone'wó tinha posto moedas de prata no alto da árvore. Disse para o homem: "Me vende a tua espingarda!". Este respondeu: "Com o que você quer comprá-la?". Kone'wó disse: "Eu te dou esta árvore de prata em troca! Ela nunca para de dar moedas de prata. Você pode juntá-las, encher um saco inteiro. Quando toda a prata tiver caído, você vai pra casa e espera até ela dar fruto de novo! Depois faz a mesma coisa outra vez!". Kone'wó comprou uma espingarda, uma calça e uma camisa. Então disse: "Quando o vento vem e move as folhas, cai prata. Quando os frutos estão bem secos, a casca abre, e lá dentro tem prata!". Então veio o vento. Aí caíram três ou quatro moedas de prata. Quando não caiu mais nada, o homem sacudiu a árvore. Aí caiu mais prata. Kone'wó foi embora e deixou o homem junto da árvore. O homem sacudiu, sacudiu a árvore, mas não caiu mais prata nenhuma.

VI. Ao anoitecer, Kone'wó estava sentado à beira do rio. Veio uma onça por trás dele e perguntou: "O que você está fazendo, cunhado?". Kone'wó respondeu: "Estou rachando lenha pra fazer fogo". Então ele apontou para uma estrela que apareceu atrás da mata, como se fosse fogo numa árvore seca. Disse para a onça: "Vai lá e pega aquele fogo pra gente acender a fogueira aqui!". A onça foi pegar o fogo. Andou, andou, foi bem longe e não encontrou fogo. A estrela estava cada vez mais perto, mas a onça não conseguia alcançá-la, por mais que andasse. Kone'wó foi embora.

VII. Ele se sentou de novo na beira do rio. A lua estava bem alta no céu. Kone'wó tinha uns beijus de *tapioca*. Aí ele encontrou uma onça. A luz da lua estava brilhando no fundo da água. A onça perguntou: "O que você está fazendo, cunhado?". Kone'wó respondeu: "Quero pegar o beiju de *tapioca* que está lá no fundo! Quer ver? Vou lá pegá-lo!". Kone'wó tinha escondido um pedaço de beiju de *tapioca* na mão. Pulou n'água e ficou um tempo no fundo. Então voltou à

---

[381] *Mucura* ou também *micura*: gambá: *Didelphys*.

tona segurando o pedaço de beiju de *tapioca* na mão. Disse para a onça: "Pronto, cunhado! Viu? Aqui está um pedaço de beiju que eu fui pegar! Não consegui pegar tudo!". Aí a onça perguntou: "Ele está bom, cunhado?". Kone'wó respondeu: "Está! Prove!". Deu um pedaço para ele. A onça provou do beiju e achou bom. Kone'wó perguntou: "Está gostoso, cunhado?". A onça respondeu: "Está! Vai buscar mais!". Kone'wó disse: "Não! Agora vai você, cunhado! Não consegui pegar tudo. Quando cheguei no fundo, a água me puxou de novo pra cima. Você vai com uma pedra amarrada em volta do pescoço pra chegar logo lá embaixo e poder pegar tudo! Espere aqui! Vou buscar uma pedra e um *cipó* pra amarrá-la no seu pescoço!". Kone'wó trouxe uma pedra grande e *cipó*. Amarrou o *cipó* com força na pedra e amarrou a pedra bem justa no pescoço da onça para que ela não conseguisse desprendê-la com os pés. Então disse para ela: "Agora vai procurar o beiju de *tapioca*, cunhado! Vai atrás da pedra! A pedra vai logo para o fundo. Lá você pega o beiju!". Então Kone'wó empurrou a pedra com a onça na água e saiu correndo. A onça ficou no fundo.

VIII. Kone'wó continuou andando e encontrou o caminho de uma anta. No caminho havia pegadas recentes da anta. Kone'wó sentou-se no caminho. O caminho subia por uma elevação. Aí ele encontrou uma onça. A onça perguntou: "O que você está fazendo, cunhado?". Kone'wó respondeu: "Estou esperando pela anta que acabou de subir por aqui. Quero matá-la!". Disse: "Quero dar um susto na anta pra ela correr pra cá! Espere por ela aqui! Quando ela passar por aqui, agarre-a e mate-a! Assim que eu gritar: "ẽ----!", você fica a postos aqui no caminho pra agarrá-la!". Kone'wó foi embora atrás das pegadas da anta. Chegou ao alto da elevação. Lá havia uma rocha redonda. Kone'wó gritou "ẽ----!". Ele puxou a rocha do chão e a rolou montanha abaixo. A onça ouviu o barulho que a pedra fez e pensou que fosse a anta. Ficou a postos para agarrar a anta no meio do caminho. A rocha rolou pelo caminho montanha abaixo, quebrou madeira e *cipó* e tudo que lhe aparecia pela frente. A rocha chegou bem perto da onça, e a onça se preparou para agarrá-la. A onça agarrou a rocha. A rocha esmagou o seu peito e os braços e matou a onça. Rolou sobre ela e continuou. Kone'wó seguiu as marcas da rocha e perguntou de longe: "Ô cunhado, onde é que estava a anta?". A onça não respondeu. Aí Kone'wó disse: "O que há com você, cunhado? Será que está dormindo?". Kone'wó chegou junto da onça e a encontrou toda esmagada. Disse para ela: "Cunhado, será que você está dormindo? Acorda! A anta foi embora!". Pegou a onça pelas pernas e a puxou pra lá e pra cá. Então disse: "Ah, está morta!". Então disse: "Você é muito corajoso! Mas eu vou matar todos vocês juntos! Mas se me acontecer uma desgraça, eu também morro!".

IX. Kone'wó deixou a onça morta caída e continuou andando. Subiu numa árvore inclinada e seca. A árvore tinha muitas raízes. Então uma onça o encontrou e perguntou: "O que você está fazendo, cunhado?". Ele respondeu: "Esta árvore aqui é boa como banco, cunhado! Se você quiser ver, sobe aqui e senta do meu lado!". A onça subiu até ele. Kone'wó lhe mostrou um galho podre e disse para ela se sentar nele. Kone'wó estava sentado no galho firme ao lado. A onça se arrastou até o galho podre. Quando esticou a mão para se sentar nele, o galho quebrou, e a onça caiu e ficou presa com uma perna e os dois braços nas raízes da árvore. Kone'wó disse: "Você desceu depressa demais! Mandei você se sentar no outro galho, não neste!". A onça tinha quebrado a canela e estava gemendo de dor. Kone'wó desceu e disse: "Vou te ajudar! Vou puxar você pra fora!". Foi por trás da onça e a agarrou pelo saco escrotal. Então esmagou os testículos dela com os dedos e matou a onça.

X. Kone'wó continuou andando e encontrou uma queda d'água muito alta que caía de uma montanha. Sentou-se na margem e ficou olhando o buraco profundo que havia debaixo da queda. Aí uma onça o encontrou e perguntou: "O que você está fazendo, cunhado?". Ele respondeu: "Quero pegar aquele pedaço de prata que está naquele buraco!". No buraco debaixo da queda havia uma pedra redonda e branca que parecia prata. A onça perguntou: "Onde é que ele está, cunhado?". Kone'wó respondeu: "Aqui, bem lá embaixo! Se abaixe!". Debaixo da queda havia um redemoinho profundo. A onça se abaixou para ver a prata. Quando ela se abaixou, Kone'wó veio por trás dela e lhe deu um chute no traseiro; a onça caiu no redemoinho e se afogou. Kone'wó foi embora.

XI. Kone'wó continuou andando e encontrou uma árvore bifurcada. Enfiou a cabeça na forquilha e amarrou a forquilha acima da sua cabeça com um *cipó*. Veio uma onça e perguntou: "O que você está fazendo, cunhado?". Kone'wó respondeu: "Esta é uma árvore *mauarí*! Quer ver? Vou tirar o *mauarí* daqui!"[382] Esta árvore canta todas as noites! Quer aprender, cunhado?". A onça perguntou: "É bonito?". Kone'wó respondeu: "É bonito, sim! É um bom canto para dançar!". Aí a onça disse: "Quero ouvir!". Kone'wó disse: "Então traga um *cipó* até aqui!". A onça arrancou um *cipó*. Kone'wó mandou que ela enfiasse a cabeça na forquilha. A onça enfiou a cabeça por trás e ficou de barriga para cima. Kone'wó amarrou a onça com o *cipó* bem firme na árvore. Disse para a onça: "Você vai aprender o *mauarí* numa noite! Agora deixe eu buscar a sua rede!" – Kone'wó foi embora e deixou a onça amarrada na forquilha.

XII. Kone'wó continuou andando. Chegou a uma casa de gente. Perguntou: "O que você está fazendo, cunhado?". Responderam: "Nada! A gente mora aqui. Esta é a nossa terra". Kone'wó bebeu muito *caxiri* na casa dessa gente. Então disseram: "Tem uma onça andando por aí atrás de você, pra te agarrar e te matar!". Kone'wó respondeu: "Não! Uma onça não me mata!". Então perguntou: "Onde é que a onça mora?". Disseram: "Ela mora na nascente deste riacho".[383] Aí Kone'wó disse: "Quero vê-la! Quero lutar com ela!". Estava um pouco bêbado do *caxiri*. Ele se despediu e foi embora. Antes de chegar perto da onça, fez cocô. Passou xixi no rosto, nos braços e no corpo todo. Então passou cocô pelo corpo todo. Fedia terrivelmente. Continuou andando e chegou até a porta da casa da onça e gritou. A onça saiu e o empurrou para fora da porta da casa. Quando a onça avançou de novo para ele, Kone'wó esfregou cocô misturado com xixi, que ele tinha na mão, no nariz dela. Aí a onça pulou para trás e saiu correndo. Kone'wó correu atrás dela. A onça corria muito depressa. Kone'wó deixou que ela corresse.

XIII. Kone'wó continuou andando. Encontrou um ninho de abelhas pendurado num galho. Sentou-se debaixo da árvore. Veio uma onça e perguntou: "O que você está fazendo, cunhado?". Kone'wó respondeu: "Estou comendo mel de abelha!". A onça perguntou: "É bom,

---

[382] Ou seja, "Quero ouvir o canto do *mauarí*, aprendê-lo." O *mauarí* é um canto de dança dos Taulipáng, Makuxí, Arekuná e de outras tribos.

[383] O riacho junto ao qual ficava a casa.

cunhado?". Kone'wó respondeu: "É!". Kone'wó tinha mel de abelha numa pequena cabaça. Disse: "É bom! Pode provar!". Derramou um pouco de mel na mão da onça. A onça provou e achou doce. Kone'wó disse: "Quero derrubar a árvore! Fique segurando a árvore! Não deixe o mel cair! Assim que a árvore cair, agarre o ninho de abelhas! Não o deixe cair na terra e quebrar!". A onça foi segurar a árvore. Kone'wó ficou lá e começou a cortar a árvore. Quando a árvore estava caindo, Kone'wó gritou para a onça: "Cunhado, ela já está caindo! Segure o ninho de abelhas!". A árvore caiu. A onça esticou os braços para segurar o ninho de abelhas. A árvore caiu em cima dela e a esmagou. A onça morreu.

XIV. Em seguida, Kone'wó foi até uma *maloca* de gente. O pessoal lhe contou que Kulātú-pódole, o pai do jacaré, estava comendo todas as pessoas. Quando iam pegar água, ele as agarrava. Reclamaram disso para Kone'wó. Então Kone'wó saiu da *maloca* e foi pelo caminho do porto. Lá procurou por Kulātú-pódole. Encontrou-o deitado num banco de areia. Kone'wó perguntou: "O que você está fazendo, cunhado?". Ele respondeu: "Estou esperando uma anta! [Gente é anta para ele.] Aqui tem muita! Todo dia agarro uma e levo uma vida boa!". Aí Kone'wó disse: "Estive hoje na casa delas. Quero ver!". Foi até Kulātú-pódole no banco de areia e disse para ele: "Cunhado, estou muito cansado!". Kulātú-pódole respondeu: "Também estou cansado, cunhado!". Aí Kone'wó disse: "Então vamos dormir! À noite, quando você acordar, vai matar uma anta!". Eles se deitaram um ao lado do outro no banco de areia. Kulātú-pódole começou a dormir. Kone'wó não dormiu. Fingiu que estava dormindo. Dali a pouco ele se levantou e disse para Kulātú-pódole: "Cunhado!". Queria ver se ele ainda estava dormindo. Kulātú-pódole estava dormindo. Aí Kone'wó pegou um pau e bateu nas costas de Kulātú-pódole. Queria matá-lo. Depois que bateu, ele se jogou no chão, rolou pra lá e pra cá e gritou: "*aí---aí--!*". Kulātú-pódole acordou com a paulada e perguntou para Kone'wó: "De onde é que veio este pedaço de pau?". Kone'wó respondeu: "Era um galho que caiu lá de cima. Também me acertou aqui do lado!". Então começaram a dormir de novo. Kone'wó perguntou outra vez para Kulātú-pódole: "Cunhado! Cunhado!". Kulātú-pódole não respondeu. Estava dormindo. Aí Kone'wó pegou de novo um pedaço de pau e deu com toda força na nuca de Kulātú-pódole. Depois que bateu, ele se jogou no chão, rolou pra lá e pra cá e gritou. Kulātú-pódole acordou e perguntou para Kone'wó: "Será que não foi você, cunhado?". Kone'wó respondeu: "Não! Não fui eu! Foi um galho que caiu lá de cima! Também me acertou! Estou sentindo a dor aqui!". Kulātú-pódole disse: "Ô cunhado, se o galho tivesse me acertado na ponta do nariz, eu estaria morto!". Aí Kone'wó disse: "Vamos dormir de novo, cunhado! O pau caiu lá de cima!". Kulātú-pódole começou a dormir de novo. Kone'wó ficou acordado. Agora sabia qual era o ponto certo em que poderia matar Kulātú-pódole. Kone'wó agarrou de novo um pedaço de pau e bateu com toda força no lugar que ele tinha dito, na ponta do nariz. Kulātú-pódole começou a tremer e morreu. Então Kone'wó foi até as pessoas na *maloca* para lhes contar. Chegou à *maloca* e contou que tinha matado Kulātú-pódole. Aí as pessoas foram lá ver Kulātú-pódole. Levaram facas. Chegaram aonde Kulātú-pódole estava caído e o abriram. Ele tinha muitos ossos e carne de gente nas entranhas. Então Kone'wó foi embora. As pessoas ficaram na *maloca*.

XV. Kone'wó estava arrancando raízes de *timbó*.[384] Aí uma onça o encontrou e perguntou: "O que você está fazendo, cunhado?". Kone'wó respondeu: "Quero arrancar *timbó* para jogá-lo num riacho. Lá tem muitos peixes. Se você quiser comer peixe, então temos que arrancar *timbó*!". A onça respondeu: "Vamos!". Aí Kone'wó mandou a onça subir pelo *timbó* e lhe deu uma faca. Disse para a onça: "Corte bem lá em cima!". O *timbó* pendia do galho de uma árvore bem alta. A onça subiu pelo *timbó*. Quando chegou bem lá em cima, cortou o *timbó* acima de sua cabeça e caiu. Kone'wó, que estava lá embaixo, tinha se armado com um pau e, quando a onça caiu na terra, ele a matou.

XVI. Kone'wó ficou alguns dias em casa. Então saiu com a zarabatana para acertar pássaros para comer. Aí encontrou dois filhos do Piai̯'mâ. Estes disseram: "Nosso pai e nossa mãe foram secar o lago Lai̯pán!". Kone'wó ouviu, parou e disse: "Vou ficar escutando! Vou ficar escutando para ouvir direito!". Kone'wó disse: "Eu sei onde fica o lago!". Foi até o lago e lá encontrou Piai̯'mâ e a mulher tirando água do lago para secá-lo e pegar peixes. Estavam suando por causa do trabalho. Kone'wó amarrou bem um floco de algodão e enfiou na zarabatana. Então atirou nos testículos do Piai̯'mâ, que estava em pé de pernas abertas, jogando, com uma cuia, água para trás por entre as pernas. Piai̯'mâ se assustou. Quando Piai̯'mâ sentiu o tiro contra o saco escrotal, pensou que tivesse sido um peixe. Pegou um *aliwaí*,[385] passou-o sobre o saco e disse: "Bate de novo, *aliwaí*!". Kone'wó enrolou de novo um floco de algodão e acertou a vulva da mulher do Piai̯'mâ. Aí ela disse: "Esse maldito *aliwaí*!". Então ela pegou um *aliwaí*, passou-o sobre as partes sexuais e disse: "Bate de novo, *aliwaí*!". Aí Piai̯'mâ ficou desconfiado. Kone'wó enrolou um caroço de algodão num floco para atirar com toda a força. Enfiou-o na zarabatana. Piai̯'mâ estava tirando água quando Kone'wó mirou nele. Piai̯'mâ ficou espiando por entre as pernas. Kone'wó atirou. Aí Piai̯'mâ se endireitou e disse para a mulher: "Veja, gente, minha mulher!". Saiu correndo atrás de Kone'wó. Kone'wó correu para a mata. Piai̯'mâ correu atrás dele. Estava perto dele e quase o pegou. Kone'wó já não conseguia mais correr. Aí encontrou um riacho e o atravessou. Piai̯'mâ estava perto dele. Na outra margem havia um veado deitado. Kone'wó correu direto para ele sem saber. O veado se assustou e saiu correndo. Kone'wó ficou parado. Piai̯'mâ pensou que Kone'wó continuasse correndo e correu atrás do veado.[386] Piai̯'mâ pegou o veado. O veado gritou. Aí Kone'wó disse: "Puxa! Se eu não tivesse encontrado o veado, Piai̯'mâ teria me agarrado!".

XVII. Kone'wó voltou para casa. Lá ele raspou o cabelo e ficou totalmente careca. Então pegou a zarabatana e foi embora. Chegou no meio da mata e se sentou. Aí Piai̯'mâ o encontrou e perguntou: "O que você está fazendo, cunhado?". Kone'wó respondeu: "Quero acertar alguma coisa para comer!". Piai̯'mâ perguntou: "Com o que foi que você cortou o cabelo?". Kone'wó tinha dentes de *piranha*[387] pendurados no carcás.[388] Respondeu: "Cortei com estes dentes de *pi-*

---

[384] Cipó para envenenar peixes.
[385] *Cascudo*.
[386] Truque comum nas fugas das lendas. Vide mito 28.
[387] Perigoso peixe predador; *Serrasalmo* sp., *Pygocentrus* sp. Os índios utilizam seus dentes para cortar o cabelo.
[388] Geralmente há uma mandíbula de piranha pendurada no carcás para afiar as setas.

ranha". Aí Piaí'mã disse: "Corte os meus cabelos para eu ficar como você, cunhado!". Kone'wó respondeu: "Está bem! Não diga 'aí!'!". Então mandou que ele se sentasse e disse: "Só diga '*etx̱í!*'". Kone'wó cortou todo o couro cabeludo dele. Aí Piaí'mã gritou: "*etx̱í agá!*". Aí Kone'wó disse: "Não diga '*etx̱í agá!*'. Só diga '*etx̱í*'". Kone'wó cortou em volta do cabelo, tirou todo o couro cabeludo e jogou fora. Então tirou pimenta moída de uma cabaça pequena e passou na cabeça toda. Piaí'mã saiu correndo, louco de dor. Kone'wó voltou para casa.

XVIII. Kone'wó ficou dez dias em casa. No dia seguinte foi de novo para a mata e encontrou os ossos de uma anta morta. Passou pelos ossos e seguiu em frente. Então sentou-se num tronco. Aí Piaí'mã o encontrou. Piaí'mã foi até ele e disse "*e*". Estava nascendo na sua cabeça um arbusto de pimenta cheio de frutos. Piaí'mã perguntou: "Ô cunhado, foi você que cortou o meu cabelo?". Já fazia tempo que Kone'wó tinha cabelo outra vez. Kone'wó respondeu: "Não! Não fui eu! Talvez tenha sido aquele lá deitado. Passei pelos ossos dele". Piaí'mã disse: "Vamos ver, cunhado! Quero ver os ossos dele!". Foram até os ossos da anta. Chegaram até os ossos. Aí Kone'wó disse: "Aqui, cunhado!". Piaí'mã disse para ele: "Agora enfileire todos eles.[389] Agora me deixe dançar com eles!". Piaí'mã foi embora cantando: "Quem me cortou o cabelo, vou fazer ele tremer! Eu sou Piaí'mã! Eu sou Piaí'mã!". Enquanto ele andava, os ossos iam batendo uns nos outros "*telén-telén-telén*". Piaí'mã foi bem longe dançando com os ossos. Kone'wó ficou sentado no tronco. Pouco depois ele ouviu de novo o canto do Piaí'mã, que estava voltando. Piaí'mã encontrou Kone'wó e disse para ele: "Agora dance você com os ossos, cunhado!". Kone'wó pendurou os ossos em volta do pescoço para dançar com eles. Cantou como Piaí'mã tinha cantado: "Quem me cortou o cabelo, vou fazer ele tremer! Eu sou Piaí'mã! Eu sou Piaí'mã!". Os ossos iam batendo uns nos outros "*telén-telén-telén*". Kone'wó andou um trecho, então se sentou. Enganou Piaí'mã. Não queria ir longe. Ficou um tempo lá para Piaí'mã pensar que ele tivesse ido muito longe. Ao meio-dia ele se levantou e voltou. Primeiro, cantou baixinho para Piaí'mã pensar que ele estivesse vindo de longe. Voltou, banhado de suor, para junto de Piaí'mã. Então disse para Piaí'mã: "Agora dance você, cunhado!". Piaí'mã pegou os ossos e os pendurou em volta do pescoço. Piaí'mã sabia que Kone'wó o estava enganando. Sabia que eram os ossos de uma anta. Piaí'mã cantou enquanto ia embora: "Com ossos de anta ele me enganou!".[390] Quando Kone'wó ouviu essas palavras do Piaí'mã, pegou sua zarabatana, correu para casa e deixou o Piaí'mã dançando.

XIX. Kone'wó subiu numa árvore meio caída e fez cocô lá de cima. Aí veio Pembekú, o besouro esterqueiro, e queria comer o cocô. Pembekú deu a volta no monte de cocô para entrar nele. Kone'wó o agarrou e disse: "Aqui tem pouco cocô! Se você quiser comer cocô, eu tenho mais lá dentro!". Ele enfiou o besouro no ânus. Pembekú comeu o cocô e todas as entranhas. Kone'wó morreu.

---

[389] "Como dentes de porco, para pendurá-los no pescoço", explicou Mayuluaípu.
[390] Mayuluaípu ainda acrescentou, como explicação: "Não são os ossos do homem que me cortou o cabelo".

50. KALAWUNSEG, O MENTIROSO

(Narrado pelo Arekuná Akúli)

1. Kaláwunseg[391] foi para casa e contou que achou o rastro de uma anta. Nunca uma anta tinha estado nesse lugar. Seus cunhados disseram: "Está bem! Amanhã vamos ver! Amanhã vamos atrás do rastro e matamos a anta!". Na manhã seguinte Kaláwunseg saiu com os cunhados, todos armados de arco e flecha e facas bem afiadas para poderem abrir e esquartejar logo a anta. Chegaram até a margem de um riacho e procuraram o rastro da anta. Aí perguntaram para Kaláwunseg: "Onde foi que você achou o rastro da anta? Aqui não tem rastro!". Aí ele disse: *"hē-hē-hē sēténe netaíteꞌ!"*[392] ("Eu achei neste lugar, bem aqui!"). Então Kaláwunseg disse: *"pemonęiteꞌ"* ("Tem gente aí!").[393] Então ele disse: *"tetápę zónanei néiteꞌ!"* ("Ela[394] soube esconder o seu rastro!").[395] Os cunhados ficaram furiosos e foram para casa; Kaláwunseg foi atrás deles.

2. Então Kaláwunseg foi com a mulher cercar um cerrado pequeno com fogo, para caçar um veado que talvez saísse correndo. Mas não saiu nada. O fogo queimou todo o capim. Aí Kaláwunseg foi pelo meio do fogo para ver se não tinha morrido algum animal. Encontrou duas ratazanas, *atú*, e as matou. Foi para casa e comeu as duas ratazanas. Então disse para os vizinhos que tinha matado dois veados, um velho e um novo. Aí os vizinhos foram até a mulher dele para perguntar se era verdade que Kaláwunseg tinha matado dois veados. A mulher disse: "Onde é que ele ia matar dois veados? Ele nunca matou um veado! Não eram veados que ele matou! Eram duas ratazanas!". – Aí os vizinhos viram que era mentira dele!

3. Um dia, Kaláwunseg encontrou pegadas de um veado e as seguiu até bem longe. Ele se abaixou para vê-las. Aí viu o veado parado bem na sua frente, olhando para ele e lhe perguntando: "Quem é que você está procurando aí, Kaláwunseg?". Kaláwunseg respondeu: "Quem? Você!", agarrou a espingarda e matou o veado. Depois contou para os outros. – Mas era mentira.

4. Então Kaláwunseg encontrou *timbó*[396] na nascente de um riacho. Nunca tinha havido *timbó* naquele lugar. Ele voltou para casa e contou para os cunhados que tinha achado *timbó*. Aí os cunhados disseram: "Vamos arrancar o *timbó* amanhã e jogar no riacho pra pegar peixe!". Na manhã seguinte foram lá. Kaláwunseg foi com eles para mostrar o lugar onde crescia o *timbó*. Procuraram o *timbó* no lugar que Kaláwunseg tinha dito. Kaláwunseg disse: "Bem aqui,

---

[391] O nome designa uma pessoa que chora muito; em português: *chorão*.
[392] As palavras de Kaláwunseg são sempre pronunciadas como as de um imbecil, com o som final crescente (ꞌ). A tradução é sempre de Mayuluaípu. Uma tradução exata muitas vezes é impossível, já que todas as palavras ditas por Kaláwunseg são alteradas propositadamente.
[393] Ou seja, pegadas de gente.
[394] Ou seja, a anta.
[395] Ou seja, a anta escondeu seu rastro entre as pegadas de gente; seu rastro virou pegadas de gente. Mas a anta é um dos animais de caça mais fáceis de se enganar, e suas pegadas são largas e inconfundíveis. Aí está a graça.
[396] Trepadeira para envenenar peixes.

neste lugar, tinha *timbó*! Vamos procurá-lo!". Os cunhados procuraram, procuraram, mas não encontraram nada. Aí gritaram: "Ei, Kaláwunseg! Onde é que está o *timbó*?". Foi até eles e eles perguntaram de novo onde é que estava o *timbó*. Kaláwunseg respondeu: "Aqui, bem neste lugar! Procurem! Aqui! Aqui!". Aí eles procuraram de novo. Kaláwunseg ficou andando por aí fingindo que estava procurando com eles. Então eles se cansaram de procurar. Perguntaram de novo: "Onde é, Kaláwunseg? É neste lugar, como você diz?". Kaláwunseg respondeu: "Era aqui neste lugar! Talvez ele tenha se escondido!". Então disse: "Ele[397] é um homem! Sabe que tem gente procurando por ele. Então se escondeu!". – Aí eles voltaram para casa.

5. Kaláwunseg queria vender em casa uma espingarda para um vizinho. Disse: "Esta arma gosta de matar bichos bem longe, não perto. Quando atiro, um pássaro cai de uma árvore bem alta!". Aí sua mulher, que estava escondida no escuro da casa, disse sem que ele soubesse: "Quando foi que você matou um bicho com essa espingarda?". Kaláwunseg respondeu: "Eu disse que fui eu? Eu estava falando do meu cunhado!".

6. Kaláwunseg foi para a terra dos ingleses comprar uma espingarda. O inglês disse para ele: "As espingardas ainda são jovens! Ainda não estão maduras! Vamos ver se já tem uma madura!". Foram até a árvore de espingardas. Aí o inglês disse para Kaláwunseg: "Agora fique em pé aqui embaixo! Quando uma cair, agarre-a! Não deixe cair no chão!". O inglês sacudiu a árvore. Aí caiu uma espingarda. Kaláwunseg a agarrou. O inglês disse: "Você pode ficar com esta espingarda!". – Kaláwunseg queria que acreditassem que ele falava inglês. Mas ele não falava nada. Seu irmão falava inglês. – Seu irmão queria pólvora, chumbo e também uma espingarda. Aí Kaláwunseg disse para o inglês que seu irmão também queria uma espingarda, pólvora, chumbo e espoletas. Aí o inglês disse: "É possível que caia tudo! Vou sacudir!". Ele sacudiu a árvore, mas não caiu nada. Então foram para debaixo de uma árvore de pólvora. O inglês sacudiu a árvore. Aí caiu pólvora num papel. Então Kaláwunseg disse: "Agora chumbo! Vamos até lá!". Foram até uma árvore de chumbo. O inglês sacudiu a árvore. Aí caiu chumbo no papel. Então Kaláwunseg disse: "Agora espoletas!". O inglês sacudiu uma outra árvore. Aí caíram espoletas. – Então Kaláwunseg voltou para casa e contou a história.[398]

---

[397] Ou seja, o *timbó*.
[398] Esta história, evidentemente, caçoa dos índios que trabalham temporariamente na Guiana Inglesa e, depois de voltarem para casa, contam todo tipo de mentira. – O fato de tais mentiras também ocorrerem com outras tribos é comprovado por uma informação de C. H. de Goeje: *Beiträge zur Völkerkunde von Surinam*, Leiden 1908, p.26: "Os Saluma contavam para os Trio que as miçangas (obtidas dos brasileiros no comércio de troca) que eles vendem para estes (Trio) crescem em arbustos que eles mesmos plantaram!".

2. Folha da planta que dá nas margens dos rios mukumúku-yeg, da qual Makunaíma criou a raia.
Mito 7

1. Cipó kapẽyenkumá(x)pẹ, com o qual a Lua subiu ao céu.
Mito 14

3. Tenaz de caranguejo com o remo mágico.
Mitos 28 e 29

4. Remo dos Arekuná.

PRANCHA VI.

TEXTOS
(Textos no original Taulipáng com tradução interlinear)

Kone'wó

(De *Mayūluaípu*)
Citado como *A*

I.

1 *Auaíleg*[1] *éna(x)pe ekū kone'wó-za*   Konewó estava comendo um coquinho
   tucumá   noz   comia Konewó   de *tucumã*.

2 *te-mónta-naū tése*   Quando ele o tinha entre as pernas,
   suas pernas entre estava   apareceu uma onça.
   epóle(x)-pe kaikusé-za
   encontrou   onça

3 *mele-peg e-pég*[2] *au-í(d)ži-mã*[3]   Então a onça disse para ele: "O que
   então   ele para   você está ?   você está fazendo, cunhado?".
   zako taúle(x)-pe kaikusé-za
   cunhado disse   onça

4 *mele-pég kone'wó-za é-pég*   Então Konewó lhe (respondeu):
   então   Konewó   ele para   "Não estou fazendo nada.
   eží-neke-sē[4]
   eu estou não

5 *u-y-emuná(x)pe t-akítuka-id*   Estou quebrando e comendo meus
   meus testículos quebrando   testículos".
   t-ekū-za
   eu como

6 *mele-pég kaikusé-za waké na'mã*[5]   Então a onça (perguntou):
   então   onça   bom ! ?   "É gostoso, cunhado?".
   zako
   cunhado

7 *melé-pég kone'wó-za waké kanán*[6] *te* Então Konewó (respondeu):
   então   Konewó   bom   !   é   "É muito gostoso!".

---

[1] Pequena palmeira *tucumá*: *Astrocaryum* sp.
[2] Deve-se acrescentar: "ele disse". Nessas narrativas, exclui-se o predicado quando ele é subentendido, como ocorre aqui. Vide a seguir em inúmeros trechos.
[3] Expressão muito usada nas narrativas e nos contatos; significa: "O que você está fazendo?".
[4] Expressão muito usada nas narrativas e nos contatos, que introduz a frase seguinte. Significa: "Não estou fazendo nada (de mais)!". A terminação *se* significa "estar a ponto de, querer".
[5] *-na(g)*, *-nag*, pelo visto, é uma partícula de reforço para o adjetivo. Vide frase 13.
[6] *-kanán* é partícula de reforço.

8 m̧elé akítuka(x)-pę́-ya te-monta-naū   Ele quebrou o coquinho entre as
    ele[7]   ele quebrou   suas pernas entre   pernas.
tése
estava

9 m̧elé   le(x)-pę́-ya   Ele o deu para ela.
   ele[8]   ele deu

10 másaį[9]   ẓombá-g   ẓako   "Experimente já, cunhado!".
     já   experimente   cunhado

11 te-le(x)-pę́-ya   kaįkusę́-ẓokoįd   Ele o deu para a onça.
     ele deu   onça para

12 m̧elé   ekú(x)-pę   kaįkusę́-ẓa   A onça o comeu.
   ele[10]   comeu   onça

13 m̧ele-pę́g kaįkusę́-ẓa wakę́-nag[11]   Então a onça (disse): "É muito
    então   onça   bom   !   gostoso, cunhado!".
ekou̧-ẓá   m̧ele   ẓako
eu como   ele[12]   cunhado

14 m̧elé-pę́g kone'wó-ẓa wakę́ kanán   Então Konewó (falou):
    então   Konewó   bom   !   "Excelente!".

15 másaí-g   ẓomba-g   a-y-émęna(x)pe   "Quebre já os seus testículos e os
     já   experimente   seus testículos   coma!"
t-akítuka-įd
quebrando

16 m̧enáua-eží-nin kaįkusę́-ẓa tég   Então a onça pegou uma pedra.
     por isso   onça   pedra
anúme(x)-pę
pegou

17   selę́lęleg[13]   t-ęmúna(x)pe   Ela puxou seus testículos para
   (puxou para a frente)   seus testículos   a frente.

---

[7] Ou seja, o coquinho.

[8] Idem.

[9] Acrescenta-se ao imperativo, com frequência, *mása, másaį, māsaíg*. Na verdade, é apenas um reforço do imperativo, mas também pode ser traduzido por "imediatamente". Se *mása* estiver sozinho, então quer dizer "espere!".

[10] Ou seja, o coquinho.

[11] *-na(g), -nag* é uma partícula de reforço para o adjetivo. Vide frase 6.

[12] Ou seja, o coquinho.

[13] Provavelmente, apenas uma interjeição, mas que aqui substitui o verbo. Expressa como a onça puxa seus testículos para a frente entre as pernas.

18	*tokí---*[14] *pasán*[15] (caiu)	Ela bateu neles e caiu.
19	*ka̱ikusę́ elíke-le* onça morreu	A onça morreu.

20	*t-e̱múna(x)pe t-akítuka-i̱d*
	  seus testículos quebrando
	ka̱ikusę́ (e)líke-le
	  onça morreu
		A onça despedaçou os testículos dela e morreu.

21	*mā'lé-pe̱g y-e̱lídža(g) tése kone̱'*
	  ele para morta estava Kone-
	wó-za̱ elę́ma'-we̱id[16] *imákuyipe̱-le*
	  wó está vendo! malvado
		Quando ela morreu, Konewó lhe falou: "Está vendo só, malvado?

22	*a-ẕ-ánumampe-le au̱-ę́-we̱-te* com você mesmo você se matar vai	Você se mata a si mesmo!".

II.

23	*Mā'lé te̱-nāma-i̱d kone̱'wó-*
	  a deixando Konewó
	    te(x)-pe̱
	  andando continuou
		Depois que a deixou, Konewó seguiu caminho.

24	*pulutuí*[17] *muruípan yę́i*
	            meio caída árvore
	epóle(x)-pe̱-ya
	  ele encontrou
		Ele encontrou uma árvore que estava meio caída.

25	*me̱lé-ẕoko̱id ẕ-ātalíma(x)-pe̱* dela debaixo ele se apoiou	Ele se apoiou debaixo dela.
26	*tóg*[18] *te-mōta-póna apīži-pę́-ya* seus ombros sobre ele agarrou, pegou	Ele a pôs nos ombros.

27	*me̱lé t-apidže īži-tána*
	  ela pegou ele estava enquanto
	ka̱ikusę́-ẕa epóle(x)-pe̱
	  onça encontrou
		Enquanto fazia isso, veio uma onça.

---

[14] Estendido; interjeição; expressa o golpe com a pedra.
[15] Provavelmente apenas interjeição; expressa como a onça cai morta para trás; substitui aqui o verbo.
[16] Expressão idiomática muito usada nas narrativas. *-we̱id* é uma espécie de reforço.
[17] Interjeição que aparece com frequência nestas narrativas e, às vezes, substitui o verbo. Ela expressa que alguém, ao continuar andando, passa por um lugar.
[18] Interjeição; expressa o modo como ele se apoiou contra a árvore.

28 *e-pḛg au̯-íži-mã*[19] *zako*
   para ele você está ? cunhado

   (Esta falou) para ele: "O que você está fazendo, cunhado?".

29 *mḛle-pḛg konḛ'wo-za patá*
   então Konewó lugar, Terra

   matán-pḛ-nai̯g[20] *zako*
   desmoronar a está cunhado

   Então Konewó (respondeu): "A Terra está desmoronando, cunhado.

30 *mā́sa yḛ́i akḛ́-se*[21]*-na*
   já árvore derrubar para

   tḗ-tana ápi-kḛ
   eu vou enquanto segure!

   Segure-a, enquanto eu derrubo uma uma árvore (como suporte)!

31 *apí(d)ži-pa nó(m-)-pḛg yḛ́i*
   segurar você deve chão no árvore

   tḗ-na-maī̯d
   cair para não

   Você tem de segurar a árvore para ela não cair no chão!

32 *ží'na-kḛ a-z-au̯lómpḛ-(x)-pai̯*
   cipó com você amarrar vamos

   Vamos amarrar você com cipó!".

33 *ží'na-kḛ konḛ'wo-za kai̯kusḛ́*
   cipó com Konewó onça

   au̯lompḛ-te(x)-pḛ
   amarrou

   Konewó amarrou a onça com cipó.

34 *mḛle-tḛ-tēse t-au̯lómpḛ-se konḛ'-*
   lá estando amarrada Konewó

   wó-te(x)-pḛ
   continuou andando

   Depois de amarrá-la ali, Konewó continuou andando.

35 *māsá yḛ́i s-aké-tai̯-na*
   já árvore derrubar deixe-me ir

   káimã[22] *t-énkutḛ-i̯d*
   (parece que) enganando

   "Vou derrubar uma árvore já!", (ele disse), enganando-a.

36 *áī̯*[23] *konḛ'wo-té-le*
   ah Konewó foi embora.

   Ah, Konewó foi embora.

---

[19] Vide frase 3.
[20] Na verdade: "*matán-pḛg-naig*", ou seja, "está desmoronando".
[21] *-se* designa o "querer", a "intenção".
[22] *káimã* quase sempre é inserido quando se trata de uma trapaça, uma mentira. Às vezes, deve ser traduzido por "parece que".
[23] Interjeição usada muitas vezes quando alguém "vai embora, se afasta". Vide, no que segue, em inúmeros trechos.

37	*i-n-au̯lompẹ-te(x)-pẹ* ele ela amarrada deixou	Ele a deixou amarrada.
38	*kai̯kusẹ́ apẹ́kapẹ ẹpólẹ(x)-pẹ* onça com fome encontrou *iwã́leka-ẓa* macaco	Quando a onça ficou com fome, chegou o macaco.
39	*mã́'le-pẹg u-pẹi̯káte-kẹ konẹ́'wo-* ele para me ajude! Konewó *ẓa i-au̯lómpẹ-sag-nai̯d* por me amarrada estou	Para este (ela falou): "Me ajude! Konewó me amarrou!".
40	*mẹlẹ́-pẹg iwã́leka-ẓa a'kẹ́ a-ẓ-* então macaco não você *au̯lónpẹ-ká-ẓa-neke* eu soltar não	Então o macaco (disse): "Não, não vou soltar você!".
41	*mẹlẹ́-pẹ́g kai̯kusẹ́-ẓa a-pẹ́g* então onça você de *entána-neke* eu como não	Então a onça (disse): "Não vou comer você!".
42	*mẹlẹ́-pẹg iwãleká-ẓa ũã̄ a-* então macaco pois bem você *pẹi̯káte-ẓa-se-te²⁴ u-pẹ́g kanan²⁵* ajudar eu quero mim de ! *k-entána-i-le mãsá a-ẓ-au̯-* coma não! espere!, já você eu *lómpẹ-ká-ẓa-tána* soltar enquanto	Então o macaco (disse): "Está bem, vou ajudar você, mas não vai me comer mesmo! Já vou soltar você".
43	*mã'le-ẓa au̯lómpẹ-tog au̯lompẹ-* ele o que amarrado estava soltou *ka(x)-pẹ e-iží-pẹ-ken* (soltou) suas pernas de	Ele soltou as amarras da perna dela.
44	*mẹle-tapaí au̯lompẹ-ká-te(x)-pẹ* então soltar continuou *i-t-ẹ́nẓa-pẹ-ken* suas mãos de	Então ele as soltou das mãos dela.

---

[24] *-se* indica o "querer", a "intenção". *-te* = ir, indica "a ação concomitante".
[25] Vide frases 7 e 14.

45 *au̯lómpę̄-ka(x)-pę́-ya*   Ele as soltou.
    ele soltou

46 *t-au̯lómpę̄-ka-i̯d iwáleka ápulumę̄-*   Ao soltá-las, o macaco pulou para trás.
    soltando   macaco   pulou   A onça pulou atrás dele.

    tana kai̯kusę́ apulúme(x)-pę̄
    enquanto onça   pulou

47 *i-páta(x)-pę̄ apīži-pę́-ya*   Ela errou o alvo.
    seu lugar   ela agarrou

48 *áĭ iwáleka-té-le*   Ah, o macaco foi embora.
    ah   macaco foi embora

49 *kai̯kusę́-tē-le*   A onça foi embora.
    onça foi embora

III.

50 *Mę̄le-tapaí konę̯'wó-te(x)-pę̄*   A seguir, Konewó continuou andando
    a seguir   Konewó continuou andando   e chegou a uma rocha meio caída, mas

    pulutuí[26] *teg muluí-pan*   que ainda estava firme.
    rocha   meio caída

    táži-pan
    em pé

51 *mę̄lé-z̦okoíd konę̯'wó etálima(x)-pę̄*   Ele se apoiou sob ela.
    ela sob   Konewó   apoiou-se

52 *mę̄lé teg apę̄́tanę̄(x)-pę́-ya*   Ele segurou essa rocha.
    essa rocha ele segurou

53 *kai̯kusę́-z̦a epóle(x)-pę̄*   Aí ele encontrou uma onça.
    onça   encontrou

54 *mę̄lé-pę̄g é-pę̄g au̯-íži-mā̃*[27]   Então (esta disse) para ele: "O que você
    a seguir ele para você está?   está fazendo aí, cunhado?".

    z̦ako
    cunhado

---

[26] Interjeição. Vide frase 24.
[27] Vide frases 3 e 28.

55 *e-pég   iží-neke-se*[28] *patá*
   ela para eu não estou lugar, Terra
   matán-pę-naig[29]
   se acabando está

(Ele respondeu) para ela: "Não estou fazendo nada. A Terra vai acabar.

56 *sęneg   tég   tén-pę-naig*[30]
   esta aí rocha cair está
   nó(m)-pęg
   chão no

Esta rocha está pra cair no chão.

57 *apí-ta-ne-kę   yéi   aké-se*[31]-
   agarrar vá   árvore   derrubar para
   tē-tána
   enquanto eu vou

Segure-a enquanto derrubo uma árvore (como apoio)!".

58 *kaikusę́   ewǒmę-le té(g)-zokoíd*
   onça   foi   rocha debaixo

A onça foi para debaixo da rocha.

59 *męlé-te-tēse konę'wó-za i-né(a)-*
   lá estava   Konewó   ele deixou
   ma(x)-pę
   lá, abandonou

Quando ela ficou lá, Konewó a abandonou.

60 *męle patá-(x)-popo kaikusę́-za*
   este lugar em   onça
   teg   nónga(x)-pę tenémpę
   rocha soltou   devagar

Nesse lugar, a onça foi soltando a rocha devagarzinho.

61 *kolę̨́   no(m)-pég tég*
   nada lá! chão no   rocha
   té-pela
   caiu não

Não aconteceu nada! A rocha não caiu no chão.

62 *męle-pęg kaikusę́-za aikí nesá'nę̄*[32]
   a seguir onça
   imákuyīpę-le
   o mau

Então a onça (disse): "Maldição! Que sujeito mais malvado!".

---

[28] Vide frase 4.
[29] Vide frase 29.
[30] Na verdade, "*tén-pęg-naig*", ou seja, "está a ponto de ir, cair". *te* = ir, é usado por objetos tais como árvores, rochas etc. que se inclinam e, aos poucos, caem ao chão.
[31] Vide frase 30.
[32] Expressão de raiva; espécie de maldição.

63 m̯ele-tapaí   ka̯ikusę́-te(x)-pę̯   Então a onça prosseguiu.
   a seguir   onça seguiu em frente

IV.

64 M̯ele-tapaí   kon̯e'wó-te(x)-pę̯   Então Konewó continuou andando.
   a seguir   Konewó foi adiante

65 pulutuí[33] pemón   epóle(x)-pę́-ya   Ele encontrou um homem.
                homem   ele encontrou

66 mã'le-pę́g   u-kãmidža-le-ke   (Ele falou) para ele: "Venda a camisa
   ele para   minha camisa[34] com[35]   para mim! Quero pagá-la com este meu
   u-lę́pa-g   ę̯'ma-tó(x)-pę-   animal manso, que defeca prata".
   me venda   pagar   a fim de
   ẕa   m̯ęsę́neg   u-y-
   eu   este aí   meu
   íken-kę̯   p̯eláta-iwę̄-kę̯
   manso animal com   prata fezes com

67 m̯elénaua-e'ží-nin[36]   pemón-ža   Então o homem vendeu a camisa para
   por isso   homem   Konewó.
   kamíža-kę̯   kon̯e'wó   lepá(x)-pę̯
   camisa com   Konewó   seu pagamento com

68 tų̄[37]   i-lepá-ya-le   Ele a vendeu para ele.
   tome!   para ele vendeu ele

69 tų̄[38]   kon̯e'wó-ža   i-tépe(x)-pę-pę̄   Como pagamento, Konewó lhe deu
   tome!   Konewó   seu pagamento como   seu animal manso, uma *mucura*, e o
      t-ekę́n   (e)-le(x)-pę̯   au̯ále   enganou.
      seu animal manso   lhe deu,   mucura[39]
   t-énkute-i̯d
   enganando

---

[33] Vide frase 24. Interjeição.
[34] Ou seja, "a camisa para mim."
[35] A compra é uma troca, por *isso kę̯* = com.
[36] "m̯elé – m̯enáua – ęží – nin = este - assim - era – porque". Vide frase 16.
[37] Interjeição que expressa "dar, entregar" um objeto, como o nosso "tome!".
[38] Idem.
[39] Didelfo, pequeno predador: *Didelphys* sp. [Conhecido no restante do Brasil como gambá. – N. T.]

70	ā̰ı̰ ḛı̰-te-le Ah ele foi embora	Ah, ele foi embora.
71	me̥lé patá-(x)-pe̥-z̦au̯⁴⁰ au̯ālé̥ este lugar em mucura pe̥láta-pē̥ me̥lé aíme̥ke̥-pe̥ prata como esta coletou pemón-ža homem	Nesse lugar, a *mucura* ficou como prata. O homem a coletou.
72	me̥lé-tepo i-wiká-pe̥-te(x)-pe̥ então ela defecava (sem pausa) waté̥-pē⁴¹ fezes como	Então ela só defecava fezes.
73	mã'lé nónga(x)-pe̥ pemón-ža ela soltou homem t-enkúte-sag kone̥'wo-ža yé̥'- enganado Konewó por porque nin ele foi	O homem a deixou ir, pois foi enganado por Konewó.
74	me̥lé-popoí-žinalo pemón-te(x)-pe̥ então homem continuou andando au̯ālé̥ te-núnka-ḭd mucura soltando	Então o homem continuou andando, ao deixar a *mucura* ir.

V.

75	Kone̥'wo-té-le pulutuí⁴² pemón Konewó foi embora homem epōle(x)-pé̥-ya ele encontrou	Konewó foi embora. Encontrou um homem.
76	mã'le-pe̥g kamí-ke̥ ele para rede com⁴³	(Ele disse) para ele: "Me venda a rede de dormir, cunhado! Quero pagar com a minha árvore de prata".

---

⁴⁰ O sufixo *-pe̥* restringe o significado do substantivo. Aqui foi acrescentado à palavra *patá* porque o lugar de Konewó estava abandonado.

⁴¹ O sentido dessa difícil construção é: "Konewó foi embora. Em seu lugar ficou a mucura como prata, que o homem, então, coletou (dito ironicamente). Depois disso, ela só defecava fezes".

⁴² Vide frase 24.

⁴³ Vide frase 66.

u-lę́pa-g ząko pęláta-
me venda cunhado prata

yę-kę ę'mató(x)-pę-ząˇ
árvore com pagar para, para que eu

77 pemón-ząˇ i-lę́pa(x)-pę
homem lhe vendeu

O homem lhe vendeu a rede de dormir.

kamí-kę
rede de dormir com

78 mā'le alę(x)-pę́-ya oalápali-
ele levou junto arapari

yę(g)-ząkoíd pęláta-yęg sę̄nég
árvore debaixo árvore de prata essa

Ele o levou até debaixo de uma árvore *arapari*, debaixo dessa suposta árvore de prata.

kaí'mā[44] ząkoíd
suposta debaixo

79 te-lę(x)-pę́-ya
ele deu

Ele a deu para ele.

80 ilóma yípę-ząu y-ę́sologa
vento vem quando ela cai

"Quando o vento vem, ela cai (a prata).

81 m-aímikęid kaí'mā
você deve catar (supostamente)

Então você a cata! Sempre vai cair quando estiver madura, cunhado".

ząkepępękélę t-ęsológa-sen-ma-te
quando estiver maduro cair sempre vai

ząkó
cunhado

82 āi konę'wo-té-le
ah Konewó foi embora

Ah, Konewó foi embora.

83 męle patá-(x)-pę-ząu[45] pemón
esse lugar em homem

O homem ficou nesse lugar.

ę'nemá(x)-pę
ficou

84 kolę́ pęlātá[46] ęsológa-pęla
nada! prata caiu não

Nada! Não caiu prata nenhuma.

85 męlenauá-ęží-nin[47] pemón-te(x)-pę
por isso homem seguiu em frente

Por isso, o homem seguiu em frente.

---

[44] Vide frase 35.
[45] Vide frase 71.
[46] *pęláta* designa, por toda parte, "moedas de prata redondas, moedas" (esp. *plata*).
[47] Vide frase 67.

VI.

86 *Mẹle-tapaí   patá   ko(o)mẹ̃-*
    a seguir   lugar, terra   escurecia

    tana   y-ẹléuta(x)-pẹ tuná-
    enquanto   ele chegou   rio

    lé-pona
    em

Então, quando estava escurecendo, ele chegou a um rio.

87 *mẹlé-tẹ-teẹ̃se kai̯kusẹ́-za epō̃le(x)-pẹ*
    lá estando   onça   encontrou

    yẹ́i-bẹkẹpẹté-ya-tana
    ele   quebrou   enquanto

Enquanto ele quebrava lenha lá, uma onça o encontrou.

88 *ẹ-pẹ́g au̯-íži-mã zako*
    ele para você é? cunhado

(Esta falou) para ele: "O que você está fazendo, cunhado?".

89 *mẹle-pẹ́g konẹ'wó-za žín---ẹg*
    a seguir Konewó lá

    apóg ẹ́lẹ́'ma-i̯d tẹ́-to(x)pē
    fogo vendo ir para

    welekẹ́-ten bẹkēpẹté-za
    lenha para eu quebrar

Então Konewó (respondeu): "Estou quebrando lenha para o fogo que estou vendo lá e para onde quero ir".

90 *mã'lé-pẹg elẹ'ma-tá zako*
    ele para buscar vai cunhado

    žín---eg apóg te
    lá fogo é

Ele continuou: "Vai lá e pegue o fogo! Ele está lá, cunhado!".

91 *kai̯kusẹ́-te(x)-pẹ apóg kaí'mã*[48]
    onça foi fogo (suposto)

    konẹ́'wo-za t-énkúte-sag pẹg
    Konewó através enganado para

    žilíke-pẹg
    estrela para

A onça foi para o suposto fogo com o qual Konewó a tinha enganado; ela foi para uma estrela.

92 *kolẹ́ kai̯kusẹ́-za epó̃le-pela*
    nada lá! onça encontrou não

Nada! Ela não a alcançou.

93 *epó̃le-te-pẹg y-ẹ̃seká'nunga-*
    encontrar ir com? ela sofria

    tana žílīke tẹ́-pẹ-te(x)-pẹ
    enquanto estrela ia cada vez mais

    iláwẹle
    para a frente

Enquanto ela se esforçava para alcançá-la, a estrela se distanciava cada vez mais.

---

[48] Vide frases 35 e 79.

94 me̞lénaua-e̞ží-nin⁴⁹ kaikusé̞-z̞a   Por isso, a onça desistiu.
      por isso   onça
    nonga(x)-pe̞
      deixou

95 āĩ kai̞kusé̞-te-le   Ah, a onça foi embora.
    ah   a onça foi embora

96 āĩ kone̞'wó-te-le   Ah, Konewó foi embora.
    ah   Konewó foi embora

VII.

97 Pulutuí⁵⁰ ikūpai̞ tuna-lé-pona   Ele chegou a um rio fundo.
                 fundo   rio   em

98 me̞le-tēsé teg iží-pe̞   Lá tinha uma rocha que ia da
    isto é   rocha   era   margem até o meio.
    ikátapoi̞-žínalo z̞ álo-(x)-ponā
    da margem a partir   metade   até

99 me̞lé-ponā kone̞'wó eléuta(x)-pe̞   Konewó se sentou nela.
    esta sobre   Konewó   sentou-se

100 me̞le-té-tése kai̞kusé̞-z̞a   Quando ele estava lá, encontrou
      lá estava   onça   uma onça.
    epóle(x)-pe̞
    encontrou, deparou

101 e-pég au̞-íži-mā z̞akó   (Esta disse) para ele: "O que você está
     ele para   você está?   cunhado   fazendo, cunhado?".

102 e-pé̞g e̞ží-nekē-sē⁵¹ imūkei̞-   (Ele respondeu) para ela: "Não
     ele para   eu estou não   tapioca   estou fazendo nada. Quero tirar o
    žag moká-te-pe̞g   beiju de tapioca, mas só trouxe
    beiju   tirando   um pouquinho.
      ži-tána malále
    eu estou enquanto   um pouco
       žipelípe̞-z̞ai̞g⁵²
    buscar (?) eu estou indo

---

[49] Vide frases 67 e 85.
[50] Vide frases 24 e 75. Interjeição que, aqui, como ocorre com frequência, substitui o verbo.
[51] Vide frases 4 e 55.
[52] Traduzido (port.): tirando.

| 103 | a'óno'yẹ̄   tuná | Eu sou leve demais. A água me trouxe aqui pra cima. |

103 a'óno'yẹ̄   tuná
     eu sou muito leve   água

   u-táwaupẹ-té-pe-man
   me trouxe aqui para cima

104 māsá amā̱lepẹ̄ i-mó-
     já   você   ele fora

   ka-pa   tamḗ(d)naũale
   tirar você vai   inteiro

105 māsá sẹ̄nég ẕómba-g
     já   este   experimente

106 imũkei̱žag le(x)-pḗ-ya
     beiju   ele deu

   kai̱kusḗ-ẕo'koíd
   onça   para

107 t-ekú-ya-le
     ele comer

108 mẹle-pẹg   t-ekú-te-po
     a seguir   depois que ele comeu

   ipópe-kulu⁵³-naíd   ẕakó
   ele é muito saboroso!   Cunhado

109 mẹle-pég koné̱'wo-ẕa māsa
     a seguir Konewó   já

   ži'nég tég   s-elēma-taí-na
   cipó   pedra buscar deixe-me ir

110 tu-ka-íd   koné̱'wo-té(x)-pẹ
     dizendo   Konewó   foi

111 ži'nég kolōliká-ya-le
     cipó   ele puxou

112 teg   epóle(x)-pḗ-ya
     pedra ele encontrou

113 enē̱-pḗ-ya-le
     ele trouxe

114 kelég⁵⁴ kai̱kusḗ pẹmḗ-pẹg ži'nég
             onça   pescoço no cipó

   mē̱-pḗ-ya
   ele amarrou

Eu sou leve demais. A água me trouxe aqui pra cima.

Você já vai tirá-lo inteiro.

Experimente este!".

Ele deu beiju de tapioca para a onça.

Ela comeu.

Depois que ela comeu (ela disse): "É muito gostoso, cunhado!".

Então Konewó (disse): "Vou já buscar um cipó e uma pedra!".

Dizendo isso, Konewó se foi.

Ele puxou um cipó.

Ele encontrou uma pedra.

Ele a trouxe.

Ele amarrou um cipó no pescoço da onça.

---

[53] -kulu é uma partícula de reforço muito empregada.
[54] Interjeição; exprime como ele dá o nó.

115 *mẹlé-tapaí tég ẹwate-pẹ-te(x)-*   Então ele prendeu a pedra no
      a seguir   pedra   ele prendeu   pescoço da onça.

    pẹ́-ya kẹlég[55] *kaikusẹ́ pẹmẹ̃-pẹg*
                      onça   pescoço no

116 *mẹle-tapaí māsá-kulu*[56] *t-ẹkú-*   Então (ele disse): "Agora tire todo
      a seguir   já!   comer   o beiju de tapioca pra fora, pra

    to(x)pē imūkeižag i-mó-   gente o comer já!
      para   beiju de tapioca   ele fora

    ka-ta tamẽ́(d)nauale
      puxar vai   todo, inteiro

117 *sẹ̄nég kanan*[57] *teg te*   Aqui está a pedra!
      está aqui   !   a pedra é

118 *alẹ̃́pẹle i-pẹ́kele au-*   Eu a amarrei para você mergulhar
      depressa   dele atrás   você   depressa atrás dela".

    ẹ̃zéulanga-pa[58] *ú-mẹ(x)-pẹ*
      mergulha   para   eu amarrei

119 *tu-ka-íd kaikusẹ́ teuka(x)-pẹ-ya*   Dizendo isso, ele empurrou
      dizendo   onça   ele empurrou   a onça.

120 *kapẹ́i-ekáton ẹkálẹ(x)-pẹ*[59]   Ela foi buscar o reflexo da lua.
      da lua reflexo   ele buscou

121 *téu*[60] *zitén*[61] *kaikusẹ́ paká'm̃ã*   Tchibum! Konewó jogou a onça
                  onça   jogou para baixo   lá para baixo.

    konē'wo-zá-le
      Konewó

122 *āī kaikusẹ́ elíkẹ-le*   Ah, a onça morreu.
      ah   onça   morreu

123 *āī konẹ'wo-té-le*   Ah, Konewó foi embora.
      ah   Konewó   foi embora

---

[55] Idem.
[56] Vide frase 108.
[57] Vide frases 7, 14 e 42.
[58] Vide frase 31.
[59] Dito de modo zombeteiro e que provoca risadas ao ser narrado.
[60] Interjeição; expressa o empurrão que Konewó dá na onça.
[61] Interjeição; expressa o modo como a onça cai na água.

VIII.

124 *Pulutuí*[62] wailá y-ẹma-le-tag   Ele foi em frente, seguindo a trilha de
                anta   picada   em   uma anta.
     iláwẹle
     em frente

125 *waịlá ú'lẹte(x)-pẹ ẹží-pẹ*   Uma anta tinha passado por ela.
     anta   tinha atravessado

126 *mẹlé-té-tése kaịkusẹ́-ẓa*   Lá ele encontrou uma onça
     lá   estando   onça
     epóle(x)-pẹ
     encontrou

127 *e-pẹ́g aụ-íži-mā ẓako*   (Ela disse) para ele: "O que você está
     ele para   você é?   cunhado   fazendo, cunhado?".

128 *mẹle-pẹ́g konẹ́'wo-ẓa waịlá*   Então Konewó (respondeu): "Eu
     a seguir   Konewó   anta   estou esperando uma anta".
     zapáli-pẹ (i)ží-se[63]
     esperando   eu estou

129 *mẹle-pẹ́g kaịkusẹ́-ẓa ína-le*   Então a onça (disse): "É mesmo,
     a seguir   onça   sim   cunhado!".
     ẓako[64]
     cunhado

130 *mẹle-pẹ́g konẹ́'wo-ẓa māsá*   Então Konewó (disse): "Mate-a
     a seguir   Konewó   já   enquanto eu já vou espantá-la,
     i-tēlẹká-ẓa-tana t-uẹ́-kẹ   cunhado!".
     ela eu espanto enquanto   mato
     ẓako taúle(x)-pẹ konẹ́'wo-ẓa
     cunhado   disse   Konewó

131 *mẹlē-peg kaịkusẹ́-ẓa māsa-kín*   Então a onça (respondeu):
     a seguir   onça   já   "Vai já até lá espantá-la enquanto
     i-tēleká-ta apī(d)ži-yá-   eu a agarro!".
     espantar ela vai   eu agarro
     tana
     enquanto

---

[62] Interjeição, que aqui substitui o verbo; vide frases 24, 50, 65 e 75.
[63] Vide frases 4 e 42.
[64] A expressão idiomática "*ína-le ẓako*" é uma espécie de frase de cortesia, com frequência entremeada na conversa pelo ouvinte: "Deveras, cunhado! É mesmo, cunhado!" etc.

132 wa̰ilá   y-ḛ'ma-le-tau̱   ka̰ikusḛ-
     anta   caminho no   onça
    tḛse   kone̱'wó-te(x)-pḛ wa̰ilá
    estando Konewó   foi   anta
    pḛtápḛ-pḛg
    pegada atrás de

Quando a onça ficou lá na trilha da anta, Konewó seguiu a pegada da anta.

133 āī   kone̱'wó-te-le   pulutuí[65]
    ah   Konewó foi embora
    te(g)-pḛg[66]
    rocha para

Ah, Konewó foi até uma rocha.

134 tóg[67] tég mōkoíka-ya-le téu(p)[68]
         rocha   ele virou
    teg teu̱ká-ya-le
    rocha ele empurrou

Ele virou a rocha e a lançou longe.

135 pelén-pelen[69] ī--- miyāle-mán
                 e--- lá vai ela
    za̱kó wakḛ-pḛ apí-kḛ
    cunhado bem   agarre

Catapimba. "E---! Lá vai ela, cunhado! Agarre bem!".

136 ka̰ikusḛ   kone̱ka-lḛ́
    onça   preparou-se

A onça se preparou.

137 t-ḛ'ma-le-tág te yi-pḛ
    seu caminho no rocha chegou
    wa̰ila ka̰i'mā̱[70]
    anta   supostamente

A rocha, a suposta anta, seguiu seu caminho.

138 tóg[71] tokī-tokíg[72] ka̰ikusḛ
                          onça
    ye̱'pḛ akituká-ya-le ka̰ikusḛ
    ossos ela quebrou   onça
    wa̱-ya-le
    ela matou

Bum! Bah! Ela quebrou os ossos da onça e a matou.

---

[65] Interjeição; vide nota 62, na página anterior.
[66] = teg-pe̱g; ouve-se na narrativa como: te(x)-pe̱g.
[67] Interjeição; expressa como ele agarra a rocha.
[68] Interjeição; expressa como ele empurra a rocha.
[69] Interjeição; expressa como ele rola a rocha montanha abaixo.
[70] Vide frase 35 etc.
[71] Interjeição; expressa o modo como a rocha alcança a onça e se choca contra ela.
[72] Interjeição; expressa o modo como a rocha lhe quebra os ossos.

139 āī   koṉe'wó-te-le
     ah   Konewó foi embora

Ah, Konewó foi embora.

IX.

140 Mẹle-tapaí pulutuí⁷³ yẹi
    a seguir   árvore
   a'motá-sag-pẹg waẓaí⁷⁴ y-
      seca   a   ele
   énku-le
    subiu

A seguir, ele chegou a uma árvore seca e subiu nela.

Ele se sentou.

141 telén⁷⁵   y-ẹlẹ́uta-le
              ele se sentou

Quando ele estava lá, uma onça o encontrou.

142 mẹle-te-tésē kai̯kusẹ́-ẓa
     estando lá   onça
   ẹpóle(x)-pẹ
    encontrou

143 e-pẹg   au̯-íži-mā ẓakō
    ele para você está? cunhado

(Esta falou) para ele: "O que você está fazendo, cunhado?".

144 e-pẹg   iží-nekē-se⁷⁶ apóno-(x)-po
    ela para eu não sou   assento no
   eží-sē⁷⁷
    eu estou

(Ele respondeu) para ela: "Não estou fazendo nada. Estou sentado aqui.

145 enú-ke-te   sẹné-ponā
     subir   nele
   elẹuta-tá-ne-kẹ⁷⁸
    se sentar vá

Suba aqui e se sente nesse (galho) aí!".

146 waẓaíg⁷⁹ kai̯kusẹ́ énku-le
             onça   subiu

A onça subiu.

---

[73] Interjeição; substitui aqui o verbo.
[74] Interjeição; expressa como ele agarra o tronco para subir.
[75] Interjeição; expressa como ele se senta.
[76] Vide frase 4.
[77] Idem.
[78] sẹneg-ponā. Konewó indica à onça um galho seco como assento.
[79] Interjeição, como acima.

147 *teléṵ-teléṵ-teléṵ*[80]   *yẹi   a'motá-*
                            galho   seco

A onça subiu no galho seco.

   sag-ponā   kaịkusẹ́   énku(x)-pẹ
       no   onça   subiu

Creque! O galho quebrou.

148 *potóṵ*[81] *yẹi   ẹketé-le*
              galho   quebrou

149 *o'pelululún*[82] *yẹi-kala-ẓa*
                    árvore raiz em

Catapimba! A onça caiu com as pernas no meio das raízes.

   sanápaị-le[83] *kaịkusẹ́   piyẹ̃́(d)ži*
       entrou   onça   pernas

   kulẹ-ta-paí-le
       dentro

150 *mẹle-te-tēse   tẹ́-iži   moká-*
       estando lá suas pernas puxar

Quando ela estava lá presa, tentando puxar as pernas para fora, Konewó veio por trás dela.

   te[84]*-pẹg   tēse   konẹ'wó*
    para fora   estando   Konewó

   úte-le   i-m'poí-winẹ̈
      foi   dela atrás

151 *tóg*[85] *t-ẹmuná(x)pẹ-pẹg   pẹteí*[86]
            seus testículos em   beliscou

Agarrou os testículos dela.

152 *t-ẹmuná(x)pe   pẹteịká-ya-le*
    seus testículos   ele apertou

Apertou os testículos dela.

153 *tṍ(u)*[87]--- *kaịkusẹ́   wẹ́-ya-le*
                    onça   ele matou

Ele matou a onça.

154 *āī   konẹ'wo-té-le*
     ah Konewó foi embora

Ah, Konewó foi embora.

---

[80] Interjeição; expressa como a onça sobe na árvore.
[81] Interjeição; expressa o galho se quebrando.
[82] Interjeição; expressa como a onça cai, de galho em galho, no chão.
[83] Era uma árvore com raízes aéreas, como as que se encontram com frequência na mata virgem.
[84] Vide frases 42 e 102.
[85] Interjeição; expressa como ele agarra os testículos.
[86] Originalmente deve ser apenas interjeição, que aqui é empregada como verbo (vide frase 152).
[87] Interjeição; expressa o "morrer".

X.

155 *Pulutuí*[88] *imẹ̄lu-pég ká'-* Ele chegou a uma cachoeira muito alta
      cachoeira para muito com um feio precipício, onde a água
   talé-pẹg nālíg zo'nón caía lá do alto.
   alta para feio embaixo
   ka-ta-paí tuná ená-
   do alto água que
   tog[89] *ikúpai̯*
   caía fundo

156 *mẹlé-zo'nó zatá iží-pẹ* Debaixo dele havia um buraco.
    este embaixo buraco havia

157 *mẹlé-pég y-ẹ'mului̯-pẹ-té*[90]*-tana* Quando ele estava lá inclinado, uma
    a seguir ele se inclinou enquanto onça o encontrou.
    kai̯kusé-za epóle(x)-pẹ
    onça encontrou

158 *e-pég au̯-í(d)ži-mā zako* (Esta disse) para ele: "O que você está
    ele para você está cunhado fazendo, cunhado?".

159 *e-pég iži-neke-se sẹ̄te* (Ele respondeu) para ela: "Não estou
    ela para eu não estou aqui fazendo nada. Quero puxar pra fora
    ná'yi pẹláta moká-te[91]*-pẹg* a prata que está aqui. É bonita e
    que está prata puxando fora brilha".
    iži-sẹ̄[92] *waké enúke-nag*
    estou bonita brilhando

160 *mẹlé-pég kai̯kusé-za atén-win* A seguir, a onça (perguntou): "Onde
    a seguir onça onde está? ela está, cunhado? Me deixe vê-la já!".
    zako māsá s-elẹ̄mai̯'
    cunhado já vê-la
    nā
    deixe-me

161 *kai̯kusé ẹ'muluíka(x)-pẹ* A onça se inclinou.
    onça curvou-se

---

[88] Interjeição; substitui aqui o verbo; vide os inúmeros trechos anteriores.
[89] Vide frase 43.
[90] Vide frase 42.
[91] Vide frase 42.
[92] Vide frases 4 e 42 etc.

162 *t-e̯wán-ponā*[93]   *té̯-nai̯g*[94] Ela já estava se deitando sobre a barriga.
　　 sua barriga na　ela estava a ponto de
　　　　　　　　　　 ir (se deitar)

163 *mā'lé   mo-poí-wine̯   t-e̯salá'te-i̯d* Konewó veio por trás da onça e a empurrou.
　　 dela　　 atrás　　　 se aproximando

　　 kone̯'wo-za   kai̯kusé̯   téuka(x)-pe̯
　　　 Konewó　　 onça　　 empurrou
　　 téu(p)[95]

164 *táe̯(p)*[96] *i-pākamā-ya-lé* Pá! Ele a jogou no feio precipício.
　　　　　　 ela ele jogou lá embaixo

　　 nālí-yag
　　　 feio

165 *tukū-tukuí*[97] *kai̯kusé* Tchibum! A onça submergiu.
　　　　　　　　　 onça

　　 seulánga-le
　　　 submergiu

166 *y-e̯liké̯-le* Ela morreu.
　　 ela morreu

167 *āĩ   kone̯'wo-té-le* Ah, Konewó foi embora.
　　 ah Konewó foi embora

XI.

168 *Me̯le-tapaí   kone̯'wó-te(x)-pe̯* A seguir, Konewó continuou andando e chegou a uma árvore.
　　 a seguir　　 Konewó continuou andando

　　　 pulutuí   ye̯i-pé̯g
　　　　　　　　árvore para

169 *kológ*[98]   *ži'nég* Ele puxou um *cipó*.
　　 (puxou)　 cipó

---

[93] Ouve-se "*t-e̯wám-ponā*".
[94] Vide frases 29, 55 e 56.
[95] Interjeição; expressa o "pontapé repentino".
[96] Interjeição; expressa quando ele bate na água.
[97] Interjeição; expressa como ele submerge.
[98] Interjeição; expressa o "puxar, arrancar para baixo" a trepadeira; substitui aqui o verbo "*kolōlikaíale*" (vide frase 111), no qual está contida a palavra "*kológ*".

170 zalág[99] yẹi-zaˈlenág t-eˈmẹ̃   Ele colocou o pescoço numa
              galho entre   seu pescoço   forquilha.

    kaˈma-ya-lé
    ele colocou

171 yẹi-zaˈlenág   wói[100] kelég[101]   Ele o amarrou na forquilha com
    galho entre   (com um nó)   um nó.

    i-mẹ̃-ya-le
    ele o amarrou

172 mẹle-te-tēsé   kaịkusẹ́-za   Aí, uma onça o encontrou.
    estando lá   onça

    epóle(x)-pẹ
    encontrou

173 e-pẹg   au̯-íži-mā   zakó   (Esta falou) para ele: "O que
    ele para você está?   cunhado   você está fazendo, cunhado?".

174 e-pég   iží-neke   u-y-   (Ele respondeu) para ela: "Não
    ela para eu não estou   meu   estou fazendo nada! Estou
                                            puxando o mauarí pra fora,
    ẹ́lemu-ten   māualí[102] moká-te[103]-   como um canto pra mim. Ele
    canto para mauarí   puxar fora   canta até a noite chegar.

    pẹg   eží   t-elẹ́nu-(x)-pẹg
    em   estou   cantando   em

    tātapóntepẹ(g)-sen[104]
    até a noite chegar

175 a-y-ẹ́lemu-ten   apí(d)ži-pa[105]   Vamos amarrar você pra você
    seu canto para   para você agarrar   aprender o canto!".

    a-z-au̯lónpẹ-(x)-pai̯[106]
    você amarrar   vamos

176 mẹlénaua-iží'-nin   kaịkusẹ́-za   Então a onça colocou o
       por isso   onça   pescoço (na forquilha).

    t-éˈmẹ̃   zalág[107]
    seu pescoço   (colocou)

---

[99] Interjeição; expressa como ele coloca o pescoço na forquilha.
[100] Interjeição; expressa como ele torce a trepadeira, formando um nó.
[101] Interjeição; expressa como ele dá o nó; vide frase 114.
[102] O *mauarí* é um canto de dança dos Taulipáng, Arekuná, Makuxí. A árvore supostamente canta esse canto de dança, e Konewó quer "puxá-lo" para fora da árvore, ou seja, aprendê-lo (ouvindo).
[103] Vide frases 42, 150 e 157.
[104] Traduzido: "até que a noite desça".
[105] Vide frases 31 e 118.
[106] Vide frase 32.
[107] Vide frase 170.

177	*wói*[108] *kelég*[109] *konẹ'wó-ẓa* (com um nó) Konewó		Com um nó, Konewó amarrou a onça na forquilha.
	kaikusẹ́ aulómpẹ-te(x)-pẹ yẹ́i- onça amarrou galho		
	ẓálenag entre		
178	*mẹle-tapaí konẹ'wó-te(x)-pẹ* a seguir Konewó foi		A seguir, Konewó foi embora.
179	*māsá u-kálimi* imediatamente minha rede de dormir		"Vou primeiro buscar minha rede de dormir!", ele mentiu para a onça.
	s-elẹma-taí-na kaí'mā[110] buscar deixe-me ir (supostamente)		
	kaikusẹ́ t-énkute-id onça enganando		
180	*āī konẹ'wo-té-le* ah Konewó foi embora		Ah, Konewó foi embora.
181	*mā'le patá-(x)-pẹ-ẓau*[111] dela lugar no		Lá no lugar dela, a onça ficou passando fome.
	kaikusẹ́ apẹkapẹ(x)-pẹ onça passou fome		
182	*tó(u)*[112] *kaikusẹ́ elíke-le yẹi-* onça morreu galho		A onça morreu na forquilha.
	yálenan entre		

XII.

183 *Pulutuí*[113] *pemon-ẓamẹ̃(x)*[114]*-pẹg*
              pessoas   para

Ele encontrou umas pessoas.

---

[108] Vide frase 171.
[109] Vide frase 171: "ele o amarrou (o pescoço) (com um nó)".
[110] Vide frase 35 etc.
[111] Vide frases 71 e 83.
[112] Interjeição; expressa o "morrer".
[113] Interjeição; substitui o verbo; vide antes, em inúmeros trechos.
[114] *pemon* = (cada) pessoa; *pemon-gón* = (quaisquer) pessoas; *pemon-ẓamẹ̃g* = (determinadas) pessoas (de uma aldeia, de uma tribo).

184 *mę'zámōle-za   eulamá(x)-pę*
     estas   contaram

Elas contaram.

185 *kanę[115]   kaikusę́   a-z-án-pęg*
    não!   onça   te matar para

te-pę́-man   a-y-ę́né-te[116]-pęg
  foi   te comer   para

"Tome cuidado! A onça quer matar e comer você".

186 *to(g)-piaú   wóg*
   deles junto, com caxiri

ini'-pę́-ya[117]
  ele bebeu

Ele bebeu *caxiri* com eles.

187 *męlē-pę́g   tese   kálimaīd*
  a seguir estando meio bêbado

konę'wó-te(x)-pę   pulutuí[118]
  Konewó

zapę́-lé-ponā
  riacho   até

A seguir, Konewó continuou andando, meio bêbado, até um riacho.

188 *pižoí-pižoí[119]   y-ęképa-le*
                ele se sujou

te-wę́(g)-zai
 suas fezes em

Ele fez cocô e se sujou com as fezes.

189 *éi-te-le   pulu'tuí[120]   kaikusę́*
 ele foi embora   onça

ewę́-tag
 moradia para

Ele foi embora e chegou até a casa da onça.

190 *y-ę'táma-le   miāle-mán   zakó*
  ele chamou   aqui estou cunhado

Ele gritou: "Aqui estou, cunhado!".

191 *mā'lé   la-póna-le   kaikusę́*
  a ele em direção

epáka(x)-pę
  saiu

A onça saiu ao encontro dele.

---

[115] Essas pessoas eram, portanto, Makuxí; pois "não" em Makuxí é "*kanę*" ou "*ę'pelá*"; em Taulipáng, "*aké*".
[116] Vide frases 42, 150, 157 e 174.
[117] Também pode ser escrito: *ini(x)-pę́-ya*.
[118] Interjeição; substitui o verbo; vide anteriormente em inúmeros trechos.
[119] Interjeição; substitui aqui o verbo; traduzido: "ele fez cocô".
[120] Interjeição; substitui o verbo; vide anteriormente em inúmeros trechos.

192 *koṇe'wó pākama(x)-pẹ́-ya* Ela derrubou Konewó.
    Konewó   ele jogou no chão

193 *mā́'le ẹ'mesáka(x)-pẹ* Ele se levantou.
    ele   levantou-se

194   *i-y-ẹtúke-tana* Quando ela se jogou de novo
    ele (de novo) se jogou contra ele enquanto   contra ele, ele passou o cocô
                                                  da mão dele na cara dela.
    uléụ[121] *t-uẹ́g* *t-enẓá-*
    (passou)   seu cocô de sua mão

    pẹ-ken
    de fora

195 *kaịkusẹ́ kepa(x)-pẹ-ya t-* Ele sujou a onça com o cocô dele.
    onça   ele sujou   suas

    uẹ́-kẹ
    fezes com

196 *maná (e)ẓí'nin mẹlénaua*[122] Por isso, a onça desistiu dele.
         por isso

    kaịkusẹ́-ẓa i-nónga(x)-pẹ
    onça   ele   deixou

197 *y-ẹkátumẹ̄-le* Ela foi embora, correndo.
    ele correu embora

198 *mā́'lé-wẹnaí koṇe'wó* Konewó correu atrás dela.
    atrás dela   Konewó

    ekátumẹ(x)-pẹ
    correu

199 *tó(u)*[123] *kaịkusẹ́ nongá* Konewó deixou a onça correr.
           onça   deixou

    koṇe'wó-ẓá-le
    Konewó

200 *āī kaịkusẹ́-tē-le* Ah, a onça foi embora.
    ah onça foi embora

201 *koṇe'wó-tē-le* Konewó foi embora.
    Konewó foi embora

---

[121] Provavelmente apenas interjeição que substitui o verbo; expressa como Konewó esfrega suas fezes na cara da onça.
[122] Excepcionalmente em vez de: "*mẹlénaua-ẹẓí'nin*"; vide frases 67, 85 e 94.
[123] Interjeição; expressa como ele põe a onça para correr.

XIII.

202 *Pulutuí*[124]   *yei-pég   oán-zameg*[125]   Ele chegou até uma árvore em que
               árvore até   abelhas   havia um ninho de abelhas.
    z-apón-peg
    assento[126] para

203 *žiwó(u)*[127] *kone'wó eléu'ta-le*   Konewó se sentou.
                Konewó   sentou-se

204 *mele-té-tēse kaikusé-za*   Aí, uma onça o encontrou.
    estando lá   onça
    epóle(x)-pe
    encontrou

205 *e-pég au-íži-mā zakó*   (Esta falou) para ele: "O que você
    ele para você está? cunhado   está fazendo, cunhado?".

206 *e-pég íži-neké wán*   (Ele respondeu) para ela: "Não estou
    ela para eu não estou! mel   fazendo nada! Estou comendo mel".
    enápe-za
    eu como

207 *mã'lé ekámapo(x)-pe kaikusé-za*   A onça lhe perguntou: "Está gostoso,
    lhe   perguntou   onça   cunhado?".
    wakẹ́ na'mã[128] *zako*
    bom   ! ?   cunhado

208 *wakẹ́ kanan*[129]   "Excelente!"
    bom   !

209 *waíya-le koáme(x)-pé-ya*   Ele verteu uma pequena cabaça
    pequena cabaça ele verteu   na mão dela.
    t-ēnzá-ponā
    sua mão na

210 *melé enápe(x)-pe kaikusé-za*   A onça comeu.
    isso   comeu   onça

211 *asá-nekin zako wakẹ́-nag*   "É mesmo, cunhado, é bom pra
    de fato   cunhado bom !   se comer!"
    enápe(x)-pe[130]
    eu comi

---

[124] Interjeição; substitui o verbo; vide frases 183 e 189.
[125] Ou seja, "as abelhas de um ninho, uma colmeia"; vide observação frase 183.
[126] Ou seja, o galho ou a parte do tronco onde as abelhas têm o seu ninho ou a própria colmeia.
[127] Interjeição; expressa como ele se senta.
[128] Vide frase 6.
[129] Vide frase 7.
[130] Vide frase 13. Foi anotado: *enápe(x)-pe(g)* = comer de (?); portanto: "(bom) de se comer" (?).

212	a̰u-kówām̰ę̄ selé ẓako você fica aqui cunhado	"Você fica aqui, cunhado!"
213	wak̰ę́ kanan[131] bom !	"Está bem!"
214	māsá ak̰ę́te-ẓa-tana tóg já eu derrubo enquanto elas[132] apí-ta no(m)-poną̄ to- segurar vai chão no elas k-ená-nin assim não caiam	"Enquanto eu derrubo (a árvore), você a agarre, senão elas vão cair no chão!"

215	wak̰ę́-pē tóg m-apí(d)ži
	   bom las você tem de segurar
	nóm-poną̄ tó-k-ená-nin
	  chão no elas assim não caiam
	tog ená-to(x)pḛ
	ela comer para
		"Você tem de segurá-las bem, senão elas vão cair no chão, para que a gente possa comê-las!"

216	ṵá̰ tóg ak̰ę́-kḛid tog vamos elas[133] derrubo elas ápi(d)že-t̰ę́[134]-tana segurar vou enquanto	"Vamos, pode derrubá-la, eu vou agarrá-las!"
217	ka̰ikus̰ę́-tē-le onça foi lá	A onça foi lá.
218	tá[135] konḛ'wó-ẓa yḛi ak̰ę́-te-le Konewó árvore derrubou	Konewó derrubou a árvore.
219	i-m'poí-win̰ę̄ ak̰ęté-ya-le ela atrás ele derrubou	Ele a derrubou atrás dela (da onça).
220	potó(u)[136] yḛi ḛk̰ę́tē-le árvore quebrou	Creque! A árvore quebrou.
221	miāle-mā́ ẓakō wak̰ę́-pē lá vai ela! cunhado bom	"Lá vai ela, cunhado! Segure-as bem!"

---

[131] Vide frase 7.
[132] "elas", ou seja, "as abelhas, a colmeia, o mel".
[133] Ou seja, ele deve derrubar a árvore e, com isso, fazer cair o ninho de abelhas, as abelhas.
[134] Vide acima frases 42, 102, 150, 157, 174 e 185.
[135] Interjeição; expressa como ele derruba a árvore.
[136] Interjeição; expressa como a árvore se parte.

	tog	*apí-ke*
	elas[137]	agarre

222	*potó(u)-potó(u)-potó(u)*[138]	*kaikusé*		Creeeque!!! A onça se pôs contra a
		onça		árvore.
	ekōnega-lé	*yei-zakeíd*		
	se aprontou	árvore contra		

223	*telēlelen*[139]	*tokí-tokíg*[140]	*kaikusé*	Catapimba! Creque! Ela matou a onça.
			onça	
	wé-ya-le			
	ele matou			

224	*mã'lé*	*ekāmapo(x)-pé-ya*	Konewó perguntou para ela:
	a ela	ele perguntou	"Cunhado, você as agarrou?".
	zakó	*tóg*	*m-apī(d)ži-nág*	
	cunhado	elas	você agarrou?	

225	*kolé*	*kaikusé-za*	*maimiúkū-pela*	Nada! A onça não respondeu.
	Nada!	onça	respondeu não	

226	*ei-te-lé*	*elē'ma-íd*	*tó(u)*[141]	Quando ele viu que a onça estava
	ela foi até lá	vendo		morta, foi até lá.
	kaikusé	*eli(d)žag*	*yei-zó'nō*	
	onça	morta	árvore debaixo	

227	*aikó*[142]	*zakó*	*eli(d)žag-lé-weid*[143]	"Hei, cunhado, então você está morto!
	hei	cunhado	morto então	Bêbado, cunhado, de *caxiri* de mel!
	wán-yeuku-peg	*zakó*		
	mel *caxiri* de	cunhado		
	etalípasag			
	bêbado			

---

[137] Ou seja, as abelhas, o mel. De acordo com o sentido, talvez fosse mais correto se, nas frases 214 a 216, em vez de "derrubar" se dissesse "bater" ou "cortar"; ou seja, Konewó vai lá para, supostamente, abrir um buraco no tronco, no ponto em que está o ninho de abelhas, e, assim, chegar ao mel. Mas, na realidade, ele derruba a árvore.

[138] Interjeição como na frase 220; expressa a árvore se partindo aos poucos.

[139] Interjeição; expressa a árvore caindo.

[140] Interjeição; expressa a onça caindo e seus ossos se quebrando. Vide frase 138.

[141] Interjeição; exprime "o morrer, a morte". Vide frase 153.

[142] Exclamação de surpresa.

[143] Vide observação sobre frase 21.

228 *yẽ-elẽ'mā-we̊i̊d*[144]   *e̊mākuyípe̊-le*
    veja só!   malvada

    aů-īli(d)žág   ye̊i   wotōlo-pẽ́
    você morreu   árvore   presa como

    aů-e̊(d)zepālánte̊-sag
    por você mesmo destruído

Está vendo, malvado! Você morreu como presa da árvore, destruído por você mesmo.

229 *ai̊'lemán   tē-z̊ai̊-we̊íd*[145]
    pronto!   ir estou a ponto de

    emākuyípe̊-le
    malvada

Pronto! Vou indo, malvado!"

230 *āi̊   kone̊'wó-téle*
    ah   Konewó foi embora

Ah, Konewó foi embora.

XIV.

231 *Pulutuí*[146] *pemón-z̊ame̊g*[147] *euẽ́-tag*
              gente   casa em

Ele chegou até uma casa de gente.

232 *miāle-mā́*[148] *z̊akó taléle-nag*[149]
    cá estou   cunhado   aqui   !

    mez̊atéu
    estão vocês?

"Cá estou, cunhado! Vocês estão aqui?"

233 *iná   taléle   e̊'na-naíg   pe̊līyaú-*
    sim   aqui   nós estamos   com saúde

    pela
    não

"Sim, estamos aqui, mas não estamos bem."

234 *e-pe̊g wūin*
    ele para por quê?

(Ele perguntou) para ele: "Por quê?".

235 *kulátu'pódole (i)ná enẽ́-pe̊(g)-*
    jacaré pai   nos   comer a

    nai̊g[150] *t-uẽ́-ke*
    está   mate

"O jacaré-pai vai nos comer. Mate-o!"

---

[144] Vide frase 21. Aqui pode ser traduzido por "Está vendo!".
[145] Fórmula de despedida dos Taulipáng, intensificada por "*we̊i̊d*".
[146] Interjeição; substitui o verbo; vide em vários trechos.
[147] Vide frase 183.
[148] *miále* = para lá. Grito que se dá quando se chega a uma casa etc. *miāle-mán*; vide frases 135, 190 e 221.
[149] Vide frases 6, 13, 207 e 211.
[150] Vide frases 29, 55, 56 e 162.

236	ūā̃ (a)tendekí'-naī̃[151] vamos onde está ele?	"Vamos lá! Onde é que ele está?"
237	mḛ̄-tḛ pezá-po lá está ele porto no	"Lá está ele, no porto!"
238	māsa-kín s-elema-taí-nā̃[152] já ver deixe-me ir	"Deixe-me ver!"
239	ā̃ī̃ konḛ'wó-téle ah Konewó foi embora	Ah, Konewó foi até lá.
240	pulu'tuí kulátu-(e)pódole jacaré pai epōlḛ́-ya-le esekḗ-po ele encontrou banco de areia no	Ele encontrou o jacaré-pai no banco de areia.
241	e-pég aṷ-í(d)zi-mā zako ele para você está? cunhado	(Falou) para ele: "O que você está fazendo, cunhado?".
242	e-pég iží-neke waịlá-zamḛ̄g[153] ele para eu não estou! antas nḛmḛ́ke-za t-uḛ́-tó(x)pḛ-za eu espero matar para, para que eu	(Este respondeu) para ele: "Não estou fazendo nada! Estou esperando pelas antas para matá-las".
243	í'nā-le[154] mḛlé-tesē-pela sim estes estão não[155] wḛ'núne-paị[156] dormir vamos	"Com efeito! Já que nenhuma está vindo, vamos dormir!"
244	ūā̃[157] vamos	"Vamos!"
245	pḛlén[158] konḛ'wó epḛlénga-le Konewó deitou-se	Konewó se deitou.
246	y-ḛkupíuka-le t-uḛtún ele fechou os olhos dormiu kaí'mā̃ supostamente	Ele fechou os olhos e fingiu que estava dormindo.

---

[151] = atende-kín-naī̃.
[152] Vide frases 35 e 179.
[153] Vide frases 183 e 231. O jacaré-pai chama a gente da casa que ele apanha e come de suas "antas" (ou seja, sua caça).
[154] Frase de cortesia; vide frase 129.
[155] Ou seja, "já que as antas (pessoas) não vêm"; ou "já que as antas (pessoas) não vieram (complete: disse ele)".
[156] Vide frases 32 e 175.
[157] Disse o jacaré-pai.
[158] Interjeição; expressa quando ele se deita para dormir. A mesma palavra está contida no verbo seguinte.

247 *kulātu-pódole e̯-tó(x)pē* Assim ele enganou o jacaré-pai.
       jacaré pai   ser para
    engute(x)-pę́-ya
       ele enganou

248 *tó(u)*[159] *kulātú-pódole wetún-le* O jacaré-pai dormiu.
           jacaré pai   dormiu

249   *ulū̃   kone̯'wó i-we̯tún-* Enquanto ele dormia, Konewó se
    levantou-se Konewó ele dormiu levantou e pegou um porrete.
    tana   oloíd[160] *yei*
    enquanto agarrou madeira

250 *tṍ---*[161] *kulātú-pódole me̯pákunta-* Pá! Ele bateu nas costas do
            jacaré pai   costas   jacaré-pai.
    z̯ai̯ t-ué̯-pe̯-ya
    nas   ele bateu

251   *t-ué̯-te-po* Depois que ele bateu, Konewó se
    depois que ele bateu jogou no chão.
    no(m)-pé̯g kone̯'wó-te(x)-pę̯[162]
    chão no   Konewó se jogou

252 *ekénē---*[163] *yei wé̯-pę-man* "Ai! Ai! Um pedaço de pau me
           madeira me acertou acertou, cunhado!"
    z̯ako
    cunhado

253 *me̯lé-pég kulātú-pódole-z̯a* Então o jacaré-pai (disse): "Ele
    a seguir   jacaré pai também me acertou, cunhado!
    yeulé-'na-le[164] *wé̯-pę-man z̯ako*
    me também   acertou   cunhado

254 *unpakúnta-z̯ai̯ wé̯-pę-man* Me acertou nas costas!".
    minhas costas nas acertou

255 *me̯lenauá*[165]-*tēse we̯húne-pai̯* "Já que é assim, vamos dormir,
    isso assim sendo   dormir vamos cunhado!"
    z̯ako
    cunhado

---

[159] Interjeição; expressa quando ele adormece. A mesma interjeição expressa o morrer, a morte. Vide frases 153 e 226.
[160] Traduzido (port.): "ajuntou"; talvez apenas interjeição que substitui o verbo.
[161] Interjeição; expressa o "golpe".
[162] Literalmente: "foi, caiu".
[163] Grito de dor; também "*ekę́--!*".
[164] = *yeulé-ina-le. iná-le* = sim, também, igualmente.
[165] *me̯le-me̯náua-tēse*. Sendo assim.

256	ūá̰ vamos		"Vamos!"
257	to(u)[166] tóg e̱pe̱lénga-le eles se deitaram		Eles se deitaram.
258	to(u)[167] kulātú-p̰ōdole wetún-le jacaré pai dormiu		O jacaré-pai dormiu.
259	kone̱'wó wetún-pela Konewó dormiu não		Konewó não dormiu.
260	oloíd ye̱i tő---[168] agarrou madeira kulātu-'p̰ōdole pemẽ-ye̱pe̱-za̱i̱ jacaré pai pescoço osso no		Ele pegou um porrete e bateu na nuca do jacaré-pai.
261	t-ué̱-te-po depois que ele bateu kone̱'wó entaíma-pẽ́-te(x)-pe̱ Konewó gritou repetidamente ekénē̱---[169] kaí'mã ye̱i (supostamente) madeira wé̱-pe̱-man ẕako me acertou cunhado		Depois que ele bateu, Konewó começou a gritar: "Ai! Ai! Um pedaço de pau me acertou, cunhado!".
262	mã'le-pe̱g kulátú-p̰ódole-ẕa ele para jacaré pai sé̱-za̱i̱-le u-y-éuna-za̱i̱ wé̱- aqui meu nariz no eu sa-ya-ẕau̱ elí(d)žag acertado estaria se morto epaínau̱ (i)ná̰[170] eu estaria realmente		O jacaré-pai (falou) para ele: "Se ele tivesse me acertado aqui, no meu nariz, eu estaria realmente morto!".
263	kata-paínau̱ yei e̱selóga-mẽ[171] do alto madeira caiu ẕako we̱'núne-pa̱i̱ cunhado dormir vamos		"Lá do alto foi que o pau caiu, cunhado. Vamos dormir!"

---

[166] Vide frase 248.
[167] Idem.
[168] Vide frase 250; substitui aqui o verbo.
[169] Vide frase 252.
[170] iná̰ também pode introduzir a frase seguinte (a resposta de Konewó) e significaria, então: "De fato!".
[171] Ou: e̱selóga-man (?).

264 we̱'hum-paí-kulu[172] é̱'za̱i̱g[173] "Eu quero, enfim, dormir!"
    dormir   eu quero

265 to(u)[174] kulātú-p̓ódole wetún-le   O jacaré-pai dormiu.
        jacaré   pai   dormiu

266 oloíd   yei   (Konewó) agarrou um porrete.
    agarrou madeira

267 (i)-n-ḛ́kama(x)-pe̱ t-euna-za̱í   O que aquele disse, no seu nariz,
        ele algo disse   seu nariz no   pá, foi no seu nariz que Konewó
    tő---[175] t-euna-za̱í t-ué̱-ya-le   bateu.
              seu nariz no   bateu
    kone̱'wó-za̱
    Konewó

268 me̱le-tapaí kone̱'wó-te(x)-pe̱   Então Konewó foi chamar as pessoas.
    a seguir   Konewó   foi   Ele chegou até a casa.
    pemón-za̱mē̱g apé̱-ma̱i̱d
      pessoas   chamar para
    pulu'tuí[176] eute̱-tág
       casa   em

269 a̱i̱'lemán kulātú-p̓ódole   "Pronto! Matei o jacaré-pai a
      pronto   jacaré pai   pauladas!
    t-ú̱e̱-i̱
    eu matei

270 i-we̱-ka-tán-te-g   Vão lá esquartejá-lo!"
    seu cocô tirar vão!

271 pemón-za̱mē̱g   ale   Konewó levou as pessoas.
      pessoas   levou
    koné̱'wó-za̱-le
    Kone wó

272 pulu'tuí[177] kulātú-p̓ōdole   Chegaram lá e, juntos, esquarte-
                  jacaré pai   jaram o jacaré-pai.
    i-we̱(g)-ka-tó-za̱-le
      seu cocô tiram eles

---

[172] Sobre -kulu (partícula de intensidade), vide frases 108 e 116.
[173] A frase toda quer dizer: "Quero dormir!". Vide, por exemplo: etíamā-pa̱i̱ e̱za̱i̱g = quero me casar!
[174] Interjeição; vide frases 248 e 258.
[175] Interjeição; vide frases 250 e 260.
[176] Interjeição; substitui aqui o verbo: "ele veio".
[177] Interjeição; substitui aqui o verbo: "eles chegaram lá".

273 áẹ[178] pemón-yẹ(x)pẹ
    ah   de gente ossos

Ah! Ossos de gente (foi o que viram)!

274 āī   konẹ'wó-tē-le
    ah   Konewó foi embora

Ah, Konewó foi embora.

XV.

275 Mẹletapaí pulu'tuí[179] azá[180]-pẹg
    a seguir   timbó para
   yéi   mēnékelen[181]
  tronco de árvore   paralelamente pendurado

A seguir, Konewó chegou ao *timbó*, que pendia de uma árvore.

276 mẹlé mon moká-ya-tana
   cuja   raiz ele puxou enquanto
konẹ'wó   epólẹ(x)-pẹ kaikusẹ́-za
Konewó   encontrou   onça

Enquanto Konewó puxava sua raiz, uma onça o encontrou.

277 e-pẹ́g au-í(d)ži-mā zakō
  ele para   você está?   cunhado

(Esta falou) para ele: "O que você está fazendo, cunhado?".

278 e-pẹ́g iží-nekē   azá
  ela para eu não estou timbó
móka-za mológ mẹ́-te-
eu puxo   peixes   lá estão
ma-nan   tun[182]-tó(x)pẹ-za
os quais envenenar para, para que eu

(Ele respondeu) para ela: "Não estou fazendo nada! Estou puxando o *timbó* para envenenar os peixes que estão lá.

279 māsá i-mún móka-za-
   já   minha raiz eu puxo
tana sẹnég itég[183] aké-
enquanto este   cipó   cortar
ta i-pẹ́g t-ẹnú-se
vou! nele   subir

Suba agora por este *cipó* e o corte, enquanto eu puxo a raiz dele!"

---

[178] Exclamação de surpresa dolorosa.
[179] Interjeição como na frase 268.
[180] Trepadeira de seiva picante para envenenar os peixes, chamada de *timbó* no Brasil.
[181] Traduzido (port.): *encostado*. Explicado: o *timbó* pende de uma árvore, paralelamente ao tronco, mas distante dele um bom tanto.
[182] Esta palavra só é empregada para a pesca com *timbó*.
[183] *itég* é como se chama somente o *timbó* como cipó. O *cipó* comum (para amarrar) se chama: "*zi hég, zi hág*"; vide frases 32, 33, 109, 111, 114 e 169.

280 *kaikusé énku-le*
    onça   subiu

A onça subiu.

281 *táula   t-én'-zau*[184] *ka'tág*
    faca   sua mão na   para cima

    y-énku(x)-pẹ
    ela subiu

Com a faca na mão, ela subiu.

282 *mẹlé akẹte(x)-pẹ́-ya t-epoí*
    ele[185] ela cortou   acima dela

Ela cortou o *timbó* acima dela.

283 *tán kitíu(p) pú(p) taé taú-*
    fʰu-fʰu[186] *no(m)-poną́*
                  chão no

Catapimba! Pá! Pum! Ela caiu no chão.

284 *i-y-ẹ́na-sag ekáli-pẹg*
    ele caído   ver, observar para

    konẹ'wó ẹsaláte(x)-pẹ yẹi
    Konewó se aproximou pau

    t-anún-sē
    pego tendo

Konewó pegou um porrete e se aproximou para ver a onça caída.

285 *mã'le wẹ-tuka(x)-pẹ́-ya tó(u)*[187]
    ele   ele matou completamente

Ele a matou a pauladas.

286 *i-nẹmá-ya-le*
    ele deixou ele caído

Ele a deixou caída.

287 *konẹ'wó-té-le*
    Konewó foi embora

Konewó foi embora.

XVI.

288 *Ei-kówąmẹ̃*
    ele se demorou

Ele ficou lá.

289 *mẹle-tapaí éi-te-le*
    a seguir   ele foi embora

Então ele foi embora.

290 *pulutuí*[188] *piaimã múngé*
              de Piaimá filho

    epōlẹ(x)-pẹ́-ya
    ele encontrou

Ele encontrou o filho de Piaimá.

---

[184] Contração de: "*t-énza-zau*".
[185] Ou seja, o *cipó*.
[186] Interjeições que expressam como ele cai, de galho em galho, no chão.
[187] Interjeição; expressa a morte; vide frases 153 e 226.
[188] Interjeição; expressa a chegada a uma localidade.

291 la̰ḭ(d)pán-ku(x)pḛ   apaíkapḛ-sē   "Meus pais foram esvaziar o lago
    Laipáng lago   esvaziar para   Laipáng."
    pāpág pogon[189]   netéite[190]
    meus pais   foram lá

292 mā'le-pḛ́g   to-s-eḻema-taí-nā̰[191]   (Ele respondeu) para ele: "Eu vou
    ele para   eles ver deixe-me ir   visitá-los!".
    ka̰ḭ-mā́[192]
    (fingindo)

293 konḛwó-te(x)-pḛ   Konewó continuou andando.
    Konewó seguiu andando

294 pulu'tuí[193]   pia̰ḭ'mā   té-no(x)pḛ-   Ele chegou lá. Piaimá e sua mulher
                    Piaimá   sua mulher   estavam lá.
    ẕā-le   ží'mā
    junto com estavam lá

295 tuná   apa̰ḭka-tó-ẕa   Estavam tirando a água.
    água   tirar água eles

296 tó(g)-mapoí-winḛ   ẕ-ātalí-   Ele se arrastou atrás deles.
    deles   atrás   ele rastejou
    mā'le
    para perto de

297 zeḻḛleḻég[194]   te-latá   Ele colocou sua zarabatana.
    (colocou)   sua zarabatana

298 ketéẇag   amokóma(x)-pḛ́-ya   Ele enrolou algodão com o caroço.
    algodão   ele enrolou
    t-ḛ́na(x)pḛ-ẕā-le
    seu caroço junto com

299 zológ[195]   te-latá-ẕag   Ele o enfiou na zarabatana.
    (enfiou)   sua zarabatana em

---

[189] pāpág = meu papai; -gon é a terminação do plural.
[190] Todas as palavras que Piaimá e seus familiares dizem aqui pertencem supostamente à língua Ingarikó.
[191] Vide frases 35, 179 e 238.
[192] Vide frase 35 etc. ka̰ḭ mā́ é colocado aqui porque Konewó não quer apenas ver (visitar) os pais.
[193] Interjeição como na frase 290.
[194] Interjeição; expressa como ele coloca a zarabatana e substitui aqui o verbo.
[195] Interjeição; expressa como ele enfia o projétil na zarabatana e substitui aqui o verbo.

300 bã[196]   piai'mã   emú-zai   Ele atirou no saco escrotal de Piaimá.
     de Piaimá bolsa escrotal na

   i-pe(x)-pé-ya[197]
   nele atirou   ele

301 melē-pég   ali'waí   t-api(d)žé   Então Piaimá agarrou um *cascudo* e o
    a seguir   *cascudo* agarrou   passou várias vezes no saco escrotal.

         t-emú-poi   piai'mã-za
   sua bolsa escrotal sobre   Piaimá

   alī'waí   alé-pe-te(x)-pe
   cascudo passou (repetidamente)

302 eutí   zapébeke[198]   kai'mã[199]   "Bate mais!"
    mais   bate!

303 tã(u)[200]   e-nungá-ya-le   Ele o jogou fora.
              ele soltou ele

304 melé   walánte-le   í-no(x)pe   Ele também atirou na mulher (com a
    isto   igualmente   sua mulher   zarabatana).

   pe(x)-pé-ya
   ele atirou

305 oloíd[201]   ali'waí   Ela agarrou um *cascudo*.
    agarrou   *cascudo*

306 walá'te-kulú-kág[202]   mesé   ali'waí   "Safado, esse *cascudo*! Bate mais!"
    safado!   esse   *cascudo*

   eutí   zapébeke[203]   kai'mã[204]
   mais   bate!

307 ta(u)[205]   ali'waí   nongá-ya-le   Ela jogou o *cascudo* fora.
                cascudo   ela o soltou

---

[196] Interjeição; expressa o atirar, o "soprar" com a zarabatana.
[197] Este verbo só é empregado para "atirar com a zarabatana".
[198] Assim traduzido por Mayuluaípu; supostamente língua Ingarikó. Não foi possível obter uma tradução exata.
[199] Porque se trata de um engano. Não foi o peixe que o acertou.
[200] Interjeição; expressa como ele joga o peixe.
[201] Vide acima frases 249, 260 e 266.
[202] Xingamento, espécie de maldição, intensificado por -*kulú*; traduzido com o port.: "tu safado!".
[203] Assim traduzido por Mayuluaípu; supostamente língua Ingarikó. Não foi possível obter uma tradução exata.
[204] Porque se trata de um engano. Não foi o peixe que o acertou.
[205] Interjeição; expressa como ele joga o peixe ao chão.

308	*i-nongá-te-po* ele depois que ela soltou	Depois que o jogou fora, ela continuou a tirar água.
	tuná kuán-pẹ-te(x)-pẹ água esvaziar[206] continuou	
309	*y-ẹ́selate(x)-pẹ* ele se aproximou	Ele se aproximou.
310	*zelẹ́lelég*[207] *konẹwó-ẓa tē-latá* Konewó sua zarabatana	Enquanto Konewó punha sua zarabatana, Piaimá ficou olhando no meio de suas pernas.
	engá-tana elẹ́'ma(x)-pẹ colocou enquanto viu	
	piai̯'mā-ẓa te-mónta-ẓai̯[208] Piaimá suas pernas através	
311	*ma'lé t-elẹ́ma-id piai̯mā-ẓa* ele vendo Piaimá	Quando Piaimá o viu, largou a sua cuia.
	te-saú nónga(x)-pẹ sua cuia deixou, deitou	
312	*konẹ'wó ekátumẹ(x)-pẹ* Konewó correu	Konewó saiu correndo.
313	*mā'lé pẹkẹ́le piai̯mā* dele atrás Piaimá	Piaimá correu atrás dele com sua mulher, enquanto Konewó correu para junto de um veado-do-mato.
	ekátumẹ(x)-pẹ te-no(x)pẹ́- correu sua mulher	
	ẓā-le konẹ'wó ekatúm- com Konewó correu	
	pa-pẹ-tē-tana (u)sáli-poí-le enquanto veado mato	
314	*konẹ'wó-te(x)-pẹ (u)sáli* Konewó continuou correndo veado do mato	Konewó continuou correndo e assustou o veado-do-mato.
	teleká-ya-le ele afugentou	

---

[206] Ou seja, Piaimá e sua mulher esvaziaram a água do lago com suas cuias e a jogaram para trás por entre suas pernas.
[207] Vide frase 297.
[208] Vide frases 2 e 8.

315 *ye̱-telḙka-sag   uté-tana*
    ele[209] espantado   correu enquanto
    kone̱'wó   epántaká(x)-pe̱
    Konewó   pulou de lado
    tažî[210]   *y-e̱wúpama-le*
          ele ficou parado

Enquanto este foi embora, correndo, assustado, Konewó pulou de lado e parou.

316 *(u)sáli-wénai̱   piai̱'mã*
    veado mateiro atrás   Piaimá
    ekátume(x)-pe̱
    correu

Piaimá saiu correndo atrás do veado-do-mato.

317 *tóg*[211]   *(u)sáli   apí(d)ži-tó-za̱-le*
        veado do mato   agarraram eles
    t-ue̱-tó-za̱-le
    mataram eles

Eles agarraram juntos o veado-do-mato e o mataram.

318 *me̱lé-pe̱g   kone̱'wo-zá   yéu̱le-pe̱*
    a seguir   Konewó   eu como
    y-éži-yau̱   ue̱-zag   tó-za̱
    eu fosse se   morto   eles por
    epaíno[212]
    eu teria sido

Então Konewó (disse): "Se tivesse sido eu, eu teria sido morto por eles!".

319 *āi̱   kone̱'wó-té-le*
    ah   Konewó   foi embora

Ah, Konewó foi embora.

XVII.

320 *I-kowa̱mē-le*
    ele se demorou

Ele se demorou.

321 *mā'lé   (u)té-le   te-paí*
    ele   foi embora   sua cabeça
    t-aké-sē
    raspada

Depois que ele raspou a cabeça, foi embora.

322 *žiwaú*[213]   *y-ēlḙu̱ta-le   yéi-ponā*
        ele se sentou   árvore na

Ele se sentou num tronco de árvore.

---

[209] Ou seja, o veado.
[210] Interjeição; expressa como Konewó, de repente, fica parado.
[211] Interjeição; expressa como eles agarram o veado.
[212] Vide frase 262.
[213] Interjeição; expressa como ele se senta; vide frase 203.

323 mā'lé   epóle(x)-pẹ   pia̤i̤ mā-ẓa   Piaimá o encontrou.
      ele   encontrou   Piaimá

324 e-pẹg   aṳ-íži-mā   ẓako   (Este falou) para ele: "O que você
     ele para você está?   cunhado   está fazendo, cunhado?".

325 e-pẹg   iží-neke   ẓako   (Ele respondeu) para ele: "Não estou
     ele para eu não estou cunhado   fazendo nada, cunhado! Quero acertar
    i-y-óe-ten   wó'la   pẹ[214](x)-   um *jacu* pra comer, porque estou
    minha comida para jacu[215] atirar   com fome".
    pẹ́-sē   y-ẹ́-sag   talui-pẹ(g)
    querer   eu cheguei faminto
    eží-nin
    eu estou porque

326 mā'lé   ekámapo(x)-pẹ   é'tuka̤i̤d   Ele lhe perguntou: "Como foi que
     a ele   perguntou   como   você raspou a cabeça?".
    a-n-úlupíka(x)-pẹ   a-pa̤i̤
    você raspou   sua cabeça

327 é'tuka̤i̤(d)-pẹlá-le   sẹ̄nég   ālaíd   "Com nada além destes dentes
     como   não   esta   piranha[216]   de *piranha* foi que eu cortei (o
    yẹ́le(x)-pẹ[217]-kẹ   u-n-ákete(x)-pẹ   cabelo)."
    dentes   com   eu o cortei

328 mẹlé-pẹ́g   u-y-ulupíka-ke   amā̤lé   Então (aquele disse): "Me raspe,
     então   me tose   você   pra eu ficar como você!".
    wa̤lánte   e-tó(x)pẹ
    como   ser para

329 mẹlé-pẹ́g   konẹ wó-ẓa   ūā̃   Então Konewó (disse): "Vamos!
     então   Konewó   vamos   Sente-se já!".
    māsa-kén   elẹ́uta-kẹ
    já   sente-se

330 mẹlé-yi'-nín   pia̤i̤ mā   elẹ́uta(x)-pẹ   Então Piaimá se sentou.
     por isso   Piaimá   sentou-se

---

[214] Ou seja, atirar com a zarabatana; vide frase 300.
[215] *Penelope marail.*
[216] *Pygocentrus* sp. Os índios usam os dentes desse peixe predador para cortar o cabelo.
[217] Sufixo -pẹ limita o significado do substantivo. Foi dito aqui porque não se trata mais dos dentes do peixe com vida. Vide frases 71, 83 e 181.

331 akắ   tu-ka-i̧   edžíʼ[218]   ka-kę   "Não diga 'akắʼ', diga 'edžíʼ'!"
    "akắ"   não diga! "edžíʼ"   diga!

332 ulég[219]   alaíd   yéle(x)-pę[220]   wa̧lág[221]   Ele passou os dentes de *piranha* na
    passou   piranha dentes   cabeça de Piaimá.
    piai̧ʼmā̃   pupaí
    Piaimá   cabeça

333 mę̧lé-pęg   piai̧ʼmā̃-za   edžíʼ[222]   Então Piaimá disse: "edžíʼ".
    então   Piaimá   "edžíʼ"
    taúle(x)-pę
    disse

334 wa̧lág[223]   mātapóle   edží   taųlé-   Ele passou mais. Depois que
                 mais[224]   "edžíʼ" dito   Piaimá disse "edžíʼ", ele disse:
    te-po   edží   agā̃   "edží agā̃!".
    depois que ele tinha "edží agā̃"
    taųle(x)-pę̧́   piai̧ʼmā̃-za
    disse   Piaimá

335 mę̧le-tapaí   i-paí   piká-pę-ya   Então ele escalpelou a cabeça dele.
    então   sua cabeça   ele escalpelou

336 elōlológ   pitúi[225]   i-paí   Rique, raque! Ele escalpelou a cabeça
                             sua cabeça   dele.
    piká-ya-le
    ele escalpelou

337 mę̧le-tapaí   pę̧mę̧í   zoma(x)-pę-ya   Então ele triturou pimenta.
    então   pimenta   ele triturou

338 ai̧ʼlé   ayíka-pai̧[226]   "Pronto! Vamos passá-la na
    pronto em passar vamos   cabeça! Aguente!"
    apę̄táma-kę
    aguente!

---

[218] akắ, agá, aí, edží são sons de dor.
[219] Talvez somente interjeição. Vide frase 194, vide mais adiante frase 339.
[220] Vide nota 218.
[221] Interjeição; expressa como ele passa os dentes pela cabeça, arrancando.
[222] akắ, agá, aí, edží são sons de dor.
[223] Interjeição (vide frase 332); substitui aqui o verbo: "ele passou de novo (os dentes de *piranha* na cabeça)".
[224] = "de novo" ou "outra vez".
[225] Interjeições; expressam como ele o escalpela.
[226] Vide frases 32, 175 e 243.

339	ulég žikíd[227] ayíka-ya-le ele passou em	Ele a passou na cabeça.
340	mã'lé-piápai̯ piai̯'mã ekátu- dele embora Piaimá correu me(x)-pẹ	Piaimá foi embora, correndo.
341	ā̰i̯ piai̯'mã-té-le ah Piaimá foi embora	Ah, Piaimá foi embora.

342	mẹle patá(x)-pẹ-z̯au̯[228] konẹ'wó-
	   este lugar em Konewó
	     te(x)-pẹ
	continuou andando
		Depois dele, foi Konewó.

343	y-ẹmeíku-le ele voltou para casa	Ele voltou para casa.
344	ei̯-kowomḗ-le ele se demorou	Ele se demorou.

XVIII.

345	Mele-tepó konẹ'wó-te(x)-pẹ a seguir Konewó continuou andando	Então Konewó continuou andando.
346	pulutuí[229] konẹ'wó epólẹ Konewó encontrou piai̯'mã-z̯a-le pẹmẹí-yeg Piaimá pimenta pé i-paí-pẹg sua cabeça na	Piaimá o encontrou; na cabeça dele nasceu um pé de pimenta.
347	ekámapẹ(x)-pḗ-ya amã̰le-nág[230] ele perguntou você ! y-ūlupíka-te-pon z̯ako que me raspou cunhado	Ele lhe perguntou: "Foi você que me raspou a cabeça, cunhado?".

---

[227] Interjeições, expressam como ele passa a pimenta moída no crânio nu; vide frases 194 e 332.
[228] Vide frases 71, 83, 181 e 332.
[229] Interjeição; vide anteriormente em vários trechos.
[230] Vide frases 6, 13, 207, 211 e 232. Partícula -nag às vezes pode ser traduzida por "portanto", como nas frases 232 e 347.

348 *akḗ   mā-té*[231]   *má'hēg*   "Não! Lá está ele, talvez aquele!
    não   lá está ele! aquele
    nekḗ-nag
    talvez

349 *mā'le   yēlí(d)žag   má'heg*   Ele está morto. Vamos já até lá
    ele   morto   aquele   vê-lo!"
    māsa-kín   ele̱'maíd
    já   para ver
    míāle
    em frente, vamos

350 *ūā   māsa-kín   ele̱'ma-tá-ne-ke̱*[232]   "Vamos! Vai já até lá e o veja!"
    vamos já   ver vá

351 *pulu'tuí*[233] *wa̱ilá   ye̱(x)pḗ-pe̱g*   Chegaram até os ossos de uma anta.
                    anta   ossos para

352 *māsá   a̱i̱žíte-g*   "Ponha-os agora em ordem para nós
    já   junte, alinhe![234]   dançarmos com eles!"
    (i)-mánumpa-to(x)pe̱
    eles[235]   dançam para

353 *me̱lé   a̱i̱žíte(x)-pe̱*   Konewó os pôs em ordem.
    eles   ajuntou, alinhou
    kone̱'wó-ẕa
    Konewó

354 *me̱lé   manúmpa(x)-pe̱   pia̱i'mā-ẕa*   Piaimá dançou com eles.
    eles[236] dançava   Piaimá

355 *u-y-ūlupíka-le-te-pṓno*[237]   "Quem me raspou a cabeça, eu
    (ele) que me raspou   o agito. Piaimá eu sou, Piaimá!"
    žitālalāmane̱yi   pe̱yaí'mā-te
    sacudo eu   Piaimá eu sou
    pia̱i'mā
    Piaimá

---

[231] Vide frase 237.
[232] Vide frases 57 e 145.
[233] Interjeição que, com frequência, substitui o verbo: "Eles chegaram".
[234] Ou seja, "alinhe os ossos, formando um colar!".
[235] Ou seja, "o colar de ossos". *manumpa* deve significar "sacudir dançando", por isso está unido ao acusativo.
[236] Ou seja, o colar de ossos; vide frase 352.
[237] Vide frase 347; supostamente língua Ingarikó, assim como tudo que Piaimá fala.

356 ka̰ḭ m̰ã[238]   piaḭ m̄a-ẕa   waḭlá   Piaimá dançou com os ossos de
    (fingindo)   Piaimá   anta   anta.
    ye̱(x)pe̱   manúmpa(x)-pe̱
    ossos   dançou

357 āĩ   piaḭ m̄ā-té-le   te̱-mā́-   Ah, Piaimá foi embora dançando.
    ah   Piaimá foi embora   dan-
    no(x)-pe̱
    çando

358 ḛḭ-kówome̱̰-le   mindžá[239]   t-úte-ḭd   Ele ficou bastante tempo fora,
    ele se demorou   longe   indo   enquanto ia longe.

359 me̱le-tapaí   y-e̱nápo(x)-pe̱   pulu-   Então ele voltou e foi até Konewó.
    então   ele voltou
        tuí[240]   kone̱'wo-pé̱g
        Konewó   para

360 am̱ālé-kanan[241]   ẕako   i-   "Agora você dança com eles,
    você !   cunhado   ele   cunhado!"
    mā́numpa-ke̱
    dance

361 ūã   u-y-ūlupíka-lé-te-póno   "Vamos!" "Quem me raspou a
    vamos   (ele) que me raspou   cabeça, eu o agito. Piaimá eu sou.
    žítālalā́mane̱̰yi   pē̱yaḭ 'mā́-   Piaimá!"
    agito eu   Piaimá
        te   piaḭ 'm̄ā[242]
        eu sou   Piaimá

362 mē̱-wolánte-le[243]   t-ūté-   Depois que andou um pouco,
    não tão longe   foi   ele parou.
        te-po   taží[244]   y-e̱wópamē̱-le
        depois que ele   ficou parado

---

[238] Porque Konewó o engana com ossos de anta, que ele faz passar por ossos de gente.
[239] Também 'mín- -txa'.
[240] Interjeição; substitui aqui o verbo: "ele foi".
[241] Partícula aumentativa; vide frases 7, 14, 42, 117 etc.
[242] Supostamente língua Ingarikó; vide frases 347 e 355.
[243] Traduzido: "perto".
[244] Interjeição; expressa como, de repente, ele fica parado. Vide frase 315.

363 (d)žiwo(u)[245]   y-ẹléuta-le   min(d)žá
      ele se sentou   longe

　　t-úte-zag   kai̯'mã́[246]   piai̯'mã́
　　andou   (fingindo)   Piaimá

　　é-to(x)pē̄[247]
　　ser para

Ele se sentou para fazer Piaimá acreditar que ele tinha ido longe.

364 mẹlé-té   t-ẹ̄leuta-íd   i-kó-
    lá   sentado   ele se

　　woma(x)-pẹ
　　demorou

Ficou sentado lá, se demorando.

365 mẹle-tepó   y-ẹ'mẹsáka(x)-pẹ
    então   ele se levantou

　　ei̯-yepȩ́-le
　　ele veio

Então ele se levantou e voltou.

366 ai̯'lemán   amã̄lé-kanan[248]
    pronto   você   !

"Pronto! Agora você!"

367 tóg[249]   piai̯'mã́   (d)zoloí[250]   t-e-
              Piaimá   seu

　　mẽ-pẹg
　　pescoço em

Ele o pendurou no pescoço de Piaimá.

368 mẹlé   ẹsá(g)pē   piai̯'mã́-
    ele   com (pendurado)   Piaimá

　　te(x)-pẹ
　　foi

Com ele no pescoço, Piaimá foi indo.

369 konẹ'wó-za   etã́-tana
    Konewó   ouviu durante

　　t-élenog   ále(x)-pẹ
　　ele cantava   usava

Enquanto Konewó o ouvia cantando, ele o usava.

370 wayúlali   ye(x)pẹ-le-kẹ   u-y-
    anta   ossos com   me ele

"Ele me enganou com ossos de anta. Piaimá eu sou, Piaimá!"

---

[245] Interjeição; expressa como ele se senta. Vide frase 203.
[246] Porque ele quer fazer Piaimá crer que ele foi bem longe.
[247] Vide frase 328.
[248] Vide frase 360.
[249] Interjeição; expressa como ele agarra o colar. Vide frase 317.
[250] Interjeição; expressa como ele lhe põe o colar no pescoço; substitui aqui o verbo.

	énku t-elḗmā pẹ̄yaị'mā́-te enganou cantando Piaimá eu sou	
	piaị'mā̄ Piaimá	

371	kaị'mā́[251] ekā́maya ále(x)-pẹ
	               dizendo (?) usava
		Falando assim, ele o usava,
		   enquanto Konewó ouvia.

	konẹ'wó-ẓa ẹtá-tana Konewó ouvia enquanto	
372	mẹlé t-eta-íd konẹ'wó-te(x)-pẹ isto ouvindo Konewó foi	Quando Konewó ouviu isto, foi embora.
373	ā̄ı̄ piaị'mā́ namḗ-ya-le ah Piaimá ele deixou lá	Ah, ele deixou Piaimá lá.

XIX.

374	Konẹ'wó-te(x)-pẹ Konewó prosseguiu	Konewó prosseguiu.

375	pulutuí[252] yéi muluípan[253]
	         árvore meio caída
		Lá havia uma árvore meio
		   caída.

	mele-té ží-mā lá estava	
376	i-weka-pẹ́-te(x)-pẹ ele fazer cocô começou	Ele começou a fazer cocô.
377	mẹle-té tésē pẹmbẹkú lá estando besouro esterqueiro	Aí, um besouro esterqueiro começou a voar ao redor dele.
	tḗ-pẹ́-tẹ(x)-pẹ[254] foi lá e ele	
378	tóg[255] pẹmbẹkú apī(d)ží-ya-le besouro esterqueiro ele agarrou	Ele agarrou o besouro.

---

[251] Porque se trata de um engodo.
[252] Interjeição; expressa a chegada.
[253] Vide frases 24 e 50.
[254] Tradução muito livre de Mayuluaípu: "Ele voou em círculos embaixo dele". Esse é o costume do besouro esterqueiro.
[255] Interjeição como na frase 367 etc.

379 tẹtuwaí-pela sẹné(g)-zaị̈ t-ẹwón-se
    não vá sem motivo!²⁵⁶ este aí em penetrou

"Não voe sem motivo! Neste aí eu vou entrar!"

380 pẹsóg²⁵⁷ te-pūyi-zaí
    seu ânus em

Ele o enfiou no seu ânus.

381 putǘ-putǘ²⁵⁸ konẹ'wó lo'tá énex(x)-pẹ pẹmbẹkú-za
    Konewó entranhas comeu besouro esterqueiro

O besouro comeu as entranhas de Konewó.

382 tó(u)²⁵⁹ konẹ'wó elíke-le
    Konewó morreu

Konewó morreu.

383 taụlón-panton a-pánte-nō-kon-pé-n-iži pemón-zamẹ̄g
    tais histórias suas histórias como, como são gente

Assim são as histórias para vocês, gente.

Kaịkusẹ́ e *Konóg*²⁶⁰ (Onça e chuva)

(Por Mayūluaípu)
Citado como *B*

1 Kaịkusẹ́-zá-le konóg ẹ-s-epóle(x)-pẹ
  onça junto com chuva se encontrou

A onça e a chuva se encontraram.

2 konó-za e-pẹg aụ-íži-mā²⁶¹ taúle(x)-pẹ
  chuva ela para você está? disse

A chuva (disse) para ela: "O que você está fazendo?".

---

[256] Assim traduzido por Mayuluaípu. Impreciso.
[257] Interjeição; expressa como ele enfia o besouro esterqueiro em seu ânus; substitui aqui o verbo.
[258] Interjeição; expressa como o besouro esterqueiro tritura as entranhas.
[259] Interjeição; expressa o "morrer". Vide frase 285 etc.
[260] Vide mito 44.
[261] Expressão idiomática frequentemente empregada nas narrativas e nos contatos. Sentido: "O que você está fazendo?".

3 m̨elé-pég   kaįkusé-za   pemón-   Então a onça (respondeu): "Estou
   então   onça   pessoas   metendo medo nas pessoas, porque
   zam̧eg   nālí'ma-za-sē   polōpó   estão ao ar livre".
            provoco medo   lá fora
   to-(e)ží-nin
   eles estão porque

4 m̨ele-pég   ina-lé   taúle(x)-p̨e   Então a chuva disse: "É mesmo!".
   então   sim!   disse
   kaįkusé-za[262]
   onça

5 māsa-kó   to-teléka-za   ęlęma-g   "Espere! Vou assustá-las. Preste
   espere   eles eu assuste   veja!   atenção!"

6 m̨elé-tapaį   kaįkusé-té(x)-p̨e   Então a onça foi até lá.
   então   onça   foi

7 mā'le   etúnu-te(x)-p̨e   ęųte-   Ela cantou enquanto andava
   ela   cantou sem pausa   casa   em volta da casa.
   woį   télateįd
   em volta   andando

8 mā'le-p̨eg   u-pákalá-le-pan   Eles falaram para ela, enquanto
   ela para[263]   minha bolsa de caça para   a chuva ouvia: "A pele dela é boa
   í-pi'p̨e   penané   i-pókapę́-   para uma bolsa de caça pra mim.
   sua pele   amanhã   acertá-la   Amanhã vamos atirar nela e
   sē-nan   i-píkapę́-to(x)pē   esfolá-la".
   queremos   esfolá-la   para
   taúle(x)-p̨e   tó-za   kóno-za
   disseram   eles   chuva
   ętá-tana
   ouvia enquanto

9 m̨elé-tapaį   kaįkusé   yēp̨e(x)-p̨e   Então a onça chegou.
   então   onça   chegou a

10 ęlęma-wę́íd   zako   enāli-k̨e   "Está vendo, cunhado! Eles estão
   está vendo!   Cunhado   medo com   com medo."
   tó-(e)ži-te[264]
   eles estão

---

[262] O narrador pôs aqui, erroneamente, "kaįkusé-za = a onça" em vez de "konó-za = a chuva".
[263] Eles disseram isso na direção da onça que urrava, portanto, por assim dizer, "para ela".
[264] A terminação -te exprime a simultaneidade.

11 *mę́le-pę́g   konó-za   enáli-ke̯-le*
   então   chuva   medo com
   tó-(e)ži-pela-mámpa
   eles não estão juntos (?)

Então a chuva (disse): "Nenhum deles está com medo!

12 *u-pákalá-le-pan   i-pi p̧ę́*
   minha bolsa de caça para   sua pele
   penané   i-pókapę́-sē
   amanhã   acertá-la queremos
   ten-to(x)pé-no-gon   i-píkapę́-
   vamos   esfolá-la
   se   taúle(x)-pe̯-le   to-mámpa[265]
   queremos   disseram   eles juntos (?)

'A pele dela é boa pra uma bolsa de caça pra mim. Amanhã vamos atirar nela e esfolá-la!', eles disseram entre si":

13 *má'le-pe̯g   konó-za*[266]   *yeu̯lé-ne-kin*[267]
   ela para   chuva   eu
   mắsa[268] *y-ę́le̯ma-ko   yeu̯lé-ne-kin*[269]
   já   me veja!   eu
   to-(e)nálima-nin
   lhes medo faço porque

A chuva (falou) para ela: "Mas eu! Você já vai ver como eu lhes meto medo!".

14 *mā'lé   ekóneka(x)-pę̧*[270]
   ela   se preparou

Ela se preparou.

15 *katú'lug   seu̯tapúlu(x)-pę̧*[271]
   nuvens   escureceram

As nuvens escureceram.

16 *y'esúluka(x)-pę̧*[272]
   ela se derramou

Ela se derramou.

17 *e̯tó'ná*[273]   *konóg   éna(x)-pę̧*
   pesada   chuva   caiu

Caiu uma chuva pesada.

---

[265] Traduzido (port.): "entre eles" (?). Vide frase 11. Talvez signifique em ambos os trechos "--man-pa".
[266] O predicado "disse", como ocorre com tanta frequência, foi naturalmente omitido.
[267] *-ne-kin*, pelo visto, é partícula interrogativa; exprime aqui uma pergunta indireta: "se". –Traduzido (port.): "eu sim!", portanto como reforço (?).
[268] *mãsa* reforça o imperativo.
[269] *-ne-kin*, pelo visto, é partícula interrogativa; exprime aqui uma pergunta indireta: "se". –Traduzido (port.): "eu sim!", portanto como reforço (?).
[270] Em outros trechos, traduzido (port.) mais livremente: "armou-se".
[271] Traduzido (port.): "fechou o tempo".
[272] Traduzido (port.): "derramou" (como se esvazia, de repente, uma vasilha).
[273] Traduzido (port.): "fechado"; quando o céu está totalmente coberto de nuvens.

18 *polōpon-gon*[274]   *pemón-ẓamẽg*   Ela assustou as pessoas que
    eles lá fora   pessoas   estavam ao ar livre.
    teléka(x)-pę́-ya
    assustou   ela

19 *éu̯te-tag   tog   ęwǒmę(x)-pę*   Elas correram para dentro de
    casa   na   eles entraram   casa.

20 *konóg   éna(x)-pę   táno-pē*[275]   A chuva caiu forte.
    chuva   caiu   forte

21 *kai̯kuṣę́   komítanepę(x)-pę́-ya*   Ela deixou a onça com frio.
    onça   ela deixou frio

22 *mę̧lé-tapai̯   konóg   upęmonta(x)-pę*   Então a chuva se transformou.
    então   chuva   transformou-se[276]

23 *e---f---f---*[277]   *ele̯ mã-we̯i̯d*[278]   "Ufff---! Está vendo, cunhado!
                          aí   está vendo!   Eu sou assim também!"
    ẓakó   ṣę́   oa̯laíno-
    cunhado eu sou assim
    'na-le[279]   *yéu̯le*
    igualmente   eu

24 *inapękiné-man   ẓakó*   "Chega, cunhado! Estou indo
    está bem, chega cunhado   agora!"
    (u)té-ẓai̯(g)[280]*-we̯i̯d*
    estou   indo

25 *ūã   iná-oa̯*[281]   *wę́dzę-ke*[282]   "Vamos! Está bem, vai!"
    vamos está bem   faça (?)

26 *ãĩ   kai̯kuṣę́-tēle*   Ah, a onça foi embora.
    ah   onça   foi embora

---

[274] Refere-se a *pemón-ẓamẽg*. *-gon* é a terminação no plural.
[275] *tánota* = largo. *-pę*, *-pē* indica o advérbio.
[276] Ou seja, ela se tornou gente de novo. A palavra talvez esteja relacionada com *pemón* = ser humano.
[277] Interjeição; expressa como a chuva transpira depois do esforço e "recupera o fôlego".
[278] Expressão idiomática usada frequentemente. *-we̯i̯d* é uma espécie de reforço.
[279] Contração de *ína-le* = sim, também, igualmente.
[280] Fórmula de despedida dos Taulipáng, reforçado por *-we̯i̯d*.
[281] Provavelmente composto de *iná* e *uá*.
[282] No início foi anotado: *weid-zukę*, mas provavelmente foi ouvido de modo errado; vide C 9. Foi traduzido por (port.): "vá!, pode ir!".

27 *taulón-panton   a-pántenõ-kon-*   Assim são as histórias para
   tais histórias   suas histórias   vocês, filhos.

   *pé-n-iži   mul*ẹ̄*ton*
   como são   crianças

Kai̯kusẹ́ e *Ura'napí*[283] (Onça e relâmpago)

(Por Mayūluaípu)
Citado como C

1 *Te-taíkapu   ewǎkẹ*[284]   *ura ha-*
   sua   clava   preparou   relâm-

  pí-ya   epóle(x)-pẹ   kai̯kusẹ́-za
  pago   encontrou   onça

   A onça encontrou o relâmpago
   quando ele estava preparando
   sua clava.

2 *i-pẹ́g   au̯-í(d)ži*[285]   *taúle(x)-pẹ*
   ele para   você está?   disse

  kai̯kusẹ́-za
  onça

   A onça disse para ele: "O que
   você está fazendo?".

3 *má'le-pẹg   ura hapí-ya*[286]   *u-*
   ela   para   relâmpago   minha

  taíkapu   ewǎkẹ-za-se[287]
  clava   estou preparando

   O relâmpago (respondeu)
   para ela: "Estou preparando a
   minha clava".

4 *ẹkǎmapo(x)-pẹ   melúnte-nag*[288]
   perguntou   forte!

  *am*ā̱*lé   zako   tau̯le(x)-pẹ́-ya*
  você ?   cunhado   disse   ele

  urá'napí-pẹg
  relâmpago para

   (Ela) (lhe) perguntou: "Você
   é forte, cunhado?", ela disse ao
   relâmpago.

---

[283] Vide mito 42.
[284] Pelo visto, a palavra tem relação com "*waké* = bom, bonito" e quer dizer: "arranjar, embelezar, adornar."
[285] Geralmente: "*au̯-í(d)ži-mā*". Vide A 3.
[286] Complete "disse"; omitida por ser evidente.
[287] A terminação *-se* significa "a ponto de, querer".
[288] *-nag*, pelo visto, é partícula de reforço do adjetivo; vide frase 6.

5 mẹlé-pẹg   uraʹhapí-ya   akẹ́   Então o relâmpago (respondeu):
   então   relâmpago   não   "Não, não sou forte, cunhado!".
   melunté-neke   yeụlé   zạko
   forte   não   eu   cunhado

6 mẹlé-pẹ́g   kaịkusé-zạ   aịkétikara[289]   Então a onça (disse): "Puxa vida!
   então   onça   Você não vale nada, cunhado!
   mắkuyi(x)pẹ-nag[290]   amạ̄lé   zạko
   ruim   !   você   cunhado

7 mẹlé   oạlaíno-neke   yeụle   zạko   Eu não sou assim, cunhado.
   isto   assim   não   cunhado

8 mā̄sa   y-ẹ́lẹma-g   mẹ́lunte-le   Você agora vai me ver! Vou
   já   me veja!   força   provar minha força".
   zọ́mpa-zạ
   eu provo

9 mẹlé-pẹg   uraʹhapí-ya   ína-u(ag)   Então o relâmpago (respondeu):
   então   relâmpago   está bem   "Está bem, faça!".
   wẹ́džẹ-ke[291]
   faça!

10 kaịkusẹ́-zạ   yei   akítuka   Ele ficou olhando calmamente
   onça   madeira   quebrou   a onça quebrando a madeira.
   elẹma(x)-pẹ́-ya   mốži'mā̄
   ele   viu   calmo

11 kaịkusẹ́   emóka(x)-pẹ   t-ẹ́lamụta-ịd   A onça apareceu, suando.
   onça   apareceu   suando

12 y-ẹ̄lẹ́ụta(x)-pẹ   nó(m)-pona   Ela se sentou no chão.
   ele se sentou   chão no

13 y-ẹ̄lẹ́ụta-sa(g)-tesē   uraʹhapí-ya   Depois que ela se sentou, o
   ele se sentado tinha   relâmpago   relâmpago pegou sua clava.
   tẹ-taíkapu   anúma(x)-pẹ[292]
   sua clava   pegou

14 mā̄ʹlé   wẹụka(x)-pẹ́-ya   Ele a brandiu.
   ele   brandiu

---

[289] Espécie de maldição; corresponde aproximadamente à nossa imprecação "com mil raios!".
[290] -nag, pelo visto, é partícula de reforço do adjetivo; vide frase 6.
[291] Vide B 25. A tradução "faça!" é duvidosa.
[292] Traduzido (port.): "ajuntou". A clava estava no chão.

15 *te-taíkapu   we̱uká-ya-tána*　　　　Enquanto ele brandia sua clava,
　　　sua clava   ele brandia enquanto　　veio a chuva.
　　konóg   yípe̱(x)-pe̱
　　　chuva   veio

16 *mã'lé   ekālémépe̱(x)-pe̱*　　　　Ele relampejou.
　　　ele   relampejou

17 *te-lapáyi*[293]   *pote(x)-pé̱-ya*[294]　　Ele atirou sua arma na orelha da
　　sua arma   ele atirou　　　　　　　onça.
　　kai̱kusé̱   paná-pona
　　　onça   orelha em

18 *mã'lé   é̱ngažianga(x)-*　　　　Ele a deixou tonta.
　　ela   ele deixou tonto
　　pé̱-ya[295]
　　ele atordoou

19 *mã'lé   ekátume̱(x)-pe̱   té̱-ẕokoi̱d*   Ela correu para debaixo de
　　ela   foi embora   rocha debaixo　　uma rocha.

20 *ẕó'ho-ye̱-tog   akítuka(x)-pe̱*　　O relâmpago quebrou com o seu
　　o que estava embaixo   quebrou　　projétil o que estava debaixo dela.
　　ura'napí-ya   te̱-pīlotó̱[296]*-le-ke̱*
　　　relâmpago   seu projétil com

21 *me̱'lé-tapai̱   y-e̱katúme̱(x)-pe̱*　　Então ela correu para debaixo de
　　a seguir   ele foi embora　　　　uma outra rocha.
　　íyalén   te-ẕokoíd
　　　outra   rocha debaixo

22 *y-e̱sónáme̱(x)-pe̱*　　　　Ela se escondeu.
　　ele se escondeu

23 *mã'lé   akítuka(x)-pe̱   ura'hapí-ya*   O relâmpago a despedaçou.
　　ela[297]   quebrou   relâmpago

24 *mã'lé   epáka(x)-pe̱*　　　　Ela saiu.
　　ela   saiu

25 *y-e̱katúme̱(x)-pe̱*　　　　Ela foi embora correndo.
　　ela foi embora

---

[293] Literalmente: "seu arco"; em sentido figurado: "sua espingarda" em geral.
[294] Ou seja, ele trovejava.
[295] Traduzido (port.): "ficou com a vista escura"; mas aqui certamente é transitivo, como foi indicado antes.
[296] Literalmente: "chumbo de caça".
[297] Ou seja, a rocha.

26   *y-énku(x)pẹ*   *yei-pẹg*   Ela subiu numa árvore.
     ela subiu   árvore em

27   *e-t-ápun*   *akítuka(x)-pẹ*   O relâmpago quebrou o assento
     seu assento[298]   quebrou   dela e o jogou para baixo.
     ura'hapí-ya   *i-pákamax-pḗ-ya*
     relâmpago   ele a jogou para baixo

28   *mā'lé*   *éna(x)-pẹ*   *nó(m)-pona*   Ela caiu no chão.
     ela   caiu   chão   no

29   *kẹnepanka(x)-pḗ-ya*   Ele a cansou.
     ele a cansou[299]

30   *i-kõmitanepẹ(x)-pḗ-ya*   *kóno-kẹ*   Ele a esfriou com a chuva.
     ela   ele esfriou   chuva com

31   *i-komíta-sag-yẹ'-nin*   Porque ela estava fria e tremia,
     ela   esfriou   porque   ele desistiu dela.
     e-nonga(x)-pḗ-ya   *y-ẹtetéte(x)-ka-*
     dela ele desistiu   ele tremia
     yẹ'-nin
     porque

32   *elẹmá-wẹid*   *zakó*   *zẹ*   "Está vendo, cunhado! Eu também
     está vendo!   cunhado   eu sou   sou assim, cunhado. Eu também sou
     oạlaíno-'na-le[300]   *yẹulé*   *zako*   forte. Nós temos esta força!"
     assim também, igualmente   eu   cunhado
     melunté-'na-le[301]   *yẹule*
     forte também, igualmente   eu
     kaídžalen-le   *melunte-uána*[302]
     nós temos (?)   força   (?)

33   *mā'lé-pẹg*   *inapẹkiné-man*   (Ela disse) para ele: "Já chega!
     ela   para   está bem!, já chega!   Agora eu vou indo, cunhado!".
     (u)té-zai-wẹid[303]   *zako*
     estou indo!   cunhado

---

[298] Ou seja, o galho em que ela estava sentada.
[299] Transitivo; traduzido (port.): "cansou ele" (*sic!*).
[300] Abreviado de "*ína-le* = sim, também, igualmente".
[301] Idem.
[302] Traduzido (port.): "nós temos esta força" (?).
[303] Fórmula de despedida, reforçada por *wẹid*.

34 *ka̰ikusę́-tex-pę ura hapí-te(x)-pę*
    onça   foi   relâmpago foi
te-páta(g)-zę́-ẕag
  sua morada   em

A onça foi embora, o relâmpago foi embora, cada qual para sua morada.

35 *ta̰ulón-panton a-pantenō̃-kom-*
   tais histórias   suas histórias
pé-n-iži   etá-te-wḛid
 como são   ouçam !

Assim são as histórias para vocês, ouçam!

Ka̰ikusę́ e *Apóg*[304] (Onça e fogo)

(Por Mayūluaípu)
Citado como *D*

1 *apóg epóle(x)-pę*[305] *ilámbęm-pęg*
  fogo encontrou   queimar[306] para
kámbę-ę̰   ę-sę́-na[307]
 assado para fazer para
éi-te-sag ẕauén[308]
  foi   pedaço de cerrado
t-aímępę́-sę
 circundou

(A onça) encontrou o fogo quando, para fazer um assado, ele foi queimar, circundando um pedaço de cerrado.

2 *mā̃'lé   emę̰ikű*[309]
   ele   estava voltando para casa
kambę́   impo
 assado nas costas
mę̰semṍnan[310]   *wa̰ikín*   *(u)sá-*
  este   veado-galheiro veado do

Ele estava voltando para casa com o assado nas costas. Estes animais, veado-galheiro, veado-do-mato, *cutia*, *paca*, *jacuruaru*, camaleão, lagarto, lagarto negro, gafanhoto, perdiz, ele levava como assado.

---

[304] Vide mito 43.
[305] Aqui, pelo visto, o narrador suprimiu "*ka̰ikusę́-ẕa*: a onça encontrou o fogo".
[306] Ou seja, queimar o cerrado.
[307] *-se* designa o "querer", a "intenção". Vide A 30. – Toda a frase "*kámbę-ę̰ ę-sę́-na*" significa "para fazer assado".
[308] A palavra designa um "pequeno pedaço de cerrado cercado pela mata". O fogo o cercou e, assim, ao mesmo tempo, abateu e assou a caça.
[309] Vide A 343: "*y-ęmeíku-le* = ele voltou para casa".
[310] "Estes (apontando: 'os seguintes') animais assados no moquém". *mę̰semṍnan* está intimamente relacionado com o seguinte *kambę́*.

li   akúli³¹¹   urána³¹²   alíkepa³¹³
mato   cutia   paca   jacuruaru

wazámeka   waímesa³¹⁴   te̥-
camaleão   lagarto   negro

búza³¹⁵   kalápidža   žikí
lagarto   gafanhoto   perdiz

kambé   ene̱pu-ya-tana
assado   ele carregou enquanto

3 mã'le   wákete-pe̱   kaikusé̱-za | Uma onça (pulou) no caminho dele
  ele   deteve   onça | (e) o deteve.

  t-e̱ma-le-tag³¹⁶
  seu caminho em

4 apóg   eméikū | Ela assustou o fogo, que estava
  fogo   voltando para casa | voltando para casa.

  kenēbe̱-pé̱-ya
  assustou   ele

5 mã'le-pe̱g   melúnte-nag³¹⁷   ámãle | Ela disse para ele: "Você é forte,
  ele para   forte   ! você? | cunhado!".

  zakó   taule(x)-pé̱-ya
  cunhado   ela disse

6 aké̱   zako   amãlé   uaraínō- | "Não, cunhado! Eu não sou como
  não   cunhado   você   como | você!"

  neke̱   yeule³¹⁸
  não   eu

7 mã'le-pe̱g   aiké̱tikará³¹⁹   atúme̱n | A onça disse para ele: "Puxa vida!
  ele para   fraco | Então você é fraco!".

  taule(x)-pé̱-ya   kaikusé̱-za
  disse   onça

---

³¹¹ Roedor: *Dasyprocta*.
³¹² Roedor: *Coelogenys*.
³¹³ Lagarto grande.
³¹⁴ Corre pelo chão.
³¹⁵ Pequeno; sobe nas árvores.
³¹⁶ "Dele caminho no"; ou seja, "a onça pulou no caminho dele e, desta maneira, o parou".
³¹⁷ Vide C 4.
³¹⁸ Ou seja, "assim (como) você eu não (sou)".
³¹⁹ Exclamação; espécie de maldição; vide C 6.

8 me'lé-peg   māsa   y-élema-g   Ela continuou: "Agora você vai
   então   já   me veja   me olhar!
   zako
   cunhado

9 mēlunte-l-élema-g[320]   zako   Veja a minha força, cunhado!".
   força   veja   cunhado

10 mã'l-énku(x)-pe[321]   kulāteké-ye(g)-   Ela subiu numa árvore *caimbé*.
   ela   subiu   *caimbé*[322] árvore
   peg
   na

11 mã'le-za   kulāteké-yeg   Ela tirou os galhos da árvore *caimbé*.
   ela   *caimbé* árvore
   peképe-te(x)-pe
   desramou

12 i-pánta-le-(x)-pe[323]   zolóka(x)-pe   Ela jogou os galhos dela fora.
   seus galhos   jogou
   míntxa
   longe

13 mã'le   uté(x)-pe   nó(m)-pona   Ela desceu até o chão.
   ela   foi   chão   no

14 mã'lé-za   wanã   moka(x)-pe[324]   Ela arrancou capim.
   ela   capim arrancou

15 nõ   aka(x)-pé-ya   Ela revolveu a terra.
   terra revolveu

16 me'lé-tapai   y-ẽmoka(x)-pe   Então ela apareceu, suando.
   então   ela apareceu
   t-ẽlamuta-id
   suando

17 mã'le-za   elemá-weid   zako   Ela disse: "Está vendo, cunhado!
   ela   está vendo! cunhado   Eu sou forte assim, cunhado!".
   melúnte
   forte

---

[320] Contração de: *mēlunte-le-élemag*.
[321] Contração de: *mã'le-éñku(x)-pe*.
[322] Árvore abundante no cerrado.
[323] Sufixo -*pe* limita o significado do substantivo. São "galhos arrancados". Vide A 71, 83, 181, 327.
[324] Literalmente: "puxou, arrancou".

18 mã'le elẹ́uta(x)-pẹ   Ela se sentou.
   ela   se sentou

19 mã'le elẹ́ute-zag tẽsẹ apó-ẓa   Depois que ela se sentou, o fogo
   ela   se sentado tinha fogo   deitou seu panacu.
   t-akáži núnga(x)-pẹ[325]
   seu panacu deitou

20 y-ẹléuta(x)-pẹ   nó(m)-pona   Ele se sentou no chão.
   ele se sentou   chão   no

21 mã'le elẹ́ute-zag-pẹg kaḭkusẹ́   Quando ele estava lá, sentado, a
   para ele sentado para   onça   onça se virou para ele.
   eláte(x)-pẹ
   virou-se

22 í-lo(x)-ponã[326] y-ẹ́na(x)-pẹ[327]   Ela se jogou sobre ele.
   ele   sobre   ela se jogou sobre

23 té-lo(x)-pona[328] y-ẹ́na-zag[329] tẽsẹ   Depois que ela se jogou sobre o fogo,
   ele   sobre   se jogado   tinha este se incendiou contra ela.
   apóg   ẹpẹ́uka(x)-pẹ   ipẹg
   fogo   incendiou-se   contra ela

24 kaḭkusẹ́ pẹpóg yánepẹ(x)-pẹ́-ya   Ele queimou a pele da onça.
   onça   pele   queimou

25 t-iánepẹ́-ya-yẹ'-nin   Como ele a estava queimando, ela
   ele queimou ele porque   foi embora correndo.
   y-ẹkátemẹ(x)-pẹ
   ela foi embora correndo

26 y-ẹ́nku(x)-pẹ   oalíma-yẹ(g)-pẹg   Ela subiu numa árvore *paricá*.
   ela subiu   paricá árvore na

27 mã'le wákẹte(x)-pẹ[330] apó-ẓa   O fogo a deteve.
   ela   deteve   fogo

---

[325] Literalmente: "deixou".
[326] Vide A 191: 'mã'lé la-póna-le = de encontro a ele". "í-lo(x)-ponã" foi traduzido (port.): "em cima dele".
[327] Vide "éna(x)-pẹ = caiu".
[328] Vide A 191: 'mã'lé la-póna-le = de encontro a ele". "í-lo(x)-ponã" foi traduzido (port.): "em cima dele".
[329] Vide "éna(x)-pẹ = caiu".
[330] Vide frase 3.

28 *e-t-āpon-pẹg   apóg   énku(x)-pẹ* O fogo subiu para o assento dela.
   seu assento[331] para   fogo   subiu

29 *e-t-āpón   yánepẹ(x)-pẹ́-ya* Ele queimou o assento dela.
   seu assento   ele queimou

30 *mã'lé   kaikusé   pakáma(x)-pẹ́-ya* Ele jogou a onça de lá de cima no chão.
   ele   onça   jogou

   kátapai   nó(m)-ponã
   de cima para baixo   chão no

31 *mã'le   ekátẹme(x)-pẹ* Ela foi embora, correndo.
   ela   correu embora

32 *mã'le-wenai   apóg   ẹ́na(x)-pẹ*[332] O fogo se lançou atrás dela.
   dela atrás   fogo   jogou-se

33 *y-wáke-pẹ-te(x)-pẹ́-ya* Ele continuou a detê-la.
   ela deteve ele continuou

34 *i-yánepẹ(x)-pẹ́-ya* Ele a queimou.
   ela queimou ele

35 *kaikusé   énku(x)-pẹ   té-ponã* A onça subiu numa rocha.
   onça   subiu   rocha na

36 *mã'lé-wenai   apóg   énku(x)-pẹ* O fogo subiu atrás dela.
   dela atrás   fogo   subiu

37 *i-yánepẹ(x)-pẹ́-ya* Ele a queimou.
   ela queimou ele

38 *kaikusé   y-énzapi(x)-pẹ* Ele queimou as unhas da onça.
   onça   unhas

   yánepẹ(x)-pẹ́-ya
   queimou ele

39 *ipóg   tándžile   a'mitoíka(x)-pẹ́-ya*[333] Ele esfolou os cabelos e a barba dela.
   cabelos   barba   esfolou ele

40 *mã'lé   pakáma(x)-pẹ́-ya   nó(m)-* Ele a jogou no chão.
   ela   jogou ele   chão

   ponã
   no

41 *mã'le-wenai   apóg   útẹ(x)-pẹ* O fogo foi indo atrás dela.
   dela atrás   fogo   foi

---

[331] Ou seja, para o galho onde ela estava sentada.
[332] Literalmente "caiu".
[333] Traduzido (port.): "esfolou".

42 ka̰ikusḛ́ kḛʹhapán-zag-yḛʹ-nín Como a onça ficou esgotada,
    onça   esgotada   porque   ele a largou.
    e-nónga(x)-pḛ́-ya   i-t-ḛ́po̰i
    ela deixou ele   dela

43 apóg   ḛmóka(x)-pḛ   O fogo apareceu.
    fogo   apareceu

44 ka̰ikusḛ́-pḛg[334] é---f---f---[335] elḛma-   (Ele disse) para a onça: "Uff---!
    onça   para   está vendo   Está vendo, cunhado! Assim
    wḛíd   z̰akó   sḛ   ualaínō   eu sou!".
    !   cunhado eu sou assim
    yḛule-ʹnḛ̄-lḛ[336]
    eu igualmente, também

45 mã̄ʹle-pḛg ka̰ikusḛ́   Então a onça se despediu dele.
    ele para   onça
    esḛ́kama(x)-pḛ
    despediu-se

46 tḛ́-z̰a̰i-wḛid[337] z̰ako   "Eu vou indo agora, cunhado!
    indo eu estou!   cunhado   Já chega!"
    ínapekiné-man
    já chega

O jogo dos olhos[338] (Camarão, onça e pai da *traíra*)

(Por Mayūluaípu)
Citado como *E*

1 Usú-z̰a   t-ḛnú   alíma-pḛ̄   O camarão enviou seus olhos.
   camarão seus olhos mandou
   -te[339]
   enquanto

---

[334] O predicado foi omitido, por ser evidente: "ele disse".
[335] Interjeição; expressa como ele transpira depois do esforço e "retoma o fôlego". Vide B 23.
[336] "-hḛ̄-lḛ = -ína-le = sim, igualmente, também". Vide B 23, C 32.
[337] Fórmula de despedida, reforçada por *wḛid*. Vide B 24, C 33.
[338] Vide mito 46.
[339] A terminação *-te* expressa a simultaneidade da ação e pode ser traduzida por "enquanto". Portanto, frase 1 + 2: "Enquanto o camarão enviava os seus olhos, a onça o encontrou".

2 e̱pőle(x)-pe̱   ka̱i̱kusé̱-za̱   Aí a onça o encontrou.
    encontrou   onça

3 me̱'lé-pe̱g   é-pe̱g[340]   au̱-íži-mā   Então (ela disse) para ele: "O que
    então   ele para   você está?   você está fazendo, cunhado?".
    za̱kó
    cunhado

4 me̱'lé-pe̱g   usú-za̱   é-pe̱g[341]   iží-   Então o camarão lhe (respondeu):
    então   camarão   ela para   eu estou   "Não estou fazendo nada! Estou
    neké̱-sē[342]   u-y-é̱nu-pe̱g   w-   brincando com os meus olhos".
    não   meus olhos com   eu
    éngalú-sē[343]
    brinco

5 mā'lé   ekámapo(x)-pe̱   ka̱i̱kusé̱-za̱   A onça lhe perguntou: "Como é
    ele   perguntou   onça   que é isso, cunhado?
    eteu̱ka̱i̱wén   za̱ko
    como é isso?   cunhado

6 ele̱ma-zá̱-tana   a-y-é̱nu   Mande os seus olhos, enquanto
    eu vejo enquanto   seus olhos   eu fico vendo!".
    alíma-g
    envio

7 me̱'lé-pe̱g   usú-za̱   aké̱   za̱ko   Então o camarão (disse): "Não,
    então   camarão   não   cunhado   cunhado! O pai da *traíra* chegou
    a̱i̱mala[344]-pódole   táme̱ı̄pánpe̱-man   perto!".
    traíra   pai   chegou perto

8 me̱'lé-pe̱g   ka̱i̱kusé̱-za̱   a-y-é̱nu-   Então a onça (disse): "Mande
    então   onça   seus olhos   os seus olhos, enquanto eu fico
    kulu[345]   alíma-g   ele̱ma-zá̱-tana   vendo!".
    sim   envia   eu vejo enquanto

9 te-kānunga-za̱-yé̱'-nin   t-é̱nū   Porque ela pediu tanto, o camarão
    ele ela atormentou porque   seus olhos   mandou seus olhos.
    alíma-pe̱   usú-za̱
    enviou   camarão

---

[340] Complete: "disse".
[341] Idem.
[342] A terminação *-se* significa "estar a ponto de, querer", a "intenção".
[343] Idem.
[344] *Macrodon trahira*: um peixe predador grande e muito voraz, de dentes grandes e fortes.
[345] *-kulu* é partícula de reforço.

10 *palauá-ẓakútanā-paí-le itépẹ-kẹ-le*
    do mar   costa em   vai
    u-y-ẹ́nū-le y-ẹ́nū zen-zén-
    meus olhos olhos
    zen-zén[346]

"Vão para a costa do mar, meus olhos! Olhos! Vão-vão-vão-vão!"

11 *t-ẹnū́ alimā́-te-po*
    seus olhos depois ele enviou
    usú-ẓa[347] *āī-- u-y-ẹnu-*
    camarão ah meus olhos
    té-le
    foram andando

Depois que o camarão mandou seus olhos, (ele disse): "Ah, meus olhos foram!".

12 *mẹle-pẹ́g kai̯kusẹ́-ẓa*[348] *a-y-ẹnu-*
    então onça   seus olhos
    wẹi̯d apẹ́ma-g ẓakó
    ! chame cunhado

Então a onça (disse): "Chame os seus olhos, cunhado!".

13 *ūā māsá apẹ́'ma-ẓa*
    vamos já eu chamo
    elẹ́ma-g ẓako
    veja cunhado

"Vamos! Já vou chamá-los. Veja, cunhado!

14 *palauá-ẓakutanā-pai̯ ažípẹ-kẹ-le*
    do mar costa de venham
    u-y-ẹnu-le y-ẹnu zen-zén-zen-zen
    meus olhos olhos

Da costa do mar venham, meus olhos, olhos! Pra cá-pra cá!

15 *ā--- u-y-ẹ́nu yépẹ-le*
    ah meus olhos vêm

Ah, lá vêm os meus olhos!"

16 *mẹle-pẹ́g kai̯kusẹ́-ẓa yẹule-kánan*[349]
    então onça   eu !
    ẓako u-y-ẹ́nu alimā́-te-(g)
    cunhado meus olhos envie

Então a onça (disse): "Agora eu, cunhado! Mande os meus olhos!

17 *wākali-pe*[350] *a-y-ẹ́nu*
    bonito ver seus olhos
    m-alíma-ī
    você enviou

Foi bonito ver como você mandou os seus olhos".

---

[346] Interjeição; exprime como os olhos vão embora.
[347] Complete: "disse".
[348] Idem.
[349] Partícula de reforço *-kanan*; vide A 7, 14, 42, 117 etc.
[350] Pelo visto, esta palavra compõe-se de "*waké* = bom, bonito" e de "*ekali* = observar, contemplar" (vide A 284), e é um adjetivo que corresponde aproximadamente ao nosso "bonito". *-pe* é sufixo adverbial. Foi traduzida (port.) por "eu gostei de ver".

18 mẹle-pẹ́g usú-ẓa a'kẹ́ aịmala-
   então   camarão não   traíra
   pǒdole atámẹīpampẹ-man-te'sẹ́
   pai   perto chegando

19 kaịkusẹ́-ẓa e-ká'hunga(x)-pẹ
   onça   o atormentou

20 mẹlẹ́-pẹ́g usú-ẓa³⁵¹ ūã palauá-
   então   camarão   vamos do mar
   ẓakūtanā-paí-le itẹ́pẹ́-kẹ-le
   costa em   vão
   ẓakó-enu   zen-zén-zen-zen
   do cunhado olhos

21 t-ẹnú   alíma-sag usú-ẓa
   seus olhos enviou   camarão pelo
   yẹ'nin   kaịkusẹ́ eẓīmítapa(x)-pẹ
   porque   onça   ficou impaciente

22 mẹlénaua-eẓi'hin³⁵² palauá-ẓakú-
   por isso   do mar   cos-
   tana-paị aẓipẹ́-kẹ-le ẓakó-
   ta de   venham   do cunhado
   ẹnu   ẓakó-ẹnu   zen-zén-
   olhos do cunhado olhos
   zen-zen

23 ā--- ẓakó-ẹnu   yípẹ-le
   ah   do cunhado olhos vêm

24 usú-ẓa kaịkusẹ́-pẹg na'ole-n-iẓí
   camarão onça   para   chega
   ẓako   a-y-ẹ́nu   ka'ma-
   cunhado seus olhos engoliu
   nín   aịmalá-pōdole
   porque traíra pai

Então o camarão (respondeu): "Não! (Não faço), depois que o pai da *traíra* chegou perto".

A onça não cedia.

Então o camarão (disse): "Vamos! Vão para a costa do mar, olhos do cunhado! Vão-vão-vão-vão!".

Porque seus olhos foram mandados pelo camarão, a onça ficou impaciente.

Por isso (o camarão disse): "Da costa do mar venham, olhos do cunhado! Pra cá-pra cá!

Ah, lá vêm os olhos do cunhado!".

O camarão (disse) para a onça: "Agora chega, cunhado, senão o pai da *traíra* vai engolir os seus olhos!".

---

[351] Complete: "disse"; o mesmo nas frases 24 e 25.
[352] Complete: "ele disse (o camarão)".

25 mẹlē-pég kaịkusẹ́-za aké
    então   onça   não
  ẓako (u)-y-ẹ́nu-kulu[353]
  cunhado meus olhos sim
  alíma-g wákali-pē-man[354]
  envie bonito ver foi

Então a onça (respondeu): "Não, cunhado, mande os meus olhos! Foi tão bonito de se ver.!".

26 usú kaʹhúnga(x)-pẹ́-ya
  camarão ele atormentou

Ela atormentou o camarão.

27 mẹlénaua-yežíʹhin palauá-ẓakú-
    por isso[355]   do mar cos-
  tana-paị́-le (i)tẹ́ʹpẹ-kẹ-le ẓakó-
  ta em vão do cunhado
  ẹnu ẓakó-ẹnu
  olhos do cunhado olhos

Por isso (ele disse): "Vão para a costa do mar, olhos do cunhado, olhos do cunhado!".

28 tá(em)[356] áī aịmala-pŏ́dole-za
  ah traíra pai
  kaịkusẹ́-enu ekáma-le
  onça engoliu

Nhac! Ah, o pai da *traíra* engoliu os olhos da onça.

29 ekáma-sá-ya-tēsē apẹ́ma(x)-pẹ
  engolidos foram chamou
  usú-za palauá-ẓakutanā-paị
  camarão do mar costa de
  ažípẹ-kẹ-le ẓakó-ẹnu
  venham do cunhado olhos
    ẓakó-ẹnu zen-zén-zen-zen
  do cunhado olhos

Depois que eles foram engolidos, o camarão os chamou: "Da costa do mar venham, olhos do cunhado, olhos do cunhado! Pra cá, pra cá!".

30 kolẹ́ kaịkusẹ́-enu yīpẹ́-
  nada! da onça olhos vieram
  pela
  não

Nada! Os olhos da onça não vieram.

31 í-yipẹ-olánte[357]-pela
  eles vieram também não

Eles não vieram mesmo.

---

[353] -*kulu* é partícula de reforço.
[354] Vide observação à frase 17.
[355] Complete: "ele (o camarão) disse".
[356] Interjeição; expressa como o peixe engole os olhos, abocanhando-os.
[357] Também: "*wolánte, waḷánte* = igualmente"; vide em vários outros trechos.

32 usú   apulúme(x)-pẹ   tuná-wag   O camarão pulou n'água, debaixo
    camarão   pulou   água em   da bainha de uma folha da *bacaba*.
    kun-mónta-le-(x)-pẹ³⁵⁸-ẓokoíd
    bacaba   bainha da folha   debaixo

33 mẹlé-ẓoʰō   tēse   kai̯kusẹ́-ẓa   Quando ele estava debaixo dela, a
    deste embaixo estar   onça   onça o procurou em vão.
    i-pã́ta-(x)-pẹ³⁵⁹   ámbe(x)-pẹ
    seu lugar   procurou

34 mẹlé-popoíẓínolon   usú   Desde então, a bainha da folha da
    desde então   camarão   *bacaba* fica nas costas do camarão.
    mepákunta-pẹg   maíyi
    costas em   ficou
    kun-mónta-le-(x)-pẹ³⁶⁰
    bacaba bainha da folha

35 áī̯ usú-te(x)-pẹ   kai̯kusẹ́   Ah, o camarão seguiu adiante,
    ah   camarão foi   onça   deixando a onça para trás.
    te-nẽmẹ-īd
    deixando

36 mã'lé upága-pẹ́-te(x)-pẹ   t-   Ela ficou lá, completamente sem
    ele   ficou lá   seus   olhos.
    enṹ-pela   an'té
    olhos sem   completamente

37 ẓ-ábẹkapẹ-taná   kásana(g)-ẓa   Enquanto ela passava fome, o
    ela passou fome enquanto   urubu-rei   urubu-rei a encontrou.
    epóle(x)-pẹ
    encontrou

38 mã́'le-pẹg³⁶¹   aténaua   au̯-ẹ́-sag   (Este falou) para ela: "Como foi que
    ela para   por que   você ficou   você ficou assim, cunhado?".
    ẓako
    cunhado

---

[358] Na verdade: "*móta* = ombro". É a parte mais inferior e larga (bainha) da folha da palmeira. O sufixo -pẹ restringe o significado do substantivo, já que a folha caiu.
[359] Vide observação sobre a frase 32. É o lugar que o camarão tinha abandonado.
[360] As placas dorsais pardas do camarão.
[361] Complete: "disse ele (o urubu-rei)".

39 m̥ele-pég kaikusé-ẓa³⁶² aténaua
    então   onça   porque
ẹ'-sá-nekẹ u-y-ẹ́nu
  ficou   não   meus olhos
alíma(x)-pẹ usú-ẓa patá-(x)-
  enviou   camarão   lugar
pẹ-ẓau̯³⁶³
 em

Então a onça (respondeu): "Não foi nada de mais! O camarão mandou os meus olhos embora daqui".

40 mã'le-pẹg u-pẹíkaté-g ẓako
  ele para   me ajude cunhado
a-ẓ-ó'(ẹ)-tén wai'la we-tópẹ-
  sua comida para   anta   mato para que
ẓa ẓako
 eu cunhado

Ela continuou: "Ajude, cunhado, pra eu matar uma anta pra você comer, cunhado!".

41 mẹlé-pég ūã māsá tále-kẹ
  então   vamos espere fique
kulí-yẹku s-ẹlẹma-taí'nã
 jataí³⁶⁴ goma   procurar deixe-me ir

Então (ele respondeu): "Vamos! Fique aqui! Vou buscar goma de *jataí*!".

42 kasaná-te(x)-pẹ kulí-yẹku
  urubu-rei   foi   jataí leite
pa'tág³⁶⁵
lugar para

O urubu-rei foi até o lugar da goma de *jataí*.

43 e-nẹ-pẹ́-ya-le
  ele trouxe

Ele a trouxe.

44 mã'lé-ẓa kulí-yẹku apíži-pẹ
  ele   jataí goma   pegou
apó-kẹ
fogo com

Ele acendeu a goma de *jataí*.

45 kaikusé-pẹg akákekai
  onça   para   diga não "ai"!
mõẹ(x)pẹ
fique quieta

(Ele falou) para a onça: "Não diga 'ai'! Fique quieta!".

---

[362] Complete: "disse".
[363] Vide observação sobre frase 33.
[364] Árvore da mata virgem de goma clara; "tão clara quanto os olhos da onça".
[365] Contração de: "pata-tág = lugar no"; ou seja, no lugar onde havia a goma da *jataí*.

46 *i-paí   t-api(d)že   mã'lé*
    sua cabeça segurou   ele
   e̯nú-yén-pe̯³⁶⁶-ẓag   kulí-ye̯ku
    olhos órbitas   em   jataí goma
   asúka(x)-pe̯ tokoí-tokoí-tokoí-tokoí³⁶⁷
    pingou

Ele segurou a cabeça dela e pingou a goma de *jataí* na órbita ocular vazia.

47 *ilátoi̯-i-(x)-pe̯-ẓag³⁶⁸   me̯lé*
    outro lado seu   em   ela
   wolánte-le̯ tokoí-tokoí-tokoí-tokoí-
    igualmente
   pokí³⁶⁹   e̯nu-tepe̯té-yā-le
        olhos   colocou

Na outra órbita ele pingou igualmente e colocou os olhos.

48 *selé-poná-lei̯d   i-t-ẽ̯nu-pe   máyi³⁷⁰*
    até hoje   seus olhos como ficou
   e-n-bi-pé̯-te(x)-pe̯-ya³⁷¹
    ele o que colocou

Até hoje, aquilo que ele colocou, ficou sendo os olhos dela.

49 *kai̯kusé̯-zímbi(x)pe̯³⁷²-ke̯   t-*
   "*kai̯kusé̯-zímbi(x)pe̯*"com seus
   énu lona(x)-pe̯-ya
    olhos   ele lavou

Com "*kai̯kusé̯-zímbi(x)pe̯*" ele lavou os olhos dela.

50 *mã'lé-pe̯g³⁷³   kásana(g)-ẓa   wai̯lá*
    ela para   urubu-rei   anta
   á̯-we̯-ta   y-ó'-ten
   você matar vá   minha comida para

O urubu-rei (falou) para ela: "Vá lá e mate uma anta pra eu comer!".

51 *áĩ kai̯kusé̯-te-le*
   ah   onça foi embora

Ah, a onça foi embora.

52 *tokíu³⁷⁴   wai̯la   apí(d)ži-ya-le*
        anta   ela agarrou

Ela agarrou uma anta.

---

[366] *-pe̯* restringe aqui novamente o significado do substantivo. O olho foi removido da órbita; é, portanto, uma órbita ocular vazia.
[367] Interjeição; expressa como a goma da árvore pinga na órbita ocular.
[368] Ou seja, "do outro lado (*ilátoi̯*) sua [órbita ocular] esvazio (*i-(x)-pe̯*)" em (*ẓag*). Em vez de "*i-(x)-pe̯*" também poderia significar "*i-yén-pe̯* = sua órbita ocular (vazia)".
[369] Interjeição; expressa a goma pingando na órbita ocular, e esta se enche (*pokí*).
[370] Traduzido (port.): "ficou". Vide frase 34.
[371] Foi anotado: "*embi-pé̯-te(x)-pe̯-ya*".
[372] Este é o nome da árvore com cujo leite o urubu-rei lavou os olhos da onça.
[373] Complete-se: "disse".
[374] Interjeição; expressa como a onça agarra uma anta.

53 mã'lé ekāma(x)-pę́-ya   Ela disse isso para o urubu-rei.
    ela   disse
   kasaná(x)-pęg
   urubu-rei para

54 męlé-popoížínolon   kaįkusę́-enu   Desde então, os olhos da onça são bonitos.
    desde então   da onça olhos
   wakę́
   bonitos

55 kaįkusę́-te(x)-pę   A onça seguiu adiante.
   onça continuou andando

56 męlé[375]   t-ę́nu-pē   (i)žī́-mã   Foi assim que surgiram os olhos dela.
    isto   seus olhos como   são

57 tau̯lóm-panton   a-pántenō-kom-   Assim são as histórias para vocês, filhos.
    tais histórias   suas histórias
   pé-n-iži   mulę́ton
   como são   crianças

Pau̯íg e *Zakámi*[376] (*Mutum e jacami*)

(Por Mayūluaípu)
Citado como F

1 Pau̯í[377]-no(x)pę   zakón-   O *jacami* tinha um caso com a cunhada do *mutum*.
   mutum mulher   irmã
   za-le   zakámi[378] eží-pę
   junto com jacami   estava

2 męlénaua-yęží-nin   t-ęzáton-ē   Por isso, o *mutum* considerava o *jacami* seu inimigo.
    por isso   seu inimigo como
   pau̯í-ya zakámi elę́ma(x)-pę
    mutum   jacami   viu

3 ekeímuru-pę-te(x)-pę   Ele estava com ciúme.
   estava com ciúme

---
[375] Ou seja, isso que o urubu-rei pingou nas órbitas oculares.
[376] Vide mito 47.
[377] *Crax* sp. Galináceo grande.
[378] *Psophia crepitans*.

4 *t-ekeīmulún-pẹ-te*[379]   *kulẹ́tau*   Quando estava com muito ciúme, o
   estava com ciúme enquanto   em meio a   *mutum* brigou com o *jacami*.
   pauí-ya   *zakámi*   *ámbe(x)-pẹ*
   mutum   jacami   bateu, brigou

5 *melúná(x)pẹ-tag*   *pauí-ya*   *zakámi*   O *mutum* jogou o *jacami* na cinza.
   cinza   em   mutum   jacami
   pakáma(x)-pẹ
   derrubou

6 *te-pākamasá-ya*   *tēse*   Quando foi jogado, ele se levantou.
   derrubou   estando
   y-ẹmẹsáka(x)-pẹ
   ele se levantou

7 *mā'lé-za*   *pauíg*   *alẹ́'mo(x)-pẹ*   Ele jogou o *mutum* no fogo.
   ele   mutum   empurrou, jogou
   apó-noag
   fogo em

8 *pókolololo*[380]   *i-pai̭*   *akólo(x)-ẹ*   O fogo queimou a cabeça dele.
                       sua cabeça queimou
   apṍ-za
   fogo

9 *mẹlé-popoížínalon*   *pauí-pupai̭*   Desde então, a cabeça do *mutum*
   desde então   mutum cabeça   é crespa.
   džikídžikipan
   crespa

10 *zakámi-'hale*[381]   *melúna(x)pẹ*   O *jacami* também tem cinza nas
   jacami igualmente   cinza   costas.
   ímpakunta-pẹkén
   suas costas nas

11 *í-pai̭*   *apóg*   *n-ákolo(x)-pẹ*   O fogo queimou a cabeça dele.
   sua cabeça fogo   a queimou

12 *mẹlé-popoížinalon*   *pauíg*   *ezáton*   Desde então, o *mutum* e o *jacami*
   desde então   mutum   inimigo   são inimigos até o dia de hoje.
   zakámi   *selē-poná-le*
   jacami   hoje até

---

[379] A terminação *-te* exprime a simultaneidade da ação. Vide E 1.
[380] Interjeição; expressa como as penas na cabeça do mutum queimam, crepitando.
[381] "*ína-le* = igualmente, também".

13 áɪ̃ ẓakā́mi-té-le   Ah, o *jacami* foi embora.
   ah jacami foi embora

14 taulóm-panton a-pántenõ-kom-   Assim são as histórias para vocês,
   tais histórias   suas histórias   filhos.
   pé-n-iži   mulę́ton
   como são   crianças

Makunaíma no laço de *Piaɪ̯'mã́*[382]

(Por Mayūluaípu)
Citado como G

1 Makúnaɪ̯mā́-te(x)-pę kulá-ẓaɪ̯   Makunaíma estava andando, com a
   Makunaíma foi zarabatana em[383]   zarabatana no ombro, com seu irmão
   t-ulúi-ya-le   Manápe.
   seu irmão junto com
   ma'napé-ẓa-le
   Manápe junto com

2 mę̄'ẓamóle-ẓa piaɪ̯'mã́ malę́[384]-le   Eles encontraram o laço de caça
   eles   do Piaimá laço de caça   de Piaimá.
   epóle(x)-pę
   encontraram

3 mę̇lé ape(x)-pę́-ya makúnaɪ̯-   Makunaíma bateu no laço.
   este   bateu   Makunaí-
   mā-ẓa tég[385]
   ma

4 také̩[386] i-latá apī(d)ži-pę́-ya   Então ele agarrou sua zarabatana.
          sua zarabatana ele agarrou

5 mę̇lé teuká-te-peg te-   Quando ele quis empurrá-lo com
   ele   empurrar queria seu   o pé, o laço agarrou o pé dele.
   ta-ké̩ itá apīži-pę́-ya
   pé com seu pé ele agarrou

---

[382] Vide mito 9.
[383] Ou seja, a zarabatana (no ombro).
[384] O laço de caça comum dos Taulipáng e de outras tribos dessa região. É composto de um forte cordão de algodão e colocado na trilha dos animais de caça, de modo que o animal pisa nela. Além dele, só ocorrem "armadilhas rápidas". O laço de caça de Piaimá também se chama "atāpí" para diferenciá-lo dos laços comuns.
[385] Interjeição; expressa como ele bate nela.
[386] Interjeição; expressa como o laço agarra a zarabatana.

6 *mele-tapaí   t-ēnzá-ké   e-*
    então   sua mão com ele
  teuká-te-peg   tesē
  empurrar queria estando
  t-ēnzá   apīži-pé-ya
  sua mão   ele agarrou

                    Quando, então, ele quis empurrá-lo com a mão, o laço agarrou a mão dele.

7 *ilátoi-ke   teuká-*
  outro lado com empurrar
  te-peg   tésē   t-ēnzá
  querer   estando sua mão
  apīži-pé-ya
  ele agarrou

                    Quando ele quis empurrá-lo com a outra mão, o laço agarrou a mão dele.

8 *mele-tepó   te-ta-ké*
  então   seu pé com
  teuká-te-peg   tesé
  empurrar querer estando
  i-tá   apīži-pé-ya
  seu pé ele agarrou

                    Quando, então, ele quis empurrá-lo com o pé, o laço agarrou o pé dele.

9 *mele-té   tēsé   ma'hape-zá*
  lá   estando Manápe
  i-né(a)ma(x)-pe
  ele   deixou   lá

                    Manápe o deixou lá.

10 *mã'le-lé   epóle(x)-pe   piaí'mã-za*
   ele, aquele encontrou   Piaimá
   t-akāží   impo
   seu panacu nas costas

                    Piaimá, que levava seu panacu nas costas, o encontrou.

11 *mã'lé   makūnaimé   moka(x)-pé-ya*
   ele   Makunaíma   puxou   fora

                    Ele puxou Makunaíma para fora.

12 *t-akáži-peg   antág   alangá-g*
   seu panacu para sua boca abra
   antá   kosówei
   sua boca   grande

                    (Ele disse) para o seu panacu: "Abra sua boca, sua boca grande!".

13 *walaú*[387]   *t-ākaží-ya   tentá*
               seu panacu sua boca
   alánga(x)-pe
     abriu

                    Seu panacu abriu a boca.

---

[387] Interjeição; expressa como o panacu abre sua boca.

14	*makūna̱imę̄ ka'ma(x)-pę́-ya* 　Makunaíma　　ele engoliu	Ele enfiou Makunaíma lá dentro.
15	*mę̱le-tepó t-akážǐ-peg* 　então　　　seu panacu para *antág ala'kánge-(g) antá* sua boca　　feche　　　sua boca *kosówęi̱* grande	Então (ele disse) para o seu panacu: "Feche sua boca, sua boca grande!".
16	*mā'lé ale(x)-pę́-ya t-euę́-tag* 　ele　　ele levou　　sua casa para	Ele o levou para sua casa.
17	*ęuté-piaú te-nónka-i̱d piai̱'mā-* casa junto　　deixando　　Piaimá *te(x)-pę̱ t-euę́-tag* 　foi　　　sua casa em	Deixando-o junto da casa, Piaimá entrou em casa.
18	*i-mę̱ye-le ale(x)-pę́-ya* 　seu carcás　　ele levou	Ele levou o carcás.
19	*mę̱lé ta'hána-sē apó-ponā* 　este　　esquentou　fogo sobre *molómpę̱-za̱i tū̱*[388] cera de abelha na　beiju *alē-pę̱-te(x)-pę́-ya molompę́-za̱i*[389] ele passou repetidamente　cera de abelha na	Depois que o aqueceu sobre o fogo, ele passou várias vezes os beijus na cera de abelha.
20	*mę̱lé-peg téntai̱ kíngag* 　então　　sua mãe　parece *tx̱áne(x)pę̱ naíua*[390] mais gorda ser do que seu filho	Então (ele disse): "A mãe dele parece ser mais gorda do que o filho".
21	*makū́nai̱mę̄-za t-ákažǐ-peg* 　Makunaíma　　seu panacu para *antág alangá-g antá* sua boca　　abra　　sua boca *kosówęi̱* grande	Makunaíma (disse) para o panacu dele: "Abra sua boca, sua boca grande!".

---

[388] É assim que se chama, supostamente, o beiju de Piaimá.
[389] Dito duas vezes pelo narrador, provavelmente por engano.
[390] Estas palavras, bem como tudo que Piaimá e seus familiares falam, pertencem supostamente à língua Ingarikó. Piaimá foi o primeiro Ingarikó, o pai dessa tribo. – Não foi possível obter uma tradução exata.

22 *walaú*³⁹¹   *piaį ḿã̂*   *z̯-akáži-z̯a*   O panacu de Piaimá abriu a boca.
              Piaimá   panacu
   tẹntá   *alánga(x)-pẹ*
   sua boca   abriu
23 *potó(u)*³⁹²   *makūnaįmã̂*   *páka(x)-pẹ*   Makunaíma pulou fora.
                 Makunaíma   saiu
24 *eí-te-le*   *ẹ'léuta-le*   *t-euẹ-gón*³⁹³*-tag*   Ele foi embora e chegou em
   ele foi embora   chegou a   sua casa em   casa.

A morte e a reanimação de *Makunaíma*³⁹⁴

(Por Mayūluaípu)
Citado como *H*

1 *Mẹ̈'z̯ámōle*³⁹⁵   *ko'wáma(x)-pẹ*   Eles ficaram.
  eles   se demoraram
2 *to-te-lé*   *pulutuí*   *zalaúraį-*   Eles foram embora e chegaram
  eles foram embora   zalaúraį   até uma árvore *zalaúrai*.
  *yẹ(g)*³⁹⁶*-pẹg*
  árvore para
3 *mukū̃*³⁹⁷   *ame(x)-pẹ́-tó-z̯a*   Eles fizeram um abrigo de caça.
  abrigo de caça   ergueram eles
4 *mẹle-tapaí*   *makūnaįmã̂*   Então ele ordenou a Makunaíma:
  então   Makunaíma
  a'z̯únte(x)-pẹ
  mandou
5 *nó(m)-ponā*   *tolón*   *wo'lá*   "No chão caem aves pequenas, *jacu*,
  chão no   pequenas aves   jacu   *mutum*, bugio, macaco. Recolha-os!
  pauíg   *alau'tá*   *iwaleká*   *ẹsoloká*
  mutum   bugio   macaco   caem

---

³⁹¹ Interjeição como na frase 13.
³⁹² Interjeição; expressa como Makunaíma pula fora do panacu.
³⁹³ A terminação plural *-gón* foi colocada aqui porque a casa era habitada por mais pessoas, por Makunaíma e seus irmãos, e não apenas por uma família, como a casa do Piaimá (e de sua mulher); vide frases 16, 17.
³⁹⁴ Vide mito 11.
³⁹⁵ Ou seja, Makunaíma e seu irmão Manápe.
³⁹⁶ A árvore da lenda do dilúvio, que dava todos os frutos bons.
³⁹⁷ "Abrigo de caça". Pequena cabana de folhas no alto da árvore para se "esperar pela caça" com a zarabatana.

   aími-kẹ
   recolha

6 *enẽ́*[398]   *kẹ-maímiyūku-i*   Não responda a um fantasma!
   fantasma   não responda

7 *tolón* *etún* *ke-žíyuku-i*   Não imite o canto dos pássaros!".
   ave   canto   não imite

8 *i-lúi* *maʼhapé-ẓa* *tolón*   Seu irmão Manápe acertou (com a
   seu irmão Manápe   aves pequenas   zarabatana) aves pequenas, além de
   pẹ-pẹ́-tẹ(x)-pẹ[399] *tuʼké*   muitos bugios e macacos.
   atirou (com a zarabatana) muitas

   alau̯tá *iwāleká* *le-poí-le*
   bugio   macaco   além disso[400]

9 *mẹle* *tēsẹ́* *makūnai̯mā́-ẓa*   Aí, Makunaíma respondeu a um
   isto   sendo   Makunaíma   fantasma: "*wōkolo-wōkolo-*
   enẽ́[401] *mai̯miúku(x)-pẹ* "*wókolo-*   *wōkolo!*".
   fantasma respondeu
   wókolo-wókolo"

10 *mai̯miúku-ya* *yē'-nín* *i-lúi-ya*   Porque ele respondeu, seu irmão
    ele respondeu porque seu irmão   (gritou): "Suba aqui depressa, senão
    alẽ́-pẹ *énuʼ-kẹ* *enẽ́*   o fantasma vai atirar em você!
    depressa suba   fantasma

    a-pẹ́'-nin
    você acerta porque

11 *énuʼ-kẹ* *alẽ́-pẹ*   Suba aqui depressa!".
    suba   depressa

12 *mã'lé* *énku(x)-pẹ* *t-uluí-pia*   Ele subiu até o seu irmão.
    ele   subiu   seu irmão para

13 *y-enuʼ-ság* *tēsẹ́* *piai̯ʼmā́*   Depois que ele subiu, Piaimá
    ele subido tendo Piaimá   chegou.

    yẹ́pẹ(x)-pẹ
    veio

---

[398] Esta palavra designa "animal" e, além disso, como aqui, "monstro, demônio, fantasma".
[399] Esta palavra designa apenas "atirar com a zarabatana".
[400] Ou seja, além das aves, também bugios e macacos.
[401] Esta palavra designa "animal" e, além disso, como aqui, "monstro, demônio, fantasma".

14 *mā'lé   enu'-ság   tēsę̆   piai̯ 'má*   Depois que ele subiu, Piaimá
    ele   subido   tendo   Piaimá   chegou.
   yę̆pę̆(x)-pę̆[402]
    veio

15 *mā'le-lé   kámako(x)-pę̆   piai̯ 'má-za*[403]   Piaimá perguntou àquele.
    aquele   perguntou   Piaimá

16 *mā'le-pę̆g   ma'hápę̆-za   a-*   Manápe lhe (respondeu): "Não lhe
    ele para   Manápe   a você   foi respondido."
   maímūyūkú-pela-man
    respondido não foi

17 *mę̆le-tapaí   tę̆-ka'hunká-ya   yē'hin*   Então, porque aquele o atormentava,
    então   ele atormentou ele   porque   Manápe jogou um bugio para
   ma'napę̆-za   alau̯'tá   solóka(x)-pę̆   Piaimá.
    Manápe   bugio   jogou
   piai̯ 'má-zo'koi̯d
    Piaimá para

18 *mę̆le-pę̆g   piai̯ 'má-za*[404]   *a'kę̆   mā'lę̆-*   Então Piaimá (disse): "Não, não
    então   Piaimá   não   este   é este! Lá está ele! Deixe aquele
   le-nekę̆   moló-kulú[405]*-man   ye-*   pra mim!".
    não   lá   !   ele está   ele
   núnkę̆[406]*-kulu*
    deixe

19 *mā'lé   anę̆kamā-paí-pela*   Seu irmão não queria denunciá-lo
    para ele   trair queria não   ao outro.
    i-lúi   iží-pę̆
    seu irmão

20 *t-ę̆nza   ę̆lę̆'ma(x)-pę̆́-ya*   Ele viu a mão dele.
    sua mão   ele viu

21 *mę̆le-zaí   piai̯ 'má-zá   i-pę̆́(x)-pę̆*   Piamá atirou nela.
    ela em   Piaimá   ele atirou (com
                                  a zarabatana)

---

[402] A frase (14) toda foi repetida pelo narrador, provavelmente por engano.
[403] Complete: "Quem foi que me respondeu?" ou algo parecido.
[404] Complete: "disse".
[405] *-kulu* é partícula de reforço; vide anteriormente em vários trechos.
[406] Contração de: "*nunga-kę̆*".

22 mã'le-pég[407] wótoló i-pákama-g (Ele disse) para ele: "Jogue-o aqui
    ele para   presa   ele jogue para baixo   pra baixo, a presa!".

23 piaį'mã   mã'lé   t-akón   Manápe o jogou, seu irmão, lá
    Piaimá   ele   seu irmão   para baixo, para Piaimá.

    pakáma(x)-pę   mã'nápę-za
    jogou para baixo   Manápe

24 mã'le-pég   z-ātaúžímpa(x)-pę   Ele ficou feliz por causa dele.
    ele por   ele se alegrou

25 āį alé-ya-le   mã'lé   patá-pę[408]-pō   Ah, ele o levou para sua morada.
    ah ele levou   ele   moradia para

26 i-lúi   ú'te(x)-pę   Seu irmão foi (atrás dele).
    seu irmão   foi

27 āį (i)-t-ęmá-(x)-pę-pęg   eį-te-   Ah, enquanto ele ia por seu caminho,
    ah seu caminho em   ele foi   uma kambežíkę o encontrou.

    tána   kámbežikę[409]-za   epóle(x)-pę
    enquanto   kámbežikę   encontrou

28 epég[410]   au-í(d)ži   zako   (Ela falou) para ele: "O que você
    ele para   você está?   cunhado   está fazendo, cunhado?".

29 e-pég[411]   (i)ží-nekę   u-y-ākón   (Ele respondeu) para ela: "Não
    ela para   eu não estou do meu irmão   estou fazendo nada. Estou seguindo

    pętá(x)pę-pęg   u'té   piaį'mã   o rastro do meu irmão, indo atrás do
    rastro em   eu vou Piaimá   Piaimá, que atirou nele".

    n-e-pé(x)-pę   wénaį
    que o acertou   atrás

30 mã'lé-te(x)-pę-zá-le   Ela foi com ele.
    ele foi junto com

31 i-mę́nē-le-(x)-pę   anúmę-pę̄   Recolhendo o sangue dele, kambe-
    seu sangue   recolhendo   žíkę se foi.

---

[407] Complete: "disse ele".
[408] -pę restringe de novo o significado do substantivo e designa aqui a moradia abandonada anteriormente por Piaimá.
[409] Uma pequena vespa de abdômen com listas amarelas e pretas que gosta de pousar em feridas e sugar o sangue.
[410] Complete: "disse ela (a vespa)".
[411] Complete: "disse ele".

kámbežike̖-te(x)-pe̖
kámbežike̖ foi

32 *pulutuí tuná-pe̖g makūnai̯mā́*
        rio em Makunaíma

   me̱ne̱ anúme̱-pe̱ kámbežike̖-te(x)-pe̖
   sangue recolhendo *kámbežike̖* foi

kambežíke̖ foi até um rio recolhendo o sangue de Makunaíma.

33 *pulutuí*[412] *zelé(d)zele̖*[413]*-za tóg*
        zelézele̖g eles

   epóle(x)-pe̖
   encontrou

Lá, *zelézele̖g* os encontrou.

34 *mā'le-za*[414] *mā́'hape-pe̖g e̖kobíu-*
   ele Manápe para feche

   ka-ke̖ taúle(x)-pe̖ zele(d)zelé-za
   os olhos disse *zelézele̖g*

Ele (disse) para Manápe: "Feche os olhos!", disse *zelézele̖g*.

35 *kobíu y-e̖kobíuka-le*
   ele fechou os olhos

Ele fechou os olhos.

36 *walaú*[415] *t-e̖nu lanká-ya-le*
        seus olhos ele abriu

Ele abriu os olhos.

37 *mā̄'le-po*[416] *tóg-úlete(x)-pe̖ āī*[417]
   ela por eles atravessaram ah

   tuná latoí-ponā
   rio outro lado para

Eles atravessaram por ela, ah, foram para o outro lado do rio.

38 *zele(d)zelég pemónta-le*[418]
   zelézele̖g transformou-se

zelézele̖g se transformou de novo.

39 *ai̯'lemán ité-ke̖*
   pronto vá lá!

"Pronto! Vá lá!

---

[412] Interjeição; expressa que, ao se continuar andando, chega-se a um lugar ou se encontra outra pessoa. Vide anteriormente em inúmeros trechos. Vide também a frase 32.

[413] Lagarto; pequeno, de brilho metálico.

[414] O sujeito, nesta frase, é expresso, de modo excepcional, duplamente.

[415] Interjeição; expressa como ele abre os olhos novamente.

[416] Enquanto Manápe fechava os olhos, o lagarto se transformou numa ponte, sobre a qual, agora, os dois atravessam o rio. – Segundo uma outra explicação, ele se transforma num barco, com o qual passam para a outra margem do rio.

[417] Interjeição em movimentos. Vide anteriormente em inúmeros trechos.

[418] Literalmente: "tornou-se gente de novo" (*pemon*). Todos os animais, nos mitos, são considerados gente. Vide B 22.

40	m̦ena'tá-epoí mayí[419] empukúžimã̦[420] entrada sobre está veneno mágico pemón té'ka-tóg tó-z̦a pessoas com o qual matam eles	Sobre a entrada fica o veneno mágico com que eles matam as pessoas.
41	m̦elé temo'ka-íd tóg[421] ele tirando m-e̦ue̦ú-ma̦i̦d tó-z̦a̦i̦-le[422] você deve mover eles em	Ao tirá-lo, você deve movimentá-lo na direção deles!"
42	pulutuí[423] to-y-ewé̦-pe̦g sua casa em	Ele chegou até a casa deles.
43	welaú[424] y-e̦wómẽ̦-le ele entrou	Ele entrou.
44	wológ[425] empukūžimá̦ moká-ya-le veneno mágico ele tirou	Ele tirou o veneno mágico.
45	wé̦(u)[426] pele̦le̦lén[427] i-no(x)pé̦ sua mulher	Ele matou a mulher dele (com o veneno).
46	tiye̦múlexpe̦ wé̦(u)[428] pele̦le̦lén[429] seu marido m̦elé wolánte-le isto igualmente	Ele fez o mesmo com o marido dela.
47	m̦elé-te̦-pó t-akón então seu irmão te̦'uate-zág e̦'kuláka no fogo sentado cozido	Então ele tirou o seu irmão, que estava cozido sobre o fogo.

---

[419] Vide E 34 e nota de rodapé; igualmente E 48.

[420] Nome de um veneno mágico vegetal dos Taulipáng. – É preso num bastão fendido em cima, o qual se pega com a mão direita na extremidade inferior e, para que o veneno não tenha um efeito de volta sobre a pessoa que está praticando o feitiço, se movimenta lentamente na direção em que o inimigo se encontra. Essa ação do "movimentar-se" é expressa pela palavra m-e̦ue̦ú-ma̦i̦d (vide frase 41). – O veneno mágico aqui fica preso acima da entrada da morada de Piaimá.

[421] Interjeição; expressa como ele agarra o feitiço.

[422] Ou seja, na direção de Piaimá e de sua mulher. As palavras (frases 39 a 41) são ditas pelo lagarto.

[423] Interjeição; vide frases 32, 33; substitui aqui o verbo: "eles chegaram".

[424] Interjeição; expressa como Manápe entra na morada.

[425] Interjeição; expressa como ele saca o veneno mágico.

[426] Interjeição; expressa como ele movimenta o veneno mágico na direção de Piaimá e de sua mulher.

[427] Interjeição; expressa como o veneno tem um efeito mortal.

[428] Interjeição; expressa como ele movimenta o veneno mágico na direção de Piaimá e de sua mulher.

[429] Interjeição; expressa como o veneno tem um efeito mortal.

    t-e̯'u̯aká-pe̯-ya
      ele tirou-o

48 *mã'lé e̯'woká-pe̯-ya*   Ele o tirou.
   ele   ele puxou fora

49 *wopá-pona y-e̯u̯hépame̯-le̯*   Num apá (ele o deitou e) o deixou
   apá em   deixou ele esfriar   esfriar.

50 *me̯le-tapaí kumí⁴³⁰-epú-(x)-pe̯-ke̯*   Então ele juntou a carne dele com
   então   kumī folhas com   folhas de *kumī*.
   i-pún ai̯žíte(x)-pe̯-ya
   sua carne ele juntou

51 *mã'le-lé-ponā í-me̯ne̯ koám-*   Sobre ele derramou o sangue
   este   sobre seu sangue derramou   que *kambežíke̯* tinha recolhido.
   pe̯-te(x)-pé-ya kámbežike̯ n-
   ele   kambežíke̯ que
   anúme(x)-pe̯
   tinha recolhido

52 *mã'lé apa-pé-ya*   Ele o soprou.
   ele   soprou

53 *me̯náka-ke̯ z̯au̯z̯ó-ke̯ kumí-ke̯*   Ele o soprou com *me̯náka*, com
   me̯náka com *z̯au̯z̯óg* com *kumíg* com   *z̯au̯z̯óg*, com *kumíg*.
   *apa-pé-ya*⁴³¹
   ele soprou

54 *mã'lé wapute(x)-pé-ya wopá-ke̯*   Ele o cobriu com um apá.
   ele   cobriu ele   apá com

55 *me̯le-té tēsē̯*⁴³² *y-e̯paká(x)-pe̯*   Então ele saiu e foi para a frente da
   lá   estando   ele saiu   casa.
   poló-ponā
   fora para

---

[430] Planta mágica de folhas longas, em forma de capim; feitiço para transformação.
[431] Todas essas plantas, *me̯náka*, *z̯au̯z̯óg*, *kumíg*, são plantas mágicas para transformação. A planta *z̯au̯z̯óg* é uma espécie bem pequena da planta que os brasileiros chamam de *mutubi* ou *mutupi*. Ainda há uma espécie maior, cujos frutos os índios comem. As plantas mencionadas na frase 53 são remédios que podem ser empregados por qualquer pessoa e não somente pelos pajés. São mastigadas e dadas então ao doente em ambas as mãos que, de punhos cerrados, são postas uma contra a outra. Então o curandeiro segura as mãos do doente com suas duas mãos, envolve-as com força e, através de suas mãos, portanto também através das mãos do doente, sopra a força do remédio sobre o corpo doente. Então a massa do remédio é colocada nas axilas do doente.
[432] Refere-se a Makunaíma.

56 mẹle-té   tēsē[433]   i-t-ákon   Quando estava lá, seu irmão se
   lá   estando   seu irmão   levantou.
   ẹ'mẹsáka(x)-pẹ[434]
   levantou-se

57 (e)ff----![435]   aténaua   "Uff---! O que foi que fizeram
                    o que   comigo?"
   u-kúsau̯-ẓa-ne-gon
   me eles fizeram ?

58 mã'le-pẹ́g   ī-lúi-ẓa[436]   ẹ'lẹ́mā-wẹi̯d   Seu irmão (lhe) respondeu: "Está
   ele para   seu irmão   está vendo!   vendo, mano!
   mṍyi
   irmão

59 mẹlenauá   ke-sé-i   u-ka-í   'Não seja assim!', eu disse pra você.
   assim   não seja   eu disse
   a-pẹg
   você para

60 enẹ̃   ke-maímiyuku-i   u-   'Não responda a nenhum fantasma!',
   fantasma responda   não   eu   eu disse pra você".
   ka-í   a-pẹg
   disse   você para

A morte de *Piai̯'mã́*[437]

(Por Mayũluaípu)
Citado como *I*

1 *Piai̯'mã́-ẓa*   pemón   man   ka-pẹ́-   Piaimá roubava continuamente
   Piaimá   pessoas   roubava   pessoas que tinham ido pescar.
   te(x)-pẹ   konoí(d)pẹ
   constantemente   pescar
   ei̯-te-sá(g)-gon[438]
   ido

---

[433] Refere-se a Manápe.
[434] Ou seja, "enquanto (Manápe) estava lá (fora), seu irmão (Makunaíma) se levantou (vivo e disse)".
[435] Interjeição; expressa como Makunaíma se aquece e transpira. Vide D 44, B 23.
[436] Complete: "disse".
[437] Vide mito 26.
[438] *-gon* é terminação plural e também se refere ao "*pemón*" anterior.

2   *te-pána-ẓaị(g)*[439]   *tó(g)-pelá-gon*   Ele enfiava os calcanhares delas
     suas orelhas em   seus calcanhares   nas orelhas dele e levava as pessoas
    te-kǎma-pe-sē   *pemón*[440]   *alē-pé-*   continuamente para o cume da serra
     enfiados   pessoas   levava   Txaláng.
    te(x)-pé-ya   *txālán-te-pe*
     constantemente   Txaláng serra
    nakatá-ponā
     cume   em

3   *tó(g)-peg*   *y-enta'ha-pe-te(x)-pe*   Ele as comia constantemente.
     deles   ele comia constantemente

4   *āī*   *melé-kele*   *pemón*[441]   Ah, desse modo ele roubava as
     ah   dessa maneira   pessoas   pessoas, até que sobrou um único da
    "tē-ka(x)-pé-ya"   *teukín-le*   parentela.
     ele roubava   um único
    tog   *ẓombá-le-(x)-pe*[442]
     deles   parentes

5   *mā'lé-te(x)-pe*   *konoíd-yipú*   Este foi, depois de recolher a
     este   foi   vara de pescar   vara de pescar.
    t-anún-sē
     tendo recolhido

6   *(u)-té-ẓaịg*   *ámaī*   "Eu vou, mamãe, até o fantasma que
     eu ir estou a ponto de   mamãe   come os meus parentes.
    u-yombá   *ēnḗ-peg*
     meus parentes   fantasma para
    n-aínē-ẓa
     que come

7   *u-y-ápi(d)žag-ẓau*   *yeulé*   Se eu for pego, você vai saber!
     eu preso   se   eu
    m-u-pútu-ịd
     você me saber deve

8   *t-uḗ-ẓa(g)-ẓa-ẓau*   *yeulé-ẓa*   Se eu o matar, vou soprar o meu
     matado eu   se   eu   trompete. Você vai ouvir!"

---

[439] Ou seja, nos largos furos dos lóbulos de suas orelhas.
[440] Aqui está no singular porque, dessa maneira, Piaimá só consegue levar um homem de cada vez.
[441] Aqui está no singular porque, dessa maneira, Piaimá só consegue levar um homem de cada vez.
[442] O sufixo *-pe* restringe o significado do substantivo (*ẓombá*) porque toda a parentela foi exterminada, restando apenas um.

    uáyi   *e̯túmpa-zā̯*   *m-*
    meu trompete[443]   eu assopro   você

    etá̄-te-i̯d
    ouvir   deve

9 *eí-te-le*   *pulutuí*[444]   *tuná-pe̯g*   Ele foi embora (e chegou) até um rio.
    ele foi embora   rio até

10 *me̯le-té* *y-ē̯léuta(x)-pe̯*   Lá ele se sentou.
     lá   ele se sentou

11 *konoíd*   *pa'kāma-pe̯-te(x)-pé̯-ya*   Ele jogou a vara de pescar várias
     anzol   ele a lançou várias vezes   vezes.

12 *me̯le-té*   *tēse*   *piai̯'má-za*   Lá Piaimá o encontrou.
     lá   estando   Piaimá
    epó́le(x)-pe̯
    encontrou

13 *piai̯'mā*   *e-pe̯g*[445]   *au̯-ízí-mā*   Piaimá (disse) para ele: "O que
     Piaimá   ele para   você está?   você está fazendo?".

14 *e-pé̯g*[446]   *izí-neke*   (Ele respondeu) para ele: "Não
     ele para   eu não estou   estou fazendo nada de mais.

15 *moróg*   *e̯maíd*   *y-e-ság*   Vim pegar peixes pra comer".
     peixes   para pescar   eu vim
    y-ó'-ten
    minha comida para

16 *mā'le-pe̯g*[447] *piai̯'mā-za* *abuné̯leko*   Piaimá (disse) para ele: "Vamos!
     ele para   Piaimá   em frente[448]   enfie as pernas nas minhas orelhas,
    u-y-ewé̯g *yempé̯-sē*   *utén-*   para irmos ver a minha casa!".
    minha casa   ver queremos   ir
    to(x)pē   *a-(d)ží*   *eká'ma-ke̯*
    para   suas pernas   enfiou
    u-pána-zai̯
    minhas orelhas em

---

[443] Instrumento de sinalização feito da grande concha do caramujo marinho.
[444] Interjeição; falada com frequência quando se chega a um lugar. Vide anteriormente em inúmeros trechos.
[445] Complete: "disse".
[446] Complete: "disse ele".
[447] Complete: "disse".
[448] Tradução duvidosa. Foi traduzida pelo narrador (port.): "vamos a ver!" (sic) (?).

17 *mã'lé-ẓa   te-iží   ekáˈma(x)-pẹ*   Ele enfiou as pernas nas orelhas
    ele   suas pernas enfiou   dele.

   i-pána-ẓaị
    suas orelhas em

18 *t-euna-káta-yē*   Com o nariz dele para baixo,
    seu nariz para baixo   Piaimá o levou.

   piaị'mắ-ẓa   ále(x)-pẹ[449]
    Piaimá   levou

19 *elémba   ale(x)-pé̱-ya*[450] *tx̱álan*   Ele o levou, cantando: "Subindo
    cantando ele levou   Tx̱aláng   a Tx̱aláng chegam pessoas".

   wenalúẓáyi   e̱uážikẹ   pémon-gon
    para cima   chegam   pessoas

20 *mẹlé alẹ-te(x)ká-tepo   ī-pikẹ́te(x)-pẹ*   Quando terminou, ele soltou um
    isto quando estava pronto ele soltou um pum pum no nariz do homem.

   pemón   y-euna-póna
    do homem nariz   no

21 *ī-pikẹ́te-sag   yeˈhin   pemón-ẓa*   Porque ele tinha soltado um pum, o
    ele soltou pum porque   homem   homem bateu nele.

   i-we̱lẹtámẹ(x)-pẹ
    nele bateu

22   *t-uáyí-kulú*[451]*-kẹ*   Bateu nele com seu caramujo
    seu trompete de caramujo marinho com   marinho.

   i-we̱lẹtámẹ(x)-pẹ
    ele bateu

23 *mẹnáua-ẹži-nín   kawaí*[452] *ele-pẹ-*   Por isso, Piaimá passou várias
    por isso   tabaco   passou   vezes tabaco no nariz do homem.

   te(x)-pẹ́-ya   piaị'mā-ẓa   pemón
    repetidas vezes   Piaimá   do homem

   y-euna-pẹg
    nariz   em

---

[449] Ou seja, o homem está pendurado nas costas de Piaimá com a cabeça para baixo, com o nariz contra o seu traseiro.
[450] As palavras que seguem são o canto de Piaimá; supostamente Ingarikó.
[451] Ou seja, com a concha denteada do grande caramujo marinho "*kulúg*".
[452] Tabaco mágico do grande feiticeiro Piaimá.

24	*tó(u)*[453] *wenumpá-ya-le* ele caiu no sono	Ele caiu no sono.
25	*pón*[454] *pemon pága-le* homem acordou	O homem acordou.
26	*melé walánte-le elempá* isto igualmente cantando *ale(x)-pé-ya* ele levou	Assim cantando, ele o levou.
27	*ei-pikéta-kanan*[455] *i-t-éuna-póna* ele soltou um pum ! seu nariz em	De novo, ele soltou um pum no nariz dele.
28	*melē walánte-le*[456] *t-uāyi-ke* isto igualmente seu trompete com *pemón-za i-weletáme(x)-pe* homem ele bateu *kulu-ke* caramujo marinho com	De novo, o homem bateu nele com o seu trompete, com o caramujo marinho.

29	*melē-pég piai̱'mā-zá*[457]
	  então Piaimá
	wolaté-kulu[458] *ámāle*
	  maldito! você
		Então Piaimá (disse): "Seu safado!".

30	*piai̱'mā kai̱'mā*[459] *kawaí*[460] *alē-pe-* Piaimá tabaco ele passou *te(x)-pé-ya i-t-éuna-peg* várias vezes seu nariz em	Piaimá passou de novo tabaco no nariz dele.
31	*pemón wetun-le* homem dormiu	O homem dormiu.
32	*ei-te-kanán* ele foi !	Ele continuou.

---

[453] Interjeição; expressa como ele adormece. Vide A 248, 258, 265.
[454] Interjeição; expressa como ele acorda de repente.
[455] *-kanán* é partícula de reforço. Vide A 7, 14 etc.
[456] *melē walánte-le* foi traduzido (port.): "assim mesmo".
[457] Complete: "disse".
[458] Xingamento; traduzido (port.): "tu safado!". Vide A 306.
[459] *kai̱'mā* (vide anteriormente em vários trechos) quase sempre é inserido quando se trata de uma trapaça. Às vezes, pode ser traduzido por "supostamente". Aqui, refere-se à palavra seguinte "*kawaí* = tabaco" e deve
[460] expressar que não é um tabaco comum, e sim um tabaco mágico que o "grande feiticeiro" (Piaimá) passa no nariz do homem, pelo qual ele o põe imediatamente a dormir, narcotizando-o.

33 *pón*[461] *ei̯-paká-le*
              ele acordou

Ele acordou.

34 *me̦lé tēse pemón-pe̦g piaí̯'mã-ẓa*
    isto sendo homem para Piaimá
taléle-kū pe̦lé-pódole man
    aqui   sapo pai   está
apá'ne-sē t-etúna-sin
    você morreu ele canta sempre
tue̦d-tue̦d-tue̦d tēwonleku
    "tue̦d-tue̦d-tue̦d" assim disse ele
apá'ne-se[462]
    você morreu

Aí Piaimá (disse) para o homem: "Aqui está o pai do sapo. Quando você morrer, ele vai cantar sempre: '*tue̦d-tue̦d-tue̦d!*'. Assim ele vai dizer quando você morrer".

35 *me̦lē-pe̦g pemón-ẓa apa'hé-se-le*
    então   homem   você morreu !
piaí̯'mã
   Piaimá

Então o homem (disse): "Quando você morrer, Piaimá!".

36 *to-(u)té-le pulutuí*[463] *t-ewe̦g*
    eles foram   de sua casa
me̦natá-ponā
   entrada até

Eles foram (e chegaram) até a entrada da casa dele.

37 *tó(u)*[464] *pemón nongá-ya-le*
        homem   libertou

Ele soltou o homem.

38 *te-nonga'-sá-ya tēse pemón*
   solto   estando homem
ekatúm-pe̦-te(x)-pe tolón[465]*-ẓame̦g-*
   correu   passarinhos
we̦nai̯
  atrás de

Depois que foi solto, o homem correu atrás dos passarinhos.

39 *mã'le-pe̦g piaí̯'mã e'haíka(x)-pe̦*
   ele para Piaimá   repreendeu

Piaimá o repreendeu.

---

[461] Interjeição como na frase 25.
[462] "O pai do sapo cantaria se o homem morresse, mas ele não cantou quando eles passaram ao lado", o narrador explicou. – Tudo que Piaimá e o homem dizem pertence supostamente à língua Ingarikó e, por isso, é de difícil análise, já que o próprio narrador só conseguiu dar uma tradução inexata.
[463] Interjeição como na frase 9.
[464] Interjeição; expressa como Piaimá senta o homem no chão.
[465] Piaimá tem muitas aves domesticadas em casa. Vide mito 21.

40 *apẹ'ma(x)-pę́-ya   māsá   u-* Ele gritou: "Venha já e me veja!
    ele chamou   já   me
   y-ę́lẹ'mā-tá-ne-kę
    ver vá

41 *sẹnég   (d)žína(g)-pẹg* Segure-se neste cipó!".
    este   cipó   em
   atắpi-tá-ne-kę[466]
    se segurar vá!

42 *mẹlē-pę́g   pemón   yípẹ(x)-pẹ* Então o homem veio ver.
    então   homem   veio
   elę́maịd
    para ver

43 *ę́tukaịwín   elę́ma-zá-tana* "Como é isso? Segure-se firme
    como é isto?   eu vejo enquanto   enquanto eu assisto!"
   atắpi-kę
    segure-se!

44 *mẹlę́-pę́g*[467] *sẹpénē   atắpi-kę* Então (aquele disse): "É assim!
    então   assim é   segure-se!   Segure-se firme, como eu disse!"
   u-ka-ị-ne-ko
    eu disse como

45 *takaí---*[468] *piaịˈmá   t-āpiží-le* Piaimá agarrou.
            Piaimá   segurou

46 *tenatá-epoíno   nālíg* Ele balançou sobre a entrada,
    sua entrada sobre   feio   sobre uma escuridão feia.
   woálupę́-epoí   y-ẹsóimā-pę́-te-le[469]
    escuridão sobre   ele se balançava

47 *(d)žiá   eị-te-ság   éna(x)po* Ele voava pra lá e pra cá na parte
    para lá   ele foi   de volta   da frente. Enquanto ele vinha, aquele
   lakeíd   z̧-ápẹta(x)-pę[470]   se armou.
    na frente   ele se armou
   eị-yepę́-tana
    ele veio enquanto

---

[466] O homem deve segurar o cipó que pende acima da entrada da casa de Piaimá, para se balançar nele.
[467] Complete: "disse ele (Piaimá)".
[468] Interjeição; expressa como Piaimá agarra o cipó.
[469] Piaimá balança no cipó que pende da entrada de sua morada acima de um "buraco feio, profundo e tenebroso", a "armadilha de gente" do feiticeiro.
[470] Ou seja, ele apanha seu trompete-caramujo para matar Piaimá.

48 *(n)dṍ*[471] *e-iží-ẓai̯*   *pemón-ẓa*   O homem bateu na perna dele.
            sua perna em   homem

   t-úẹ(x)-pẹ
   bateu

49 *walaúb*[472] *tén*[473] *y-ḗna-le* *palangá*[474]-   Ele caiu no andaime.
                      ele caiu   andaime

   ponā
   em

50 *mẹlē-té* *tēse*   *í-mḛnē*   *apí(d)ži-pẹ*[475]   Enquanto estava caído lá, sua
   lá   estando   seu sangue   colheu   mulher colheu o sangue dele.

   i-nó(x)pẹ-ẓa
   sua mulher

51 *mẹlé* *elinte(x)-pḝ-ya*   Ela o cozinhou.
   isto   cozinhou ela

52 *enā-pḝ-ya-le* *pemón* *mḛnḗ*   Ela o comeu, já que pensou que
   ela comeu   pessoas sangue   fosse sangue de gente.

   kai̯ 'mā[476]
   (supostamente)

53 *ena-sá-ya* *tēsē*   *e-tíyemū*   Depois que ela comeu, seu marido
   comeu   tendo   seu marido   caiu.

   éna(x)-pẹ
   caiu

54 *(n)dṍ*[477] *i-no(x)pẹ-ẓá* *t-uẹ́-*   Sua mulher bateu nele até ele
              sua mulher   bateu   morrer.

   túka(x)-pẹ
   totalmente morto

55 *mẹlé-pḛ́g* *mẹlénaua* *a-wṍtolo-ton*   Então (ela disse) para o homem:
   então   assim   suas presas   "Eu disse que era para você cair no
                                                meio das suas presas? (Ou melhor:)
   ẓokoíd   *tḛ́-nai̯g*   *tóg*   Traga-as pra cá!".
   debaixo   você deveria ir elas

---

[471] Interjeição; expressa como ele bate com o trompete na canela do Piaimá.
[472] Interjeição; expressa como o cipó se parte.
[473] Interjeição; expressa como Piaimá cai no andaime do buraco.
[474] No andaime em que Piaimá cai há uma calha pela qual o sangue escorre.
[475] Literalmente: "agarrou".
[476] A mulher de Piaimá acredita que seja sangue humano, não o sangue do seu marido.
[477] Interjeição; expressa o golpe. Vide frase 48.

	imánga-g	*u-ká-ẓan*	*ná-wẹịd*⁴⁷⁸	
	traga aqui	eu disse	? !	
56	*mẹle-tepó*⁴⁷⁹	*pemón-pẹg*	*mẹžínẹg*	Então (ela disse) para o homem:
	então	homem para	lá	"Segure-o lá, água, escuridão,
	i-wákẹ-kẹ	*tuna*	*wálupe*	nuvem!
	ele segure	água	escuridão	
	katú'lug			
	nuvem			
57	*t-ẹ'ma-le-tag*	*ená-kẹ*		Caia no caminho dele!".
	seu caminho em	caia		
58	*pemón-té-le*	*pulutuí*⁴⁸⁰	*tuná-pẹg*	O homem foi embora (e chegou)
	homem foi embora		rio em	até um rio cheio.
	yú'ma-sag			
	inchado			
59	*yei-pi pẹ*	*moka-pé-ya*		Ele fez um ubá.
	árvore casca	puxou		
60	*mẹlé-ẓau*	*y-ú'lete(x)-pẹ*		No ubá, ele atravessou.
	ele em	atravessou		
61	*mẹle-tepó*	*katú'lu-ẓa*	*epóle(x)-pẹ*	Então a nuvem o encontrou.
	então	nuvem	encontrou	
62	*mã'lé*	*kulẹ'tau*	*ẹi-te(x)-pẹ*	No meio dela ele continuou (e
	nela	em meio a	ele continuou	chegou) até um outro rio.
	*pulutuí*⁴⁸¹	*iyalén*	*tuná-pẹg*	
		outro	rio em	
63	*yei-pi pẹ*	*moka-pé-ya*		Ele fez um ubá.
	árvore casca	puxou		
64	*mẹlé-ẓau*	*y-ú'lete(x)-pẹ*		Nele ele atravessou.
	ela em	ele atravessou		
65	*žiké---*⁴⁸²	*woálepẹ-ẓa*	*epóle(x)-pẹ*	A escuridão o encontrou.
		escuridão	encontrou	
66	*mẹlé*	*kulẹ'tau*	*ẹi-te(x)-pẹ*	No meio dela ele continuou.
	ela	em meio a	ele continuou	

---

[478] Supostamente língua Ingarikó.
[479] Complete: "disse ela (a mulher de Piaimá)".
[480] Interjeição; como nas frases 9 e 36.
[481] Interjeição; como nas frases 9 e 36.
[482] Interjeição; expressa como escurece de repente.

67　tẹ-páta　　winêkei̯d　　　　　　　　Ele chegou perto de sua morada.
　　de sua morada　ao lado, perto
　　y-ę́na(x)-pę[483]
　　ele caiu, chegou

68　ei̯-te-tuka-lé　　　　　　　　　　　Ele andou muito.
　　ele andou muito

69　te-m-putú-zag　　y-ę́na(x)-pę[484]　　Ele chegou à região que lhe era
　　dele conhecido　ele caiu, chegou　　conhecida (e chegou) até sua casa.
　　pulutuí[485]　　t-euę-gón[486]-ponā
　　　　　　　　　sua casa　para

70　mę̄lē-te-ží'-mā　　tę-uáyi　　　　　De lá, ele soprou seu trompete:
　　de lá　　　　　seu trompete　　　　"Eu matei Piaimá!".
　　ę̣tumpa(x)-pę́-a　atátai̯[487]
　　ele soprou　　Piaimá
　　zenū́'maĩ
　　eu matei

71　mę̣lé　etá(x)-pę　i-(d)žán　　　　A mãe e o avô dele ouviram isso.
　　isto　　ouviu　　sua mãe
　　tę̄-'podóle-za[488]
　　pai dela

72　y-ę̄léuta-le　　　　　　　　　　　Ele chegou.
　　ele chegou

73　sę-wólante　　ú-n-uę-to(x)pan　　　"Aqui estou! Eu matei quem
　　eu sou assim　eu o matei (?)　　　 comeu os meus parentes!"
　　zokoi̯d　　yombá
　　entre　　meus parentes
　　ená-pę-ne-pę-man[489]
　　comeu que tinha

74　ę̄léuta-le　　　　　　　　　　　　Ele chegou.
　　chegou

---

[483] Esse verbo é empregado somente para expressar que se está chegando a um lugar bem conhecido.
[484] Esse verbo é empregado somente para expressar que se está chegando a um lugar bem conhecido.
[485] Interjeição como acima frase 9, 36, 58, 62.
[486] A terminação plural -gón foi acrescentada porque ele habita a casa com os sobreviventes de sua parentela. Vide G 24.
[487] É assim que Piaimá se chama na língua dos Ingarikó.
[488] "Pai dela (da mãe)", ou seja, "seu avô".
[489] Supostamente língua Ingarikó.

Akālapižéimã e o Sol[490]

(Por Mayūluaípu)
Citado como *K*

1 *Piá-moínele*
  o jovem dos nossos antepassados[491]
  akãlapižéimã[492] *i-t-ęsę etę̃-pę-*
  Akalapižéima seu nome ia
  te(x)-pę palaú[493]*-epoíno yéi*
  às vezes mar pelo árvore
  ka'ta-lę́ męsáne(x)pę pęg
  muito alta comprida para
  walo'mã́ apíži-te-pęg
  sapo pegar ir para

2 *y-ępęte(x)-pę*
  ele queria

3 *epále ęi̯-te-pę́-te(x)-pę*
  muitas vezes ele foi

4 *walo'mã́-(e)pódole mã'le-pęg*
  sapo pai ele para
  walo'mã́-za palaú-kuág
  sapo mar em
  ke-mã́-nin akãlapížęi̯mã
  que não jogue[494] Akalapižéima
  tau̯le-pę́-te(x)-pę
  disse várias vezes

5 *tēsé yūkú-ya-pela*
  estando ele não respondeu

6 *y-ępęte(x)-pę*
  ele queria

O jovem dos nossos antepassados, chamado Akalapižéima, às vezes ia até uma árvore comprida, bem depois do mar, para agarrar Walomá (o sapo).

Ele (o) queria.

Ele foi até lá muitas vezes.

O sapo-pai disse repetidas vezes para ele: "Que Walomá não jogue Akalapižéima no mar!".

Mas ele não fez caso disso.

Ele (o) queria.

---

[490] Vide mito 13.
[491] Assim traduzido. "*moi̯nelí(x)pę* = jovem". Compare com "*piá-baži* = moça dos antepassados" nas fórmulas mágicas. Vide v.III.
[492] Dizem que o nome significa: "jovem do gafanhoto". Provavelmente, é composto de "*kalapižá* = gafanhoto" e "*ima* = grande"; portanto, "gafanhoto grande".
[493] "*palauá* = mar", do qual, hoje, os Taulipáng estão separados por cerca de três graus de latitude.
[494] A mesma construção se encontra em A 214, 215.

7 īyalén-za'tai̯   ei̯-te-túka(x)-pe̯[495]   Uma vez ele foi lá pela última vez.
   uma vez   ele foi de todo lá

8 akắlapižéimā   énku(x)-pe̯   Akalapižéima subiu para buscá-lo.
   Akalapižéima   subiu

   e-t-e̱kalé̱-pe̯g
   ele buscar para

9 y-énku-le   i-t-āpón-pe̯g   Ele subiu até a casa dele.
   ele subiu   seu assento para[496]

10 mā'le-za   walo'mắ-(e)pốdole   Ele agarrou o sapo-pai pela perna.
   ele   sapo   pai

   apíži-pe̯   i-ží-pe̯g
   agarrou   sua perna em

11 walo'mắ-(e)pốdole-za   akắlapi-   O sapo-pai agarrou Akalapižéima
   sapo   pai   Akalapi-   pela mão.

   žéi̯mā   apí(d)ži-pe̯   t-énza-pe̯g
   žéima   agarrou   sua mão em

12 mā'lé   esá-pe̯[497]   alo'mắ-   Carregando-o, o sapo-pai pulou
   ele   com (carregado)   sapo   lá embaixo.

   (e)-pốdole   apulunme̯(x)-pe̯
   pai   pulou para baixo

13 palaú-kuág   akālapižéimā   Ele jogou Akalapižéima no mar.
   mar em   Akalapižéima

   pakáma(x)-pe̯-ya
   jogou   ele

14 mā'lé   esá-pe̯   i-taú   t-ēséu-   Carregando-o, ele mergulhou
   ele com (carregado) para dentro mer-   atravessou até uma ilha.

   lánka-i̯d   e̱núle̯té-ya-le   zau̯nṍ-ponā
   gulhando   ele atravessou   ilha   na

15 tá(u)[498]   i-nonká-ya-le   palaú-   Ele o soltou na ilha do mar.
              ele soltou ele   do mar

   zau̯nṍ-lé-ponā
   ilha   na

---

[495] "-tuka(n) = muito", acrescentado à raiz do verbo, designa o término da ação, pois aqui Akalapižéima vai lá pela última vez. Vide A 285; I 54.
[496] Ou seja, para o galho onde aquele estava sentado.
[497] Vide A 368.
[498] Interjeição; expressa como ele o põe no chão; no mais, também "to(u)". Vide I 37.

16	mẹlé-te tése i-nēmē(x)-pę́-ya lá estando ele deixou ele lá	Ele o deixou lá.
17	āī[499] walo'má-(e)pódole (u)té-le ah sapo pai foi embora í-y-epaį ele de	Ah, o sapo-pai foi embora.
18	mã'lé upáka-pę-te(x)-pę́ ele ficou lá	Ele ficou lá.
19	mã'lé-ponā watú kulún[500] ele em abutres urubus e'wasúka-pę-te(x)-pę́ fizeram cocô constantemente	Os urubus faziam cocô continuamente nele.
20	anté e-kę́pa-pę tó-za todo ele sujaram eles t-uę́-gon[501]-kę seu cocô com	Eles o sujaram todinho com seu cocô.
21	mã'le epóle(x)-pę kaįuanó-za ele encontrou Estrela d'Alva	A Estrela d'Alva o encontrou.
22	mã'lé-pęg kaįuanó-pęg u- ele para Estrela d'Alva para me pę́ikate-g zako taųle(x)-pę́-ya ajude cunhado disse ele	Ele disse para ela, para a Estrela d'Alva: "Me ajude, cunhado!".
23	a'kę́ a-węnántu-te-nekę não você dá beijus[502] não yeųle para mim	"Não! Você nunca me dá beijus!
24	a-węnántu-te-za a-pę́ikate- você dá beijus ajudar você mę̄ wéi-ya vai Sol	Você dá beijus pro Sol. Ele vai ajudá-lo!".
25	āī kaįuanóg (u)té-le ah Estrela d'Alva foi embora	Ah, a Estrela d'Alva foi embora.

---

[499] Interjeição frequente quando alguém vai embora. Vide anteriormente em vários trechos.
[500] "watú" é o abutre negro comum (urubu); "kulún" é um abutre de cabeça branca, segundo outros, vermelha.
[501] "-gon" é terminação plural.
[502] Assim traduzido. Os beijus são colocados no telhado da casa para secar ao sol. Portanto, o sol se alimenta deles.

26 m̰elé patá-(x)-pḛ⁵⁰³-zaṵ eḭ-   Ele ficou naquele lugar.
      este   lugar   em ele
   kówom̰ḛ
   se demorou

27 epóle(x)-pḛ kapḛ́i-ya   A Lua o encontrou.
      encontrou   Lua

28 mã'lé-pḛg u-y-ḛnule-kḛ   (Ele falou) pra ela: "Me atravesse,
     ele para   me atravesse   cunhado, para a minha terra!".
   z̰ako pātá-(x)-pḛ⁵⁰⁴-z̰ag
   cunhado terra   para

29 mã́'lé-z̰a akḛ́ ã-wḛnántu-   Ela (respondeu): "Não! Você nunca
    ele   não   você dá bei-   me dá beijus!
   té-nekḛ yeṵle
    jus não para mim

30 wéi-ya a-pḛ́ikate- m̰ḛ   O Sol vai ajudá-lo!".
    Sol   ajudar você vai

31 ā́ḭ kapḛ́i (u)té-le   Ah, a Lua foi embora.
   ah   Lua foi embora

32 m̰ele patá-(x)-pe-zaṵ eḭ-   Ele ficou nesse lugar.
     este   lugar   em ele
   kowóm̰e(x)-pḛ
   se demorou

33 m̰elé-te tésē komí-pḛg   Quando estava lá, ele passou frio.
    lá   estando frio de
   y-ḛseká'nunga
     ele passava

34 watú ḛwasuká teto'hā-pḛg⁵⁰⁵   Os urubus faziam cocô nele.
   urubus fizeram cocô ele (?) em

35 iluíneke(x)-pḛ eḭ-kowomé-tana   Enquanto ele ficou lá, com nojo,
   sentindo nojo ele se demorou enquanto   o Sol o encontrou.
   wéi-ya epóle(x)-pḛ
    Sol   encontrou

---

[503] O sufixo -pḛ restringe o significado do substantivo porque a Estrela d'Alva deixou o lugar. O mesmo na frase 32.
[504] Sufixo -pḛ restritivo porque Akālapiz̰éima não se demora em sua terra.
[505] Traduzido: "nele".

36 mã'lé-ẓa[506]   wéi-pẹg   u-pẹ́ikate-g
    ele   Sol para   me ajude

   u-y-ẹ̄wáma(x)-pē   watú   koásuku
   eu aborrecido[507] abutres cocô

   enā-tuká-m-pẹ-man   kumíg
   caiu muito   frio

   t-imólonga   pẹg   ẓaị̯g
   dor sentindo pelo eu estou

37 mẹlénaua   tēsé-pela[508]   u-y-ále-g
   assim   estando não   me leve

   a-kánaụ̯ō-ẓaụ̯
   seu barco em

38 ūã̄[509]
   vamos

39 mā'lé   lona(x)pẹ́-ya   wakẹ̈-kẹ̄[510]
   ele   lavou ele   bel(eza) com

40 i-lōná-te-po
   ele depois que ele tinha lavado

      kalá-kẹ̄[511]   akālapiẓéimā(x)-pẹ́-ya
      bom cheiro com Akalapiẓéima estava

41 mẹlé-tapaí   i-póte(x)-pẹ́-ya
   então   ele vestiu ele

42 pẹlaí   i-layi-ten
   sandálias suas sandálias para

   le(x)-pẹ́-ya
   deu ele

43 mẹlé-tēse   kumi-kẹ́-kulu[512]   ẹ́ẓaị̯g
   isto sendo frio com muito!   eu estou

Ele (falou) para o Sol: "Me ajude, porque estou aborrecido (com esta situação). Estou todo cheio do cocô desses urubus. Estou com dores por causa do frio.

Como eu não gosto disso, me leve no seu barco!".

"Vamos!"

Ele o lavou com beleza.

Depois que ele o lavou com perfume, ele ficou (de novo) Akalapiẓéima.

Então ele o vestiu.

Ele lhe deu sandálias.

Aí (ele disse): "Estou com muito frio!

---

[506] Complete: "disse".
[507] Adjetivo, pelo visto formado de uma raiz verbal com sufixo -pẹ. Traduzido: "porque não gosto". Complete: "desta situação miserável (frio, cocô)".
[508] Ou seja, "já que não quero isto".
[509] Complete: "disse o Sol". – O Sol é um homem, assim como a Lua.
[510] Literalmente: "com bonito".
[511] Literalmente: "com cheiroso".
[512] "-kulu" é partícula de reforço.

44 *wéi epáka-pela y-é(d)ži sḛ́ko*
   Sol acordou não está ainda
   taúle(x)-pḛ akálapižeḭmā-za
   disse   Akalapižéima
   wéi-pḛ(g)-le-kinē
   Sol para ! próprio

45 *mā'le-pḛ́g*[513] *wéi-ya žin wínēkeḭd*
   ele para   Sol para lá para o lado
   a-y-émpeta iláte-g
   seu rosto   vire

46 *mḛlé z-anumám-pe akālapížeḭmā*
   isto ele mandando (?) Akalapížéima
   eláte(x)-pḛ
   virou

47 *y-eláte-sag tēsē wéi-ya*
   ele virado estando Sol
   te-pánazale eká'mā́-pḛ-te(x)-pḛ
   seu brinco   colocou

48 *soloí*[514] *t-ālekó ekáma(x)-pḛ*
             seu toucado colocou
   wéi-ya
   Sol

49 *taíž*[515] *wéi-ya e-kíka-lé*
             Sol   o queimou

50 *mḛle-pḛg te-kíká-ya yē'-nin*
   então ele queimou ele porque
   akálapižeḭmā entaḭma-pḛ́-te(x)-pḛ
   Akalapižéima gritou várias vezes
   aka---nḛ́---![516] *wéi u-*
        ai!   Sol me
   kika-pḛ́-man
   queimou

---

[513] Complete: "disse".
[514] Interjeição; expressa como o Sol coloca o seu toucado.
[515] Interjeição; expressa o "queimar, arder" dos raios do sol.
[516] Grito de dor dos Taulipáng, Arekuná, Makuxí.

O sol ainda não acordou". Assim Akalapižéima disse para o próprio Sol.

O Sol (falou) para ele: "Vire o seu rosto para o lado!".

A essa ordem, Akalapižéima se virou.

Quando ele tinha se virado, o Sol colocou o seu brinco.

O Sol colocou o seu adorno de cabeça.

O Sol o queimou.

Então, porque ele o queimou, Akalapížéima gritou várias vezes: "Ai! O Sol me queimou".

51 m̨elénaua y-ęží'-nin wéi-ya
       por isso   Sol
   i-t-áleko ten le(x)-pę[517]
   seu toucado para deu
   salág[518] i-paí-pęg
         dele cabeça em

Por isso, o Sol deu a ele um adorno (e o colocou) na sua cabeça.

52 kolę̃[519] wéi-ya e-kiká-pęla
   nada!   Sol   o queimou não

Veja! O Sol não o queimou (mais).

53 wei enku-lé
   Sol subiu

O Sol subiu.

54 má'le-za[520] aí'le-man[521] m̨esemó-
     ele   chega, está pronto esta
   nan w̨elisán tó-za-le ékę
   aí   moça   eles com   fique!
   akōn̨eká-za(g)-za tēsē[522] iyálen-gon
     você fez   estando   outras
   w̨elisán-za-lé k-atáuažilumpa-i[523]
    moças com   não se relacione!
   taúle(x)-pę wéi-ya akālapi-
     disse   Sol   Akalapi-
   žéįmā-pęg
   žéima para

Ele (disse para ele): "Pronto! Fique com essas moças! Depois que você se arrumou, não se relacione com outras moças!". Assim o Sol disse para Akalapížéima.

55 i-pānama(x)-pę́-ya
   ele avisou   ele

Ele o avisou.

56 tó-énku-lé--- pulutuí[524] t-em-
   eles subiram   de seus
   putu-tón y-euę-tág
   conhecidos casa para

Eles subiram (e chegaram) até a casa de seus conhecidos.

---

[517] Ou seja, "ele deu a ele um toucado".
[518] Interjeição; expressa como ele põe o toucado na cabeça dele. Vide frase 48.
[519] Exclamação frequente quando algo não acontece; expressa em geral uma decepção; traduzido por "nada! (nada aconteceu!)". Vide anteriormente em vários trechos.
[520] Complete: "disse".
[521] A forma simples "aí'le" também ocorre. Traduzido: "pronto!"
[522] Refere-se às frases 39 e 40.
[523] Traduzido (port.): "não vai namorar!".
[524] Interjeição; expressa a chegada a algum lugar. Vide anteriormente em vários trechos.

57 wéi ese̱wóka(x)-pe̱   O Sol saiu (do barco).
    Sol   saiu

58 talé e'-ke̱ kanaú elá(d)ži-pē   "Fique aqui e vigie o barco!
   aqui fique! Barco vigiando

59 (d)ží-yai̱-le k-ese̱woka-i talé   Não vá lá pra fora! Fique aqui!
    para lá   saia não para lá! aqui
e'-ke̱
fique!

60 we̱lisán y-e̱'ság-pe̱g   Se vierem moças, não as cortejes!"
   moças   vieram para (com)
k-atálika-i[525]
cortejes não

61 āī̱ wei-(u)té-le   Ah, o Sol foi embora.
   ah Sol foi embora

62 me̱le patá-(x)-pe-za̱u̱ akālapi-   Akalapížéima ficou nesse lugar.
   este lugar em Akalapi-   Então ele saiu (do barco e chegou)
žéi̱mā e̱'nēmé̱(x)-pe̱ tēse   no meio dos urubus.
žéima ficou para trás estando
y-e̱se̱wúka(x)-pe̱ pulutuí[526]
   ele saiu
watú-ẕame̱g kulé̱-tag
   abutres no meio de

63 mā'le-ẕa we̱lisán epóle(x)-pe̱   Ele encontrou moças, filhas dos
   ele moças encontrou   urubus.
watú-paži
filhas de abutres

64 tó-ẕā'-le ẕ-atálika   Ele as cortejou.
   elas ele cortejou

65 epóle(x)-pe̱ wéi-ya   O Sol o encontrou.
   encontrou Sol

66 me̱le-pé̱g wéi e̱haíka(x)-pe̱   Então o Sol brigou com ele.
   então Sol brigou
i-pé̱g
ele com

---

[525] Frases 58-60: fala o Sol.
[526] Interjeição como na frase 56.

67	mã'lé atāpónte(x)-pẹ̈ 　　elas　　foram dormir	O Sol foi dormir.
68	i-pṍnalenē tó-eweg 　ele separado de　deles[527] casa ẹpẹ́te(x)-pẹ̈ queria ter	Separado dele,* o Sol queria sua casa.
69	tó(u)[528] patá-le-tó-za[529]-le 　　　　lugar　　elas aprontaram	Eles prepararam um lugar (para dormir).
70	tó(u)[530] to-wetún-le 　　　　elas dormiram	
71	akálapižéịmā tẽ-nẽma-ịd Akalapižéima　deixando para trás wéi-te(x)-pẹ̈ Sol　foi	O Sol deixou Akalapižéima para trás e continuou em frente.
72	tó(u)[531] akálapižéịmā ẹ'-nẽmá-le 　　　Akalapižéima　ficou para trás	Akalapižéima ficou para trás.
73	penanḗ eị-paká-le áẹ de manhã　ele acordou　ai! watṹ kulẹ́-tau̯ urubus　em meio a	Na manhã seguinte, ele acordou, ai, no meio dos urubus!
74	wéi (u)tẹ̃-le Sol　foi embora	O Sol foi embora.
75	ká-poná y-énku(x)-pẹ̈ céu em　ele subiu	Ele subiu ao céu.
76	sẹlḗtembē t-ẹndží ẹ'mā́ até hoje　sua filha　do caminho weyú-pē t-ẹndží[532] alima(x)-pḗ-ya lanterna como　sua filha　ele　enviou i-t-ákon i-t-ẹ́poị sua irmã　ela sobre	Até hoje ele manda sua filha como lanterna do caminho (dos mortos) (e) sua irmã sobre ela como lanterna das pessoas de lá.

---

[527] Plural; ou seja, a casa do Sol e de suas filhas.

* De Akalapižéima. (N. T.)

[528] Interjeição; expressa como eles se deitam para dormir. Vide A 248, 258, 265.

[529] O verbo ("preparar") é substituído aqui somente pelo sufixo -za, que em toda parte expressa a ação. – Assim traduzido pelo narrador.

[530] Interjeição; expressa como eles se deitam para dormir. Vide A 248, 258, 265.

[531] Interjeição; expressa que Akálapižéịmā ainda está dormindo. Vide frase 70.

[532] Pelo visto, o complemento foi dito aqui duas vezes por engano pelo narrador.

	žín-ten-gon[533]	*weyu-pónim-pē̠*
	de lá (da gente)	lanterna como
77	*āī selétēmbē*	*u-y-ákonū̠*
	ah até hoje	dos meus irmãos
	weyu-pē̠	*iží-tana*
	lanterna como	eu sou enquanto
	žín-ten-gon	*weyu-pē̠*
	da gente de lá	lanterna como
	e̠'-tán-te-g[534]	
	ser vão!	

"Ah, enquanto eu sou, até hoje, uma lanterna para meus irmãos, vão como lanterna das pessoas de lá!"

Žilīkawaí[535]

Segundo Akúli[536]
Citado como *L*

1	*žilíkawaí*	*emē̠nónte-pe̠-*
	Žilikawaí	dava de comer
	te(x)-pe̠	*i-t-áuo̠(x)pe̠-ẕa*
	constantemente	sua sogra
	alīwaí[537]	*t-empáka-pe̠-se*	*pižaú*
	cascudo	jogou fora[538]	cuia
	poyípe̠-ẕag	
	velha	em

A sogra de Žilikawaí lhe dava continuamente *cascudo* para comer, que ela tinha jogado fora numa cuia velha.

---

[533] O Sol envia as duas filhas como estrelas, a primeira ao céu acima de nós, para iluminar a Via Láctea, o caminho dos mortos, a outra ao céu acima do nosso céu para iluminar as "pessoas de lá". Segundo a crença dessas tribos, existem acima do nosso céu dez outros céus, um acima do outro.

[534] Frase 77: são palavras do Sol.

[535] Vide mitos 18 e 19a-b.

[536] Esse mito me foi ditado em Taulipáng pelo Arekuná Akúlia, que também dominava a língua Taulipáng, e traduzido para o português pelo índio Taulipáng Mayuluaípu. Por conseguinte, e porque ambos os índios se separaram de mim nos dias que seguiram, em alguns poucos trechos a tradução é incerta, fato que salientei com o sinal de interrogação entre parênteses (?). Parece que expressões idiomáticas antiquadas também ocorrem, e seu desmembramento exato quase não é mais possível hoje. Formas isoladas (vide frase 74) parecem pertencer à língua Arekuná, que se distingue do Taulipáng apenas como dialeto.

[537] Pequeno peixe de corpo revestido de placas ósseas e que vive em buracos na terra. [Conhecido no Brasil como cascudo – N. T.]

[538] Ou seja, segundo a narrativa em português, do útero dela, já que, no mais, não fica claro por que Zilikawaí está furioso com sua sogra.

2 me̯lé-z̯aká-le[539]   i-mukú-z̯a
     nisso   filhos dele
  e'lé̯'ma(x)-pe̯   alīwaí
     viram   cascudo
  empáka-pē̯-tē[540]
  enquanto ela jogava fora

Nisso, os filhos dele viram quando ela jogou fora o *cascudo*.

3 te-nōz̯an-gon-z̯a   me̯lé-kē   t-
     sua mãe por   isso também deles
  epódole-gon   e̯ulamá(x)-pe̯   tó̯-z̯a[541]
     pai   contaram   eles

Eles contaram para sua mãe, e por meio dela o pai deles ficou sabendo disso.

4 me̯lé-z̯au̯[542]   to-yún   e̯'sak̯ólopa(x)-pe̯
     com isso   seu pai   se zangou

O pai deles se zangou com isso.

5 me̯lē-yi'-nín   to-yún
     por isso   seu pai
  e̯'sa'k̯ólopa(x)-pe̯
     se zangou

O pai deles se zangou com isso.

6 kakó̯   kone̯ka(x)-pé̯-ya   t-
   cristais   fez   ele   sua
  au̯o(x)-pé̯   se̯palanté-to(x)pe̯
    sogra   estragar para

Ele fez cristais para matar sua sogra.

7 ai̯'lé   talui̯-pe̯g   ayúkasa(g)-man
   pronto   fome de   de manhã cedo
  moró-z̯amē̯g   ne-kín   elé̯'mā-
    peixes   se há   ver
  tán-te-g   entana-paí   e'z̯ai̯g
    vão!   comer   eu quero
  māsa-lé
    já

(Quando ele tinha) terminado, (ele disse): "Estou com fome. De manhã cedo vão ver se tem peixe! Quero comer já!".

8 mēwalá-yau̯   tóg   s-e̯le̯'a'-taí-ya
    a seguir   ela   ver eu quero ir
  tau̯le(x)-pé̯-ya   z̯-au̯ó(x)-pe̯-z̯a
     disse   sua sogra

Então sua sogra disse: "Vou lá ver!".

---

[539] Literalmente, "neste".
[540] A terminação -*te* exprime a simultaneidade. Vide anteriormente em vários trechos.
[541] Ou seja, eles contaram para sua mãe, e, por meio desta, seu pai ficou sabendo.
[542] Literalmente, "neste".

9 mẹlé-zaṷ[543]   i-n-konẹ́ka(x)-pẹ-ponā Ela escorregou naquilo que ele tinha
   este em   ele algo feito tinha onde feito naquele lugar.
   y-eteléuka(x)-pẹ
   ela escorregou

10 kakō-zá   t-aké-pẹ   tog   Os cristais a cortaram quando ela andou
   cristais   eles cortaram ela   sobre eles.
   t-emáputẹ-i̠d
   pisando

11 mẹlē-zaṷ[544] elẹ́za[545]-pẹ t-ẹlélẹ(x)-pẹ   Nesse lugar, seu fígado se
   este em   elẹ́za como   fígado dela   transformou na (planta) elẹ́za.
   ekōnẹka(x)-pẹ́
   fez-se, transformou-se
   elẹ́za-(x)-pẹ[546]
   elẹ́za   como

12 kolẹ́   ei̠-yepẹ́-pẹla   y-ízi-pẹ   Nada! Ela não vinha!
   nada! ela veio não

13 wonekána[547] e-pẹ́g   āmaí   uyẹpẹ́-   "Ai!", a filha dela disse para ele.
   ai!   ele para mamãe vem   "A mamãe ainda não veio! Vou lá
   pẹlá y-ẹ̄dži   sekô-ke   s-elẹ'ma-   procurar por ela!"
   não   ainda não (?) ela ver
   taí-ya   taule(x)-pẹ́   ílumẹ-za
   eu quero ir disse   filha dela

14 elẹ'maíd   eí-te-le   Ela foi embora para ver.
   para ver   ela foi embora

15 pulutuí[548] tẹ-sán   mẹ̠nẹ̠-le(x)-pẹ́[549] Lá se podia ver o sangue da mãe
   de sua mãe sangue   dela.
   elẹ́'ma-sẹ́-á-m-pa-lẹ[550]
   ver para   lá

16 mẹlē-wẹíd   ei̠-kaláwóme(x)-pẹ   Então ela chorou.
   então   ela chorou

---

[543] Ou seja, "neste lugar".
[544] Ou seja, "neste lugar".
[545] Planta aquática de folhas avermelhadas e formato de fígado, que flutuam na água.
[546] Pelo visto, dito por engano pelo narrador.
[547] Grito de horror.
[548] Interjeição; expressa quando uma pessoa chega a um lugar. Vide anteriormente em vários trechos.
[549] O sufixo -pẹ restringe o significado do substantivo; significa talvez "o sangue que ficou dela".
[550] Toda a frase 15 significaria, traduzida literalmente: "ela chegou (pulutuí) para ver lá o sangue de sua mãe".

17 *y-enápo-lẹ̄*   Ela voltou.
    ela voltou

18 *aténauá   āmaí   ẹ-sá'-man-te*   "Não sei o que aconteceu com a minha
    o que, por que mamãe   foi   mãe.
   i'na-pálẹ̄
    eu não sei

19 *aténaua(x)-kin   y-ẹ-(d)zá(g)-nai̯*   O que será que aconteceu com ela?
    o que, para que, por que   dela foi feito ?

20 *mẹm-pẹ́*[551] *le-mán-pa i-páta-(x)-pẹ*[552]   No lugar dela se pode ver sangue!"
    sangue como   está   lá   lugar dela
   s-elẹ'ma-íd
    vendo

21 *tetē'yimū   pu'sá-ya*   Ela conhecia seu marido.
    marido dela   ela sabia

22 *wakẹ̄-pẹ̄   anẹkamá-paí-pẹla*   Ela sabia que ele não queria dizer
    bom   revelar querer não   a verdade.
   i-pu'sá-ya iži-pẹ
    ele ela sabia

23 *to-kowamḗ-le   tiwín   wéi*   Eles ficaram um dia.
    eles ficaram   um   dia

24 *itánon-pẹla   é'zai̯g   anonté*   "Não tenho mais tinta. Vamos embora
    cor   sem   eu estou   urucu   para quebrar *urucu*, já que estamos
   ne-kín   pẹkẹpẹ-sẹ-nā̃   uté-   com a pele áspera!
    se houver quebrar para   ir
   m-pai̯   žu apímū'nẹ   ẹ'nē   maí-yau̯[553]
    queremos   porque

25 *mī̃-ā-lé   uté-m-pai̯*   Vamos até lá!"
    para lá   vamos

26 *mẹ̄walá-yau̯   u-kāwayú*   "Enquanto eu corto o meu tabaco",
    então   meu tabaco   disse então o seu marido.
   akẹ̄te-za-tána[554] *taule(x)-pẹ́*
    eu corto enquanto   disse

---

[551] Contração de: "*mẹnẹ-pẹ*".
[552] Sufixo restritivo *-pẹ*; vide frase 15; ou seja, "o lugar ao qual ela costuma ir, mas onde ela não está agora". Ou talvez aqui *-pẹ* = *-po* = em, sobre; vide frase 36: "*pānta-po* = no galho".
[553] Traduzido: "porque (já que) estamos com a pele feia" (?). – As sementes de *urucu* (*Bixa orellana*) ficam envoltas por uma massa vermelha e oleosa que os índios passam na pele para deixá-la macia.
[554] "Para virar um charuto".

       i-tẹ́'yemū-z̯a
       seu marido

27 *to-uté-le*   Eles foram embora.
    eles foram embora

28 *mẹlé-z̯au̯*[555] *ka'-taú anonté iži-pẹ*   Nesse lugar, tinha *urucu* no alto.
    este em   no alto   urucu   havia

29 *tipílẹ-yeg*[556]   "Faça um cavaco de *paxiúba*!", ela
    cavaco de *paxiúba*   disse.
    ankonẹ́ka-kẹ ta̯ule(x)-pẹ́-ya
    faço   disse   ela

30 *ai̯'lé nā̇walē-nág*[557] *y-ẹ́ži-mā*   "Pronto! Está bom assim?"
    pronto bom !   está ?

31 *iná nā̇walē-n-iži*   "Sim, está bom!
    sim   bom   está

32 *ai̯'lé enkú-kẹ*   Pronto! Suba!
    pronto suba lá

33 *mĕnég ka'-taú naí'yi*   Quebre aquele lá em cima!
    aquele lá[558] em cima que está
    i-kebẹ́-ta
    ele quebrar vá

34 *māsá a-y-ẹnz̯á(g) sẹ́neg*   Espere, enquanto eu ponho este (cavaco)
    espere para sua mão este aqui[559]   na sua mão!
    énka-z̯a-tana
    eu dou enquanto

35 *ẹ'maz̯o(x)pẹ́ enkú-kẹ*   Primeiro, suba!
    primeiro   suba lá

36 *sẹ́neg pānta-pó-ži'-mā a-*   Sua perna vai ficar naquele galho, en-
    este   galho em estar vai   sua   quanto a outra fica neste aqui."
    y-ẹ'ma'tá latoí tésē
    perna   do outro lado[560] estando

---

[555] Ou seja, "neste lugar". Vide frases 9 e 11.
[556] Ou seja, uma faca primitiva da madeira muito dura da palmeira *paxiúba* (*Iriartea exorhiza*) para, com ela, cortar os frutos de *urucu*.
[557] *-nag* provavelmente é partícula de reforço. Vide as frases semelhantes A 6 e 13. Traduzido (port.): "está bom assim?".
[558] Ou seja, "aquele *urucu* lá".
[559] Ou seja, "esta faca (cavaco de palmeira) aqui".
[560] Ou seja, "a perna do outro lado, a outra perna".

	(d)zę́-ponā este em[561]	
37	*telén*[562] *t-ęˈmatá* *lé-ya-le* sua perna colocou ele	Ele colocou a perna.
38	*męle-te-tḗsē* *akęte(x)-pę́-ya* lá estando ela quebrou	Quando a perna ficou lá, ela a cortou.
39	*ai̯ˈtén*[563] *y-ę́na-le* ele caiu	Ele caiu.
40	*ekę́---!*[564] *tau̯le(x)-pę́-ya* disse ele	"Ai!", ele gritou.

41	*męlḗ-węíd* *au̯-ę́na(x)po-to(x)pę́*[565]
	   então você voltar para que
	a-z̧-ānomámpē *aúˈma-ta*
	  por você mesmo você estragar vá
		Então (ela disse:) "Então, forte, volte! Você vai morrer por si mesmo!".

42	*mę̧lḗ-tapaí* *y-enápo(x)-pę* *i-*
	  então ela voltou ser
	t-ákon-e(x)-pę[566] *elę́ˈma-sé-na*
	  irmão ver para
	í-yepę́-nā-maīd
	ele veio com isso não
		Então ela voltou, para que o irmão dele não chegasse e visse.

43	*pulutuí*[567] *i-t-ákon* *epolḗ-ya-lę* irmão dela encontrou-a	Ela encontrou o irmão dele.
44	*kológ*[568] *t-ę́na-y-énku-le*[569] *mę-yę́-le* ela se deitou com ele eu não sei *žilíkawaí* *te-nęmę-íd*[570] Žilikawaí deixando para trás	Ela se deitou com ele (na rede de dormir), enquanto ela deixou Žilikawaí lá caído.

---

[561] Ou seja, "neste galho".
[562] Interjeição; expressa como ele põe a perna sobre o galho.
[563] Interjeição; expressa como ele cai da árvore.
[564] Grito de dor.
[565] "Para que você volte para trás"; dito zombeteiramente.
[566] Sufixo restritivo *-pę*, no sentido de: "seu irmão sobrevivente".
[567] Interjeição; vide frase 15.
[568] Interjeição; expressa como ela se deita com o irmão na rede de dormir.
[569] Esse verbo, pelo visto, compõe-se de: "*ęna* = cair" e "*enku* = subir": ou seja, ela sobe e se deixa cair junto dele na rede de dormir.
[570] Nessa frase se expressa uma forte oposição, que também é acentuada pelo narrador por meio da entonação.

45	*atén-weíd u-luí-ko ī'hapá-le* onde está meu irmão eu não sei	"Não sei onde o meu irmão está."
46	*džī-yai̯-lé aká'monā-pẹ̄ u-té-* para lá caçando eu ir *se tolón téka-pẹ̄ u-té-* quero aves matando eu ir *se ne-ka-i̯-le-mā́-pa*[571] quero ele disse lá *tau̯le(x)-pẹ́-ya wayúlalẹ́-za* disse Wayúlale	"'Quero ir caçar lá; quero matar aves!', ele disse lá", falou Wayúlale.
47	*au̯-ẹkažíma-náke-mā* você mente talvez ?	"Talvez você esteja mentindo!" (ele respondeu.)
48	*mása-pe i-yipẹ́ elẹ'ma-paí* espere aí ele vem ver deixe-nos *tau̯le(x)-pẹ́-ya* disse ela	"Espere aqui! Ele já vem! Vamos ver!", ela disse.
49	*tēsẹ*[572] *patá kowáme(x)-pẹ* estando lugar ficou	Assim se passou algum tempo.
50	*māsā́ u-lui̯-kó s-elẹ'ma-* já meu irmão ver *taí-ya enẹ́-poná* eu quero ir animal, fantasma em *ná'ke n-ẹ́-weíd* talvez que vinha !	"Quero ir já ver o meu irmão, que talvez tenha topado com algum fantasma!"
51	*a'kẹ́ kowamẹ-ya-kulú*[573] *u-yẹ̄pẹ-* não! demora muito eu venho *sẹ̄́-te*[574] *tau̯le(x)-pẹ́ nežíneg* até, enquanto disse lá *mẹ̄́'le*[575] *tau̯le(x)-pẹ́-ya* ela disse	"Não! 'Vai ficar tarde até eu voltar!', ele disse lá", ela respondeu.

---

[571] Ou: "*ne-ka-i̯-le-man-pa*".
[572] "Quando estava assim, então". Vide a mesma construção em K 62.
[573] Ou seja, "está ficando tarde".
[574] A terminação "*-te*" expressa a simultaneidade da ação. Vide frase 2.
[575] Segundo explicação do tradutor, "*málẹ* = ele" é empregado por qualquer pessoa, ao passo que "*mẹ̄́'le* = ele, ela" só parentes próximos falam uns dos outros. – Mas talvez aqui seja desvio dialetal do Arekuná.

52	*tēsę̄*[576] *te-yažī*[577] *alima(x)-pę́-ya*	Então ele mandou sua alma até a entrada (da casa).
	estando alma dele mandou ele	
	menáʼta-póna	
	entrada para	
53	*žilíkawaí pę́nke-tē*[578] *wayú-*	"Diga ao meu irmão: 'Wayúlale aleijou Žilikawaí! Tíu!' Você deve contar bem!", disse Žilikawaí.
	Žilikawaí aleijou wayú-	
	lalę tíu[579] *ká-ke-tā́ mōyi-*	
	lale disse vá! meu irmão	
	pęg waʼkę́-pē̄ m-ę́ūlama-i̯	
	para bom você deve contar	
	tau̯le(x)-pę́-ya žilíkawaí-ya	
	disse Žilikawaí	
54	*mā'lę́ uyè(d)za-z̯ag ekáma(x)-pę*	Ela veio e disse ao irmão dele.
	ela[580] veio disse	
	i-t-ákon-pęg	
	irmão dele para	
55	*melé-yiʼ-nín i-t-ákon-z̯a anę̄́*	Por isso, seu irmão (disse): "Quem é esse que disse: 'Wayúlale aleijou Žilikawaí! Wayúlale aleijou Žilikawaí! Tíu!'?
	por isso seu irmão[581] quem?	
	mā'lę́ žilíkawaí pę́nke-tē	
	este Žilikawaí aleijou	
	wayúlalę̄́ žilíkawaí pę́nke-tē	
	wayúlale Žilikawaí aleijou	
	wayúlalę̄́ tíu tau̯le(x)-pę́-naí-nę	
	wayúlale disse ? que	
56	*māsá itá-to(x)pę-z̯a u-*	Solte-me já para que eu ouça, enquanto esse bicho fala!", ele disse.
	já ouvir para que eu me	
	nónga'-kę́ tau̯le-yá-tana enę̄́[582]	
	solte! fala enquanto animal	

---

[576] "Quando estava assim, então". Vide frase 49.
[577] Agora o assassinado envia seu *mauarí* (espírito), como Mayuluaípu se expressou, uma espécie de alma, em forma de um passarinho à casa do seu irmão para contar a este o acontecimento.
[578] Formação rara e provavelmente antiga do passado do verbo através do sufixo *-te* (em vez do usual *-pe*); encontra-se também em outros dialetos Karib, por exemplo, Akawaí, Bakairí e Galibí.
[579] Grito do passarinho.
[580] Ou seja, a alma.
[581] Complete: "disse".
[582] Aqui provavelmente com sentido duplo, "animal" e "fantasma".

mã'le   taule(x)-pé-ya
  este   disse ele

57 i-luí   no(x)-pé-ya   i-pā́nā 　　A mulher do seu irmão tapou os
  de seu irmão mulher   orelhas dele   ouvidos dele.
  apūlu(x)-pé-ya
    tapou

58 teuneží   ke-maimeyuku-i   　　"Deixa! Não responda!", (ela) disse.
    deixe![583]   não responda!
  taule(x)-pé
    disse

59 patá   a'litáma(x)-pé-ya 　　O lugar ficou até meia-noite, enquan-
    lugar   ficou até meia-noite   to Žilikawaí chegou sofrendo.
  t-ēsekanúnga-pē   žilíkawai
     sofrendo   Žilikawaí
  uyēpe-tána
   veio enquanto

60 melé-ẓaú[584]   teukatúm-pe-tē[585] 　　Ele chegou aqui gritando.
    este em   (ele) gritou enquanto
  ene'pe(x)-pé-ya[586]
    ele chegou

61 i-'ta-yá-pela   i-t-ákon   íži-pe[587] 　　Seu irmão não o ouviu, porque ele
    ele ouviu não   seu irmão   estava preso pela mulher do seu
  te-lui-nó(x)-pé-ya   irmão.
    de seu irmão mulher por
  t-apižá(g)-yé'-nin
    retido porque ele foi

62 melé-tēse[588]   uáyi 　　Então (Žilikawaí disse):
     isto sendo   minha flauta   "Jogue a minha flauta aqui fora,
  émpaka-ke   móyi   mano!
   jogue aqui fora meu irmão

---

[583] Traduzido (port.): "deixa!"
[584] "Neste lugar" ou, talvez, "no instante em que".
[585] A terminação -te expressa a simultaneidade da ação. Vide frases 2 e 51.
[586] Ou seja, Zilikawaí chega "rastejando", como o tradutor explicou. – Talvez na palavra esteja incluído: "ene = fantasma"; ou seja, "ele chegou como fantasma" (?).
[587] "íži-pe" pertence, como verbo auxiliar, ao predicado "i-'ta-yá-pela" e exprime o imperfeito. Vide frase 22.
[588] Complete: "ele disse".

63 *imākuyípẹ-ẓa   u-mátané-sa(g)-*   Fui mutilado pela malvada!
    a malvada pela   eu estragado
   naị̃d
   estou

64 *tēsẹ́-pẹla*[589] *mo-kówamẹ-ị̃d*   Nessas condições, você deve
   estando não   você ficar deve   ficar aqui!

65 *yẹulé   u-tẹ́-ẓaị̃g*   Estou indo porque fui enviado.
   eu   eu ir estou a ponto de
   u-y-álimá-sag   yẹ́'-nin
   eu mandei   porque fui

66 *anẽpelénaneg*   Não sei o que eu vou virar quando
   não sei o que vou virar (?)[590]   eu for embora, já que não posso
   u-tẹ́-to(x)pẹ   wotó   pekálē   dizer se vou virar um animal de caça,
   eu vou para   animal de caça   (?)   já que esse é comido, como, por
   ka-paí   íži-tána   mā'le-le   exemplo, a anta.
   dizer eu quero enquanto   aquele
   t-ēné-sen-tē   wailá-pẹ̄
   comer para   enquanto (?)   anta como
   taụle-tó(x)pẹ̄   taụlón-panin
   dizer para   tais   (?)

67 *mẹlē   walántē   pẹlá   ká'lẹ*[591]   Como este não posso ser, eu digo. (?)
   este   igual   não   dizer (?)

68 *mẹle-dẓán*[592] *u-yá-lẹ   ikómbe-pẹg*   Os filhos devem saber por mim,
   filhos   mim por   chuva com   quando chove, que os peixes
   anẽẓán-le   mẹló(g)-ẓamẹ̃g   sobem! (?)
   (?)   peixes
   séule-pẹ́-to(x)pẹ[593]
   subir para

69 *mẹlé-pẹg   pemón-ẓamẹ̃g   éntaná-*   Para que, então, as pessoas tenham
   então   gente   comer   o que comer, eu vou.
   pẹ́-to(x)pẹ̄   ká'lē   u-tẹ́-le
   de   para que   dizer (?)   eu vou

---

[589] Ou seja, "já que não posso ficar aqui".
[590] Assim traduzido: "Não sei o que vou virar para ir embora (bicho ou outra coisa)".
[591] Traduzido após longa reflexão: "Como este eu não posso ser".
[592] Explicado: "o povo de hoje"; *mẹle-dẓán*, excepcionalmente, em vez de "*mulẹ́-ton*".
[593] Depois de longa reflexão, a frase 68 foi traduzida por Mayuluaípu (port.): "As crianças hão de pegar muito [sic] peixes quando cai minha chuva".

70	*i-múnke-le-zan*[594] *n-elḗma-tén-pē*[595]		Os filhos deles devem vê-lo!
	filhos deles ele ver devem		
71	*ká'la-peg u-té-pe-naig*		Estou indo para o céu.
	céu para eu indo estou		
72	*mǫ́yi komán-ke-weid*[596]		Mano, fique aqui!
	meu irmão fique aqui !		
73	*melḗ m-etópánepe-id*		Você deve criar meu filho!
	a criança você criar deve		
74	*au-ḗ(d)ži y-akón-pē*		Você é como o companheiro dele",
	você é dele companheiro como		ele disse.
	taule(x)-pḗ-ya		
	disse ele		
75	*t-enkú patá-pe*		"Antes de eu subir para o (meu) lugar,
	antes de eu subir[597] lugar em		vou soprar minha flauta. Você deve
	uáyi etúmpa-zā m-éta-id		ouvi-la!
	minha flauta sopro eu você ouvir deve		
76	*ka'-taú enápekéle itaú-za*		Quando eu estiver atrás no céu,
	céu em atrás ouvir		você não vai ouvir (mais) nada.
	nekē me-te tēse		
	nada você vai estando		
77	*u-púten-gon-lekín u-*		Eles devem conhecer somente a mim,
	me saber eles[598] devem somente eu		quando só eu chover!
	kombetá-zau-lekín		
	chovo[599] quando sozinho		
78	*u-pútu-peg itaú-zā-mē*		Para me conhecer, você vai ouvir.
	me saber para ouvir você vai		
79	*melé-peg wítē*[600]		Agora eu vou!
	agora eu vou		

---

[594] Explicado: "os nossos filhos, os filhos do povo de hoje".
[595] Traduzido (port.): "hão de olhar para ele", ou seja, para Zilikawaí quando ele estiver no céu como estrela.
[596] *-weid* parece ser aqui, em toda parte, partícula de reforço. Vide A 21 e muitos outros trechos.
[597] Assim traduzido.
[598] Ou seja, os "filhos", os descendentes, as pessoas.
[599] Quando as Plêiades declinam, caem fortes chuvas; começa a principal época das chuvas. Os índios dividem o ano segundo o declínio e o surgimento das Plêiades em uma época de chuvas e uma época de estiagem e calculam segundo elas também seus trabalhos nas plantações.
[600] Ou "*uíté*"; talvez Arekuná em vez de Taulipáng: "*uté* = eu vou". Em Arekuná existe, com frequência, um ditongo no lugar da vogal final em Taulipáng; por exemplo, chuva: Taul. *konóg*; Ar. *konoíd*. Fogo: Taul. *apóg*; Ar. *apoíd*. Pedra: Taul. *tég*; Ar. *teid* etc.

80 *u-pūtú-za*
    me sabe você

    Você me conhece (agora).

81 *aí'le-le katé-naḭ*[601] *tauléu-za-*
    pronto   deve estar   dizer

   mḛ́-te
   você vai, deve

    'Já deve estar na hora!', você deve dizer.

82 *žilíke-pūpaḭ kombḛtám-pḛ́-naḭ*[602]
    estrelas-cabeça[603]   chovendo está

   ampá-zamḛ̄g etūnúne-pḛg maí-yau̯
    rãzinhas   cantando   estão quando[604]

   tau̯le-taúyāton
   você deve dizer[605]

    'A cabeça de estrelas vai chover quando as rãzinhas cantarem', você deve dizer.

83 *mḛlé-zau̯ zapḗ-kuag mológ*
    neste em[606]   riacho em   peixes

   esḛ́ule-sag ánelema-
    subiram[607]   verificar

   taí-ya
   eu quero ir

    'Nessa época, vou ver como os peixes subiram o riacho!'

84 *tu-ka-íd a-utē-tó-eten*
    dizendo   você ir deve

    Com estas palavras você deve ir lá!

85 *aḭ'le-lé-pḗ ampá-zamḛ̄g*
    pronto   rãzinhas

   enã́-túka-sag tu'kḛ́ ikúpḛ-zag
    caíram todas   muitas   lago em

   to-ḛséule tamḛ̄'naúele
    eles[608]   sobem   todos

    'Pronto! Depois que muitas rãzinhas caírem no lago, todas elas vão subir.

---

[601] Traduzido: "precisa ficar pronto".
[602] Ou seja, "a ponto de chover".
[603] As Plêiades são a cabeça de Zilikawaí, o grupo Aldebarã é seu corpo, uma parte de Órion é sua perna que restou. Vide Prancha III.
[604] Com as fortes chuvas, as rãs surgem em massa, os riachos crescem, e os peixes sobem o curso deles em densos cardumes. Isso significa abundância de alimentos.
[605] Assim traduzido.
[606] Ou seja, "nesta época".
[607] Traduzido (língua geral): "piracema".
[608] Ou seja, os peixes.

86 *selé-kin   u-luí-ko-ẕa   u-y-ẹulamá-*   Agora (é hora), meu irmão me
    agora   meu irmão   me con-   contou.' Com essas palavras você irá,
   (x)-pẹ-ko   tu-ka-í-weịd   a-uté-   quando chover, de manhã cedo, como
    tou   dizendo   você ir   a cabeça de estrelas disse!"

   mẹ-le   konó-pẹ-weịd   ayúkasag
    vai   chuva em   !   de manhã cedo

   taụle-pẹ́-kin   žilíke-pupaị
    como disse   estrelas-cabeça

87 *netaí-ko*[609]   "Eu vou até lá!"
    eu quero, vou lá!

88 *aị'le-mán   u-maímū*   "Estou pronto! Completei meu discurso.
    pronto está   minha fala

   ẹtúlumáka-pẹ́-man
    eu terminei

89 *seleualé-le   ẹténka*[610]   *itaụza-mẹ́-tē*   Agora você vai ouvir trovejar
    agora   trovejar   ouvir você vai   quando eu me sentar no céu.

   ka-poná   atápiží-pẹ̄
    céu em   quando eu me sentar

90 *mẹlé-le-weịd   konóg   etḗyá-te-pẹ̄*[611]   Então começa a época das chuvas,
    então   chuva   começa   quando for dia na Terra.

   patá   esayúka-pẹ̄
    lugar, terra   quando dia for

91 *aị'le-mán   sẹléle-weịd   énkū*   Estou pronto! Agora eu vou subir."
    pronto está   agora !   eu subo

92 *tē̆-tē̆-tē̆-tē̆-tē̆   y-ẹteyá-te-le*[612]   Té-té-té-té-té! Ele começou a (subir).
        ele começou

93 *mẹlé-le-weịd   t-apón   mẹ́leị*[613]   Então ele amarrou seu assento, o
    então   seu assento   o banco   banco, no outro lado de sua perna.

   ẹuaté-ya   t-ẹ'matá   latoí-pẹ
    ele amarrou   de sua perna   outro lado em

---

[609] Com essa afirmação (frase 87), o irmão interrompe o discurso de Zilikawaí, que continua de 88 a 91.
[610] As tempestades que trovejam no horizonte antes do início da época das chuvas.
[611] Literalmente: "(ela) vai (*-te*) começar"; a chuva, ou seja, a época das chuvas.
[612] Ou seja, "ela foi começar"; ele começou a subir, ao sopro de sua flauta.
[613] Geralmente Taulipáng: "*muréi* = banco". O Taulipáng do Roraima, falado por Akúli, diferencia-se dialetalmente do Taulipáng do alto Majari, que Mayuluaípu falava. Zilikawaí amarra o banco no toco de sua perna. O "banco de Zilikawaí" são "Beta Órion" (Rígel) e duas pequenas estrelas ao norte e outras duas ao sul de lá.

94	*āĩ y-énku-le* 　ah　　ele subiu	Ah, ele subiu!
95	*aténdená-le-kulu t-uáyi* 　até　onde　　!　　sua flauta *etumpa-tuka-pę́-naĩ* 　ele soprou terminou ? *taųle(x)-pę́-ya*[614] 　disse　　　ele	"Até onde ele parou de soprar sua flauta?", ele disse.
96	*mę̄lē paná-ẕaká-le t-uáyi* 　este　ouvido em　　sua flauta *tumpá-ya-le tē-tę̆-tę̆-tę̆-tę̆ mása* 　soprou ele　　　　　　　　espere *i-t-ákon-ẕa* 　seu irmão	"Assim ele soprou sua flauta no (meu) ouvido: té-té-té-té-té! Espere!", disse seu irmão.
97	*etā-pę-kę́-le y-ę́ži-pę*[615] 　ouvia sempre　　ele	Ele ficou ouvindo.
98	*mę̄lé-paį akóno maí'ya etá-te-pę* 　então　 mais uma vez ouvir foi[616] *y-ę́ži-pę* 　ele	Então ele quis ouvi-lo mais uma vez.
99	*kolę̄ eta-yá-pęla* 　nada!　ele ouvia não	Nada! Ele não o ouviu.
100	*y-ēna-túka(x)-pę* 　ele caiu todo tinha[617]	Ele foi embora!
101	*tēsé　ekāma(x)-pę-ya ẕaųę́le* 　estando[618]　ele tinha dito　para ele *ampá-ẕamę̄g etūnum-pę-te(x)-pę* 　rāzinhas　　 cantavam prosseguiam	Aí, (como) ele tinha dito para ele, as rāzinhas cantaram.
102	*mę̄'ẕámōle-pęg lekin* 　elas　　　 ouvir somente *etā-pę-te(x)-pę́-ya* 　ele ouvia continuadamente	Só elas ele continuou ouvindo.

---

[614] "*taųle(x)-pę́-ya*" está intimamente relacionado com "*i-t-ákon-ẕa*" na frase 96: "disse seu irmão".
[615] "*y-ę́ži-pę*" pertence como verbo auxiliar ao predicado e exprime o imperfeito. Vide L 22, 61.
[616] Ou seja, "ele queria ouvir".
[617] Ou seja, "ele tinha desaparecido" (as Plêiades tinham declinado).
[618] "Quando as coisas estavam assim". Vide K 62; L 49, 52.

103 *aténdená-le-kulu*
　　até onde　　　！
　　eténka-m-pe-naí-ko[619]
　　ele trovejou?

"Até onde ele trovejou?"

104 *taule-yá-tanā y-esáyukā-*
　　ele disse enquanto　ficou dia
　　tana y-eténka mele
　　enquanto ele trovejou isso

Enquanto ele dizia isso, enquanto ficava dia, ele trovejou.

105 *eténka-m-pe-wei(d)-man*
　　ele　trovejou　　！
　　taule(x)-pé-ya i-t-ákon-za-weid
　　disse　　seu irmão　！

"Ele trovejou!", disse o seu irmão.

106 *eténka-ság-zau konóg eń-ma-tē*
　　trovejou quando chuva cair vai
　　taule(x)-pé-ya zauéle-weid
　　tinha ele dito　para ele ！

"Se trovejou, então vai chover!", ele tinha dito para ele.

107 *konóg ená melé taule-pe-*
　　chuva caiu isto dito tinha
　　kín-weid žilíke-pupaí
　　como ！　estrelas-cabeça

Choveu, como a cabeça de estrelas tinha dito.

108 *netaí-ko molo-zamé-weid*
　　eu quero ir lá peixes ！
　　ele'maíd[620]
　　para ver

"Vou lá ver os peixes!"

109 *i-t-ákon uté-le*
　　seu irmão foi embora

Seu irmão foi embora.

110 *āī mológ eséule-sag*[621]
　　ah peixes subiram

Ah! (Ele viu) redadas de peixes!

111 *inapēlekéne-man taule(x)-pé-ya*
　　está certo　　disse ele
　　te-nó(x)pe-peg
　　sua mulher para

"Está certo!", ele disse para sua mulher.

---

[619] Palavras do irmão.
[620] Frase 108 são palavras do irmão. – "*molo-zamé(g)*" é dito porque os peixes estão num determinado riacho que ele quer ver. Vide A 183, 202.
[621] Traduzido (língua geral): "piracema"; complete: "ele viu". Vide frase 83.

112	m̨elē-te-pó tó(g) tún[622]-s̨e-nã
	  então eles[623] envenenar para
	tó-uté-le
	  eles[624] foram embora
		Então eles foram embora para envenená-los.

113	to-tum̨é-tó-z̄ā-le eles os envenenaram	Eles os envenenaram.
114	wán-z̨am̨eg m̨é-te-mã[625] abelhas lá estão	"Tem abelhas lá!

115	mā́sa moló-z̨am̨eg
	  já peixes
	tum̨é-te-po tóg ená-s̨e-nã
	depois que nós eles[626] comer para
	envenenarmos
	u-y-én̨e-to(x)p̨e em̨ēyúne-pąi[627]
	  eu comer para voltar vamos
		Assim que envenenarmos os peixes para comê-los, vamos pra casa, pra eu comer!"

116	to-em̨éku-le eles voltaram para casa	Eles voltaram para casa.
117	m̨ele-te-pó to-kowam̨é-le então eles ficaram	Então eles se ficaram.
118	ąi-lé to-ená-s̨e-nã uté-m-pąi pronto elas[628] comer para vamos	"Pronto! Vamos embora para os comer!"
119	ą̄ī to-uté-le ah eles foram embora	Ah, eles foram embora.
120	tog ak̨eté-ya-le taží-p̨e elas ele cortou em pé[629]	Ele as cortou em pé (ou seja, em pé, ele fez um buraco no tronco onde as abelhas estavam.)
121	tó-yen[630] uté-le colmeia delas foi	Sua colmeia apareceu.

---

[622] Essa palavra só é empregada na pesca com *timbó* (trepadeira para envenenar peixes). Vide A 278.
[623] Aqui e no que segue (frase 113, 115) quer dizer os peixes.
[624] Ou seja, o irmão e sua mulher (ex-mulher de Zilikawaí).
[625] Ou "*m̨é-te-man*".
[626] Aqui e na frase seguinte (frase 113, 115) quer dizer os peixes.
[627] Ou seja, "queremos voltar imediatamente, depois de envenenar os peixes para nossa refeição, para que eu os (os peixes) coma".
[628] Aqui e no que segue quer dizer as abelhas, a colmeia, o mel.
[629] Ou seja, ele cortou, de pé, um buraco no tronco da árvore, no lugar onde a colmeia se encontrava.
[630] "*yen*" designa um recipiente para alguma coisa; aqui para a colmeia. Vide E 46.

254

122 *mẹlénaua tẽsē tóg ápo-kẹ*
    isto assim estando elas fure !⁶³¹

Então (ela disse para ele): "Faça um furo através delas!".

123 *iná taule(x)-pẹ́-ya*
    sim disse ele

"Vou fazer!", ele disse.

124 *to(g)-apẹ́-ya-le*
    elas furou ele

Ele fez um furo nelas.

125 *aí'le pižaú éne-kẹ*
    pronto cuia traga !

"Pronto! Traga a cuia!"

126 *to-moká-ya-le*
    elas ele puxou fora⁶³²

Ele as puxou para fora.

127 *to-zómpa-le-(d)zan⁶³³ ena-tá-ne-kẹ*
    delas resto comer vá!

"Venha comer o resto!", ele disse.

    taule(x)-pẹ́-ya
      disse ele

128 *mãsa-le u-lúmẹ̄ z-apón-ten*
    espere meu filho assento para

"Espere! Estou fazendo um assento para meu filho!"

    ankoneká-ya
    eu faço⁶³⁴

129 *y-énku-le to-ená-sẹ-nã*
    ela subiu elas comer para⁶³⁵

Ela subiu para comer.

130 *zata-pẹ́ naí-yī naí-nã ená'-kẹ*
    buraco em que estão ? coma !

"Coma as que estão no buraco!" (ele disse.)

131 *mẹlé-yẹ'hin ka'-tág*
    por isso em cima para

Por isso, ela se pôs lá em cima.

    ei̯-taží-mã-le
    ela se pôs⁶³⁶

132 *to-enāpẹ́-ya-tanã i-tẹ̃kalẹ́-pẹ*
    elas ela comia enquanto dela aproximava-se

Enquanto ela comia, seu marido se aproximou dela.

    i-t-ẹ́yemū ẹsalá'te-pẹ
    seu marido se aproximou

---

[631] Ou seja, ele deve impelir a colmeia, os favos, para chegar ao mel.
[632] Ou seja, ele extraiu os favos com o mel e os espremeu na cuia.
[633] Ou seja, "o que ainda só se pode provar, experimentar (vide A 10, 15)"; o resto delas (abelhas, mel). *-(d)zan* é terminação plural.
[634] Ela fez com folhas um assento no chão para a criança, como o narrador explicou.
[635] Ela subiu na árvore para comer o mel.
[636] Ela se pôs lá em cima num galho.

133	*ekáꞌma'-sá-ya-tēsē teu̯ká-ya-le* engolindo[637] empurrou ele	Quando ela estava enfiada lá, ele (a) empurrou.
134	*teneukuká-san atāpí-* o espremido pendurado *(d)ža-z̯ag*[638] *teu̯ka(x)-pę́-ya* ficou em empurrou ele	Ele (a) empurrou no (mel) espremido que tinha ficado pendurado.
135	*mę̯lé-we̯id ę-pālanté-ya* com isso ela destruiu ele	Assim ele a destruiu.
136	*kiló(x)-kiló(x)-kiló(x) z̯ai í-te-le*[639] em ela foi	Ela sufocou lá dentro.
137	*iwáluanā́*[640]*-pē̦ eí-te̯-le* cachorro-do-mato ele foi embora	Ele foi embora como cachorro-do-mato.
138	*āī̃ i-nó(x)pę̯-te-le* ah sua mulher foi embora	Ah, sua mulher foi embora.
139	*moꞌlu-(x)-pę́-i̯-te-le* tatu quando ela foi embora	Ela foi embora como tatu.
140	*tū́*[641] *té-lumē̦ nonká-ya-le* seu filho deixou ela para trás	Ela deixou o seu filho para trás.
141	*mā-le-lé ukálau epóle(x)-pę̯* ele chorava encontrou *kamáyua*[642]*-z̯a* Kamayuá	Seu filho chorou. Então Kamayuá o encontrou.
142	*e-pég au̯-íži-mā tau̯le(x)-pę́-ya* ele para você está ? disse ela	"O que você está sentindo?", ela disse para ele.
143	*aténaua au̯-ę́(d)ži-pa-pela* o que você ser deve não *a-nę́mę̯-sag tóg z̯anaí-te* você deixar para trás eles foram embora	"Você não deve ser como eles o deixaram quando foram embora! Um feitiço (para a caça de) aves, anta, *mutum*, veado-do-mato

---

[637] Ou seja, da árvore. Explicado: "enquanto ela enfiava a cabeça no buraco". Vide E 29.
[638] Explicado: "o mel espremido que ficou pendurado no buraco tinha ficado preso", portanto "o resto do mel". *-san* é terminação plural.
[639] Literalmente: "ela foi no *kilo(x)-kilo(x)-kilo(x)*". Interjeição que expressa como ela engole o mel e sufoca nele.
[640] Port.: "cachorro-do-mato". Quadrúpede de belo pelo marrom-escuro e longa cauda espessa; vive em árvores e adora mel. No mito narrado por Mayuluaípu, que também tem um final um pouco diferente (vide anteriormente), esse quadrúpede não é chamado de "*iwaluanág*", e sim de "*arai̯uág*".
[641] Interjeição; expressa como ela deixa sua criança para trás.
[642] "*kamayuág*", uma grande vespa mítica, desempenha um papel especial nas lendas e na feitiçaria.

	tolón wa̰ilá paṵíg (u)sáli aves anta *mutum* veado do mato	você deve ser depois que ficou para trás!
	ipí-pe̱ au̱-é̱(d)ži-pa feitiço como você ser deve	
	au̱-é̱nēmé̱-sag você ficou para trás	
144	me̱nḗg yéi-za̱g énku-ke̱ aquela árvore em suba !	Suba naquela árvore como kunawá!"
	kunáwa⁶⁴³-pē̱ kunawá como	
145	wā-wā-⁶⁴⁴ y-énku-le kunáwa-pē̱⁶⁴⁵ ele subiu kunawá como	Chorando, ele subiu como kunawá
146	ye-tén-pe̱ me̱le̱-(d)zán e-se̱píkomā⁶⁴⁶ devem filhos⁶⁴⁷ empregá-lo	"Os filhos devem usá-lo como feitiço!
	ipi-pe̱ feitiço como	
147	ye̱-tén-pē m-iží-le tau̱le(x)-pé̱-ya deve você ser disse	Você deve ser!", disse Kamayuá.
	kamáyua-za̱ Kamayuá	
148	yeu̱le iží-na-le⁶⁴⁸ tamē̱ʰaúale eu sou também para todos	"Eu também sou, de todos, o seu feitiço, como companheiro!"
	tó-ípi-pe̱ e̱'nēto-gón-pē̱⁶⁴⁹ seu feitiço como companheiro como	
149	tau̱lón-pan-ton me̱lē̱-tón tais histórias às crianças	Contem tais histórias para os filhos, para eles usarem o feitiço
	e̱ulamā-to-g to-se̱pikomā-to(x)-pē̱ contem ! eles empregarem (o feitiço) para que	

---

[643] Uma trepadeira de mais ou menos a altura de um homem, com muita seiva leitosa. É considerada um feitiço para alguém ser bem-sucedido na caça e na pesca. É cozida, e o extrato é bebido frio até a pessoa vomitar.
[644] Interjeição; exprime o choro da criancinha.
[645] A criança sobe pela árvore, transformada na trepadeira kunáwa.
[646] Essa palavra expressa todo o processo de utilização desse feitiço.
[647] Ou seja, os descendentes; vide frase 68.
[648] Contração de: "iží-ína-le".
[649] A terminação plural -gon se refere a "tamē̱ʰaúale" e a "me̱le̱(d)-zán". Kamayuág também quer ser um companheiro prestimoso para todos ("filhos", ou seja, descendentes) na caça e na pesca. – Para alguém ser bem-sucedido na caça e na pesca, ele se deixa picar nos braços por vespas.

PARENTESCOS E ANALOGIAS

A *lenda do dilúvio* em relação com a *árvore do mundo*, que dava todos os bons frutos (1 e 2, p.41*ss*.), também se encontra, com alguns traços divergentes, em outras tribos da Guiana que pertencem ao mesmo grupo linguístico.

Uma lenda do dilúvio dos Akawoío, contada pelo missionário inglês Brett, apresenta o maior número de concordâncias com a lenda do dilúvio dos Arekuná (1), seus vizinhos ocidentais mais próximos.

Os Akawoío na Guiana Inglesa contam que, no início do mundo, os animais e as aves foram criados por Makonaíma, o grande espírito nunca visto por homem nenhum. Naquela época, todos os animais sabiam falar. Sigu, o filho de Makonaíma, reinava sobre eles. Viviam juntos em harmonia e se sujeitavam a seu meigo domínio. Eram enviados diariamente para buscar alimento nas matas e, ao retornarem, cada qual trazia uma parte do melhor alimento que podia encontrar para seu protetor e senhor, como prova de sua veneração. A agricultura era desconhecida naquela época, mas, para surpreender suas criaturas com sua bondade, Makonaíma fez brotar da terra uma enorme e maravilhosa árvore. Cada galho da árvore dava uma espécie diferente de fruto. O *aguti* descobriu primeiro a árvore dos frutos, ia diariamente até lá e comia até se fartar, sem contar nada para os outros. Sigu mandou primeiro o pica-pau, então a ratazana para descobrir onde é que o *aguti* se alimentava. A ratazana o levou até lá, e ele decidiu derrubar a árvore maravilhosa para plantar cada galhinho e cada lasca, a fim de que em toda a Terra essas árvores frutíferas crescessem. Com auxílio de todos os animais e aves, ele derrubou a árvore, mas viu-se que o toco era oco e cheio de água, no qual nadavam as ovas de todas as espécies de peixes de água doce. Sigu decidiu distribuir as diferentes espécies nos rios e lagos. Mas a água na cavidade estava ligada a fontes subterrâneas e começou a transbordar. Sigu cobriu-a com um cesto, impedindo, assim, que a água continuasse a escorrer. O curioso macaco Iwarrika viu o cesto, imaginou que houvesse preciosidades debaixo dele e o ergueu. Imediatamente a água retida começou a escorrer, jogou o macaco no chão e inundou a Terra. Sigu fugiu com seus animais para a parte mais alta da Terra. Lá ele os trancou numa caverna e subiu numa alta palmeira com as aves e os animais que sabiam trepar. Ficaram sentados lá, na friagem e escuridão, com frio e com fome. De vez em quando, Sigu jogava coquinhos para baixo, e pelo som que faziam ele viu que a água baixava cada vez mais e que o chão finalmente ficou seco. Então todos desceram, e Sigu também libertou os outros animais da caverna.

Encontram-se entremeados nessa narrativa elementos explanatórios. Assim, o bugio começou a berrar de medo na palmeira e berrou de modo tão terrível que sua garganta se dilatou. Desde então, ele tem o esquisito tambor na garganta. O indiscreto jacami foi o primeiro a descer voando da árvore e voou para dentro de um formigueiro. As formigas famintas roeram suas pernas. É por isso que essa ave, que antes tinham belas pernas gordas, tem as pernas muito magras. O jacu[1] pensou que o fogo que Sigu tinha feito com grande esforço fosse um vaga-lume e o engoliu. É por isso que ele tem a garganta de um vermelho-brasa.

O macaco, cujo atrevimento causou o dilúvio, manteve sua preguiça e sua tendência para travessuras tolas e legou essas características inalteradas a seus filhos. Entretanto ele parece ter adquirido profunda aversão ao mergulho, que seus descendentes partilham com ele.

O plano de Sigu, de difundir as plantas úteis, teve êxito, pois, depois que a água desceu, todas as plantas se desenvolveram. Só os peixes de água doce se espalharam e agora se dividem de maneira tão desigual nos rios, de modo que, até hoje, em vários rios faltam os peixes saborosos.[2]

Tem-se a impressão de que o missionário ortodoxo amoldou um pouco o começo dessa lenda, que eu reproduzi textualmente, para os seus objetivos religiosos. Makunaíma, que em todas as lendas anotadas por mim é considerado um promotor de desgraças, aqui é o "de infinita bondade, grande, invisível". Seu irmão mais velho Žigé (Sigu) tornou-se seu filho que reina sobre os animais, que naquela época viviam pacificamente com os homens: Deus Pai, Filho e o Paraíso.

Também nas outras lendas que Brett legou, tanto quanto é possível compará-las com nosso material, percebe-se claramente sua mão "aperfeiçoadora", de modo que toda a sua coleção,[3] que, além disso, ainda sofre com a estranha forma poética, "deve ser usada com certa reserva", como Ehrenreich já acentua.[4]

Alguns traços dessa lenda se encontram na lenda indianizada de Noé, que o velho cacique Makuxí Inácio me contou no rio Urariquera[5] do seguinte modo:

Nuá mandou construir um grande barco e avisou a todos os animais, onça, veado, anta, *capivara* e outros, todos os animais da Terra. Ele também avisou toda a gente: "Tudo vai acabar debaixo d'água!". Mas as pessoas diziam: "É mentira!". Nuá fez um grande barco e fez todos os animais embarcarem, também plantou lá dentro todos os frutos, especialmente bananas, milho, mandioca, *caju* e outros. – Ainda hoje se pode ver o barco do outro lado do Roraima,[6] uma grande rocha com um grande bananal lá perto. – Nuá disse para as pessoas: "Vocês serão transformados em delfins e peixes e cobras d'água e *tartarugas*".[7] As pessoas, Mayongóng, Makuxí,

---

[1] *Penelope marail.*
[2] Vide W. H. Brett, *The Indian Tribes of Guiana*, London, 1868, p.378-83. Vide também E. F. Im Thurn, *Among the Indians of Guiana*, London, 1883, p.379-81; Rich. Andree, *Die Flutsagen*, Braunschweig, 1891, p.118-20.
[3] W. H. Brett. *Legends and Myths*. 2.ed. London.
[4] P. Ehrenreich. *Mythen und Legenden*. Berlin, 1905, p.5.
[5] Vide v.I.
[6] Ao norte do Roraima, na Guiana Inglesa.
[7] *Emys* sp.

Taulipáng, Wapixána, Sapará, Wayumará, Máku[8] e outros acreditaram em Nuá. Todos os outros viraram animais aquáticos. Então veio muita água do Roraima e inundou tudo. – As pessoas que Nuá tinha advertido disseram: "Não vamos fazer barcos, e sim subir nas árvores!". Foram transformadas em formigas, *tocandiras*,[9] talvez também em borboletas. *Agutipuru*[10] subiu numa alta *inajá* e é por isso que ainda hoje ele adora os frutos dessa palmeira. Outras pessoas subiram em árvores e viraram todas as espécies de macacos, *guaribas*,[11] *macacos de cheiro* e outros. É por isso que até hoje os macacos são parecidos com os homens. Outros foram transformados em aves. O *tamanduá*,[12] que naquela época ainda era gente, disse: "O que é que eu vou virar? *Cutia, paca*, anta, todos esses bichos são comidos. Isso eu não quero ser.[13] Vou virar *tamanduá*, esse as pessoas não comem!". Um outro fez igual e virou onça; um outro, raposa; todos os animais que não são comidos. Esses eram os espertos! Os outros, anta, *cutia*, veado e outros, eram os burros! Todos os pássaros tinham ido para o céu, *mutum, urubu, passarão, garça* e outros. Eles dizem que lá no céu tem um buraco, o portão para esses animais. Tudo ficou inundado, e veio a noite; o sol não brilhava mais por muito tempo. – Aí Nuá disse: "Quando for de manhã vocês devem cantar!". Ele disse isso para os papagaios, *araras, cutias*, antas, para todos os animais, para *guaribas, mutuns* e outros.

Um dia, *agutipuru* estava comendo frutos da *inajá* e passou os caroços sobre seu órgão genital. Aí alguns pelos ficaram grudados; é por isso que ainda hoje o caroço é peludo. *Agutipuru* jogou um fruto da *inajá* na água para ver se ela estava baixando. O fruto fez 'ting"; um sinal de que ainda havia muita água. *Agutipuru* fez isso todas as noites, por muito tempo. Uma noite o fruto fez 'pong". Aí *agutipuru* viu que a água estava baixando. Aí a água baixou tanto que o fruto da *inajá*, quando ele o jogou de novo na água, fez 'pau". Aí *agutipuru* viu que o fruto caiu no chão seco. Aí o bugio cantou primeiro, então o galo, o *mutum* e todas as aves que cantam de manhã, de *madrugada*. O dia nasceu. O sol apareceu de novo. Aí Nuá mandou o *urubu*,[14] que naquela época ainda era uma pomba, ver se a terra estava seca. A ave demorou e comeu muitos animais, especialmente peixes apodrecidos. Ele ficou sujo, preto na lama e fedendo e virou o *urubu*. Aí Nuá mandou uma pequena pomba atrás dele para ver o que ele estava fazendo, já que estava demorando tanto. Ela não fez como o *urubu*, mas voltou e contou para Nuá. Aí Nuá disse para o *urubu*: "Você tá sujo demais! Não quero mais você! Agora você pode continuar vivendo desse jeito!". Aí ele virou abutre. – A pombinha disse: "A terra está seca". Aí Nuá desceu do céu com sua canoa. – Antes ele ainda mandou o *gavião*, o *corocoró*,[15] a *garça*, todas as aves que ainda hoje gostam de vadear na lama e que comem carne e peixe estragados. Todos ficaram e não

---

[8] Tribos que existem ainda hoje.
[9] Grande formiga negra: *Cryptocerus* sp.
[10] Espécie de esquilo.
[11] Bugios.
[12] *Myrmecophaga jubata*.
[13] Essa expressão é repetida quase literalmente em vários mitos. Vide 14, 18 e L.
[14] *Cathartes* sp.
[15] *Ibis* sp.

voltaram mais. – Então ele mandou o veado e disse para ele: "Cuidado! Lá tem muita formiga! Deixe, primeiro, elas irem embora!". Mas o veado era teimoso e disse: "Não faz mal!". Naquela época ele ainda tinha carne na parte de baixo da coxa. Aí as formigas comeram a carne dele, e ainda hoje ele anda por aí de pernas finas. As formigas também comeram a parte de baixo da coxa do veado-do-mato. Nuá disse para ele se apressar. É por isso que até hoje o veado corre. Nuá disse para os animais: "Deixem, primeiro, ficar mais seco, deixem as formigas irem embora!". Mas os animais, veados, antas, não esperaram, e por isso as formigas comeram a parte de baixo da coxa deles.

Então Nuá disse para os veados, antas e todos os outros animais de caça: "Se vocês encontrarem pessoas, não fujam delas, mas falem com elas! Não tenham medo!". Aí o macaco disse: "Não acreditem nele, mas fujam dos homens!". Os animais seguiram o conselho do macaco e, por isso, até hoje são mortos pelos homens, senão seriam amigos até hoje.

É fácil retirar dessa lenda os elementos bíblicos, principalmente a figura de Noé, além da arca e das duas pombas. A primeira pomba que se torna abutre, pelo visto, corresponde ao corvo da narrativa bíblica, que foi enviado primeiro por Noé e "ia e voltava, até que se secaram as águas de sobre a terra".* Curiosamente, nossa lenda aqui concorda de modo mais exato com a antiga tradição judaica. Segundo esta, o corvo encontrou "o cadáver apodrecido de uma pessoa caído no topo de uma montanha; ele pousou sobre o cadáver e não transmitiu a sua notícia para quem o havia enviado".[16] O corvo ou abutre que come carne morta também reaparece em lendas do dilúvio de influência cristã na América do Norte e no México. Os Tinné ou Dènè-Dindjié na América do Norte britânica contam, segundo Petitot, que, antes do dilúvio, só um velho se salvou numa canoa. Então ele mandou um corvo, que não voltou, já que podia se alimentar dos cadáveres boiando na água. Uma pomba-rola levou-lhe, enfim, no terceiro voo, um verde broto de abeto.[17] Quando as águas baixaram, Tezpi, o Noé dos habitantes de Michoacan, mandou um abutre olhar a terra e informá-lo se era possível ver de novo terra seca. O abutre se fartou com os cadáveres caídos por toda parte e não pensava em voltar. Aí Tezpi mandou outras aves, entre elas um beija-flor. Quando o sol começou a brilhar e a terra voltou a verdejar, o beija-flor voltou com um grande galho verde.[18]

Todo o resto na nossa lenda é puramente indígena. Isso vale em especial para os diferentes elementos explanatórios, que, em parte, correspondem àqueles da lenda dos Akawoío.

A árvore do mundo sem ligação com o dilúvio encontra-se numa lenda dos Karib da Guiana Inglesa, que Im Thurn transmitiu, provavelmente só em fragmentos. Independentemente do fato de que nela aparecem outros animais, ela concorda bastante com as lendas correspondentes dos

---

* Gênesis 8: 7. Texto em português extraído de: *A Bíblia Sagrada*. Trad. João Ferreira de Almeida. Revista e atualizada no Brasil, 2.ed. São Paulo: SBB, 1993. (N. T.)
[16] *Die Sagen der Juden: Gesammelt und bearbeitet von Micha Josef bin Gorion. I. Von der Urzeit.* Frankfurt a/M, 1913, p.214.
[17] Segundo Petitot, *Monographie des Dènè-Dindijé*, Paris, 1876, p.74-5, apud R. Andree, 1891, p.82-3.
[18] Andree, 1891, p.103.

vizinhos de tribos aparentadas. Os Karib contam que, quando eles desceram, primeiramente do céu à Terra, todas as plantas úteis cresciam numa grande árvore. Essa árvore foi descoberta por uma anta, que engordou comendo os frutos que caíam dos seus galhos. Os Karib estavam ansiosos para conhecer o lugar onde a anta comia. Disseram para o pica-pau observá-la. Mas o pica-pau não conseguiu. Aí mandaram a ratazana. Esta achou a árvore frutífera. Ela repartiu o achado com a anta e disse para os Karib que não tinha encontrado nada. Um dia eles encontraram a ratazana dormindo e descobriram um grão de milho na boca dela. Aí acordaram a ratazana e a obrigaram a lhes mostrar a árvore. Então os Karib pegaram seus machados de pedra e a derrubaram depois de árduo trabalho que durou meses. Cada um pegou pedaços da árvore e os plantou em seu campo. Desse dia em diante, cada índio tem sua própria roça[19].

W. E. Roth conta a mesma lenda Karib; só que, em sua versão, a ratazana é enviada imediatamente como espia. Ela não os decepciona e leva os índios até a árvore frutífera.[20]

Encontramos, por fim, uma árvore do mundo numa lenda dos Chané, na divisa ocidental do Gran Chaco, contada por Nordenskiöld. Os Chané são de origem Aruak, constituindo, assim, a tribo mais ao sul desse grande grupo linguístico. Hoje eles se confundem totalmente em sua língua, costumes e hábitos com seus vizinhos e antigos senhores, os Chiriguano (Guarani). Na lenda da "criação do mundo" é contado que, no início, a Terra não produzia nada, que ela era totalmente escalvada. Só havia um *algarrobo*,[21] "a mãe de todas as árvores. Nessa árvore havia todo tipo de fruta. Essa árvore se propagou pelo mundo todo".[22]

Assim como ocorre com a diminuição do nível da água nas lendas do dilúvio das tribos Karib da Guiana, também na lenda do incêndio universal da tribo Aruak dos Ipuriná do *rio Purus*, o ressurgimento da água é constatado ao se jogarem os frutos. A íntima relação dessa lenda do incêndio universal com as lendas do dilúvio já se evidencia pelo fato de que, segundo ela, o mundo foi destruído por um líquido quente que queimou tudo, a floresta e também a água. Sobraram apenas os homens; das plantas, só a árvore *marimari*.[23] O ancestral dos Ipuriná, o bicho preguiça, subiu na árvore para pegar frutos, pois os homens não tinham mais nada para viver. A Terra estava escura. O Sol e a Lua estavam escondidos. O bicho preguiça colheu os

---

[19] Im Thurn, 1883, p.379.
[20] Walter E. Roth. "An Inquiry into the Animism and Folklore of the Guiana Indians". Thirtieth Annual Report of the Bureau of American Ethnology. Washington, 1915, p.147. Obtive essa excelente obra do conhecido etnólogo inglês e amigo dos índios durante a impressão deste volume. Ela contém numerosas lendas das tribos da costa da Guiana Inglesa: Aruak, Karib, Warrau. Tanto quanto me foi possível, ainda aproveitei esse valioso material ou, pelo menos, o mencionei.
Wayaca-piapa (waẓaká-piapẹ), "árvore derrubada" ou "toco de árvore" é como os índios chamam um rochedo de arenito a noroeste do Roraima, que pertence ao mesmo grupo e, segundo Richard Schomburgk, tem "muita semelhança com um obelisco". "Dizem que o espírito Makunaíma derrubou essa árvore e a transformou em pedra quando andou por esta região." Rich. Schomburgk, op. cit., v.II, p.260; W. E. Roth, op. cit., p.236.
[21] *Prosopis alba*. Os índios fazem sua cerveja dos frutos marrons dela.
[22] Erland Nordenskiöld. *Indianerleben*. Leipzig, 1912, p.260.
[23] *Cássia*.

frutos e jogou os caroços para baixo. O primeiro caiu na terra dura, o segundo já caiu na água, o terceiro, em água funda, e assim por diante.[24]

Uma certa relação com essas lendas tem uma lenda do dilúvio dos Tembé no Pará e Maranhão: numa grande cheia causada por forte chuva, a água subiu tanto que muita gente morreu afogada. Algumas pessoas se salvaram subindo nas palmeiras. Como, no escuro, não podiam ver nada debaixo delas, de vez em quando jogavam frutos de palmeira para reconhecer, pela batida, se o chão estava seco ou sob a água. Mas só se ouvia "pluc-pluc" quando o fruto caía n'água. Aí elas começaram, no escuro, a chamar umas às outras como fazem os sapos, e ficaram fazendo isso até se tornarem sapos.[25]

A interpretação do Órion ligada às constelações vizinhas como a figura de um homem perneta, que é tema dos mitos 18 e L (19a e 19b, p.55 seg.) de nossa coleção, encontra-se em numerosas lendas da Guiana. Mesmo que o transcorrer da ação nessas lendas seja muito diferente, todas chegam, mais ou menos, ao mesmo resultado e mostram, com isso, que elas remontam a uma origem comum. Outra importante prova do estreito parentesco desses mitos sobre Órion é a concordância quase textual de expressões isoladas.

A lenda que tem maior semelhança com a lenda Arekuná-Taulipáng de Žilikawaí-
-Žiližoaíbo é a lenda Akawoío das Plêiades.

Um homem desejava a mulher do seu irmão e o matou na caça. Então cortou um dos braços do morto e o levou à viúva como prova de sua morte. Mas o espírito do homem assassinado entrou numa árvore próxima da casa do irmão e enchia o ar da noite com seus lamentos, fazendo que a viúva reconhecesse o crime de seu segundo marido e ficasse inconsolável. Isso irritou o fratricida e ele decidiu eliminá-la e a seu filho. Ele a levou para caçar, mostrou-lhe um buraco junto da raiz de uma alta árvore e pediu que ela procurasse um *aguti* lá dentro. Então ele a jogou e ao filho dela no buraco e o trancou. À noite, surgiu-lhe o espírito de seu irmão e disse a ele que sabia de seu ato mau, mas que não estava bravo, já que sua mulher e seu filho foram transformados em *agutis*. Ele mesmo não pararia de torturar seu assassino enquanto seu cadáver mutilado ficasse insepulto. Mas se o seu irmão espalhasse suas entranhas e enterrasse seus outros restos mortais, ele não só pararia de aterrorizá-lo, como também todos os anos, nessa época, haveria abundância de peixes nos rios. O irmão fez o que lhe fora dito. As entranhas espalhadas do assassinado foram para o céu e formaram as Plêiades. E, realmente, aconteceu o que o outro dissera: quando do surgimento anual dessas estrelas, numerosos peixes deliciosos aparecem nos rios.[26]

---

[24] P. Ehrenreich, Beiträge zur Völkerkunde Brasiliens. In: *Veröffentlichungen aus dem Kgl. Museum für Völkerkunde*. II. Band, 1./2. Heft. Berlin, 1891, p.71.
[25] Curt Nimunedajú-Unkel, Sagen der Tembé-Indianer. In: *Zeitschrift für Ethnologie*. 47. Jahrgang (1915), p.293-4.
[26] Roth, op. cit., p.262. Segundo Chas. Daniel Dance, Chapters from a Guianese log-book, Demerara, 1881, p.296.

Uma outra lenda Akawoío da mesma classe, mas que, segundo Roth, pelo visto é de origem Karib, é transmitida por Brett, novamente em forma poética e adornada com ingredientes próprios.[27] O conteúdo é o seguinte:

Wailya, um feiticeiro mau em forma de anta, acompanhou uma jovem mulher, Wawaiya,[28] quando ela estava indo à roça e a convenceu, por fim, a se deixar raptar por ele até sua terra distante, lá onde a Terra se une ao céu. A mulher temia que Serikoai, seu destemido marido, os seguiria e mataria a ambos. Aí Wailya enfeitiçou o machado dela para que ela se livrasse do marido. Um dia, Serikoai convidou sua mulher a ir com ele à roça colher *abacates*.[29] "Eu vou com você", ela respondeu, "mas tenho que levar meu machado. Enquanto você sobe na árvore, vou pegar lenha seca para o nosso fogo noturno." Ela afiou o machado. Toda vez que ela tocava na pedra, soava a palavra ameaçadora: "*sahtai!*", "tenho que cortar!". Foram juntos à roça. O feitiço tinha cada vez mais poder sobre ela, e quando seu marido subiu na árvore para colher os frutos, ela cortou uma das pernas dele com o machado, então fugiu com o seu sedutor. O mutilado ficou caído no chão, chorando, e acreditou que estivesse morrendo. Aí ele soprou uma lágrima no ar. Esta pairou como um pequeno pássaro colorido acima dele. "Ó, passarinho", disse o homem sangrando, "corre, voa até a minha mãe e chama o meu nome!" O passarinho voou até lá e chamou: "Serikoai!". A mãe perguntou: "Por que você está chamando o meu filho? Me diz a verdade! Por que você está voando pra lá e pra cá?". O pássaro voltou para Serikoai e se aconselhou com ele. A seguir, ele voltou para a mãe e lhe contou o crime. A mãe correu até seu filho e o curou com o auxílio de um espírito bom. Então o Serikoai perneta perseguiu por muito tempo, em vão, sua mulher infiel e o sedutor dela. Por fim, ele encontrou brotos de *abacate*. Eram dos frutos que sua mulher tinha comido na fuga. A chuva tinha apagado as pegadas dela, mas fizera que as sementes brotassem. O homem continuou andando em direção ao sol nascente e, por fim, encontrou sua mulher caminhando ao lado da anta. Ele acertou um tiro no coração de Wailya e o matou antes que pudesse mudar de forma. Serikoai despedaçou e defumou a carne da anta. Então chamou sua mulher de volta. Mas ela fugiu dele, e Wailya, a anta, continuou a segui-la como sombra. E assim continuou a caça desenfreada para além da extremidade da Terra até o céu, onde ainda hoje podemos vê-los todas as noites.

Nas Plêiades, vemos Wawaiya, a anta Wailya no grupo Aldebarã, que dirige a seu perseguidor o olhar irado e inflamado, a estrela de primeira grandeza Aldebarã, de brilho amarelado (Alfa Centauro). Sua enorme figura aparece no Órion brilhando de estrelas. Podem-se ver seus ombros e a perna sã, igualmente seu largo cinto, que ele costumava usar, e, mais apagada, a perna de pau do Serikoai mutilado.

Esse mito tem uma série de traços em comum com as lendas correspondentes dos Taulipáng e Arekuná. Já o nome do herói, *Serikoai*, é o mesmo que na lenda Arekuná, Žilikawaí. Em ambas, o elemento principal é a palavra para estrela, Akawoío: *sirigu*, Arekuná: žilíke. Nas três

---

[27] *Legends* etc. p.191-200. Vide também Roth, 1915, p.265ss.
[28] Ehrenreich. *Die Mythen und Legenden* etc., p.39, chama a mulher erroneamente de Wailya [nome do feiticeiro – N. E.].
[29] *Persea gratissima* Gaertn., chamada de *avocato-pear* na Guiana Inglesa.

lendas, o herói é mutilado por sua mulher infiel. Na lenda Taulipáng e na Akawoío, ela lhe corta a perna com o machado enquanto ele está colhendo *abacates*. Na lenda Arekuná, ela executa o ato com uma espécie de faca de madeira dura enquanto ele está de pé na árvore para colher frutos de *urucu* para a pintura corporal. Nas três lendas, o mutilado envia um passarinho que deve relatar o crime, nesta para a mãe, naquela para o irmão. Na lenda Akawoío e Taulipáng, primeiro o pássaro grita o nome do herói para chamar a atenção dos parentes. O final é diferente. Na lenda Akawoío, até hoje o herói prossegue no céu com a perseguição de sua mulher e do sedutor dela. Na lenda Taulipáng e Arekuná, ele sobe ao céu e deixa a vingança para seu irmão.

Encontramos o motivo do perneta ligado às Plêiades e a partes de Órion na lenda da tribo Karib associada ao destino dos heróis gêmeos Makunaíma e Pia. Estes entram em briga com Maipuri, a anta, que bate neles e depois foge para a mata. Os dois garotos o perseguem dias a fio até que o cercam. Pia manda Makunaíma correr na frente e conduzir a anta para ele. Quando a anta passa correndo por Pia, este lhe lança uma flecha-arpão. A corda atravessa o caminho de Makunaíma e lhe corta a perna. Em noites claras ainda é possível vê-los no céu. Lá está Maipuri (Hyades), lá está Makunaíma (Plêiades) e, debaixo dele, sua perna ferida (Cinturão do Órion).[30]

Aqui também pertence a lenda Warrau de Nohi-abassi (literalmente: "perna-metade"): Nohi-abassi mata a sogra e foge com sua mulher. A irmã mais velha de sua mulher descobre o assassinato e persegue o casal. Ele salva sua mulher levando-a para o alto de uma árvore e sobe atrás dela. Aí a cunhada o alcança e, com o facão, corta uma parte da perna dele. Ainda se pode ver a mulher de Nohi-abassi subindo na árvore; ela é o que chamamos de *kura moku moku* (literalmente: "estrelas-pequenas", ou seja, Plêiades). Atrás dela está o próprio Nohi-abassi (Hyades) e, mais atrás, sua perna cortada (Cinturão do Órion).[31]

Encontramos também motivos análogos numa lenda dos Kalínya (Galibí, Karib) do Suriname, na lenda de Epetembo:[32]

Um homem disse a sua mulher: "Está chovendo; vou sonhar gostoso!". A mulher entendeu mal suas palavras e disse para seus irmãos: "Ouçam o que o cunhado de vocês disse: 'Vou sonhar gostoso na chuva!'". A seguir, os maus cunhados amarraram o homem em sua rede de dormir e o penduraram na frente da casa, na chuva. O homem não podia se defender deles. Passou a noite toda na chuva, tremendo de frio. Mas aguentou tudo calado e não amaldiçoou nem sua mulher, nem seus cunhados. Depois de três dias, convidou sua mulher para ir caçar com ele. Quando chegaram à mata, mandou que ela pegasse lenha e fizesse um moquém para assar a carne de caça. Enquanto isso, ele mesmo trançou um aturá para levar a carne assada para casa. O aturá tinha de ficar tão grande quanto a mulher. Quando ela voltou, o homem mandou que fizesse fogo debaixo do moquém e rastejasse para dentro do aturá para que ele pudesse ver se o aturá era grande o bastante. A mulher fez isso. Aí o homem disse: "O que você me fez, também vou fazer para você. Vou fazer você sofrer como você me fez sofrer!". Ele atiçou o fogo e pôs o aturá em cima do

---

[30] Roth, 1915, p.134*ss*.
[31] Roth, 1915, p.263.
[32] F. P. Penard em A. P. Penard, *De Menschetende Annbidders der Zonneslang*, Deel II, Paramaribo, 1908, p.39*ss*.

moquém e grelhou sua mulher viva. Quando ela morreu, ele cortou o cadáver dela em pedaços e os colocou num aturá pequeno. Então se pôs a caminho de casa. Perto da aldeia, ele pôs o aturá no chão, tirou o fígado de sua mulher e o levou para a sogra. Esta lhe perguntou: "Onde está a minha filha?". Ele respondeu: "Ela vem depois. Eu vim na frente. Ela não conseguiu me seguir tão depressa com a carga pesada dos porcos-do-mato que eu acertei". A velha comeu o fígado de sua filha, já que pensou que fosse o fígado de um porco-do-mato. Então foi procurar a filha e, no fim, achou o aturá com o cadáver esquartejado. Ela chorou alto por sua filha. Então levou os restos para casa e contou tudo para seus filhos. O homem tinha fugido. Eles seguiram por muito tempo as pegadas que ele tinha deixado na mata e no rio. No caminho, o fugitivo fez o *caracará*[33] preto de dois colmos de milho para que este o avisasse com seu grito. Então ele fez os pássaros comedores de grãos.[34] Mas não adiantou. Totalmente exausto, por fim ele caiu num banco de areia. Lá seus perseguidores o acharam. Estavam armados com clavas. A velha se aproximou dele e falou: "Não vou matar você, por mais que eu o despreze, mas vou fazer de você motivo de piada e riso dos outros, para você pensar no crime que cometeu". Então eles bateram nele com suas clavas e lhe cortaram uma perna no joelho, para que ele não pudesse mais andar por aí fazendo mal, mas tivesse de ficar num lugar para sofrer. E os homens falaram para o mutilado: "Cunhado! Você matou a sua mulher!". Então todos saíram daquele lugar e deixaram o homem no banco de areia, em grande sofrimento. Ele sofria terrivelmente e pensou: "Gente, o que eu devo fazer? Devo virar as Plêiades? Não! Se eu subir como Plêiades, vão dizer: 'As Plêiades apareceram de novo no céu!' Devo virar Estrela d'Alva? Não! Pois se eu surgir como Estrela d'Alva vão dizer: 'Vejam, ele está subindo de novo da escuridão para o céu'. Aonde você vai me levar? Devo virar o Órion? Não! Pois se eu surgir como o Órion, vão dizer: 'Vejam lá o lutador celeste sem perna!'". E o homem ficou pensando e sofrendo. Então ele chamou: "Vovô,[35] rei dos urubus, venha!". E o rei dos urubus voou até aqui embaixo e falou: "Vim buscar você. Você vai virar a 'constelação da coxa', o Órion, o lutador celeste de uma perna!". Então o rei dos urubus levou o homem perneta para cima e o pôs entre as doze estrelas do Órion, de onde ele chama o sol. Ele é também o carregador do sol.

É comum a essa lenda e às lendas Arekuná e Taulipáng do Órion o motivo da dupla vingança. Por causa de uma travessura, o herói aqui mata sua mulher; lá, sua sogra. Aqui ele é punido ao ter a perna cortada por seus cunhados a mando de sua sogra, lá, por sua mulher. As palavras vingativas que o herói dirige a sua mulher na lenda Kalínya antes de matá-la: "O que você me fez, também vou fazer a você. Vou fazer você sofrer como você me fez sofrer!", encontram-se do mesmo modo na lenda Taulipáng, em que o irmão do herói mutilado diz à mulher deste antes de afogá-la no mel: "O que você fez com o meu irmão, você agora vai me pagar! Agora você vai sofrer o que o meu irmão sofreu!".[36] Essa semelhança, que pode valer igualmente como prova da relação histórica próxima dessas lendas, também aparece em outras narrações, pelo menos na

---

[33] *Ibycter americanus*.
[34] *Cassidix oryzivora*.
[35] No texto original, *tamusi*, traduzido arbitrariamente por Penard por "Deus".
[36] Vide mito 18.

forma exterior, mesmo que o conteúdo seja diferente. O herói do mito Kalínya diz, antes de ser transferido para o céu: "O que devo fazer? Devo virar as Plêiades? Não!" etc. Na lenda Arekuná (L), Žilikwaí fala para o seu irmão: "Não sei o que devo virar. Bicho não posso virar." etc. Na versão Taulipáng (18) da mesma lenda, é verdade que o herói não pronuncia essas palavras, e sim o seu irmão antes de se decidir, após a morte da mulher, a virar cachorro-do-mato. Ele diz para os seus filhos: "O que vamos virar agora? *Cutia* não pode ser!" etc. A mesma fala é posta na boca da Lua, na narrativa 14, antes de ela subir ao céu, e na lenda de Nuá, na boca do *tamanduá* antes de ele virar tamanduá-bandeira.

Roth ouviu dos Warrau uma variante da lenda Epetembo. O início de ambas as lendas coincide quase literalmente. O herói mata sua mulher por vingança, grelha sua carne e dá o fígado para os cunhados comerem. Então ele os manda para a floresta, para ajudar a irmã a levar a muita carne para casa. Na floresta, eles encontram o aturá e a cabeça de sua irmã, que o homem havia espetado numa vara acima do aturá. Eles voltam depressa para casa, mas o homem já tinha deixado a casa pelo outro lado e fugido numa canoa. Os cunhados logo o alcançam, mas ele pula fora do barco, sobe numa árvore e grita: "Sua irmãzinha está lá onde eu a deixei". Eles tentam matá-lo, mas ele se transformou num mutum e grita até hoje: "*ija-ko-i sanuka tataha*", ou seja, "irmã-pequena-lá".[37]

Deve-se incluir também nesse grupo de lendas a lenda Aruak de "Mabukuli, o perneta".[38]

Um homem chamado Mabukuli sempre voltava da caça sem presa. Todo mundo zombava dele, mas principalmente sua mulher e sua sogra, que viviam com ele numa cabana. Isso o ofendia tanto que, uma vez, quando ele estava na floresta, cortou um pedaço de carne de cada uma de suas coxas, pensou as feridas com *akalalí*[39] e voltou para casa. Quando chegou lá, disse para sua mulher e sua sogra: "Aí vocês têm um pedaço da anta que eu acertei". As mulheres aceitaram a carne, grelharam no moquém e a comeram. Mas o homem se negou a comê-la. Na manhã seguinte, ele acordou cedo e disse para sua mulher: "Faça os zombadores me seguirem pelo caminho que eu vou abrir para que possam me ajudar a levar a carne de caça!". Dito e feito. Mabukuli atravessou a floresta até que, por fim, morreu de exaustão. Os outros índios seguiram suas pegadas; mas, quando chegaram ao local, só encontraram a *akalalí* com a qual Mabukuli tinha envolvido suas coxas. O corpo do sofredor tinha ressuscitado como *kama-tala*, a mandíbula da anta, o Cruzeiro do Sul, enquanto seu espírito foi transformado em *Mabukuli* ou o Órion. As pessoas que o seguiram olharam para o alto e, à noite, quando perceberam as duas constelações, zombaram entre si: "Vejam lá, o ressuscitado e sua anta!".

Em comum com as duas lendas anteriores, essa última tem o fato de o herói trazer carne humana da mata, neste caso de suas próprias coxas, e servi-la a seus parentes como carne de caça. A interpretação do *kama-tala* como Cruzeiro do Sul provavelmente é um erro dos editores. Pelo

---

[37] Roth, op. cit., p.201ss.
[38] Penard, op. cit., p.60.
[39] Aparentemente, uma planta medicinal.

menos outras tribos da Guiana, como os Mayongóng-Makiritáre, designam com "mandíbula de anta" o grupo Aldebarã devido a sua figura angulosa. Além disso, essa constelação é vizinha direta do Órion e, por isso, pode ser considerada muito mais facilmente como seu acompanhante do que o Cruzeiro do Sul, muito distante dele.

Evidentes pontos de contato tanto com a lenda de Mabukuli quanto com a de Epetembo apresenta uma outra lenda Aruak que Roth anotou:[40] um homem vivia com sua mulher e sua sogra numa casa. Ele não tinha sucesso na caça, e por isso a sogra o censurava. Ele se calava diante de suas censuras. No dia seguinte, ele levou sua mulher para caçar e a matou na floresta. Ele a cortou em pedaços e assou a carne no moquém. Então voltou para casa e levou para a sogra o fígado de sua vítima, que ela preparou e comeu. Logo, no entanto, ela ficou desconfiada, já que sua filha não voltava, e culpou o genro de assassinato. Ela foi até seu irmão, a grande cobra d'água, e lhe pediu para vingar a morte de sua filha. No dia seguinte, ela mandou seu genro caçar na baía em que a cobra d'água morava. Ele desconfiou dela e mandou seu irmão mais novo, que foi morto e engolido pela cobra d'água. Em noites claras, pode-se ver no céu o moquém e, bem junto dele, a grande cobra d'água com sua barriga inchada onde está o irmão mais novo.

A cobra é, sem sombra de dúvida, nossa constelação Escorpião com a estrela vermelho-fogo de primeira grandeza α, Antares. O moquém talvez seja a constelação Balança, próxima de Escorpião.

Os Makuxí também têm uma lenda de Órion, que o brasileiro Barbosa Rodrigues conta em sua valiosa coletânea de mitos e lendas da população indígena da região do Amazonas.[41]

Conta-se que havia três irmãos, dois solteiros e um casado que tinha uma mulher; os dois viviam longe do casado. Daqueles dois, um era feio, e diz-se que o irmão bonito não o via com bons olhos; por isso, ficou pensando num meio de matá-lo. Um dia, ele fez uma vara e aguçou bem a ponta. A seguir, disse para o irmão: "Mano, vamos procurar *urucu* e pintar os nossos corpos?". "Isso, vamos!" A seguir, chegaram à árvore de *urucu,* e ele disse para o seu irmão: "Mano, sobe lá para buscar para nós!". Conta-se que, então, o irmão feio subiu e abriu as pernas num galho. Aí o irmão o espetou por baixo. Ele morreu logo e caiu na terra. O irmão cortou as pernas, deixou o cadáver deitado, virou-se e foi embora. Logo a seguir, chegou a cunhada para falar com os irmãos: "Como vai, cunhado?". "Como eu vou? Bem." "Como vai o meu outro cunhado?" "Ele saiu, foi passear." "Ah, é possível." Conta-se que a cunhada foi passear na mata e, ao dar a volta na casa, encontrou o cadáver de seu cunhado com as pernas cortadas. A seguir, também chegou o outro cunhado. "Pra que me servem as pernas cortadas? Pra nada! Agora elas só são boas para dar para os peixes comerem." Então o irmão pegou as pernas e as jogou no rio. Elas se transformaram imediatamente no *surubim*.[42] O corpo ficou aqui na Terra, mas a alma foi embora para o céu. Lá ela se transformou em estrelas. O corpo ficou no meio, e as pernas,

---

[40] Roth, op. cit., p.261*ss.*

[41] J. Barbosa Rodrigues. *Poranduba Amazonense.* Rio de Janeiro, 1890, p.227*ss.* Vide também P. Carl Teschauer, S. J. "Mythen und alte Volkssagen aus Brasilien". *Anthropos,* v.I, p.734*ss.*

[42] *Pimelodus tigrinus*; um peixe bonito e grande de pele branco-prateada com manchas azul-escuras.

dos dois lados. Ele virou *Epepim* (Órion). O fratricida foi transformado na estrela *Caiuanon*[43] e o irmão casado, na estrela *Itenhá* (Sirius). Ambos ficaram de frente para o irmão que mataram, para (como castigo) ter de olhar eternamente para ele.

Um traço da lenda Arekuná (L) retorna claramente nesse mito. Tanto lá quanto cá, quando o herói está em pé de pernas abertas num galho da árvore de *urucu* para colher frutos, ele cai vítima de um ataque traiçoeiro de um parente. Mas, enquanto lá sua mulher lhe corta uma das pernas com um cavaco, aqui o irmão o espeta e o mata com uma vara de ponta aguçada, cortando-lhe então as duas pernas quando ele está caído no chão.

Um parentesco inconfundível com a lenda anterior, como, em geral, ocorre com as lendas do Órion, é revelado pela lenda Makuxí de *Pechioço*.[44]

Um homem chamado *Pechioço* casou-se com uma mulher-sapo chamada *Ueré*. Um dia, o homem ficou muito irritado com sua mulher porque ela vivia gritando: "Quá! Quá! Quá!". Ele se cansou dela. Em seguida, cortou uma das pernas dela que estava pintada com *jenipapo* e a jogou no rio. Imediatamente, a perna se transformou no peixe *surubim*, enquanto o corpo subiu ao céu para se unir ao irmão dela, *Epepim*.

Barbosa Rodrigues acha que *Pechioço* é a estrela Canopus. Deve ser um erro, pois os Taulipáng e Makuxí sempre designaram para mim com *pižosó, pižóso* a brilhante Sírio, o acompanhante de Órion. Nunca ouvi o nome *Itenhá* na lenda anterior, que o pesquisador brasileiro relaciona a Sírio.

Parece ter uma certa relação com essas lendas de Órion, nas quais as Plêiades também desempenham, em parte, um papel importante, uma lenda dos índios mexicanos Cora contada por K. Th. Preuss, na qual uma velha antropófaga persegue dois garotos, as Plêiades, na superfície do céu e corta uma perna de cada um com um pau. Ela come as pernas.[45] A velha é mostrada numa constelação triangular próxima das Plêiades. De acordo com a descrição e o desenho,[46] deve ser o grupo Aldebarã, que, aparentemente, segue as Plêiades pela superfície do céu.

Da lenda Arekuná (20 c) de Pauí-podole, o "pai do *mutum*", que voa para o céu como Cruzeiro do Sul, onde é perseguido pela grande vespa Kamayuá (Alfa Centauro) e pela planta mágica Kunawá (Beta Centauro), encontra-se uma variante na lenda Makuxí de *Pauichi* e *Camaiuá*.[47]

Dois irmãos estavam em sua cabana quando, certa manhã, ouviram um *mutum* cantando. "Mano, vamos acertar o *mutum* que está cantando?" "Vamos! Eu espero por você." Eles foram embora. Quando chegaram lá, viram o *mutum* cantando. Imediatamente retesaram o arco, mas, quando olharam de novo, viram que era um homem sentado na árvore. O *mutum* disse imediatamente: "Não me acerte, meu neto! Quer ir comigo para o céu?". "Vou com você." "Então você

---

[43] Vênus e Júpiter são chamados de kaiuañ pelos Makuxí, de kaiuanóg pelos Taulipáng, de kaiuanoí(d) pelos Arekuná.
[44] Barbosa Rodrigues, op. cit., p.231.
[45] K. Th. Preuss. *Die Nayarit-Expedition*. v.I: *Die Religion der Cora-Indianer*. Leipzig, 1912, p.276-7.
[46] Ibidem, p.149, nota 2.
[47] J. Barbosa Rodrigues, op. cit., p.237-8.

quer ir comigo?" "Quero!" "Então vamos!" "Vamos!" "Eu vou na frente." Foram imediatamente para o céu, transformados em estrelas.

Essa lenda, aparentemente, é um fragmento e, em parte, mal entendida. Barbosa Rodrigues também traduz *Camaiuá* de modo errado por *caçadores*, ao passo que essa palavra designa, naqueles dialetos Karib, uma determinada vespa grande que, aliás, desempenha um papel na caça como feitiço.[48]

Claro parentesco com nossa lenda Arekuná 33, uma variante da lenda Taulipáng 32 "Pelauenápẹn e seus filhos", é mostrado por uma lenda Makuxí de "*Tamecan*, as Plêiades".[49]

Um homem tinha sete filhos que choravam diariamente e pediam comida ao pai e à mãe. Aí a mãe os repreendeu e falou: "Ah, meus filhos, eu lhes dou de comer e nunca é bastante. Vocês são uns comilões!". Por fim, ela pegou do moquém a queixada de uma anta e a jogou para os filhos, dizendo: "Aí vocês têm o que comer!". "Isso não dá pra nós, mãe!", disseram. O filho mais velho pegou o pedaço e o dividiu entre seus irmãos mais novos, dizendo: "Isso é pra comer, mas não dá pra nós!". Eles pegaram a carne e a comeram. Então o mais velho disse: "Vamos, manos, vamos para o céu virar estrelas!". Em seguida, seguraram debaixo dos braços uns dos outros e foram embora dançando. Subiram dançando. A mãe saiu, olhou para eles e gritou: "Ah, meus filhos, aonde vocês vão? Aqui tem comida pra vocês!". "Não adianta, mãe! Fique aí! Vamos para o céu até o nosso tio,[50] para virar estrelas!"[51] Eles subiram dançando, em círculos, como os abutres. Foram subindo, subindo, até chegar ao céu.

De modo semelhante, como os Taulipáng (16), os Ipuriná Aruak explicam as *fases da Lua*.[52] Segundo sua crença, a Lua é um homenzinho que passa o dia debaixo da terra, comendo na casa de sua mãe e ficando cada vez mais cheio e redondo, até que, por fim, ele emagrece de novo.

A ideia de que a Lua adquiriu suas manchas num ato sexual quando ainda estava na Terra (15), também se encontra, segundo Roth, entre os Aruak e Warrau na Guiana Inglesa. Um irmão visita toda noite sua irmã sem ser reconhecido por ela. Por fim, a irmã enegrece as próprias mãos – entre os Aruak com fuligem, entre os Warrau com tinta preto-azulada de *jenipapo* – e mancha a cara dele. De manhã, ela reconhece seu irmão como o visitante noturno. Ele fica tão envergonhado que declara que, de agora em diante, vai ficar completamente sozinho. Ele agora é a Lua e ainda hoje tem as manchas.[53]

O mesmo motivo lendário se repete nas tribos Tupi-Guarani distantes no sul e no sudoeste.

Para os Apapokúva-Guarani do oeste de São Paulo, cujos conceitos religiosos se tornaram conhecidos recentemente pelas minuciosas pesquisas de Curt Nimuendajú-Unkel, Sol e Lua são irmãos. Certa noite, movida por impulsos homossexuais, a Lua foi até a cama de seu irmão, que não conseguiu reconhecê-la. Na noite seguinte, entretanto, ele preparou uma taça com tinta de

---

[48] Vide p.24, 31-32.
[49] J. Barbosa Rodrigues, op. cit., p.223-5.
[50] Dizem que o nome do tio, Ueré, mencionado no texto, designa uma outra estrela em Makuxí. Com o mesmo nome é designada, numa lenda contada anteriormente, a mulher de *Pechioço* (Sírio).
[51] Plêiades.
[52] P. Ehrenreich. *Beiträge zur Völkerkunde Brasiliens*, p.72.
[53] Roth, op. cit., p.256.

jenipapo e salpicou com ela o rosto do misterioso visitante, reconhecendo-o de dia como seu irmão mais novo. Este tem as manchas de *jenipapo* até hoje. Ambos foram, então, transferidos para o céu. O irmão mais novo até hoje tem vergonha do mais velho, para quem ele nunca quer mostrar seu rosto manchado.[54]

Os Tembé contam que Maíra, um de seus heróis tribais, visitava toda noite uma mulher sem se deixar reconhecer por ela. Em vão, ela tentava descobrir quem seria o visitante noturno. Por fim, pôs uma panela com tinta de *jenipapo* debaixo da rede de dormir. Quando Maíra veio de novo à noite, ela mergulhou a mão na tinta e pintou-lhe o rosto de negro. Na manhã seguinte, ele viu que estava marcado. Então foi embora e nunca mais voltou para a mulher.[55]

Segundo uma lenda dos Guarayo bolivianos, Sol e Lua chegaram ao céu por meio de correntes de flechas. Os dois filhos de seu antepassado Zaguaguayu ou, segundo outra informação, de seu irmão Abaangui, que eles chamam de "avô", atiram flechas contra a abóbada celeste, que ficam presas lá. Então cada um atira uma segunda flecha na primeira, e assim por diante, até eles terem formado duas correntes pelas quais vão para o alto e se tornam Sol e Lua. A Lua deve suas manchas a visitas amorosas noturnas de uma índia Guaraya. A Lua se aproximou dela enquanto a moça dormia, assumindo a forma de um jovem, mas estava tão transformada que a índia nunca poderia reconhecê-la. Certa noite, a moça passou carvão nas mãos, e quando o amante lhe fez a costumeira visita, ela lhe sujou o rosto, fazendo que, no dia seguinte, ele lhe aparecesse com as manchas, que nunca mais conseguiu apagar.[56]

Uma lenda aparentada é transmitida por Barbosa Rodrigues sem indicação do nome da tribo do *rio* Jamundá: uma irmã se apaixona ardentemente pelo irmão e o visita incógnita toda noite. Este, desconfiado, mancha-lhe o rosto sem que ela note. Na manhã seguinte, quando ela vê seu reflexo na água, volta correndo para casa, envergonhada por ter sido reconhecida, pega o arco e atira flechas para o céu, pelas quais sobe como se fossem uma corrente, e, lá em cima, transforma-se na Lua. Profundamente desgostoso, seu irmão se transforma num *mutum*. Todo mês, a irmã aparece para ver seu rosto refletido numa lagoa junto ao rio.

Ehrenreich acha, com razão, que a ave *Crax alector*, que cumprimenta o Sol de manhã, se tornou, aqui, representante do Sol.[57]

A corrente de flechas corresponde ao cipó em forma de escada pelo qual a Lua subiu ao céu na lenda Taulipáng 14.[58]

---

[54] Curt Nimuendajú-Unkel. Die Sagen von der Erschaffung und Vernichtung der Welt als Grundlage der Religion der Apapocúva-Guarani. In: *Zeitschrift für Ethnologie*. 46. Jahrgang, Berlin, 1914, p.284ss. (p.331).

[55] Nimuendajú-Unkel. Sagen der Tembé-Indianer, op. cit., p.282, nota de rodapé 3.

[56] Fr. José Cardús. *Las misiones franciscanas entre los infieles de Bolivia*. Barcelona, 1886, p.76, 78; P. Francesco Pierini. "Mitología de los Guarayos de Bolivia". In: *Anthropos*, v.V, p.704-5.

[57] P. Ehrenreich. *Die Mythen usw.*, p.37. Essa lenda provavelmente se encontra na obra de Barbosa Rodrigues *Exploração do rio Jamundá* (Rio de Janeiro, 1875), da qual não disponho. Em sua *Poranduba amazonense*, segundo a qual Ehrenreich a cita, ela não está incluída.

[58] O motivo da corrente de flechas, além disso, também tem relação com a história de gêmeos numa lenda Tembé, em que os dois heróis da tribo fazem uma pinguela sobre um rio por meio de uma corrente de flechas. Nimuendajú-Unkel. *Sagen der Tembé-Indianer*, op. cit., p.284.

Da nossa lenda 23 do *surgimento do fogo* encontra-se um episódio aparentado na lenda tribal dos Warrau: os heróis gêmeos observam uma velha, sua mãe adotiva, soltando fogo pela boca. Eles a amarram numa árvore, cercam-na com lenha seca e a queimam. Enquanto ela vai sendo, pouco a pouco, consumida pelo fogo, o fogo que havia nela passa para a lenha que a cerca, que hoje produz fogo ao ser friccionada.[59]

Uma das lendas mais interessantes de nossa coleção é a da "*visita ao céu*" (27). Ela pertence a uma classe especial de lendas que têm ampla difusão na América e que apresentam traços tão impressionantemente análogos que se pode supor, com certa razão, terem elas uma raiz comum. Em seu estudo fundamental *Die Mythen und Legenden der südamerikanischen Urvölker und ihre Beziehungen zu denen Nordamerikas und der alten Welt*,* Ehrenreich apontou várias vezes para a importância desse grupo de lendas, que permite uma conclusão sobre o caminho das migrações das lendas americanas.

O conteúdo de nossa lenda Taulipáng (27) é o seguinte, considerando-se os elementos principais: um homem pede a mão da filha do urubu-rei, o senhor do céu, e sobe com a ajuda dela por uma escada até o reino de seu pai. A princípio, o velho o recebe amigavelmente, mas então atenta contra a sua vida e lhe dá três provas. Ele tem de esvaziar um grande lago para pegar os animais que nele se encontram; além disso, construir uma casa, para a qual lhe são fornecidas ferramentas insuficientes; por fim, fabricar um banco com as duas cabeças do urubu-rei. Com o auxílio de animais, o herói passa por todas as provas. No banco ele põe as vespas, que picam o sogro quando ele se senta no banco (motivo: assento com espinhos). Com auxílio do rouxinol, ele então volta para a Terra. Entremeado na narrativa, encontra-se o motivo da ceia fictícia. O herói deve tomar a bebida dos urubus, feita de animais em decomposição. Mas, a conselho de sua mulher, ele vai até os papagaios e bebe cerveja de milho na casa deles. Nessa ocasião, ele põe escondido um grão de milho na boca e, dessa maneira, traz o primeiro milho para a Terra.

A lenda da visita ao céu e das provas por que o herói tem de passar encontra-se especialmente entre os Aruak da Guiana em diferentes versões. Encontramos os mesmos motivos ora aqui, ora acolá em outro contexto. O herói é um grande pajé, chamado Macanaholo, Maconaura, Makanauro, que "podia se elevar acima da terra, caminhar acima das árvores, criar asas e assumir a forma de qualquer animal".[60]

Certo dia, segundo van Coll, assim contam os Aruak do Suriname, Macanaholo desejou ter uma mulher. Ele se transformou num veado e deixou sua própria carne apodrecer e feder. Com isso, atraiu um grande número de abutres e, por fim, também a rainha deles. Ela pousou bem perto de Macanaholo, e ele a tomou como mulher. Viveram muitos anos juntos em completa harmonia. Certo dia, a mulher exigiu que sua mãe os visitasse. Macanaholo concordou e disse: "Vou acompanhar você!". Eles subiram, e Macanaholo encontrou a mãe dos urubus-rei chamada

---

[59] Roth, op. cit. p.133.

* "Os mitos e lendas dos aborígenes sul-americanos e suas relações com os da América do Norte e do Velho Mundo". (N. T.)

[60] P. C. van Coll. "Contes et légendes des Indiens de Surinam". In: *Anthropos*, v.III (1908), p.482.

Acathu na rede de dormir. Ela ficou contente por rever a filha acompanhada de um homem como aquele.

Contava-se que ninguém nunca tinha visto o rosto de Acathu. Ela sempre ficava na sua rede. Agora Acathu queria pôr a arte de seu genro à prova e lhe ordenou que fizesse um pequeno banco com a forma da cabeça dela. Macanaholo pediu ajuda às formigas vermelhas, que penetraram na rede e, com suas picadas, afugentaram Acathu de lá. Macanaholo tinha se escondido, então viu que sua sogra não tinha só uma cabeça, mas pelo menos uma dúzia de cabeças. Imediatamente ele começou a trabalhar e fez um pequeno banco que mostrava perfeitamente os traços de Acathu.

Então ela o mandou pegar peixes. Como ele conhecia a arte de transformar peixes, ele lhe trouxe peixes bem pequenos embrulhados em folhas. Ela jogou os peixes para longe e gritou: "Como é que você ousa me oferecer peixes tão pequenos?". Mas, depois que ela os jogou fora, os peixes se transformaram e ficaram bem grandes.

A seguir, ela exigiu que ele buscasse água para ela num cesto. Aí as formigas vieram ajudá-lo. Elas calafetaram o cesto, e ele segurou a água.

Aí Acathu ficou com medo dele e decidiu matá-lo. Mandou fazerem um belo jardim para ele e disse para seus filhos: "Quando ele for dormir em seu jardim, é preciso matá-lo imediatamente!". Mas havia um traidor entre os urubus-rei. Este contou todo o plano para Macanaholo. Aí ele decidiu se salvar por meio de um feitiço. O jardim estava cercado pelos urubus-rei. Eles podiam ouvir Macanaholo tocando flauta alegremente no jardim, mas ele lhes escapou quando entraram lá. No muro do jardim havia uma pequena abertura por onde ele podia enfiar a flauta. Ele a enfiou lá, de modo que ficaram três furos do lado de fora do jardim. Então ele se transformou numa pequena mosca, entrou no furo que ainda dava para o jardim e saiu do outro lado por um dos furos da flauta. Depois disso, voltou para a Terra.[61]

Segundo uma lenda dos Aruak da Guiana Inglesa, anotada por Roth, certa vez Makanauro observava um urubu-rei roubando sua caça da armadilha. Então ele se disfarçou com algodão, deitou-se junto da armadilha e, com essa artimanha, agarrou o urubu-rei, que se transformou numa bela moça. Makanauro se casou com ela e viveram felizes juntos por muitos anos. Certo dia, ela tentou pô-lo à prova para ver se ele era realmente um grande pajé. Ela o mandou buscar água num cesto. Ele tentou em vão, até que as formigas o ajudaram e calafetaram o cesto. Então ele teve de carpir um pedaço de floresta para uma roça. No começo, não conseguiu, pois à noite os urubus voltavam a plantar as árvores que ele tinha cortado durante o dia. Então ele chamou as saúvas para ajudá-lo, e elas destruíam a madeira, os galhos e as folhas tão depressa quanto ele conseguia cortá-las. Como terceira prova, ela ordenou que ele fizesse um banco que deveria ter, dos dois lados, os traços fisionômicos de sua sogra. Mas ele nunca tinha visto o rosto dela, já que ela sempre o escondia com a mão quando ele a olhava. Ele se escondeu no teto e, de lá, jogou uma centopeia no colo dela. Aí ela olhou para cima, e ele conseguiu copiar direitinho os traços dela. Então sua mulher ficou satisfeita com ele. Ele satisfazia a todos os seus desejos.

---

[61] P. C. van Coll. "Contes etc.". *Anthropos*, v.III, p.482*ss*.

Com frequência lhe trazia peixes embrulhados num pequeno pacote. Quando ela ficava aborrecida com isso e abria o pacote, caíam peixes tão grandes que enchiam a casa toda.

Por fim, a mulher ficou com saudade de seu pai e convenceu o marido a acompanhá-la com o filho deles até a terra dos urubus acima das nuvens. Lá ele teve de passar por outras provas. Mas os urubus ficaram com ciúme dele e atentaram contra a sua vida. Como pajé, ele descobriu o plano deles e voltou com a mulher e o filho para a Terra. Chamou todas as aves para ajudá-lo. Os urubus puseram fogo em toda parte, para queimar o mundo todo, mas Makanauro fez cair chuva, que apagou o fogo. Sua mulher se irritou com isso, e ele a deixou e seguiu seu próprio caminho. Mas ela mandou mais tarde seu filho matar o pai.[62]

Van Coll conta uma variante dessa lenda dos Aruak da Guiana Inglesa. Excepcionalmente, os urubus-rei não desempenham nenhum papel nela. O missionário acha que a lenda é um misto de elementos Aruak e Karib.

Um dia, Maconaura encontrou sua rede de pesca rasgada e roubada. Primeiro, pôs o pica-pau, depois o cassicus (ave) como guarda. Ao ouvir o agitado "pom-pom" deste último, foi depressa até o rio e viu lá um jacaré, que ele matou com uma flechada entre os dois olhos. Logo a seguir, o cassicus o chamou de volta, e ele encontrou na margem uma jovem índia chorando. Ele a levou consigo para a casa de sua mãe e mais tarde tomou-a por mulher. Durante alguns meses viveram em paz e felizes. Então a jovem mulher expressou o desejo de rever sua mãe. Maconaura decidiu acompanhá-la. Fez uma canoa grande e eles partiram em viagem. A mãe os recebeu amigavelmente, mas o pai estava irado com o casamento realizado sem o seu consentimento. Mandou o genro fazer numa noite um banco baixo com uma cabeça de onça de um lado e a sua própria figura do outro. Maconaura fez o banco, mas sem a cabeça do sogro, cujo rosto ele nunca vira, já que usava uma cuia diante do rosto com dois furos para os olhos. Com o auxílio das formigas, ele o acordou do sono e o afugentou da rede de dormir, viu seu rosto descoberto e pôde terminar o banco.

A seguir, o sogro exigiu que ele construísse numa única noite uma cabana cujo teto seria coberto com as mais belas plumas. Os beija-flores e outros passarinhos de plumagem maravilhosa o ajudaram, e antes mesmo do nascer do sol a cabana estava pronta.

Logo a seguir, Maconaura voltou por pouco tempo para a casa de sua mãe e deixou sua mulher com os pais dela. Quando retornou à casa de seu sogro, este, ao vê-lo, levantou-se de um pulo, furioso, e o matou com uma flechada entre os dois olhos.

Um pássaro comunicou sua morte à mãe. Ela foi buscar o cadáver, enterrou-o com grande solenidade e desafiou os jovens da tribo para a vingança. O sogro e todo o seu povo foram dizimados, restando somente a mulher de Maconaura, que, por sua vez, matou a mãe dele por vingança. Ao fazê-lo, disse a ela que o jacaré que Maconaura tinha matado era seu irmão, e que seu pai, que também tinha a cabeça de um jacaré, só tinha vingado o filho dele.[63]

---

[62] Roth, op. cit., p.343ss.
[63] P. C. van Coll. "Contes etc.". *Anthropos*, v.II (1907), p.682ss.

Uma outra lenda dessa classe foi transmitida por Brett. O conteúdo é o seguinte: um jovem Aruak tomou uma moça dos urubus-rei por mulher. Segundo costume indígena, ele foi com ela para a terra do pai dela. No céu ele é bem recebido pelo povo dos urubus-rei, mas quando, depois de algum tempo, fala de sua intenção de visitar seus próprios parentes, os urubus ficam furiosos e o põem no alto de uma palmeira *awarra*,[64] cujo tronco é coberto de espinhos (motivo: assento de espinhos). Lá ele fica, até que algumas aranhas ficam com pena dele e tecem um fio pelo qual ele desce. Durante muitos anos ele tenta voltar para sua mulher, mas os urubus não querem mais nada com ele. Por fim, as outras aves ficam com pena dele, levam-no para o céu e o ajudam a lutar com os urubus-rei. Estes são impelidos para dentro de suas próprias casas e queimados. Então as outras aves brigam pela presa.[65]

Traços aparentados contém a lenda tribal dos Warrau: Yar (o Sol), pai dos heróis gêmeos, precisa se submeter a diferentes provas de sua habilidade diante de seu sogro antes de este lhe dar sua filha por mulher. Tem de lhe trazer carne grelhada e bebida, além disso, água para tomar banho tirada com um cesto trançado. Um espírito da floresta o ajuda e faz o cesto segurar a água. A seguir, o velho o manda acertar peixes. Ele encontrará uma canoa na água, um banco para ela debaixo das raízes de uma determinada árvore, uma flecha à sombra de uma outra árvore. A canoa está debaixo d'água e é muito pesada. Mas ele consegue puxá-la para cima. Debaixo das raízes da árvore ele encontra um jacaré. Ele o agarra na nuca, e aquele se transforma num banco que cabe no barco. À sombra da outra árvore ele encontra uma cobra grande. Ele a agarra pelo pescoço, e ela se transforma num arpão. Agora o velho se junta a ele na canoa e exige que ele acerte uma determinada espécie de peixe, mas ordena-lhe que atire no ar e não olhe na água. Yar é tão hábil que a flecha atravessa o peixe e o mata. O peixe é tão grande que a canoa quase afunda quando eles o puxam para dentro dela. Então o velho fica satisfeito com o valor de Yar e lhe dá sua filha.[66]

A escada para o céu da lenda Taulipáng reaparece numa outra lenda dos Warrau: um caçador observa acidentalmente um grupo de gente de pele clara comemorando uma festa de dança. São os urubus, que tiraram sua roupagem de plumas. Ele rouba a moça mais bonita e a toma por mulher. Um dia, eles querem visitar o sogro dele. Ela lhe dá uma roupa de plumas para essa ocasião e o leva por uma espécie de escada até a terra dos urubus.[67]

Das lendas sul-americanas restantes que nos interessam aqui, a que tem maior relação com o mito Taulipáng, a ponto de ambos concordarem textualmente em alguns trechos, é uma lenda dos Tembé,[68] que reproduzo de modo condensado:

Os urubus-rei costumavam ir a um lago. Lá tiravam sua roupagem de plumas e tomavam banho na forma de moças. Um homem que não tinha mulher ficou espiando e roubou a roupa

---

[64] No Brasil chamada de *yauarý* [sic]: *Astrocaryum jauari*.
[65] Brett. *Legends* etc., p.29. – Im Thurn, op. cit., p.381; Roth, op. cit., p.212.
[66] Roth, op. cit., p.130ss.
[67] Roth, op. cit., p.206ss.
[68] Nimuendajú-Unkel, Sagen der Tembé-Indianer, op. cit. p.295ss. As coincidências quase literais com a lenda Taulipáng estão grifadas.

de plumas de uma delas. (Motivo: donzela dos cisnes.) Ele levou a moça urubu para sua cabana e se casou com ela. Eles se acostumaram um com o outro e tiveram um filho, que cresceu e ficou adulto.

Certo dia, a mulher sugeriu a seu marido que visitassem o pai dela. O velho urubu-rei morava além do céu. Ela amarrou folhas nos braços de seu marido e de seu filho e as abanou com sua camisa de penas. Aí os braços viraram asas. Assim eles voaram para o céu. A mulher voava atrás do marido e o apoiava quando ele ameaçava cair. Chegaram à porta do céu e entraram. Lá é como aqui embaixo. Os urubus vivem lá; tiram suas roupas de plumas e têm a forma humana. Foram primeiro à casa do Sol, então à casa da Lua, a seguir à casa do vento e chegaram por fim à morada do velho urubu-rei. A mulher deixou então seu marido para trás e entrou primeiro, só com seu filho, na casa do pai para cumprimentá-lo e ver se ele receberia seu marido. O velho perguntou quem era o pai do garoto, ao que a mulher lhe contou a história do seu casamento. A seguir, o velho urubu-rei mandou chamar o marido dela, recebeu-o e hospedou a família. Mas ele estava zangado com seu genro e ficou tramando um pretexto para matá-lo.

Na manhã seguinte, por intermédio da mulher, ele transmitiu ao homem a ordem para que, no mesmo dia, fizesse uma grande igara. O homem derrubou uma árvore e começou a desbastá-la vagarosamente. Aí chegaram pica-paus para ajudá-lo. Mas o falcão montou guarda no alto de uma árvore para que o velho não os surpreendesse. Quando o velho veio ver como estava o trabalho, o falcão soltou seu grito de aviso, e os pica-paus saíram dali voando rapidamente. Depois que o velho foi embora, os pica-paus voltaram e terminaram o trabalho. (Motivo: animais solícitos.) O homem contou para sua mulher que o barco estava pronto, e eles o levaram para a água.

O velho urubu-rei mandou então seu genro represar o rio, esvaziar a água e lhe levar *traíras*. (Motivo: caça de animais.) Com *traíras*, porém, ele estava querendo dizer *jacarés*. Triste, o homem foi fazer o serviço. Aí chegaram as libélulas e, em pouco tempo, secaram o leito do rio jogando a água para fora com as pernas. O homem pegou muitas *traíras* e encheu os cestos que tinha levado. Mas seu sogro estava irado porque ele não tinha trazido *jacarés*. Assim, o homem teve de fazer o trabalho de novo. As libélulas o ajudaram de novo, e ele pegou um grande número de *jacarés*. Ele os amarrou juntos e os arrastou para casa. O velho mandou que levasse a presa para a mata para apodrecer e criar vermes, que eram o seu prato predileto. Então ele foi até lá e passou três dias se banqueteando.

Agora ele estava tramando um outro pretexto para matar seu genro e exigiu que este derrubasse uma grande área de mata em um dia. Triste, o homem afiou seu machado e foi fazer o serviço. Depois que derrubou as primeiras árvores, ele se sentou e ficou pensando em sua situação. Aí chegaram muitos pica-paus e terminaram o trabalho até a noitinha, enquanto o falcão montava guarda. (No mais, como supramencionado.)

Quando a mata derrubada secou, o velho urubu-rei mandou atear fogo. Ele tentou, então, queimar seu genro na clareira. Mas este foi salvo por uma aranha. Ela o transformou numa aranha e o levou consigo para o seu buraco, onde ele ficou até o fogo apagar.

Aí a família decidiu escapar da cólera do velho. Eles se puseram a caminho de casa. O urubu-rei mandou seus guerreiros, os urubus, atrás deles. Mas a mulher, por precaução, tinha levado uma faca comprida, com a qual matou muitos deles e espantou os restantes. Então eles voaram para a Terra.

Traços aparentados com essas lendas da "visita ao céu" encontramos numa lenda dos Pehuenche (Araucanos): "O velho Latrapaí".[69] Latrapaí dará suas duas filhas por mulheres a seus dois sobrinhos Pediu e Cónquel somente sob a condição de eles realizarem certos trabalhos para ele (provas). Quando vão até ele, Latrapaí lhes oferece assentos repletos de espinhos. (Motivo: assento com espinhos.) Então ele os desafia a derrubar árvores altas e, para esse fim, lhes dá machados ruins que quebram ao primeiro golpe. (Motivo: ferramentas inúteis, que também se encontra na lenda Taulipáng em dois trechos, na construção da casa e no fabrico do banco de pedra.) Pillan, o trovão, a pedido deles, lhes fornece machados melhores, com os quais, a cada golpe, eles derrubam uma árvore grande. Então o velho lhes ordena caçar seus touros selvagens e depois suas emas e *huanacos*. (Motivo: caça de animais.) Isso os dois sobrinhos conseguem também realizar, matando, por fim, Latrapaí.

Em algumas tribos Tupi surgem lendas semelhantes relacionadas à história da tribo. São relatadas provas a que os heróis têm de se submeter.

Segundo a narrativa dos Mundurukú,[70] Caru, o criador do mundo, fica furioso com seu filho Rairu e atenta contra sua vida, porque este sabe mais do que ele próprio. Ordena-lhe que suba numa palmeira espinhosa para pegar uma flecha que o velho atirou para o alto. (Motivo: assento com espinhos.) Ele o manda à floresta para desmatar, então derruba árvores sobre ele. Procura queimá-lo na clareira e, por fim, faz com que um tatu, que ele tem de pegar (motivo: caça de animais), o puxe para dentro da terra. Mas Rairu escapa de todas as ciladas de seu pai.

Uma lenda dos Tupi do Leste brasileiro, que Ehrenreich transmite segundo uma antiga tradição,[71] conta como os dois gêmeos Tamenduare e Arikuté, os patriarcas dos dois grupos principais do povo, os Tamoyo e os Tupinambá, procuram seu pai Maire Ata, que exige deles provas de suas forças mágicas. Eles atiram flechas para o ar, que ficam presas no céu, mas, segundo a lenda tribal dos Guarayo,[72] formam uma corrente na qual cada flecha fica espetada na anterior. (Motivo: corrente de flechas.) Eles têm de passar entre duas rochas que se fecham e, por fim, descer até o reino dos mortos para buscar a isca com a qual Anyang, o demônio do reino dos mortos, pega o peixe Ailen.

Com a nossa lenda Taulipáng, esse mito só tem em comum a pesca. Com outras lendas desse grupo, especialmente do Oeste da América do Norte, unem-na, além disso, como logo veremos, os motivos dos Simplégades, das rochas que se fecham e da corrente de flechas, que faltam naquela. Ehrenreich inclui nos Simplégades também as árvores que caem sobre o herói da lenda Mundurukú. A corrente de flechas é substituída na lenda Taulipáng por uma escada presa no céu e que chega até a Terra. Por ela o herói sobe ao céu, apesar de sua plumagem.

---

[69] Rodolfo Lenz. *Estudios Araucanos*. Santiago de Chile, 1895, 1897, p.225-34.
[70] Barbosa Rodrigues. *Poranduba*, p.245ss.
[71] Ehrenreich. *Die Mythen* etc., p.49. Segundo Dénis. *Une fête brésilienne célébrée à Rouen en 1555*, Paris, 1851; de acordo com o relato original de Villegaignon.
[72] Cardús, op. cit., p.76, 78; Pierini, op. cit., p.704.

Se acompanharmos esse grupo de lendas em direção ao norte, encontraremos na América Central traços aparentados nas provas às quais, segundo a lenda tribal dos Quiche-Maya, os heróis irmãos Hun A e Xbalanque têm de se submeter no reino Xibalba e pelas quais eles passam com sucesso, em parte com auxílio de animais. Dessas provas, a estada na casa das facas de obsidiana muito afiadas e o sentar-se numa pedra incandescente mostram o motivo do assento de espinhos.[73]

Também nas lendas de tribos isoladas das pradarias e nos mitos da Califórnia apresentam-se traços aparentados. Mas é surpreendente a concordância até nos pormenores das lendas sul-americanas desse tipo com lendas das tribos do sul da costa oeste da América do Norte, que Boas reuniu sob o título geral da "visita ao céu".[74] Os elementos isolados que nos interessam aqui são os seguintes: um jovem chega ao céu sozinho ou com um companheiro, em parte com auxílio de plumagens que ele tira das aves, em parte por meio de uma corrente de flechas. Ele atira uma flecha para o céu, que fica presa lá. Então ele atira uma segunda flecha, que acerta o entalhe da primeira, e assim por diante, até as flechas formarem uma corrente que desce do céu à Terra. Ele sobe por ela até o céu. Lá ele se casa com a filha do cacique do céu. É ameaçado por seu sogro e posto várias vezes à prova. A porta da casa do cacique tenta apanhá-lo. (Motivo: Simplégades.) Ele tem de se sentar na pontuda esteira da morte ou num porco-espinho. (Motivo: assento com espinhos.) Ele é encerrado na árvore que se fecha. (Motivo: Simplégades.) Ele tem de pegar animais selvagens para o sogro. (Motivo: caça de animais.) O herói passa com sucesso por todas as provas, frequentemente com o auxílio de animais. (Motivo: animais solícitos.) Por fim, ele faz animais ameaçarem e prejudicarem seu sogro; assim como na lenda Taulipáng, o herói aterroriza e machuca seu sogro por meio do banco que anda e das vespas.

Uma lenda tribal do baixo *Fraser river* coincide, em especial no início e no fim, com as lendas da Guiana: um homem jovem corta o peito do primo com pontas de flechas e o faz deitar-se tranquilamente. Então ele o cobre até o peito com areia e se esconde bem perto. Quando uma águia se precipita sobre aquele e o agarra no peito, o jovem a segura, veste sua pele e voa em direção ao céu. Ele se casa com uma filha do Sol, mas tem de passar por várias provas, das quais ele sai ileso. Os assentos na casa do Sol estão cobertos de agulhas. A Lua o convida a rachar um cedro com ela; esta deixa seu martelo cair na fenda. O jovem deve tirá-lo de lá. Aí a Lua tira as cunhas, de modo que ambas as metades do tronco se fecham. Mais tarde, ela o manda pegar trutas e ursos vermelhos. O jovem joga os ursos na Lua, e eles a estraçalham completamente. Desde então, ela desistiu de importunar o jovem.[75]

Uma lenda dos Kwakiutl conta como um jovem sai para se casar com a filha de um chefe. Ele entra na casa pela porta que está se fechando, senta-se, sem se ferir, no assento coberto de pedras

---

[73] Noah Elieser Pohorilles. *Das Popol Wuh, die mythische Geschichte des Kice (Quiche)-Volkes von Guatemala*. Leipzig, 1913, p.27, 28; 48ss.; Wolfgang Schultz. *Einleitung in das Popol Wuh*. Leipzig, 1913, p.87-9, 91; Ehrenreich. *Die Mythen* etc., p. 50.

[74] Franz Boas. *Indianische Sagen von der nord-pacifischen Küste Amerikas*. Berlin, 1895, p.335. Vide especialmente as lendas das p.38-9, 65-8, 117-8, 135-7, 170-1.

[75] Ibidem, p.38-9.

pontiagudas, escapa do tronco de árvore que está se fechando. O chefe lhe serve comida envenenada. O jovem finge que come, mas, na verdade, esconde a comida sob o seu manto. (Motivo: alimentação fingida.) Por fim, ele deixa o velho ser ameaçado, no barco, por peixes e golfinhos.[76]

Enquanto o assento de espinhos, em todas as lendas desse gênero, pertence às tarefas e provas a que o herói tem de se submeter, na lenda Taulipáng, ao contrário, ele prejudica aquele que dá as tarefas e aqui está ligado ao motivo da ameaça e prejuízo do sogro por animais, que, como vimos, aparece em algumas lendas do Oeste norte-americano.

O motivo da alimentação fingida, como o mito Kwakiutl mostra, geralmente está ligado, em outros mitos, a mitos de ogros ou de canibais e se encontra, por outro lado, em concordância surpreendente no Oeste norte-americano e na América do Sul.

Segundo uma lenda dos Bílchula do Oeste norte-americano, uma moça chega à casa do Nó-de-Raízes, um canibal. Este exige que ela coma as rãs do cabelo dele. Mas a moça o engana, escondendo os animais sob o seu manto e palitando os dentes com uma agulha, fazendo que soe como se ela estivesse mastigando alguma coisa.[77]

Encontramos o único paralelo conhecido da América do Sul nas lendas tribais dos bolivianos Yurakáre[78] contadas por d'Orbigny e Barbosa Rodrigues: a mãe de Tiri, um de seus heróis, chega à casa da mãe das onças, cujos filhos, a princípio, querem devorá-la, mas então a obrigam a comer as formigas venenosas que se arrastam por suas cabeças. A fim de enganá-las, a mulher enfia na boca um punhado de sementes de abóbora,[79] que a mãe das onças lhe dá e, às escondidas, joga as formigas fora.[80]

Acrescenta-se agora a "alimentação fingida" na lenda Taulipáng. O motivo original está apagado aqui, e o contexto se modificou um pouco, mas os traços principais ainda são claramente reconhecíveis: a visita ao canibal; a refeição de animais asquerosos que o herói tem de comer; a substituição daquilo que sua mulher lhe oferece; o grão de milho que ele enfia na boca às escondidas.

Essa relação com o motivo da alimentação fingida fica ainda mais clara por meio de uma narrativa que obtive do meu informante, Akúli, em continuação à lenda Taulipáng: "Quando a sombra do pajé sobe ao céu na cura noturna – o caldo de tabaco que ele bebe o leva imediatamente para o alto –, então ele encontra abaixo do céu um urubu-rei. Este sai voando logo atrás dele. Eles chegam ao céu pela entrada e vão até a casa de Kasána-pōdolẹ, o 'pai do urubu-rei'. Este oferece ao pajé *caxiri* de animais e pessoas em decomposição. O pajé não bebe disso, mas

---

[76] Ibidem, p.135-7.
[77] Ibidem, p.268.
[78] Alcide d'Orbigny. *Voyage dans l'Amérique méridionale*. Paris, 1844, p.211; Barbosa Rodrigues. *Poranduba*, p.253.
[79] Ehrenreich traduz de modo inexato "grãos de milho".
[80] Ehrenreich (*Die Mythen* etc., p.80) dá aqui uma analogia surpreendente da Polinésia: a deusa do mundo dos mortos Miru de Autoutaki exige de seu visitante que ele coma um vaso cheio de centopeias vivas. Este engana a deusa com coquinhos, que ele enfia na boca, enquanto deixa as centopeias caírem no chão (segundo Gill, *Myths and Songs of the Southern Pacific*).

oferece a cuia por sob o braço para o seu companheiro (ajudante), o urubu-rei, que fica sempre bem atrás dele, de modo que não pode ser visto por Kasána-pōdolẹ. O urubu-rei esvazia a cuia e a devolve ao pajé sem que Kasána-pōdolẹ perceba. Senão ele mataria o pajé".[81]

Nossa narrativa da visita ao céu também tem traços em comum com outras lendas sul-americanas. Assim, num mito dos Chané, a semente de uma planta cultivada é roubada do mesmo modo que na lenda Taulipáng: Aguaratunpa, o deus raposa, chega à casa de Tacumbocuma, a pequena Viscacha, uma velha. Esta toma conta das árvores algarrobo, renovos da "árvore-mãe", que dava "todo tipo de fruto", e não tolera que uma semente seja desviada. A velha oferece frutos para Aguaratunpa comer, mas senta-se ao lado dele e presta atenção para que ele não roube nenhuma semente. Aguaratunpa esconde num dente cariado uma das menores sementes, que leva escondido e semeia.[82]

A narrativa de animais que se transformam em mulheres, então se casam com heróis, como no início da lenda Taulipáng, encontramos várias vezes com grande semelhança em lendas sul-americanas.

Segundo uma lenda dos Aruak no Suriname, há muito tempo um homem vivia completamente só num ermo afastado. Seu único companheiro era um cachorro grande. Certo dia, ele foi caçar e deixou seu cachorro vigiando a casa. Na mata, para sua surpresa, encontrou um esplêndido mandiocal. Seu primeiro pensamento foi: "Quem preparou isto para mim?", pois ele era o único ser humano em toda aquela região. Ele se escondeu atrás de uma árvore num matagal. Logo viu seu cachorro chegando. Este tirou sua pelagem e começou a trabalhar como gente na plantação. Então ele vestiu de novo a pelagem e voltou como cachorro para a cabana. O homem o seguiu, mas não deixou transparecer que o havia observado. No outro dia, ele foi de novo à plantação, procurou um local bem perto para trabalhar e dormir e acendeu uma pequena fogueira. Tinha deixado seu cachorro, como sempre, vigiando a casa. Apesar disso, o cachorro o seguiu às escondidas. O homem fingiu que estava dormindo, depois de pôr um aturá ao seu lado. O cachorro chegou, despiu imediatamente sua pelagem e, como gente, começou a trabalhar. O homem, sem fazer o menor ruído, pegou a pelagem, escondeu-a no aturá, levou-a para a mata e a queimou. Assim o cachorro ficou para sempre uma mulher e não podia mais se transformar. Ela se tornou a esposa do homem e mãe de uma numerosa família.[83]

Uma variante dos Aruak da Guiana Inglesa dessa lenda é contada por Brett: a filha de um feiticeiro amava um jovem caçador solitário e, por isso, pediu a seu pai para transformá-la num

---

[81] Incluir mitos asiáticos em nossas considerações ultrapassaria o âmbito deste livro. Quero apenas chamar a atenção aqui para o fato de que Ehrenreich relacionou, com essas lendas, o velho mito japonês de Ohonamushi e Susa no Wo (segundo a obra mítica de Koshiki), que une os principais momentos da visita ao céu e o motivo da alimentação fingida. Por meio de nossa lenda Taulipáng, que também apresenta traços aparentados em ambas as direções, essa relação tem maior apoio e, com isso, reforça a opinião de Ehrenreich de que essas lendas japonesas "apresentam o protótipo dos mitos americanos da visita ao céu ou ao chefe do Sol e com as provas ligadas a eles, [...] mas também influenciaram os mitos de ogros do Novo Mundo". Vide Ehrenreich, *Die Mythen* etc., p.80-1, 77-8; Wolfgang Schultz, *Einleitung in das Popol Wuh*, p.87-8.

[82] E. Nordenskiöld, op. cit., p.261.

[83] Van Coll. "Contes etc.". *Anthropos III*, p.484ss.

cachorro para poder ficar perto daquele homem. O pai o fez, e a moça passou a acompanhar o homem como cachorro. Ele sempre partia com quatro cães para percorrer a mata e voltava só com três; pois, por mais que ralhasse, um cachorro não queria se sujeitar e sempre corria para casa. Quando o jovem voltava para sua cabana à noitinha, encontrava o lugar limpo e varrido. Havia beijus torrados e um pequeno fogo aceso. Ele perguntava aos vizinhos, mas estes negavam que o tivessem feito. Então ele pensou que fosse algum espírito que o via sozinho e que lhe queria bem. No dia seguinte, ele contou seus cães na caçada e encontrou somente três. Então os amarrou na árvore e voltou furtivamente para casa. Espiou por uma rachadura na parede e, à luz do fogo, viu uma bela jovem torrando beiju. Ao lado dela estava pendurada a pelagem de cachorro. Então ele pulou rapidamente para dentro da casa, agarrou a pelagem e a jogou nas chamas.[84]

Em uma briga numa aldeia, é o que diz uma lenda dos Karajá, todos os habitantes foram mortos, só restaram dois periquitos. Dois jovens Karajá, que tinham se atrasado na caça, voltaram e encontraram a aldeia vazia. Aterrorizado, um deles queria fugir, mas o outro o reteve. No dia seguinte, ao se afastarem para caçar, ouviram, vindo da aldeia, os golpes de pilão, como se as mulheres estivessem trabalhando. Ao voltarem, encontraram a comida preparada por mãos desconhecidas. Em vão chamaram pelas mulheres que a haviam feito. Ninguém respondeu. No dia seguinte, aconteceu o mesmo. No terceiro dia, a curiosidade os impeliu de volta ao ouvirem as batidas dos pilões. Encontraram duas moças na casa que, à entrada deles, emudeceram. Por fim, elas se deram a conhecer como os dois periquitos transformados. Os jovens as tomaram por mulheres, e deles descendem os Karajá de hoje.[85]

A lenda do dilúvio dos peruanos Cañaris relata algo semelhante: antes do dilúvio, dois irmãos, os únicos sobreviventes, se refugiaram numa montanha. Quando a água diminuiu, eles desceram para o vale para procurar comida. Quando voltaram para sua cabana no cume da montanha, encontraram lá uma refeição preparada por mãos desconhecidas. A fim de descobrir de onde vinha a comida, um dos irmãos se escondeu atrás da cabana, enquanto o outro desceu novamente para o vale. Aquele descobriu duas araras com rosto de mulher, que vieram e prepararam uma refeição com pão e carne. Quando estas descobriram o irmão escondido, tentaram escapulir. Mas o homem agarrou uma arara, e esta se tornou sua mulher. Dele descendem todos os Cañaris.[86]

Com os traços principais da lenda Arekuná (22) do *surgimento dos venenos de pesca* ocupam-se duas lendas Aruak da raiz *haiarri*[87] e da grande pele de cobra.[88]

Um velho que, com frequência, ia pescar peixes no rio, um dia levou seu filho junto. Para sua surpresa, o pai percebeu que, por toda parte onde o garoto nadava, os peixes morriam. Quando

---

[84] Brett. Op. cit., p.176*ss.*; Roth. Op. cit., p.151.
[85] Ehrenreich. *Beiträge* etc., p.40.
[86] Richard Andree. Op. cit., p.116-7.
[87] O cipó, chamado *timbó* no Brasil, para envenenar os peixes (*Paullinia pinnata*?, *Lonchocarpus densiflorus* Benth.) chama-se em Aruak *hayáli*. Vide C. H. de Goeje, *Études linguistiques Caraïbes*, Amsterdam, 1909, p.56, n.346.
[88] W. H. Brett. *Legends* etc., p.172-5; E. F. Im Thurn. Op. cit., p.382-3, Roth. Op. cit., p.234.

provou os peixes, achou-os bons para comer. Por isso, dia após dia levava o garoto com ele para nadar. Aí os peixes decidiram matar o garoto. É claro que não ousavam atacá-lo na água, já que era impossível chegar perto dele. Mas escolheram como lugar da execução um velho tronco de árvore sobre o qual ele costumava tomar sol depois de nadar. Quando estava deitado lá, todos os peixes pularam sobre ele e lhe meteram seus aguilhões na carne. A ferida que a raia grande lhe causou foi mortal. Quando o pai levava seu filho, que estava morto, pela mata, o garoto viu seu sangue pingando no chão e disse: "Pai, preste atenção nas plantas estranhas que vão aparecer aqui! Meu sangue vai criar raízes, e vão nascer vingadores meus em abundância". Assim surgiu a raiz *haiarri*, que desde então é usada pelos índios para envenenar os rios quando querem pegar peixes.

A lenda da grande pele de cobra tem o seguinte conteúdo: certa feita, os pássaros e os homens queriam unir forças para matar uma gigantesca cobra d'água, que puxava todas as criaturas até ela no fundo. Todos se encontraram e prometeram a pele àquele que começaria a luta e traria a cobra para fora de seu pântano. Mas cada guerreiro que eles desafiavam a fazê-lo dizia que estava acostumado a só lutar em terra firme. Por fim, chegou o mergulhão. Ele podia ver a cobra no fundo, enrolada na raiz de uma árvore. Mergulhando, ele a perfurou com uma flecha que estava amarrada a uma árvore na margem. Então voltou, triunfante, à superfície. Sob grande gritaria, os homens foram puxando a cobra aos poucos para a terra, terminaram de matá-la e lhe tiraram a pele. A luta aconteceu no Cako,[89] como os índios contam, onde se pode ver, até hoje, o comprimento da cobra desenhado nas rochas. Quando o mergulhão reclamou a pele para si como prêmio, os chefes dos guerreiros se espantaram e disseram: "Como é que você vai levá-la? Tente!". "Com o maior prazer!", o pássaro replicou. Então ergueu a cabeça como sinal para os outros. Eles se lançaram sobre a pele. Cada um a pegou na borda e, ao levantarem voo, eles a puxaram para o alto. Mas os guerreiros ficaram muito indignados e, desde aquela época, são inimigos dos pássaros. Os pássaros voaram para um lugar, e lá seu líder lhes disse: "Vamos dividir esta presa. Cada qual pegue a parte que está carregando!". A pele era de um colorido maravilhoso, vermelha, amarela e verde, preta e branca, com desenhos como nunca se viu. Satisfeito, cada pássaro pegou sua parte e a pôs sobre os ombros para levá-la em segurança para casa. Aí aconteceu um milagre. Pássaros que até então tinham uma cor bem escura, de repente ficaram brancos, amarelos e azuis. Pela primeira vez viram-se papagaios em vermelho e verde, e as araras com plumas que nunca tinham existido, vermelho-claras, púrpura e douradas. Só ao mergulhão, que tinha tido a maior parte do trabalho e a quem eles todos deviam o seu adorno, coube a cabeça da cobra com sua coloração escura. Mas ele estava satisfeito e disse: "Para um velho mergulhão isto está bastante bom".[90]

O motivo de crescimento de plantas úteis em partes do corpo de crianças, como é expresso nas lendas do surgimento dos venenos para peixes, repete-se no coração da América do Sul, na lenda tribal dos Paressí, uma tribo Aruak.[91]

---

[89] Afluente esquerdo do alto Mazaruni, que nasce a noroeste do Roraima.
[90] A mesma lenda é contada por Roth, op. cit., p.225.
[91] Karl von den Steinen. *Unter den Naturvölkern Zentralbrasiliens*. Berlin, 1894, p.438.

Quatro filhos do primeiro Paressí, chamado Uazale, fugiram para a mata com medo da ira de seu pai e lá fizeram fogo. A mata pegou fogo. Três filhos morrem queimados. Deles nascem plantas. Dos órgãos sexuais dos dois homens surgem espigas de milho de diferentes cores, do órgão sexual da mulher surge uma vagem, do umbigo, a batata-doce, do ânus, o amendoim, *mandubí*.

Encontramos *armas de caça mágicas*, das quais tratam as lendas 28 e 29, num contexto semelhante também em outras lendas sul-americanas.

Numa lenda dos Warrau, um espírito da floresta se casa com uma índia e vive pacificamente com ela e sua família. Ele possui quatro diferentes chocalhos mágicos, com os quais, na caça, pode atrair os porcos-do-mato, tanto os perigosos, quanto os inofensivos. Ele adverte os cunhados para não tocarem nos chocalhos durante sua ausência. Eles são desobedientes e agitam o chocalho errado, fazendo que os porcos-do-mato cheguem impetuosamente. De medo, os cunhados sobem nas árvores, mas o filhinho de seu cunhado é destroçado pelos porcos-do-mato. Depois disso, o espírito da floresta os deixa e leva os chocalhos mágicos, e agora eles têm dificuldade para obter comida.[92]

Numa outra lenda Warrau, um caçador que tem pouca sorte na caça ganha, de uma pererera,[*] uma flecha mágica, que ele só precisa atirar para o ar para abater todos os animais de caça. Mas ele não pode revelar quem lhe deu a flecha. Embriagado, ele conta o seu segredo, e no outro dia a flecha desapareceu.[93]

Uma lenda dos Aruak trata de Adaba, a pererera. Adaba se casa com uma moça e mostra aos cunhados como é que eles podem abater muita caça atirando a flecha em linha reta no ar. Eles se tornam excelentes caçadores, e todos vivem felizes juntos por longo tempo, até que Adaba, por culpa de sua mulher, é transformado novamente numa pererera.[94]

Os Karajá, cuja cultura material parece indicar uma antiga relação com a Guiana, contam uma lenda aparentada: um jovem recebe de uma cobra um feixe de flechas que têm o poder de acertar toda caça para a qual são enviadas e de trazê-la para o caçador. As flechas também podem entregar frutos silvestres, mel etc. Desse modo, o jovem consegue todo tipo de caça e peixe com pouco esforço. Por culpa de seu cunhado, que, sem o conhecimento do dono, usa as flechas erradamente, é causado um grande mal.[95]

Numa lenda do alto Amazonas, um espírito da floresta dá a um jovem arco e flecha, que possui a característica de acertar cada caça ao ser atirada sem alvo na floresta.[96]

Um paralelo da lenda Taulipáng (41) de "Mai'uág e Korōtoikó", os dois genros diferentes, um dos quais, em pouquíssimo tempo, faz uma roça com uma enxada automática e outras fer-

---

[92] Roth. Op. cit., p.186ss.
[*] *Laubfrosch* no original alemão; traduzido por rela, reineta, raineta no *Dicionário alemão/português*, Porto, Porto Editora, s/d. Optou-se pela tradução "pererera" porque esta última também pertence ao gênero *Hyla* e porque, no Brasil, esse é o nome popular mais conhecido desses batráquios. (N. T.)
[93] Roth. Op. cit., p.213ss.
[94] Roth. Op. cit., p.215ss.
[95] Ehrenreich. *Beiträge* etc., p.42.
[96] J. Barbosa Rodrigues. *Poranduba*, p.35ss.

ramentas mágicas, é fornecido por um mito dos Chané: Tatutunpa (deus-tatu) e Aguaratunpa (deus-raposa) têm por mulheres duas irmãs. Aguaratunpa trabalha esforçadamente arando e semeando um campo. Tatutunpa não faz nada. Sua sogra diz: "Esse homem não pensa na família". Quando Tatutunpa ouve que Aguaratunpa já trabalhou muito, ele também sai para arar uma roça. Enfia uma pá mágica na terra. A pá continua trabalhando sozinha e, em pouco tempo, toda a planície foi limpa só pela pá. Então ele chama o vento, que sopra embora tudo que não serve. A seguir, ele chama o redemoinho, que varre todo o campo. Patos e pombos trazem as sementes e as semeiam. Tatutunpa nem chegou em casa, e o campo já está dando frutos. No campo de Aguarutunpa, que trabalhou com tanto afinco, nada estava maduro ou com flores. Então Tatutunpa leva sua mulher ao campo. Quando ela convida a mãe para também ir até lá, esta se recusa, pois não acredita nele. Por fim, vai junto e fica contente com a abundância de frutos.[97]

Num complemento dessa lenda, que Nordenskiöld chama de "O surgimento do trabalho", Aguaratunpa ganha a pá mágica numa aposta, mas, apesar disso, pega uma pá comum de madeira para que nenhum espertalhão possa plantar milho, e sim que as pessoas tenham de trabalhar para conseguir o seu sustento.[98] Na lenda Taulipáng, os utensílios mágicos são perdidos por culpa dos próprios homens, que desde então são obrigados a trabalhar.

Tem certos pontos de contato com a lenda Taulipáng (41) do "pato e coruja" uma lenda do *rio Negro*, sem que nela apareçam ferramentas milagrosas.

Um urubu velho tinha quatro filhos, um dos quais era casado com o lagarto, o outro com a coruja, o terceiro com o pato e o quarto, com a pomba. Um dia, a sogra os desafiou a fazer uma roça. O lagarto e a coruja saíram imediatamente bem cedo e, ao meio-dia, voltaram para comer. O pato e a pomba só foram trabalhar quando o sol já estava alto e voltaram logo depois. Aí a sogra ralhou com eles e os chamou de preguiçosos, ao passo que gostava dos outros dois. Mas estes enganaram a sogra, pois, em vez de trabalhar, dormiram, a coruja, numa árvore, o lagarto num buraco. O pato e a pomba, ao contrário, em poucos dias tinham aberto uma grande clareira. A sogra não queria acreditar. Aí eles levaram os sogros para queimar a lenha seca. Quando a sogra viu a grande clareira, deu um grito de surpresa. Mas os dois genros se vingaram queimando os velhos na clareira.[99]

A lenda explanatória dos Taulipáng (47), na qual se conta como o mutum e o jacamim obtiveram sua plumagem peculiar, tem uma variante numa narração inserida episodicamente na supramencionada lenda Aruak da "visita ao céu". No lugar do mutum, aparece aqui a garça: no decorrer dessa lenda, os pássaros começam a brigar. O jacamim e a garça ficam tão furiosos, que lutam um com o outro e jogam um ao outro na cinza. Desde essa época, o jacamim tem as costas cinza e a garça é toda cinza.[100]

A lenda das *Amazonas* (40), que eu anotei dos Taulipáng, Roth ouviu numa versão muito parecida dos Aruak do rio Pomeroon. Esses índios contam que existe uma aldeia onde só vivem mulheres. Todo homem que vai até lá tem de ficar um ano com elas. Se, nesse período, ele se

---

[97] E. Nordenskiöld. *Indianerleben*, p.265ss.
[98] Ibidem, p.269-70.
[99] Barbosa Rodrigues. *Poranduba*, p.179ss.
[100] Brett. *Legends* etc., p.30; Im Thurn. Op. cit., p.381; Roth. Op. cit., p.212.

tornar pai de uma filha, então pode partir. Se tiver filhos homens, tem de ficar até gerar uma filha. A chefe das amazonas amarra um chocalho em cada rede de dormir para ouvir se o homem está cumprindo com o seu dever.[101]

Uma figura semelhante à do Piai̯'mã se nos apresenta no Añáy dos mitos dos Apapokúva-Guarani.[102] As coincidências são, em parte, tão surpreendentes e se referem a acontecimentos tão raros, que não podem ser acidentais, devendo remontar a antigas conexões.

Assim como com Piai̯'mã, também para a formação da figura do Añáy contribuiu a lembrança de uma tribo vizinha inimiga. Piai̯'mã´ é considerado o ancestral dos bravos Ingarikó; Añáy parece representar a tribo Gê dos Kaingang, os inimigos hereditários dos Apapokúva. Assim como com Piai̯'mã, também Añáy, apesar de sua brutalidade, é quase sempre o ridicularizado. Ambos são apresentados como tendo relação com os heróis tribais, Piai̯'mã com o par de irmãos Makunaíma e Ma'nápe, Añáy com os gêmeos Nanderyqueý e Tyvýry. O primeiro é, como Makunaíma, o mais forte, mas também o mais audacioso dos dois irmãos. Tyvýry, a princípio uma criança desajeitada, é criada pelo poderoso Nanderyqueý até ficar forte o bastante e salvar seu irmão de algumas situações melindrosas. Ele cura o doente Nanderyqueý com remédios, também sopra o morto e o ressuscita.[103] Em algumas narrativas, os gêmeos correspondem ao herói das lendas Kone̯'wó, que também tem de tratar várias vezes com Piai̯'mã e sempre o ilude e ridiculariza.

Uma mistura de traços isolados das duas lendas Taulipáng 9 (G) e 11 (H), "Makunaíma no laço do Piai̯'mã" e "A morte e ressurreição de Makunaíma", encontra-se na seguinte lenda Apapokúva: Nanderyqueý faz quatis e chama Añáy para matá-los. Este diz para o herói tribal subir na árvore e jogar os bichos para baixo, que ele, lá embaixo, despedaça furiosamente até o último. Nanderyqueý o adverte: "Cuidado pra não me matar também!". É verdade que Añáy assegura o contrário, mas então mata Nanderyqueý enquanto ele está descendo da árvore, põe o corpo em seu aturá para levá-lo junto. Na mata fechada, ele põe o aturá no chão para, primeiro, abrir uma picada. O irmãozinho de Nanderyqueý, Tyvýry, usa esse instante para tirar o morto do cesto e, soprando no alto da cabeça, ressuscitá-lo.[104]

Mais tarde, Añáy volta para procurar o perdido, mas, em vez dele, encontra um veado que os gêmeos fizeram. O veado dá um pulo e foge dele de medo. Añáy corre atrás dele e o mata.

Do mesmo modo, na lenda 49 XV, ao perseguir Kone̯'wó, Piai̯'mã afugenta um veado que ele então, em vez daquele, agarra e mata.

Das narrativas de Kone̯'wó 49 XVII e XVIII encontra-se um paralelo numa lenda Aruak anotada por Roth. Para uma compreensão mais fácil, reproduzo aqui brevemente o conteúdo dessas lendas de Kone̯'wó: Kone̯'wó raspou a cabeça e, nessa condição, encontra Piai̯'mã. Este lhe pede: "Corta os meus cabelos também pra eu ficar como você!". Kone̯'wó faz que ele se sente e o

---

[101] Roth. Op. cit., p.222.
[102] Nimuendajú-Unkel. Religion der Apapocúva-Guaraní, op. cit., p.316ss.
[103] Ibidem, p.327.
[104] Ibidem, p.320, 397.

adverte para não gemer: "Aguenta (a dor)!". A seguir, ele o escalpela e lhe esfrega pimenta moída no crânio nu. Piai̯'mã vai embora louco de dor. Depois de algum tempo, Kone̯'wó encontra Piai̯'mã novamente, em cuja cabeça cresceu um arbusto de pimenta. Este também o reconhece e lhe pergunta se foi ele que raspou sua cabeça. Ele diz que a pessoa em questão já morreu e leva Piai̯'mã até os ossos de uma anta. A seguir eles dançam com os ossos até Kone̯'wó fugir.

Os Aruak contam o caso de um homem que saiu na chuva para pegar camarões. Como proteção, pôs uma cuia na cabeça, de modo que só uma coroa de cabelos aparecia. Então um espírito da floresta cruzou seu caminho e disse: "Que bonita cabeça lisa que você tem! Como foi que você conseguiu?". O homem lhe respondeu que pegou uma faca e cortou a pele ao redor da cabeça. Se o outro quisesse, ele lhe faria o mesmo. O espírito ficou encantado e deixou que o homem lhe cortasse a pele ao redor da cabeça e lhe esfregasse pimenta na carne viva para sarar mais depressa. Depois de muitos anos, o mesmo homem reencontrou o espírito da floresta e o reconheceu pelo grande arbusto de pimenta que crescia em sua cabeça. O espírito da floresta também o reconheceu. Queria se vingar e matar o homem. Mas este assegurou que o homem que outrora lhe pregara essa peça havia muito tinha morrido. Como prova, queria lhe mostrar os seus ossos. Ele o levou a um local onde havia ossos esbranquiçados de corça. O espírito da floresta os enfiou em seu chocalho de dança e os dois dançaram juntos. Nisso, o índio matou o espírito da floresta.[105]

Analogias surpreendentes, em parte literais, com essas narrativas são fornecidas pelo mito tribal dos Apapokúva-Guarani: os gêmeos se enfeitiçam ao soprar flores no alto da cabeça um do outro e, com esse adorno, são recebidos alegremente pelas filhas de Añáy. Estas perguntam aos gêmeos: "Como foi que vocês ficaram assim, meus irmãos?". "Nós passamos *urucu* com pimenta no alto da cabeça." "Queremos que nosso pai fique como vocês!" "Seu pai não aguenta!" "Não, eu também quero meu pai pra mim do jeito que vocês são!" Então os gêmeos escalpelam Añáy, esfregam *urucu* e pimenta na ferida e mandam que ele se sente ao sol. "Vê se você aguenta, pai!", as moças pedem. Mas Añáy se levanta e foge.[106]

O decurso da ação é o mesmo nas três lendas, só o singular motivo da planta que cresce na cabeça encontra-se num outro contexto na versão Guarani.

Por fim, Añáy termina do mesmo modo que Piai̯'mã (26). Ambos caem num precipício.[107]

A presença repentina desses dois elementos lendários em tribos que vivem tão distantes uma da outra e que pertencem a diferentes círculos de lendas, prova que as lendas do Piai̯'mã, como já mencionei na introdução, devem ser incluídas entre as mais antigas do ciclo de Kone̯'wó e, provavelmente, são de uma época em que ainda havia relações próximas entre os Karib e os Tupi-Guarani, que levaram a um intercâmbio direto de mitos.

As histórias restantes de Kone̯'wó apresentam, em parte, traços bem modernos e é provável que a maioria delas seja de origem europeia ou africana ou, pelo menos, tenha sofrido forte influência do Velho Mundo.

---

[105] Roth, op. cit., p.175.
[106] Nimuendajú-Unkel. *Religion der Apapocúva-Guaraní*, op. cit., p.321, 398.
[107] Ibidem, p.321, 399.

Roth encontrou a mesma figura engraçada como Koneso entre os Aruak, como Konehu entre os Warrau. Ele supõe, o que não deixa de ser interessante, que o nome derive do espanhol *conejo* (coelho) e que muitas dessas histórias sejam de origem africana. Os Warrau, ele diz, "dão esse nome a cada homem esperto ou a cada malandro que sempre engana a seu vizinho. Ambas as tribos reclamam o herói para si.[108] Os Aruak atribuem a ele até mesmo suas longas orelhas".[109]

Roth transmite numerosas aventuras do Koneso-Konehu, algumas das quais coincidem com as que coletei ou mostram parentesco próximo.

Assim, 49 I é contada quase literalmente pelos Warrau, só que lá Konehu engana uma pessoa com frutos da *inajá*. Numa outra história, Konehu chama a onça e diz que vai jogar um grande pedaço de carne colina abaixo. Mas ele rola uma rocha, que esmaga a onça. (Vide 49 VIII.) Então ele mostra à onça uma suposta pedra amarela na água, o reflexo do sol, e a faz mergulhar para pegá-la. (Vide 49 X.) Mais tarde, Konehu escora uma montanha, sob a alegação de que ela desabaria. Ele põe caçadores, que estão de passagem, para escorar a montanha em seu lugar e vai embora com a caça deles. (Vide 49 III.)

Numa lenda dos Aruak que tem pontos em comum com 49 II, Koneso amarra a onça com cipós numa árvore para que ela não seja levada pelo vento. A onça quase morre de fome. Então o urubu a liberta depois que a onça lhe promete dar, por toda a vida, uma parte de sua caça. A onça faz o mesmo acordo com o urubu-rei em nossa lenda (46) do "jogo dos olhos".

Semelhantes "lendas de enganadores" encontram-se espalhadas por grande parte da América e, com frequência, coincidem literalmente umas com as outras. Fala em favor da origem europeia o fato de elas sempre serem contadas por índios que tiveram contato com europeus. Erland Nordenskiöld, como ele me conta, "só as ouviu de índios semicivilizados e mestiços e sempre misturadas com motivos totalmente europeus". Isso, em si, não provaria muita coisa, já que ainda conhecemos muito pouco as lendas das tribos não influenciadas devido às dificuldades linguísticas. E quando não se ouvem essas histórias numa tribo, isso também não quer dizer que ela não as possua. Também é pouco provável que os mestiços, que quase sem exceção têm mães índias, possuam sua coleção de lendas de seus antepassados europeus. Os ingredientes modernos seriam facilmente explicados pelo contato passageiro com europeus.

É certo que chama a atenção a coincidência literal, por regiões tão extensas, justamente dessas lendas impregnadas de motivos europeus. Preuss as encontrou entre os índios mexicanos já há muito vivendo sob influência espanhola, Nordeskiöld as encontrou entre os índios semicivilizados da Bolívia. Alguns exemplos mostrarão quão grande é a coincidência.

Duas lendas de animais dos mexicanos Cora correspondem inteiramente às lendas de Kone̱'wó 49 III e VII. Aqui um homem prega uma série de peças engraçadas na onça; lá é o didelfo* que as prega no coiote.

O didelfo está deitado numa caverna apoiando os pés contra a parede. Aí chega o coiote: "O que você está fazendo, didelfo?". "Nada, estou barrando a abóbada celeste. Ela ameaça cair...

---

[108] Assim como os Arekuná e os Taulipáng.
[109] Roth, op. cit., p.372*ss*.
* Didelfo: marsupial, ordem de mamíferos a que pertencem, por exemplo, o canguru e o gambá. (N. T.)

Sabe, todas as coisas que existem no mundo ameaçam cair. Me ajude pra ela não nos soterrar!" O coiote se deita e mantém as pernas no alto. "Faça força, eu vou buscar uma flecha!" Em seguida, o didelfo se afasta e não volta mais. O coiote fica esperando. Por fim, se enche de coragem, pula fora e se põe a uma boa distância.

Na segunda lenda, o coiote encontra o didelfo sentado à beira do rio olhando para dentro d'água. Ele convence o coiote a ir buscar um queijo grande que diz estar na água. Mas é apenas a lua refletida no rio. O didelfo então amarra uma pedra no pescoço do coiote e o joga na água, fazendo ele se afogar.[110]

A mesma história Nordesnkiöld ouviu de um índio Quichua de Sucre e de um Baure, só que, nela, uma vez é o macaco que engana a raposa, na outra vez é a raposa enganando a onça.

Numa lenda dos Tacána, o gato montês convence a onça a segurar uma árvore que está inclinada. (Vide 49 II.) Então ele a convence a subir numa árvore oca que desmorona sob ela, fazendo que a onça caia no chão, como na lenda de Kọne'wó 49 IX.

Numa narrativa dos Baure, a raposa bate com uma pedra nos testículos da onça, enganando-a do mesmo modo que Kọne'wó (49 I).

Nada fala contra a origem puramente indígena dessa última lenda, principalmente quando Boas anotou dos Newettee no noroeste da América do Norte uma história bem parecida, da qual quase não se pode supor que seja europeia.

Omeatl, o corvo, de cujos feitos tratam numerosas lendas dessas tribos, zombava de todos os animais. Um dia, ele está pescando com o corvo marinho e com o urso e usando como isca um pedaço do rabo do salmão. Omeatl pega muitos peixes, ao passo que o corvo marinho, só dois e o urso, nenhum. Então este último lhe pergunta: "Que isca você está usando?". "Oh", diz Omeatl, "eu cortei os meus testículos." O urso replica: "Não acredito, senão você ia morrer." "Dá uma olhada aqui!", chama Omeatl e segura um pouco da carne do salmão, fazendo que pareça que ele realmente se cortou. Então o urso pede ao corvo marinho para cortar os seus testículos também e usá-los como isca. O corvo marinho lhe faz esse favor, e assim o urso morre.[111]

A lenda bem moderna da árvore que dá moedas de ouro de Kọne'wó (49 V) tem um paralelo numa história que Preuss anotou entre os mexicanos.[112]

Várias dessas lendas inofensivas talvez sejam inventadas *ad hoc*. Talvez esse seja o caso da história de Kọne'wó e o pai do jacaré (49 XIV), que em todo o seu aspecto exterior e tendência não se diferencia das demais lendas, da qual, porém, o narrador me disse que a "alma de seu avô" lhe apareceu à noite em sonhos e a contou para ele. É possível, contudo, que Mayuluaípu tenha razão e a história nem tenha sido inventada por ele. Uma lembrança da infância de uma lenda contada pelo avô tomou vida novamente num sonho.

Dar uma opinião final sobre a origem de todas essas histórias de enganadores seria prematuro enquanto não conhecermos os modelos europeus e africanos. Em si, essas lendas correspondem inteiramente à compreensão do índio e ao seu caráter. Elas podem ser, por isso, em parte,

---

[110] K. Th. Preuss, op. cit., p.290, 293.
[111] Franz Boas, op. cit., p.176-7.
[112] Segundo informação dada por carta.

antiquíssima propriedade americana. Os ingredientes modernos que se adaptam às condições do respectivo país se devem ao contato com os europeus.[113]

Em torno do cerne puramente indígena agruparam-se, ao longo do tempo, outras narrativas, também lendas de origem estrangeira que posteriormente foram relacionadas com a pessoa do herói, ora um homem esperto e destemido, ora um animal (coiote, raposa, gato montês). Assim, surgiram ciclos aparentemente relacionados, cujas partes isoladas provêm de épocas muito diferentes.

Na coletânea de Nordenskiöld das lendas dos índios Tacána, Baure e da região dos Itonáma, e que tenho presente em manuscrito, conta-se como o gato montês, ou então a raposa, foge da onça para dentro de um buraco e aqui é vigiado por um abutre, mas que joga areia nos olhos deste e escapa. Usando do mesmo ardil, em nossa lenda de animais 48 b, o jabuti se livra de seu perseguidor.

Antes, ele o engana usando do seguinte ardil: a onça enfia sua mão no buraco e segura uma perna do jabuti. Este diz: "Ô, cunhado, isso é raiz de uma árvore! Você está pensando que é a minha perna!". A onça solta a perna e o jabuti grita: "Ô, cunhado, agora eu te enganei! Era mesmo a minha perna!".

O mesmo episódio se encontra numa lenda de animais anotada por Couto de Magalhães e por P. Tatevin.[114]

Mas nós também o encontramos em lendas europeias:

O urso persegue a raposa, que se enfia na caverna debaixo de uma raiz de árvore, e a agarra com os dentes numa das pernas traseiras. A raposa diz em tom de zombaria: "Isso, morde na raiz da árvore!". O urso deixa a perna livre e agarra a raiz da árvore, depois do que a raposa escapa. Numa outra lenda, a raposa quer escapar do urso através de um buraco na parede da casa, mas este a agarra na canela e a morde. Aí a raposa grita: "Pobre urso, que não consegue agarrar a minha perna; o que você achou para morder nesse pedaço de madeira?". O urso solta a perna da raposa e morde com força o pedaço de madeira. A raposa escapa das garras do urso e começa a zombar: "Pobre urso, que foi louco de soltar a minha perna e pegar um pedaço de madeira entre os dentes".[115]

As coincidências são tão impressionantes que, pelo menos para esse episódio, temos de supor uma origem europeia.

As lendas em que inteligência e esperteza triunfam sobre a força bruta, na medida em que o fraco e lerdo jabuti derrota os animais mais fortes e velozes, como onça, anta, veado, têm uma extraordinária difusão na América do Sul. Nós as encontramos numa coincidência quase literal por todo o Brasil, especialmente na região do rio Amazonas e de seus afluentes, até entrando no Paraguai.

---

[113] Vide também F. Boas, "Notes on Mexican Folklore", *Journal of American Folklore*, XXV, p.237.
[114] Couto de Magalhães. *O Selvagem*. Rio de Janeiro, 1876, p.197ss.; P. C. Tastevin C. SP. *La langue Tapïhïa*. Viena, 1910, p.260, 264.
[115] Oskar Dähnhardt. *Natursagen. Eine Sammlung naturdeutender Sagen, Märchen, Fabeln und Legenden.* v.IV, 2. parte. Leipzig-Berlin, 1912, p.245-6.

As fábulas do jabuti que Couto de Magalhães[116] e C. Fr. Hartt[117] coletaram em diferentes regiões do Brasil há várias décadas e, recentemente, P. C. Tatevin[118] assemelham-se surpreendentemente àquelas que me foram contadas em 1911 na Guiana e que, como me assegurou meu informante, são oriundas de sua tribo desde tempos antigos (48 a, b, c).

A história do macaco e do jabuti (48 a) encontra-se com diferenças bem pequenas em todas essas coletâneas.

Em Magalhães, Hartt e Tatevin, o jabuti mata a onça ao cair da árvore sobre o focinho dela.[119] Na lenda Taulipáng (48 b), ele a envenena com *curare*. De um de seus ossos ela faz, em todas as narrativas, uma flauta. Segue-se então quase literalmente a continuação de 48 b. O jabuti toca a flauta e é surpreendido por outra onça. Ele foge para dentro de um buraco e, em Magalhães e Tatevin, engana seu perseguidor, que o agarra pela perna, do mesmo modo que na lenda Taulipáng. Em Hartt, ele vai para fora por um outro buraco, sem que a onça o perceba. Esta é ridicularizada pelo macaco, que, de uma árvore, assistiu ao acontecimento.[120] Em nossa lenda, a onça põe o açor para vigiar o jabuti. Em Tatevin, ela põe o sapo diante do buraco. Em ambas as narrativas, o jabuti joga terra ou areia nos olhos de seu vigia e foge.[121]

A história do jabuti e da anta tem diferentes versões, mas estas se assemelham nos traços principais.[122] Na lenda Taulipáng (48 b), o jabuti promete à onça, para escapar dela, matar uma anta. Nas demais coletâneas, ele persegue a anta por vingança, porque ela o pisoteou no chão. Em Hartt e na lenda que anotei, ela pede conselho ao monte de fezes da anta, e nas outras duas versões, a suas pegadas e a um braço de rio.

Excrementos que falam não são coisa incomum nas lendas indígenas.

Numa lenda dos Tembé, um caçador deixa suas fezes responderem a uma assombração que o está vigiando, enquanto ele mesmo escapa por um outro caminho.[123]

Também nas lendas do Oeste norte-americano esse motivo singular aparece várias vezes.[124]

O tipo de morte da anta é diverso nas diferentes versões. Em Hartt, o jabuti morde sua coxa; em Magalhães e Tatevin, seus testículos; em nossa lenda, no pênis, e não o solta até a anta morrer.[125]

Assim como na versão Taulipáng, a anta morre numa lenda do jabuti dos Kaxinauá.[126]

---

[116] Couto de Magalhães, op. cit., p.175*ss*.
[117] Carlos Frederico Hartt. "Mythologia dos índios do Amazonas". In: *Archivos do Museu Nacional do Rio de Janeiro*. v.VI, Rio de Janeiro, 1885, p.134*ss*.
[118] P. C. Tatevin, op. cit., p.238*ss*.
[119] Magalhães, op. cit. p.194*ss*.; Hartt, op. cit., p.147; Tatevin; op. cit., p.263, 267.
[120] Hartt, op. cit., p.148.
[121] Tatevin, op. cit., p.264-5, 267-8. O mesmo episódio é contado pelos Aruak do rio Pomeroon de seu herói Koneso. (Vide supra.) Roth, op. cit., p.373.
[122] Magalhães, op. cit., p.176*ss*.; Hartt, op. cit., p.149; Tatevin, op. cit., p.249*ss*., 253*ss*.
[123] Nimuendajú-Unkel. Sagen der Tembé-Indianer, op. cit., p.291.
[124] F. Boas. Indianische Sagen. p.172, 177-8, 213, 233 e em outros trechos.
[125] Hartt, op. cit., p 149; Magalhães, op. cit., p.252-3, 255.
[126] J. Capistrano de Abreu. *Rã-txa hu-ni-ku-i: a língua dos Caxinauás do rio Ibuaçu*. Rio de Janeiro, 1914. Essa coletânea é especialmente valiosa pelo fato de conter todas as lendas no texto original com exata tradução. Os Kaxinauá são uma tribo do grupo Pano do alto Juruá.

As narrativas de *corridas* entre dois animais de características totalmente diferentes, em que o fraco supera o forte por meio de astúcia, têm uma difusão universal (tipo: ouriço e lebre). A fábula da corrida entre o jabuti e o veado (48 c) encontra-se, coincidindo quase literalmente, nas coletâneas de Magalhães, Hartt e Tatevin.[127] Eu mesmo as ouvi no ano de 1904 de índios semicivilizados do *rio* Negro.

Acrescentaram-se recentemente às variantes sul-americanas que Dähnhardt reuniu[128] as lendas da corrida entre o carrapato e a ema[129] entre os Chiriguano e entre o jabuti e a onça entre os Warrau.[130]

Mesmo que eu não considere, como Dähnhardt, a conhecida fábula de Esopo da corrida entre a lebre e a tartaruga como a forma original de todas essas histórias de corridas, parece-me, contudo, resultar de suas análises minuciosas o fato de que esse tema lendário veio da Índia, talvez sua pátria primitiva, pela antiga rota comercial, primeiro para a África oriental. De lá ele se espalhou para a África central, onde ainda hoje é conhecido, até a costa ocidental e, por meio do tráfico de escravos negros, chegou à América, primeiro ao Brasil, de onde passou para os índios.[131]

Talvez também possamos supor um caminho semelhante para muitas das lendas de Kone̱'wó e suas variantes americanas, pelo qual se explicaria sua surpreendente coincidência na América do Sul e no México. Mas, em todo caso, todas essas histórias burlescas estão enraizadas na América já faz séculos. Foram incorporadas ao lendário autóctone logo após a invasão europeia e modificadas de acordo com as condições do país em questão.[132]

Nossa lenda 46 mostra um parentesco claro com lendas norte-americanas. É a primeira lenda com o motivo do *jogo dos olhos* que se conhece da América do Sul. Ela coincide não só quanto ao desenrolar essencial da ação, mas também, muitas vezes, textualmente com numerosas lendas da América do Norte, do Novo México até a Colúmbia Britânica, de modo que se podem acompanhar as diferentes etapas do caminho que essa lenda provavelmente percorreu da América do Norte para a do Sul.

Uma lenda dos Arápaho conta que: Nihançan chegou à mata fechada junto ao rio e ouviu chamarem repetidamente: "Çançankantcei!". Ele ficou escutando, então seguiu a voz e ficou observando escondido. Um homem estava de pé diante de um olmo e seus olhos pendiam da árvore. O homem disse: "Çançankantcei!" e os olhos voaram de volta para a cabeça. Então ele disse de

---

[127] Magalhães, op. cit., p.185*ss.*; Hartt, op. cit., p.137*ss.*; Tatevin, op. cit., p.268*ss.*
[128] Dähnhardt, op. cit., v.IV, p.54*ss*. Outras histórias de corridas das América foram reunidas por Boas em "Notes etc.", p.249. Além disso, há a lenda da corrida do gafanhoto e do lobo entre os mexicanos Cora (Preuss, op. cit., v.I, p.209-10).
[129] Nordenskiöld. *Indianerleben*, p.292-3.
[130] Roth, op. cit., p.223-5.
[131] Dähnhardt. op. cit., v.IV, p.54, 65-6. Recentemente, Karl von den Steinen explicou essas lendas do ponto de vista da mitologia natural: Orfeu, a Lua e o ouriço. In: *Zeitschrift des Vereins für Volkskunde in Berlin*. 1915, p.260-79.
[132] Não quero decidir se a lenda Taulipáng 9, "Makunaíma no laço do Piai̱'má" pertence à classe das "lendas das bonecas de piche" difundidas na América do Norte, cuja forma original, segundo Dähnhardt (op. cit., v.IV, p.26*ss.*), também vem da África, apesar de existirem coincidências também no modo de expressão.

novo: "Çançankantcei!", e os olhos estavam de novo na árvore. E assim continuou. Nihançan queria muito ter esse poder. Fingiu que estava chorando, foi até o homem e lhe disse: "Ouvi dizer que o senhor pode fazer seus olhos voarem pra fora e pra dentro e quero aprender com o senhor". O homem disse: "Isso não é feitiço, é um jogo". "Então quero brincar como o senhor", Nihançan disse. Por fim, convenceu o homem a lhe dizer. O homem disse: "Diga Çançankantcei!". "Obrigado", Nihançan disse, muito satisfeito. "Mas não faça isso em demasia!", o homem disse. "Quando você estiver lá na colina, pode fazê-lo quantas vezes quiser, mas até chegar lá, só poderá fazê-lo quatro vezes; senão você vai se ver em dificuldades." Então ele soltou os olhos de Nihançan e seguiu seu caminho. Quando este chegou a um olmo, disse: "Çançankantcei!" e ficou sem os olhos. Pôs o dedo nos olhos e só sentiu as órbitas. "Isso é divertido", disse, gritou de novo a palavra, ganhou os olhos e podia ver. Então ficou ainda mais satisfeito. Brincou quatro vezes. Então quis brincar mais. "Vou tentar só mais uma vez", ele disse, "só fiz quatro vezes, e, com certeza, os olhos também vão voltar na quinta vez." Assim, ele disse: "Çançankantcei!" e seus olhos voaram para a árvore. Ele disse de novo: "Çançankantcei!", mas eles não voltaram. Ele gritou: "Çançankantcei!" o dia todo, até ficar rouco. Por fim, a toupeira vai até ele e lhe empresta seus olhinhos. Com eles, Nihançan vê seus próprios olhos pendurados na árvore. Ele os pega e os põe em seus lugares. Mas joga fora os olhos da toupeira, por isso é que a toupeira é cega.[133]

Segundo a tradição dos Navaho, o coiote encontrou um bando de aves brincando de um jeito que ele nunca tinha visto antes. Arrancavam seus olhos, jogavam-nos na ponta da árvore em que estavam sentadas e gritavam: "Voltem, meus olhos! Voltem!". Então, com as órbitas oculares, apanhavam os olhos que caíam. O coiote observou a brincadeira por muito tempo e ficou tão encantado que pediu: "Arranquem os meus olhos! Também quero brincar!". "Não", elas disseram, "não queremos nada com você!" Pediu e pediu, e elas negavam. Mas quando ele pediu pela quarta vez, elas voaram até ele lá embaixo, pegaram paus pontudos e lhe arrancaram os olhos. Os olhos foram jogados para cima até a ponta da árvore e, quando caíram, o coiote os apanhou com as órbitas oculares e podia ver de novo como antes. O coiote estava encantado e pediu para elas fazerem de novo, mas elas disseram irritadas: "Não queremos brincar com você. Fizemos o suficiente por você. Vá e nos deixe!". Mas ele as atormentou e pediu até que elas arrancaram seus olhos de novo e os jogaram para o alto, e ele os apanhou. Foi assim por quatro vezes. Mas quando ele lhes pediu pela quinta vez, elas tomaram conselho. Então arrancaram seus olhos mais uma vez, mas dessa vez arrancaram os nervos ópticos junto e os amarraram. Quando jogaram os olhos assim para o alto, eles ficaram pendurados num galho. Agora o coiote estava em grande dificuldade. "Voltem, meus olhos! Voltem!", ele gritou. Mas eles não voltaram, e ele urrou e reclamou e se lamentou. Por fim, as aves ficaram com pena dele e disseram: "Vamos lhe fazer outros olhos!". Assim, pegaram resina e fizeram duas esferas e as enfiaram nas cavidades vazias dos olhos, e mesmo não sendo bons olhos, ele podia ver o suficiente com eles para achar o caminho de casa. A resina era amarela, e é por isso que o coiote tem, até hoje, olhos amarelos.[134]

---

[133] George A. Dorsey e Alfred L. Kröber. *Traditions of the Arapaho*. Field Columbian Museum Publication 81. Anthropological Series. v.V. Chicago, 1903, p.51. Lá é publicada mais uma versão da mesma lenda (p.50).
[134] Wash. Matthews. *Navaho Legends*. Boston, 1897, p.89ss.

Os Shushwap contam que o coiote disse: "Quero me divertir um pouco. Vou brincar com os meus olhos!". Com isso, arrancou os olhos. Então os jogou para o alto e os pegou de novo. Uma vez, ele os jogou bem alto. Aí a gralha pegou os seus olhos e voou embora com eles. Então ele ficou parado sem olhos e não sabia o que fazer. Ficou tateando a sua volta e encontrou um arbusto de roseira brava. Então colheu algumas bagas e as pôs como olhos. Agora ele podia ver de novo e seguiu seu caminho.[135]

O desenvolvimento seguinte da narrativa não tem relação com a nossa lenda.

Chego ao final.

Com o relativamente pequeno material lendário que possuímos da América do Sul, fica difícil determinar a que círculo as diferentes lendas de nossa coletânea pertencem. Das numerosas correspondências com lendas de tribos Aruak que chegam até a Bolívia, depreende-se, sem dúvida, que o tesouro de lendas dessas tribos Karib está impregnado de elementos Aruak. A influência das relativamente elevadas tribos Aruak não apenas sobre a cultura exterior, mas também sobre os costumes, mitos e tradições das outras tribos, é de grande importância. Se essa influência cultural já é perceptível em toda a bacia amazônica e de lá para o sul e sudoeste, quanto mais na parte da Guiana que aqui nos interessa, onde os Aruak estão estabelecidos desde tempos antigos e formam uma grande parte da população. As tribos Karib dessa região, Akawoío, Arekuná, Taulipáng, Makuxí têm, quase em toda parte, tribos Aruak como vizinhos; no Nordeste os verdadeiros Aruak; no Leste e Sul, os Wapixána e Atoraí; no Oeste, no alto Caura, os hoje decerto quase extintos Guinaú. Uma base mais ampla e mais segura só chegará à pergunta sobre a origem dos mitos quando o rico tesouro lendário da numerosa população puramente Aruak do alto *rio* Negro e de seus afluentes for conhecido, coisa que faz parte das próximas e mais importantes exigências da pesquisa mitológica sul-americana.

Nossas lendas também têm relações evidentes com o círculo de lendas dos Tupi-Guarani. Elas se sobressaem especialmente nas lendas que tratam da relação dos heróis irmãos ou de Kone̱'wó, que aparece depois, com o monstro antropófago Piai̱'mâ e na lenda da visita ao céu. A se julgar por suas analogias da América Central e do Norte, esse tema parece representar um mito difundido em priscas eras por todo o continente e que talvez tenha sua origem no Extremo Oriente.

Além disso, indica uma relação antiga com o mundo lendário norte-americano a lenda do jogo dos olhos, que, caso também não apareça em outras tribos da América do Sul e não seja propriedade geral americana, deve ter chegado a esses Karib do continente pelo caminho das ilhas. Já a menção do mar, palauá, do mesmo modo como na lenda Akālapiẑéima e o Sol, entre um povo que vive bem no interior, como ocorre hoje com os Taulipáng, aponta para o norte.

Deixo a interpretação dos mitos e das figuras míticas aos pesquisadores da mitologia comparada. A eles entrego este material para posterior elaboração.

---

[135] F. Boas. Indianische Sagen, p.8. Outras variantes que Dähnhardt já reuniu encontram-se entre os Zuñi, Osage, Blackfeet, Cheyenne, Cree. Encontramos semelhanças no nordeste asiático entre os Koryaken.

REFERÊNCIAS BIBLIOGRÁFICAS

ANDREE, Richard. *Die Flutsagen*. Braunschweig, 1891.

BARBOSA RODRIGUES, João. *Poranduba amazonense*. Rio de Janeiro, 1890.

BOAS, Franz. *Indianische Sagen von der nord-pacifischen Küste Amerikas*. Berlin, 1895.

_____. Notes on Mexican Folklore. *Journal of American Folklore*, v.XXV, n.97, p.204-60, jul.-set. 1912.

BRETT, rev. W. H. *The Indian Tribes of Guiana*. London, 1868.

_____. *Legends and Myths*. 2.ed. London, [s.d.].

CAPISTRANO DE ABREU, J. *rā-txa hu-ní-ku-ī̃*: a língua dos Caxinauás. Rio de Janeiro, 1914.

CARDÚS, fr. José. *Las misiones franciscanas entre los infieles de Bolivia*. Barcelona, 1886.

DÄHNHARDT, Oskar. *Natursagen*: Eine Sammlung naturdeutender Sagen, Märchen, Fabeln und Legenden. 4v. Leipzig, Berlin, 1907-1912.

D'ORBIGNY, Aleide. *Voyage dans l'Amérique méridionale*. Paris, 1844.

DORSEY, George A.; KRÖBER, Alfred L. *Traditions of the Arapaho*: Anthropological Series. v.V. Chicago, 1903. [Coleção Field Columbian Museum Publication, n.81.]

EHRENREICH, Paul. *Beiträge zur Völkerkunde Brasiliens*: Veröffentlichungen aus dem Kgl. Museum für Völkerkunde. 2v. n.1/2. Berlin, 1891.

_____. *Die Mythen und Legenden der südamerikanischen Urvölker und ihre Beziehungen zu denen Nordamerikas und der alten Welt*. Berlin, 1905.

_____. *Die allgemeine Mythologie und ihre ethnologischen Grundlagen*. Leipzig, 1910.

GOEJE, C. H. de. *Beiträge zur Völkerkunde von Surinam*. Leiden, 1908.

_____. *Études linguistiques Caraïbes*. Amsterdam, [s.d.].

GORION, Micha Josef bin. *Die Sagen der Juden*. v.I: Von der Urzeit. Frankfurt a. M., 1913.

HARTT, Carlos Frederico. Mythologia dos indios do Amazonas. *Archivos do Museu Nacional do Rio de Janeiro*, Rio de Janeiro, v.VI, 1885.

IM THURN, E. F. *Among the Indians of Guiana*. Londres, 1883.

LENZ, Rodolfo. *Estudios Araucanos*. Santiago de Chile, 1895-1897.

MAGALHÃES, Couto de. *O selvagem*. Rio de Janeiro, 1876.

MATTHEWS, Wash. *Navaho Legends*. Boston, 1897.

NIMUENDAJÚ-UNKEL, Curt. Die Sagen von der Erschaffung und Vernichtung der Welt als Grundlagen der Religion der Apapocúva--Guaraní. *Zeitschrift für Ethnologie*, Berlin, ano 46, 1914.

_____. Sagen der Tembé-Indianer. *Zeitschrift für Ethnologie*, Berlin, ano 47, 1915.

NORDENSKIÖLD, Erland. *Indianerleben*. Leipzig, 1912.

PENARD, F. P.; PENARD, A. P. *De Menschetende Aanbidders der Zonneslang*. Parte II. Paramaribo, 1908.

PIERINI, P. Francesco. Mitología de los Guarayos de Bolivia. *Anthropos*, v.V, 1910.

POHORILLES, Noah Elieser. *Das Popol Wuh, die mythische Geschichte des Kiče (Quiché)-Volkes von Guatemala*. Leipzig, 1913.

PREUSS, K. Th. *Die Nayarit-Expedition*. v.I: Die Religion der Cora-Indianer. Leipzig, 1912.

ROTH, Walter E. An Inquiry into the Animism and Folklore of the Guiana Indians. *Thirtieth Annual Report of the Bureau of American Ethnology*, Washington, 1915.

SCHOMBURGK, Richard. *Reisen in Britisch-Guiana in den Jahren 1840-1844*. 3v. Leipzig, 1847-1848.

SCHOMBURGK, Robert. *Reisen in Guiana und am Orinoko während der Jahre 1835-1839*. Leipzig, 1841.

SCHULTZ, Wolfgang. *Einleitung in das Popol Wuh*. Leipzig, 1913.

STEINEN, Karl von den. *Unter den Naturvölkern Zentral-Brasiliens*. Berlin, 1894.

_____. Orpheus, der Mond und Swinegel. *Zeitschrift des Vereins für Volkskunde in Berlin*, 1915.

TATEVIN, C. *La Langue Tapihiya*. Wien, 1910.

TESCHAUER, Carl. Mythen und alte Volkssagen aus Brasilien. *Anthropos*, v.I, 1906.

VAN COLL, P. C. Contes et légendes des Indiens de Surinam. *Anthropos*, v.2 e 3, 1907-1908.

SOBRE O LIVRO

Formato: 20 x 25 cm
Mancha: 33 x 47 paicas
Tipologia: Cheltenham 10/14
Papel: Offset 90 g/m^2 (miolo)
Capa: dura revestida com papel Couché fosco 115 g/m^2
1ª edição Editora Unesp: 2022

EQUIPE DE REALIZAÇÃO

Edição de texto
Tulio Kawata (Preparação de Original)
Rita Ferreira (Revisão)

Revisões técnicas
Nádia Farage, Paulo Santilli (Etnologia)
Carlos Alberts (Zoologia)
Geraldo A. D. C. Franco (Botânica)

Consultoria técnica geral
Jeiviane Justiniano – Universidade do Estado do Amazonas

Projeto visual
G&C Produções Gráficas
Isabel Carballo e Elbert Stein

Capa
Marcos Keith Takahashi (Quadratim)

Imagem de capa
Jaider Esbell
Transformação/Ressurgência de Makunaimî, 2017
(série *Transmakunaimî: o buraco é mais embaixo*)
Acrílica sobre tela, 89 x 90 cm.
Foto: Filipe Berndt
© Galeria Jaider Esbell de Arte Indígena Contemporânea

Editoracão eletrônica
Eduardo Seiji Seki (Diagramação)

Assistência editorial
Alberto Bononi
Gabriel Joppert